影响力书系

季晓南　著

企业绩效与
制度选择

产权结构和公司治理的视角

Performance of
Enterprises and
Choice of System

社会科学文献出版社
SOCIAL SCIENCES ACADEMIC PRESS (CHINA)

内容提要

　　企业作为市场经济中的营利性组织，绩效高低是判断其经营状况和竞争能力的重要标准，也是衡量产权结构和公司治理是否有效的重要指标。近二三十年来，围绕国有企业的绩效问题，理论界从多维度、多层次进行了大量研究，产权制度和公司治理对国有企业绩效的重要性和必要性逐步成为共识。但单纯分析产权结构对国有企业绩效的影响或公司治理对国有企业绩效的影响，都不足以全面揭示问题的实质。本书认为，产权结构对公司的治理结构、经营激励、并购重组、监督约束等治理机制具有直接影响，这些治理机制又影响到企业经营管理者的行为进而影响到企业的绩效；同时，在经营管理者持有企业股权、期权的情况下，产权结构对经营管理者的行为具有直接影响，特定的产权结构和激励机制促使经营管理者采用某一种经营方式而不采用另一种经营方式，因而，产权结构成为影响企业绩效的基础性、根本性因素。企业的决策是否正确，执行是否有力，主要取决于公司治理是否有效，激励约束机制、经理人市场、控制权转移、市场竞争等企业内部和外部机制主要也是通过公司治理影响企业经营管理者的行为，进而影响企业的绩效，因而，公司治理成为影响企业绩效的决定性因素。反之，企业绩效的变化会引发公司控制权的转移，最终导致产权结构和公司治理的变动。因而，在特定的历史背景、发展过程和外部环境下，可以通过优化产权结构和改善

1

激励机制来影响经营管理者的行为进而影响企业的绩效。

围绕产权和产权结构及公司治理与企业绩效的关系问题，国内外进行了大量、深入的研究，本书对这一问题的贡献主要集中在八个方面：第一，比较系统地剖析了现行西方经济理论分析产权结构、公司治理与企业特别是国有企业绩效关系的局限和不足，并运用大量国内外第一手资料和最新的案例和数据进行了实证分析；第二，将产权结构、公司治理与企业绩效置于一个框架之中进行分析，在此基础上提示了三者之间存在的复合函数关系；第三，对不同公司治理模式的形成条件、优点缺点、优化机制、演变趋势进行了比较，揭示了不同公司治理模式趋于相同的背景和动因；第四，探讨了美国次贷危机发生的微观成因，论述了美英公司治理模式在政府监管不力情况下制度失效的原因；第五，分析了影响中国国有企业绩效判断的主要因素，提示了中国各种所有制企业的绩效高低的真正原因；第六，对国有企业整体上市的内涵、意义、作用、模式等进行了系统论述，明确提出整体上市是大型国有企业主要的资本组织形式和股份制改革的路径选择，并提出存在有效的股份制和无效的股份制；第七，对国务院国资委开展的以外部董事为主的董事会制度建设与引入独立董事的上市公司董事会制度建设进行了比较，分析了两类董事会有效性的差异及背后的制度和机制的不同；第八，对现行的由政府向国有大中型企业派出监事会的制度进行了深入分析，并对可供选择的外派监事会制度的不同改革模式进行了比较，为优化和完善中国特色国有企业的公司治理提供了重要的理论分析和实证依据。

序

把制度创新作为提升
企业绩效的治本之策

经济基础决定上层建筑。这是马克思主义十分重要的思想和经典名言。在我国,国有企业是国民经济的重要支柱,是全面建成小康社会的重要力量,是共产党执政的重要基础。毫无疑问,在支撑和决定中国特色社会主义制度的经济基础中,国有企业是极为重要的组成部分。因而,国有企业的改革和发展对中国特色社会主义制度建设也就具有根本性和基础性的影响。

正因为如此,改革开放30多年来,国有企业改革一直是整个经济体制改革的重要环节,受到国内外的广泛关注,同时,围绕国有企业改革的种种争议也一直没有间断。其中,一个重要争论话题就是国有企业的绩效问题。普遍认为,国有企业效率不高,但如何看待和解决国有企业绩效不高的问题却存在不同认识。有观点认为,国有企业承担了大量社会责任,衡量国有企业的绩效既要考虑经济效益,也要考虑社会效益。另有观点认为,国有企业占有大量资源,利润主要来自垄断和政府补贴。更有观点认为,国有企业绩效低下的根本原因在于产权不清,解决国有企业绩效问题的根本出路在于私有化。可见,正确看待和有效提升国有企业的绩效，已经不仅仅是单纯的经济问题，还是涉及国有企业改革和中国特色社会主义制度建设的方向选择问题。

企业作为市场经济中的营利性组织，绩效高低是判断其经营状况和竞争能力的重要标志，是衡量公司治理体系和治理能力是否有效的重要标准，也是企业能否赢得竞争优势和实现持续发展的重要影响因素。对竞争性领域的国有企业而言，要赢得市场，要持续发展，必须不断改善和提升经营绩效。

理论和实践都证明，企业要持续提升绩效，要成为优秀企业，要实现基业长青，需要一系列要素的支撑和保障，不仅要有好的产权制度和产权结构，还要有好的公司治理和运营机制、好的企业文化和人才团队，还要不断进行技术创新和管理创新等，所以，搞好企业是一个长期的系统工程。把企业的长期、持续、良性发展寄托在"一招鲜"或"灵丹妙药"上，是不坚实的，是不可持续的。但有一点可以肯定，而且已成为共识，即适应外部环境的变化不断进行创新是企业持续发展的根本之道。

正如创新是一个民族进步的灵魂一样，创新也是企业持续发展的不竭动力。企业创新是一个多层次、多维度的弃旧扬新过程，既包括理念创新，也包括体制创新；既包括技术创新，也包括管理创新；既包括组织创新，也包括营销模式创新等。在众多创新中，制度创新对企业的持续发展和绩效提升具有长远和根本性影响。因为，制度是决定社会发展与文明进步的关键性因素，也是企业持续发展和绩效提升的根本保证和重要源泉。在影响和决定企业绩效的诸多因素中，制度是决定性因素之一。制度具有根本性、全局性、稳定性和长期性，制度的设计和安排对技术创新、管理创新、组织创新、营销模式创新等具有决定性作用。

对我国私营企业而言，虽然体制机制更加灵活，更具活力，但也必须不断进行制度创新。在企业发展的初期，家族化管理适应了民营企业的发展需要，因而与其他企业组织模式相比具有更高的管理效率，但家族化管理模式下的企业治理结构和产权结构具有封闭性和单一性特征，使社会金融资本和社会人力资本很难融入企业发展之中，加剧了民营企业融资艰难、人才匮乏、代际传承困局等问题。为适应竞争加剧和企业规模扩大等形势的变化，具备条件的大型私营企业要加快现代企业制度建设，实行企业所有权与经营权分离，实现家族化企业管理模式向现代公司治理结构转变，由封闭、单一的产权结构向开放、多元的产权结构转变。

对我国国有企业而言，制度创新更具特殊意义和重要作用，是提升国有企业绩效的治本之策。一方面，经过多年的市场取向的改革，我国国有企业的体制机制已发生实质性重大变化，总体上已经与市场经济相融合，但不少深层次的体制机制问题还没有从根本上加以解决，与市场化、国际化的新要求还有相当差距，这已经成为影响和制约国有企业活力和竞争力的最重要因素；另一方面，相对于我国民营企业而言，国有企业在知识、技术、资本、规模、人才、管理等市场竞争要素方面，更有实力，更具优势，通过制度创新有效整合和配置企业的内外资源，使企业各种生产要素的活力竞相迸发，将会显著改善和提升国有企业的绩效。

经过长期、持续、快速发展，我国经济发展进入一个新阶段，中高速发展成为一种新常态，保持经济持续较快增长是我国经济工作的一项重大任务。国有经济在我国经济中发挥着主导和支柱作用，能否通过深化改革释放国有企业的活力，直接关系到我国经济的持续较快增长。新常态对国有企业既是机遇，更是挑战。进入新世纪以来，国有企业绩效得以明显提升的外部环境发生了深刻变化，许多竞争优势正在逐渐丧失，持续发展和持续赢利能力明显减弱，迫切需要通过深化改革来增强活力和竞争力，深化国有企业改革迫在眉睫。

我国改革开放的总设计师和中国特色社会主义的开创者邓小平同志有一句名言："革命是解放生产力，改革也是解放生产力。"他还强调："改革是中国的第二次革命。"这是邓小平同志极为重要的论断，也是我们党对马克思主义的一个重大理论贡献。实现国有企业的制度创新，从根本上讲，就是要通过深化改革，破除影响和制约国有企业发展的体制机制樊篱，用适应市场经济的体制机制取代计划经济中形成的体制机制，用富有活力和竞争力的体制机制取代动力不足和效率低下的体制机制，为国有企业的持续发展和绩效改善提供可靠的制度保障。对我国国有企业来讲，当前及今后相当长一个时期，必须把制度创新摆在国有企业改革和发展的突出位置。

一是要深化国有企业产权制度改革。产权是所有制的核心和主要内容，也是影响企业绩效提升的基础性、根本性因素。因为产权制度是企业制度的重要基础，产权制度及由此而产生的企业资本组织形式是影响企业绩效的一个决定性要素。现代产权制度是现代企业制度的重要基础。我国国有企业改革的方向是建立健全现代企业制度，只有建立健全归属清晰、权责明确、保护严格、流转顺畅的现代产权制度才可能形成"产权清晰、权责明确、政企分开、管理科学"的现代企业制度。从这个意义上，可以说国有企业产权制度改革的深度和广度决定了国有企业改革的进度和进展。股份制作为一种现代产权制度，是企业赢得市场竞争优势的一种有效组织形式和运营方式，也是国有企业深化产权制度改革的方向选择和制度取向。混合所有制作为公有资本与非公有资本交叉持股和相互融合的股份制，不仅有利于各种所有制资本取长补短、相互促进、共同发展，而且有利于增强国有企业的活力和竞争力，提升国有企业的绩效。因此，深化国有企业产权制度改革，最重要的是积极发展混合所有制，从根本上改变单一国有产权的结构。

二是要推动国有企业完善现代企业制度。建立健全现代企业制度是深化国有企业改革的方向和制度选择。公司治理是现代企业制度的核心和关键，健全协调运转、有效制衡的公司治理是深化国有企业改革最重要的任务。企业的决策是否正确，执行是否有力，主要取决于公司治理是否有效。激励约束机制、经理人市场、控制权转移、市场竞争等企业内部和外部机制主要也是通过公司治理影响企业经营管理者的行为，进而影响企业的绩效，因而公司治理成为影响企业绩效的直接的决定性因素。反之，企业绩效的变化会引发公司控制权的转移，最终导致产权结构和公司治理的变动。在特定的产权制度和产权结构下，可以通过完善公司治理和改善激励机制等来影响经营管理者的行为进而提升企业的绩效。因而，完善公司法人治理结构也就成为深化国有企业改革的一项极为重要的任务。

三是继续转换国有企业的经营机制。转换经营机制是深化国有企业改革的一项重要任务，也是提升国有企业绩效的重要保证。因为体制影响机制，机制决定效率，机制决定人的行为，有什么样的机制就会有什么样的行为，而企业员工的行为决定了企业的效率。不仅如此，机制还具有反作用，反过来也会影响体制和制度设置的有效性。不解决国有企业的机制问题，不真正建立起适应市场竞争的机制，国有企业长期存在的人浮于事、冗员过多等问题就不可能从根本上解决，国有企业或多或少存在的"铁饭碗"和"平均主义"也难以从根本上解决。在这种情况下，即使在完善公司治理方面取得积极进展，但由于缺乏机制保障，国有企业也难以充满活力和竞争力，难以提高经营效率。转换国有企业经营机制，重点是深化国有企业内部管理人员能上能下、员工能进能出、收入能增能减的制度改革；同时，要加快推行职业经理人制度，使国有企业的用人制度和薪酬制度更好地适应市场化和国际化的要求。

　　四是要完善国有资产管理体制。完善国有资产管理体制与深化国有企业改革具有内在的紧密联系，是解决国有企业改革重点难点问题的基础和前提，对突破国有企业体制障碍具有较强的牵引作用，对提升国有企业绩效具有重要影响。一方面，完善国有资产管理体制是深化国有企业市场化改革的重要制度前提。国有企业要真正成为独立法人和市场竞争主体，就必须进一步做到政企分开、政资分开、所有权与经营权分开，这就要求进一步完善国有资产管理体制。因为，能否做到政企分开和政资分开，并不取决于国有企业本身，而是主要取决于行政体制改革和政府职能转变。另一方面，完善国有资产管理体制是国有企业健全现代企业制度的迫切要求。无论是做到产权清晰，还是权责明确或是管理科学，都离不开完善国有资产管理体制，因为国家作为国有资本的最终出资人，对国有产权的界定和划分及授权具有决定权。同时，国有企业能否形成适应市场竞争要求的经营机制，不少问题如高管人员的选聘和任用、收入分配的方式和水平等，也不取决于国有企业本身，而需要通过完善国有资产管理体制来推动。如果不从完善国有资产管理体制入手，国有企业难以真正建立健全现代产权制度，也难以建立健全现代企业制度。为适应深化国有企业改革的要求，必须积极推进国有资产管理体制的创新，从现行以管国有资产为主转到以管国有资本为主。为此，必须改革国有资本授权经营体制，完善国有资本出资人制度，进一步解决所有权与经营权分离的问题，做到既有利于加强国有资本管理又有利于国有企业有效经营，使市场竞争的压力能够层层传导到企业的每个员工，使国有资产保值增值的责任能够有效落实到每个企业。

五是要健全国有企业的监督体制。有效的国有资产监督体制是国有企业持续健康发展、防止国有资产流失的制度保障，对国有企业绩效也具有重要影响。对我国国有企业而言，除面临所有权与经营权相分离带来的"内部人控制"问题，还面临产权制度改革不到位、公司治理不完善、内控制度不健全带来的腐败多发的问题，因而，加强监管、遏制腐败、防止国有资产权益受损的任务更为艰巨，更加繁重。要有效遏制国有企业腐败多发现象，防止国有资产权益受到严重损害，根本的一点就是要加强制度建设，着力通过制度建设加强国有企业的源头反腐，预防和减少国有企业违法违纪现象的发生。一方面，要完善和发挥国有资产监管制度的作用；另一方面，要探索和创新国有资产监管制度，切实提高国有资产监管的针对性、有效性、时效性。

我国改革开放以来国有企业发展取得的明显成就已经证明，只要锐意进取，大胆改革，尊重企业发展规律，不断推进制度创新，使国有企业的体制机制真正适应市场竞争的要求，充分激发国有企业的活力和创造力，竞争性领域的国有企业完全能够具有市场竞争力，也完全能够拥有良好业绩。对此，我们应充满自信。

目　录

绪　论

第一章　企业产权与产权结构

第五章　我国国有企业绩效增长的产权制度选择

第六章　我国国有企业的公司治理及制度创新

第七章　结论

图目录

1

表目录

1

绪　论

企业是市场经济的微观基础和竞争主体，是创造财富的重要源泉。从计划经济体制转向市场经济体制，必须重新构造我国经济的微观基础，改变与计划经济体制相适应的"一大二公"的所有制结构，改革原来的国有企业，使国有企业的管理体制和经营机制与市场经济体制相适应，增强国有经济的活力和竞争力，使国有企业能够平等地参与市场竞争。正因为如此，改革开放以来的相当长一段时间，我国一直将国有企业改革作为整个经济体制改革的中心环节。

大企业是一个国家综合国力的重要体现和象征，在国民经济和社会发展中具有举足轻重的作用。由美国次贷危机引发的国际金融危机显示，大企业特别是世界级大型公司的破产倒闭会形成强大的冲击波，给一个国家甚至世界经济带来强烈震动，可能带来的危害即使像美国这样的发达国家也难以承受。因此，1984年我国经济体制改革由以农村改革为重点转入以城市改革为重点以后，国有企业改革就一直围绕搞活搞好大中型企业展开。

围绕搞活搞好国有企业，初期阶段采取的措施主要是"放权""扩权""减税""让利"等，试图通过扩大企业自主权和改变分配方式调动国有企业经营者和职工的积极性；之后，采取了"承包制""利改税""价格双轨制"等措施，试图通过改变企业经营方式和建立市场价格机制

1

搞活国有企业；后来开始推进现代企业制度的建立，目的是通过制度创新实现国有企业改革的根本性突破。在这个过程中，尽管产权制度改革取得了一定的局部的进展，但符合市场经济要求的现代产权制度并没有取得重大突破，基于现代产权制度的现代企业制度也没有建立起来，并且出现了国有资产流失的问题。

经过多年的改革探索，产权制度和公司治理对国有企业改革的重要性和必要性逐渐成为社会的共识。1993 年 11 月召开的党的十四届三中全会明确提出，国有企业改革的方向是建立"产权清晰、权责明确、政企分开、管理科学"的现代企业制度。1999 年 9 月召开的党的十五届四中全会提出到 2010 年建立起比较完善的现代企业制度。2003 年 10 月召开的党的十六届三中全会进一步提出，"大力发展国有资本、集体资本和非公有资本等参股的混合所有制经济，实现投资主体多元化，使股份制成为公有制的主要实现形式"，并提出要建立归属清晰、权责明确、保护严格、流转顺畅的现代产权制度，全会强调这是构建现代企业制度的重要基础。2013 年 11 月召开的党的十八届三中全会再次提出，产权是所有制的核心，健全归属清晰、权责明确、保护严格、流转顺畅的现代产权制度，并强调要积极发展混合所有制经济，健全协调运转，有效制衡的公司法人治理结构。

事实上，如果把产权界定为一组权利束，中国的经济体制改革一开始就已经涉及产权问题。农村改革普遍推行的"家庭联产承包责任制"就是在土地所有权不变的情况下，将土地的经营权和收益权等权利交给亿万农民。国有企业改革实行的扩大生产经营自主权就是在产权结构没有进行重大调整的情况下，将企业国有资产的部分使用权、收益权和处置权等交给企业的经营管理者。但这些改革并没有触及所有制结构的调整问题，也没有触及产权结构的问题。这是现代企业制度未能有效建立的体制性原因之一。

产权结构与公司治理的关系是一个引起人们广泛关注的课题。公司治理理论的提出，就在于在所有权和经营权分离的条件下，所有者与经营者的利益不一致而产生的委托 - 代理关系。近年来围绕所有权与控制权的理论和实证研究表明，产权结构与公司治理之间有着紧密的相关性，产权结构决定着公司治理的基本问题，即公司内部治理模式。公司治理是现代企业制度建设的核心，其重要性和必要性至少可以从四个方面得到证明。

一是公司治理问题日益引起世界各国的广泛关注。近二三十年来，世界银行和经济合作与发展组织（OECD）联合主办了定期性的"全球公司治理论坛""亚洲公司治理圆桌会议""拉丁美洲公司治理圆桌会议""俄国公司治理圆桌会议""中东公司治理圆桌会议"和"欧亚公司治理圆桌会议"等一系列专门性的公司治理会议。经济合作与发展组织还于1999年制定了《OECD公司治理原则》，2013年经济合作与发展组织还召开专门会议讨论公司治理原则的再次修改问题。美国、英国、法国、日本和加拿大等国都制定了适合自己国情的公司治理原则，美国、欧洲、亚洲和日本等国家和地区还分别设立了专门的公司治理组织或网络。许多国际性大公司的公司年报都要披露公司治理状况。所有这些说明，公司治理已成为一个世界性的、持续性的重大课题。

二是公司治理缺陷是大公司倒闭的一个重要原因。大公司是一个国家综合国力的重要体现和象征，在一个国家的经济发展、科技进步和国际竞争中具有举足轻重的作用。大公司特别是世界级大型公司的破产倒闭，有时会给一个国家经济、社会带来强烈冲击，2001年美国的安然、世通等大公司的倒闭，2008年美国次贷危机后美国雷曼兄弟、美国国际集团（AIG）等大公司的倒闭，不仅令美国经济严重受创，而且迫使美国政府支付巨额费用为这些大公司的倒闭"埋单"。需要研究和探索的是，这些大公司的倒闭与公司治理是否有着内在的联系呢？经济合作与发展组织对成员国的公司治理做过一个调查，其出版的《公司治理：对OECD各国的调查》提出，"尽管金融与非金融领域的公司倒闭不能全部归咎于公司治理缺陷，但这种缺陷肯定是导致倒闭的一个因素，至少对倒闭规模经营的大小有影响。"①

三是公司治理对企业绩效具有明显影响。法国里昂证券有限公司在

---

① 经济合作与发展组织：《公司治理：对OECD各国的调查》，张政军、付畅译，中国财政经济出版社，2006。

《迅速发展市场中的公司治理》中对比了中国与印度的公司治理。该报告指出，中国以国家为中心的股份结构抑制了公司治理，导致中国上市公司的治理效率低下，而 20 世纪 90 年代至今印度上市公司在股权回报率方面优于中国同类企业。2005 年中国公司的平均股权回报率约为 17.4%，远低于印度公司 26.4% 的股权回报率。

四是投资机构对公司治理良好的企业更愿意进行投资。2002 年著名的投资咨询机构麦肯锡对全球的基金经理做过一个调查，调查显示，公司治理问题是机构投资人关注的焦点之一，而且，平均来说，西欧和北美的基金经理们愿意为好的公司治理支付 12% ~ 14% 的溢价，亚洲和拉美地区的溢价水平在 20% ~ 25%，而在东欧和非洲国家这一溢价比例可以上升到 30%（见图 0 - 1）。总之，公司治理溢价是普遍存在的，而且溢价与一个国家的公司治理水平成反比——越是公司治理平均水平差的地区，机构投资人越愿意为好的公司治理支付更多的溢价。

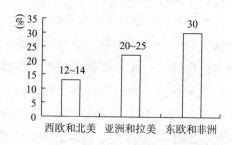

图 0 - 1　基金经理愿意为公司治理支付的溢价

资料来源：根据麦肯锡公司 2002 年调查数据制作。《新财经》2006 年 1 月号，总第 70 期。

近十几年来，伴随着国有企业股份制改革的不断深入和《公司法》的颁布实施，公司治理在我国也成为一个持续的热门课题。公司治理在我国越来越受到广泛关注，不仅因为我国企业面临着市场经济国家公司制企业遇到的带有共性的治理结构问题，而且还因为我国面临着国有企业能否形成与市场经济相适应的有效公司治理的问题。以公有制为主体、多种所有制经济共同发展的基本经济制度既使我国公司治理与市场经济国家公司治理的制度性条件有根本区别，又使我国国有企业的公司治理成为一个极具挑战性的研究课题。同时，由计划经济体制过渡为市场经济体制的转型背景使我国的公司治理问题研究显得更为复杂、更为困难。

　　公司治理与企业绩效的关系也是一个引起人们广泛关注的课题。近二十多年，理论界或对不同所有制企业特别是国有企业与私营企业的绩效进行比较研究，或对上市公司特别是实际控制权的不同进而带来企业绩效的不同进行比较研究，目前，这方面的研究还不时地在进行。

　　2002 年国家经济贸易委员会和中国证监会对上市公司建立现代企业制度的情况做过调查。结果显示，我国上市公司中产权结构问题比较突出，国有股比例过高，造成控股股东可以在现有的法律框架内控制上市公司的股东会、董事会、监事会和经理层，中小股东无法对国有大股东形成有效的制衡，公司法人治理结构往往流于形式。这些年来，一些国有大股东违规占用资金甚至掏空上市公司资产的违规事件屡屡发生。该次调查发现，有近 40% 的上市公司与前 10 名大股东之间在销售、采购、提供服务、收购或租用资产等方面存在关联交易，有的关联交易金额较大；有 676 家上市公司存在控股股东占用资金情况，占用资金总额达966.69 亿元。这不仅侵害了中小股东的合法权益，也严重影响了上市公司的经营和发展，打击了投资者的信心。造成这些问题的一个根本性体制原因，就在于企业产权结构不合理，制度上无法对大股东形成有效的制衡，影响了投资人和劳动者的积极性，导致企业经济效益低下。尽快解决大型国有企业的产权结构问题，通过产权结构的优化促进现代企业制度的建立和完善，提高企业经济效益，增强大型国有企业的市场竞争能力和抵御风险能力，从而增强我国的国际竞争力和综合国力，成为摆在理论界和实际部门面前的一个重大课题。

　　鉴于此，国家经济贸易委员会曾于 2002 年将"国有大中型企业产权多元化改革研究"确定为国家经贸委的重要软课题，笔者是本课题的负责人之一，研究的成果摘要发表于 2003 年第 7 期《中国工业经济》杂志上。课题对国有大中型企业实现产权多元化的重要性、可能性、途径、环境和政策进行了系统的研究，并强调产权多元化是深化国有大中型企业改革的突破口，这与党中央强调的发展混合所有制经济的精神是一致的。本书是在上述研究成果的基础上，进一步探索现代产权理论在我国大型国有企业产权多元化过程中的运用和完善，研究产权结构、公司治理和企业绩效之间的关系。

一　研究的理论价值和现实意义

产权多元化作为一种企业制度安排，有利于形成独立于出资人所有权的企业法人财产权，从根本上治愈长期以来困扰我国国有企业的政企不分的痼疾，使企业真正成为独立法人和市场主体；有利于所有权与经营权的分离，形成为维护所有者的利益而产生的制约经营管理者的制度安排，建立符合市场经济要求的公司治理结构；有利于建立一套有效的激励机制，克服各要素所有者之间在协作生产过程中的偷懒和"搭便车"行为，最大限度地调动各要素所有者的积极性。深入研究产权结构与公司治理及企业绩效的关系，对提高公司治理的有效性和企业的经济效益具有重要的理论意义和实践价值。

世界各国经济发展的历史经验表明，大型企业特别是世界级大企业对一个国家的经济和社会发展具有举足轻重的作用，在推进经济增长、调整产业结构、加快技术创新、参与国际竞争等方面处于主导地位。一个国家世界级大企业的数量与一个国家的经济实力及在世界经济格局中的位次之间存在高度相关性。1955 年美国《财富》杂志发布世界 500 强工业企业报告，此后改为世界 500 强报告。1995 年进入世界 500 强的企业中，美国为 151 家，日本为 149 家，中国只有 3 家。美国进入世界 500 强的大型企业最多时达到 198 家，2014 年减少到 128 家；日本进入世界 500 强的大型企业最多时达到 149 家，2014 年减少到 57 家；中国进入世界 500 强的企业则由 1995 年的 3 家剧增到 2014 年的 100 家，其中，内地企业进入世界 500 强的企业 2001 年为 11 家，2014 年增加到 92 家。与 2013 年相比，2014 年中国内地新进入世界 500 强的企业增加了 7 家，占 2014 年世界 500 强企业中 27 家换榜企业的 25.9%。中国内地企业进入世界 500 强企业的变动与美国、日本、中国在世界经济格局中的分量变化是相关联、相适应的，2010 年中国 GDP 总量已经超过日本，跃居世界第 2 位；2012 年中国进入世界 500 强的企业首次超过日本，位居世界第 2 位；美国经济总量虽然仍然位居世界第 1 位，但与中国的差距明显缩小。与此同时，美国、日本、中国进入世界 500 强企业的营业收入占当年世界 500 强企业营业收入总量的比重也发生明显变化。2014 年与 1995 年相比，美国进入世界 500 强企业的营业收入总额占当年 500 强企业营业收入总量的比重，由 29% 降为 24.8%，日本由 37% 降为 9.6%，中国由 0.4% 提升为 19.7%。

大型企业在世界经济和技术发展中扮演着极为重要的角色。据联合国贸发组织发布的《2010 年世界投资报告》，全球 13% 的产品生产、70% 的技术转让、23% 的国际贸易、90% 的国外直接投资是跨国公司完成的。伴随经济全球化的迅速发展，大型企业越来越成为一个国家乃至全球资源配置的重要力量。

据中国企业联合会和中国企业家协会发布的中国企业 500 强榜单，2014 年，中国企业 500 强的资产总额达 176.43 万亿元；营业收入达到 56.68 万亿元，相当于中国 2013 年度 GDP 的 99.6%，在国民经济中的地位和作用更加凸显；中国企业 500 强的纳税总额占全国税收总额的比重长期保持在 35% 左右，2013 年中国企业 500 强的纳税总额达 3.65 万亿元，对提高国家的税收具有重要影响。

2014 年中国企业 500 强有 420 家企业填报了研发数据，共投入研发资金 5934.8 亿元，平均研发费用为 14.13 亿元，420 家企业的平均研发强度为 1.25%。2013 中国企业 500 强共拥有专利 33.27 万项，其中共有发明专利 8.48 万项。从平均数据看，398 家企业平均每家企业拥有专利数量 836.07 项，平均拥有发明专利 228.19 项。在世界知识产权组织（WIPO）发布的以专利合作条约（PCT）为基准的 2012 年度国际专利申请数量排名中，中兴通讯股份有限公司以 3906 件专利高居榜首。

国有企业是我国大型企业的主力军。2014 年度入选世界 500 强的内地 92 家企业中，国有企业 82 家，占 89.1%；民营企业 10 家，占 10.9%。据中国企业联合会和中国企业家协会联合发布的中国企业 500 强数据，2014 年 200 家民营企业入围 500 强，比上年增加 10 家，占 40%；国有企业 300 家，占 60%。在分榜单——2014 年中国制造业企业 500 强中，共有 205 家国有企业入围，营业收入总额为 17 万亿元，占总量的 65.4%；净利润总额达到 3086.8 亿元，占总量的 55.0%；资产总额为 17.3 万亿元，占总量的 72.7%；纳税总额达到 1.4 万亿元，占总量的 82.1%。而 295 家民营企业的营业收入总额为 9 万亿元，仅占总量的

34.6%；利润总额达到 2523.4 亿元，占总量的 45.0%；资产总额为 6.5 万亿元，占总量的 27.3%；纳税总额达到 3046.4 亿元，占总量的 17.9%。205 家国有企业的平均营业规模和资产规模分别为 831.7 亿元和 843.4 亿元，分别是民营企业（306.4 亿元和 218.8 亿元）的 2.71 倍和 3.85 倍。

结合中国国有企业改革和发展的实际，研究产权结构、公司治理与企业绩效之间的关系，对增强大型国有企业的活力和竞争力，提高大型国有企业的经济效益，对保持我国经济持续快速健康发展，增强我国的竞争力和综合国力，都具有重要意义。

改革开放特别是 1997 年党的十五大以来，国有企业在产权多元化方面取得了积极进展。据国务院国资委的数据，截至 2012 年底，全国国有及国有控股企业（不含金融类国有企业）完成公司制股份制改革的已达90%。国务院国有资产监督管理委员会履行出资人职责的中央企业及所属子企业中，资产总额的 56%、净资产的 70%、营业收入的 62% 已进入上市公司。中国石油化工集团、石油天然气集团、中国海洋石油总公司、中国移动通信集团、宝钢集团、中国铝业集团等一批特大型国有及国有控股企业相继在境内外上市，石油、石化、民航、电信、建筑、建材等行业的中央企业的主营业务资产已基本进入上市公司。标志着我国大型国有企业的产权结构和产权制度已经和正在发生重大变化。

虽然绝大多数经济学家认为产权制度改革是深化国有企业改革的关键，一些经济学家提出了大中型国有企业产权制度改革的方向是产权多元化，但大型国有企业产权制度改革在理论和实践方面的一些重大问题上并没有给出令人满意的答案。在理论方面，国有产权占支配地位的产权多元化能否有效克服外部性问题，支付的交易费用能否与私有产权占支配地位的产权多元化相当或者相似，能否形成更有效的公司治理，能否取得与其他所有制企业同样甚至更高的绩效等，都需要进一步的经济学证明。在实践方面，截至 2013 年底，国务院国有资产监督管理委员会履行出资人职责的 113 家的中央企业中，集团一级实现投资主体多元化的只有 8 家，其他都是国有独资企业或国有独资公司，大多实行的是总经理负责制。在这种国家作为唯一出资人的产权制度安排下，企业难以形成权力机构、决策机构、监督机构和经营管理者之间的制衡机制，已经建立董事会的也难以规范运作，难以实现现代企业制度要求的集体决策、个人负责。从产权理论和实践途径上解决大型国有企业产权多元化的问题，形成有效的公司治理，既是深化国有企业改革的难点，也是深化国有企业改革的重点。

基于产权结构和公司治理研究企业绩效，探索三者之间的相互关系，对我国来说，具有重要的理论价值和现实意义。

一是有利于我国基本经济制度的完善。公有制为主体，多种所有制经济共同发展，是我国社会主义初级阶段的基本经济制度。坚持和完善基本经济制度必须继续调整所有制结构，使各种所有制经济在市场竞争中发挥各自作用，共同发展；必须继续探索公有制特别是国有制的多种有效实现形式，解决公有制与市场经济有效结合的问题。国有企业是公有制的重要组成部分，解决公有制与市场经济的有效结合问题，最重要的就是要解决国有经济与市场经济有效结合的问题，探索建立符合市场经济要求的国有企业的管理体制和经营机制。能否在理论上和实践中解决这一问题，关系到我国基本经济制度的完善，关系到公有制的主体地位，关系到中国特色社会主义微观经济基础的建立。而产权结构和公司治理都是事关国有企业管理体制和经营机制的关键和核心问题。

二是有利于现代企业制度的建立。公司制企业是现代企业制度的主要资本形态和组织形式。公司制最重要的法律形式是股份有限公司和有限责任公司。国有企业要形成比较完善的现代企业制度，必须进行产权制度和公司制改革，尽可能形成多元投资主体的股份制企业。建立健全现代产权制度是建立规范的现代企业制度的重要基础。产权归属清晰是建立现代企业制度的前提，只有产权归属清晰才能在维护包括国家在内的出资人权益的同时，使企业拥有法人财产权，成为享有民事权利、承担民事责任的法人实体，使其以全部法人财产，依法自主经营、自负盈亏，对出资者承担资产保值增值的责任；产权流转顺畅是建立现代企业制度的基础，只有产权流转顺畅才能形成和完善国有资本、集体资本和非公有资本等交叉持股、相互融合的混合所有制经济，才能使企业根据自身的发展需要调整股权结构，优化资源配置。产权结构合理是建立现代企业制度的前提和条件，只有产权结构合理才能形成有效的公司治理，妥善处理所有者、经营者和其他利益相关者的关系。

三是有利于国有资产管理体制的完善。国有资产是发展壮大国有经济、完善中国特色社会主义市场经济体制的重要物质基础。据财政部统计，截至 2013 年底，全国国有企业资产（不包括国有金融企业）总量为104.1 万亿元，营业收入为 47.1 万亿元，利润总额为 2.6 万亿元，净利润为 1.9 万亿元。建立健全国有资产管理体制对加强国有资产监督管理、维护国有资产合法权益、实现国有资产保值增值具有重要意义。厘清产权结构与公司治理之间的关系，有利于优化产权结构和完善公司治理，有利于实现政府公共管理职能与国有资产出资人职能的分离，有利于实现所有权与经营权的分离，从而使国有资产管理体制建立在现代产权制度的基础之上。

四是有利于实现国有资产的保值增值。从理论上讲，国有资产的最终所有者是全国人民，实现国有资产保值增值，也就是为全国人民创造和积累更多财富。同时，发展和壮大国有经济，促进我国经济和社会的持续健康发展，也要求在我国经济和社会发展中具有极为重要作用的国有资产能够不断保值增值。国有企业是经营性国有资产的载体，实现国有资产保值增值，必须不断提高国有企业的公司治理有效性，不断提高国有企业的绩效。从理论上和实践中明确产权结构、公司治理与企业绩效的相互关系，对实现国有资产的保值增值具有重要意义。

二 研究的主要对象和基本范畴

本书的主要研究对象是产权结构、公司治理与企业绩效之间的关系，同时从理论和实践两方面探索中国大型国有企业如何通过优化产权结构以完善公司治理进而提高企业绩效。

自美国法学家贝利（Berle）和经济学家米恩斯（Means）于 1932 年在《现代公司与私有财产》中最早明确提出现代公司的股权结构分散化的特征并系统论述了所有权与控制权相分离的问题后，围绕公司股权结构的讨论就一直没有停止过。这些讨论主要集中在三个方面：一是公司的股权集中度问题；二是公司股权结构与公司价值、公司绩效之间的关系；三是公司的股权结构与经理人的激励问题，涉及公司激励的制度方面。

国外经济学家对产权的研究大多倾向于认为公有产权相对于私有产权缺乏效率，国内学者对公司股权性质、股权集中与公司绩效的关系研究结果则倾向于对国家控制型公司即国有企业的负面评价。国内外学者关于产权结构、公司治理与企业绩效的研究，理论上对多元投资主体的混合所有制经济缺乏有力的说明，实证上对一批比较成功的国有及国有控股企业的良好业绩缺乏有效的诠释，方法上对产权结构影响企业绩效的传导机制缺乏深入的分析，框架上对产权结构、公司治理与企业绩效的关系缺乏透彻的分析。本书研究产权结构、公司治理与企业绩效的关系侧重于探索两个问题：一个是产权结构如何影响公司治理进而影响企业绩效，另一个是国有企业能否通过优化股权结构进而完善公司治理以实现提高企业绩效的目的。

产权问题是经济学的一个基础问题。马克思开始研究经济学就是由产权问题引发的。社会主义所有制的建立和发展，从来都是围绕着产权和产权制度这个核心问题展开的。改革开放以来，产权和产权制度理论一直为我国学者所关注，围绕产权和产权制度改革问题的讨论经常成为社会的热门话题。无论是主张产权制度改革的专家还是对产权制度改革持怀疑甚至否定态度的专家，都从不同方面对产权理论进行研究探索，寻找各自的理论依据。通过讨论，人们对产权与所有制、公有产权与市场经济、产权制度与基本经济制度、现代企业制度与现代产权制度的关系等诸多重要问题有了更深刻的认识，为建立健全现代产权制度和完善基本经济制度等提供了重要理论依据。

对产权和产权制度理论，西方学者也给予广泛关注并进行了深入研究。虽然从总的取向上看，西方经济学是主张私有产权的，但西方经济学家对产权和产权制度理论的系统研究在发展和丰富西方经济学理论的同时，也发展和丰富了产权理论和企业理论。西方经济学所主张的产权明晰化、产权排他性、产权与竞争、产权与企业制度变革等理论以及在实践中形成的产权交易规则等，对建立健全现代产权制度和完善现代企业制度等都起到了重要作用。

　　企业理论研究与实证分析证明，企业绩效的高低在很大程度上取决于企业的公司治理，公司治理的选择则与企业的制度安排有很大的相关性，其中，产权制度及由此而决定的企业资本组织形式是一个决定性因素。因此，研究企业的公司治理和经营绩效必须研究企业的产权制度，只有对产权制度、公司治理和企业绩效的关系有深入、系统的研究，把握其内在联系和客观规律，才能对多元投资主体下的国有企业的经营绩效作出更有说服力的诠释，才能对股权结构如何影响企业绩效作出更透彻的说明。为进一步揭示所有制与企业效率的内在联系，本书把产权结构、公司治理与企业绩效的关系作为主要的研究对象。

　　大型国有企业在我国经济和社会发展中的地位和作用，决定了在中国研究产权结构、公司治理与企业绩效的关系时，必须紧密结合大型国有企业的实际，把剖析大型国有企业摆在突出位置。为进一步分析产权理论和企业理论在中国的运用和实践，本书把中国大型国有企业作为研究对象，同时将国外一些成功的国有企业作为分析案例，以便获得更加合理的结论。

　　产权结构、公司治理、企业绩效都是涉及多方面内容的研究课题，每个问题本身就是很大的研究课题。为了能在有限的篇幅内进一步揭示产权结构、公司治理与企业绩效关系之间规律性的东西，本书的研究没有过多地停留在对产权结构、公司治理与企业绩效的概念陈述上，也没有过多地着墨于现有不同研究成果的介绍上，而是在前人理论和当代学者诸多见解的综述、理解基础上，着重剖析已有理论成果的一些局限和不足，着力揭示产权结构、公司治理与企业绩效之间的关系，并对大型国有企业如何通过优化产权结构、完善公司治理以提高企业绩效进行探索研究。本书的研究范畴包括产权、产权理论、产权制度、产权结构、企业、企业制度、公司治理、企业绩效及相关的问题。

三　研究的逻辑起点和方法运用

　　本书的框架结构是在科学的经济理论指导下，灵活运用科学方法的基础上建立起来的。

1. 确定逻辑起点的方法

产权结构、公司治理与企业绩效关系的研究涉及的范畴很多，包括产权、产权制度、产权结构、所有制、企业、企业制度、公司治理、企业绩效等，由于这些范畴之间存在着密切的相互关系，因此，这些范畴都可以作为本书研究的起点。但从产权与企业制度的演进来看，产权是企业制度的历史起点，早在企业制度出现之前，就已经存在产权及产权关系。从企业层面来看，产权结构是公司治理问题的逻辑起点①，在不同的产权结构下，公司治理致力于解决的根本问题存在差异：在分散产权结构下，公司治理的根本问题是分散小股东与管理层之间的利益冲突；在集中产权结构下，控股股东与小股东之间的利益冲突一度超越小股东与管理层之间的利益冲突，成为公司治理的主要问题。而从逻辑顺序来看，公司治理又是企业绩效的研究起点。因此，把产权结构作为本书的逻辑起点是一个合理的选择，而产权作为产权结构的基本单元，显然是研究产权结构的逻辑起点。

2. 概念运动的方法

本书概念运动的逻辑轨迹是：从产权这个概念入手，通过产权的剖析，引出企业产权的概念，通过对企业产权关系的分析，从中分离出产权结构并作为本书的主线；通过对产权结构的研究，引出现代产权制度及以此为基础的现代企业制度；通过产权结构对企业绩效影响的理论研究和实证分析，得出产权多元化是产权结构的最优选择的结论；通过产权多元化概念的分析，研究了大型国有企业制度、治理结构及管理方式等问题，回到了如何搞好大型国有企业这个出发点。

3. 从抽象到具体的方法

对"产权结构、公司治理与企业绩效关系"的思考，并不是始于本书的写作，实际上要远早于此。国有企业的经济效益问题伴随着我国改革的过程，本书的研究虽然紧密结合国有大型企业的实际，但在论述上却是从企业这个具有一般意义的抽象概念开始，逐步还原为具体的国有

---

① Bencht and Roel，"Corporate Governance and Control"，Working Paper，No. 9371，Dec，2002.

大型企业。

4. 其他方法的综合运用

为揭示产权结构、公司治理与企业绩效的内在联系，在对问题的研究过程中，本书综合运用了研究与叙述、分析与综合、逻辑与历史、定性与定量等分析方法。

本书是在这一系列研究之后，在分别分析了企业、企业产权、企业产权结构、企业经济效益等各个范畴的基础上，综合得出企业产权多元化是提高企业绩效的最优选择的结论，而后，又从企业产权多元化的要求进入另外一个分析过程，综合得出企业制度安排对搞好国有大型企业具有的决定性意义。

企业制度安排从其表象上看是主观行为，而其实质则是逻辑与历史统一的客观必然。大型国有企业面临的一些亟待解决的问题，不少都可以从历史上找到根源。其实，作为本书研究对象的大型国有企业也经历了30多年的改革历程。一般而言，现实总是历史的结果，要真正认识现实，必须考察历史根源。本书的论述，运用了这种逻辑与历史统一的方法，从业主制到现代企业制度，产权关系的演绎与裂变，是企业内在矛盾发展变化的结果，而这种变化则直接影响到不同类型企业的经济效益。

本书的论述还运用了定性分析与定量分析相结合的方法。在分析论证的许多环节，本书尽可能运用数字、图表等来证明或说明所得结论的正确性。在论述产权结构、公司治理与企业绩效的关系时，本书也试用简易的数学函数进行描述。

四 研究的框架结构和主要内容

本书的研究把产权结构作为逻辑起点，通过对企业关系的梳理，从中分离出产权结构作为主线，通过产权、效益及与此相关的诸多概念的运动，综合运用研究与叙述、分析与综合、逻辑与历史、定性与定量等分析方法，建立本书的框架结构。

企业是国民经济大系统中的经济细胞，是社会物质生产力的实体，是劳动要素组合的载体；企业作为具有一定自主权利、义务和利益的法人，是社会经济关系的集合点。无论在企业内部还是在企业外部，企业所有的活动，都是围绕产权关系的形成、运动和实现而展开的。把产权结构作为本书研究的逻辑起点，能够从复杂的经济关系中梳理出对企业绩效的产生具有决定意义的影响因素，并将它作为分析的主线，准确把握产权结构关系背后的多元利益主体关系及其要求，从而实现本书研究的目的。

本书共由七章构成。

第一章，企业产权与产权结构。从产权的含义入手，简要介绍了产权结构的内涵、外延及其类型，介绍了企业产权、产权关系属性及其形成。

第二章，产权结构与现代企业制度。论述了企业、企业制度及企业产权结构与现代产权制度、现代企业制度的关系。

第三章，公司治理模式及比较。从产权结构多元化的经济学含义入手，追溯了它的发端与在我国的形成和发展情况，分析了实现产权多元化的意义、基本条件和要求，对世界主要公司治理模式的特征、趋势进行了剖析。

第四章，产权结构、公司治理对企业绩效的影响。从经济绩效入手，介绍了它的含义、指标体系、评价标准、方法、原则以及影响因素。通过对企业绩效诸多影响因素的分析，明确了产权结构对企业经济效益的重大影响，并通过推理和实证，揭示了产权结构、公司治理与企业绩效之间的关系。通过对产权结构与交易成本分析，进一步论证了优化产权结构有利于企业绩效的提高。

第五章，我国国有企业绩效增长的产权制度选择。从股份制及其形成特征入手，分析了在产权多元化条件下，把股份制作为企业制度安排的客观必然性和必要性，分析了产权多元化条件下的投资主体选择问题，论证了大型国有企业可以根据企业内外部的制度环境和市场因素等情况，在机构投资者、国内私人资本和海外资本中，做出适应性的选择，实现产权结构合理化。探求了我国大型国有企业产权变革的路径依赖和制度选择，重点论述了我国大型国有企业选择整体上市模式的重要性和必要性。

第六章,我国国有企业的公司治理及制度创新。从作为经济制度安排的公司治理与一个国家的政治、经济、文化、法律、历史等因素的关联入手,论述了国有企业产权属性决定了国有企业的公司治理有其特殊性,重点分析了中国国有企业在完善董事会和外部监事会方面的模式比较和选择,为优化和完善中国特色国有企业的公司治理提供了重要的背景分析和理论依据,也为其他国家完善国有企业的公司治理提供了理论借鉴和制度选择。

第七章,结论。作为前六章的总结,归纳了本书的创新点,分析了本书的逻辑框架和研究结构,梳理了产权结构、公司治理与企业绩效之间的关系,指明了国有企业提高绩效的路径选择,为推进国有企业改革和发展提供了理论分析和实证支持。

第一章　企业产权与产权结构

一　产权

（一）产权的含义

经济学界对产权的定义有很多。经济学文献中对"产权"的定义也随着理论和实践的发展而不断丰富和完善。

《牛津法律大辞典》中的产权（property right）亦称财产权，是指存在于任何客体之中或之上的完全权利，它包括占有权、使用权、出借权、转让权、用尽权、消费权和其他财产有关的权利①。

佩杰威齐（1990）将产权定义为所有权，包括使用权、收益权、处置权和交易权四个方面的权利②。阿尔钦将产权界定为："产权是一个社会所强制实施的选择一种经济品的使用的权利。"诺斯认为"产权本质上是一种排他性权力"，既强调了产权的行为性——排他性行为，又强调了产权是人与人之间的关系——产权主体排斥他人的关系。I. 费希尔认为：

---

① 钱伟荣：《国有企业产权研究》，天津大学博士论文，2002，第8页。
② P. Pejovich S. , *The economics of Property Rights：Towards a Theory or Comparative Systems*, Kluwer Academic Publishers, 1990.

"产权是享有财富的收益并且同时承担与这一收益相关的成本的自由或者所获得的许可。产权不是物品，而是人与人之间由于稀缺物品的存在而引起的与其使用有关的关系。"①

德姆塞茨在《关于产权理论》一文中对产权的定义是，"所谓产权，意指使自己或他人受益或受损的权利。""产权是社会的工具，其意义来自这样一个事实：在一个人与他人做交易时，产权有助于它形成那些它可以合理持有的预期。"他一方面强调产权的行为性，即强调产权是被允许通过采取什么行为获得利益的权利；另一方面强调产权的社会关系性质，认为产权是社会工具，因为只有在人与人的交往中，界定物的所有者和权利才有现实可能和意义。

E. 富鲁普顿和佩杰威齐归纳经济学家关于产权的定义后认为："产权不是关于人与物之间的关系，社会中盛行的产权制度可以描述为界定每个在稀缺资源利用方面的地位的一组经济和社会关系。"②

还有学者认为产权是以法律的形式来反映财产的所有权关系。产权是关于财产关系的概念，通常，构成产权要素的有所有权、占有权、支配权、处置权和收益权等③。产权就是以财产所有权为基础，由所有制实现形式所决定，受国家法律保护，反映不同利益主体对某一财产的占有、支配和收益的权利、义务和责任，是一种关于财产所有、使用和出售的社会安排。

财产（property）是一切有价值的东西，其具体形式是随着社会经济的发展不断演进的。财产的形式是不断演进的，建立和行使产权也就成为一个要不断解决的问题④。有保障的个人产权导致了专业化和自由贸易。产权的存在是一切社会经济活动的基础。产权能够提供激励是因为产权使人们对使用和出售某种资源活动的后果负全部责任，承担决策失误造成的损失，同时获得资源有效使用带来的利益。

经济学的"产权"与法学的"产权"有所不同。经济学和法学是两

---

① 〔南〕斯韦托扎尔·平乔维奇：《产权经济学：一种关于比较体制的理论》，蒋琳琦译，经济科学出版社，1999，第28页。

② 黄少安：《产权经济学导论》，山东人民出版社，1995，第66页。

③ 钱伟荣：《国有企业产权研究》，天津大学博士论文，2002，第8页。

④ 孙义敏、杨洁：《现代企业管理导论》，机械工业出版社，2004，第6页。

门不同的学科，都属于意识形态的范畴，二者的研究内容都涉及财产和财产权利，即都以产权关系作为自己的研究对象之一，或基本上是对客观经济关系的描述和反映。由于研究的客观内容都是人们经济关系中的一个组成部分，因而两门学科中的产权概念以及对产权进行研究的功能，肯定有相同的方面。但是由于二者是不同的学科，即使面对同一客观对象，研究的角度、方法、使用的范畴含义也肯定不会相同，所起的作用也不一样。二者的差异主要体现在以下方面。

第一，对"财产"概念的使用不同。经济学没有把财产作为主要的理论范畴，偶尔使用也没有明确其内涵和外延。它对物（有形物或无形物）的概念是用"生产要素""生产资料和消费资料""劳动工具""劳动对象和劳动产品""物的因素和人的因素即劳动力"来表述的，实际上也是经济学对财产的分类。尽管没有把财产作为主要的理论范畴，但并不等于经济学不研究财产或其研究不涉及财产。

第二，虽然都是对客观经济关系的反映，但是，法律上的反映已经上升为国家意志，而经济学上的反映只是一般性的意识形态。正因为这一点，法律对客观的产权关系的反映就使产权获得了法权形式，起到保护既有产权关系的作用。而经济学没有这种直接作用，只是把客观存在的不为人们所认识或深刻认识的经济关系揭示出来，使人们能够认识现实，为制定政策和法律提供依据。

第三，法律侧重于对客观的财产权利关系的认可、保护和调整，它直接为处理财产权利关系服务，而经济学不具有这些作用。正因为这样，法学家、律师经常与具体的当事人打交道，而经济学家只能告诉人们客观上的产权关系是什么状况，将来会是什么状态。

第四，经济学对产权关系的反映完全是描述，尽管经济学理论研究的方法多种多样，但是就与研究对象的关系而言，只能是描述，没有保护、调整的作用。而法律虽然也主要是反映客观的产权关系，但是它在一系列理论指导下依靠国家强制力，可以在一定限度内规范或调整产权关系①。

---

① 本资料引自 www.aliqq.com.cn 网站的商务百科栏目，经过改编。

（二）产权的起源和发展

产权并非一个自然范畴，而是一个历史范畴①。在史前社会，人们生活在一个共同体中，没有私有财产。这是因为生活在共同体内的人们赖以为生的东西作为资源并非稀缺的，或者是因为财产的共同所有是节约交易费用的一种有效途径。随着历史的演进和技术的不断进步，资本变得稀缺了，财产的共同所有使得为保护稀缺资源所耗费的成本显著增加，于是共同体便逐渐瓦解了。首先是不准外来者使用共同体的资源，然后是制定规则限制共同体内部人员开发利用资源的程度，随之便出现了私有产权。

产权起源与资源的稀缺性有关。如果资源是取之不尽、用之不竭的，就不需要界定和保护产权。随着人口相对于资源的过快增长以及规模的不断扩大，相对于人的需求，资源变得稀缺了。如果没有一套法律上强有力的产权制度，则资源稀缺一方面导致资源的滥用，从当前和长期来看，资源也不可能得到最优的利用；另一方面，会加剧个人或群体之间在使用资源上的摩擦和对抗，出现用暴力手段占有资源及设置、维护某种排他性产权的现象。因此，当资源一旦稀缺到人们相互对抗的程度，产权的出现便不可避免，尽管产权的具体形式可能有很大的不同。

产权制度并不是人类社会从一开始就有的，而是经历了一个漫长的从无到有的形成和发展过程。其最根本的原因是产权制度所带来的利益的增加，使得产权制度的建立变得有必要。产权制度是在人口增长压力、资源稀缺程度、技术条件改变、经济规模扩展等因素的影响下形成的。它的出现促使人们以规范的合作交易的方式而不是暴力的方式来解决争夺和利用稀缺资源的矛盾，从而减少人们在经济活动中的不确定性，提高经济活动的效率。由于产权制度所带来的利益增加，因此产权制度的建立变得更加值得。

产权制度建立的原因是收益大于成本。由于界定产权本身也是有成本的，它需要人与人之间的谈判和辩论，因此，当界定产权的费用高于

---

① 刘红：《企业产权效率研究》，上海交通大学博士论文，2000，第 37~41 页。

它所带来的利益时，人们就不会建立产权制度。产权制度从无到有，从根本上说，是因为产权需要交易和人们追逐自身利益，使得产权制度的建立成为必要。

产权制度的建立和变迁影响了交易费用的大小。在某一产权没有归属的情况下，一个经济当事人若要利用这一资源获得好处，或避免他人运用这一资源对自己造成损害，就必须与这一资源的所有可能的使用者进行谈判；而当这一资源有了明确的归属后，谈判对象就会大大减少，从而大大降低了交易费用。明确了产权边界，有助于行为人在与他人交易时形成一个可以合理把握的预期，使人们的计划变得简单。因此，产权制度的建立和变迁成为推动经济增长和社会发展的一个重要变量。

产权制度是制度化的产权关系，是界定、行使和保护产权的一系列规则。产权制度是经济运行的基础，对生产组织形式、技术进步和经济效率有决定性作用①。

产权制度的经济学意义是减少不确定性，从而派生出降低交易费用、优化社会资源和减少外部性等功能。经济产出在很大程度上取决于控制人们经济行为的社会和政治规则。不同的产权结构对于国民财富是有明显影响的，例如，私有产权与市场交易相对应，而国有产权与计划管理相对应。产权制度的外在形式表现为一种法律，即由国家以法律的形式加以明确和强制执行，合法的产权受国家的法律保护。产权规范的法律形式要随社会、经济、文化、传统等多种因素的发展变化而调整，而且产权制度还需要一定的道德规范来补充，来维持其运行。

产权制度的发展与演变是与生产力发展水平相适应的。在商品经济尚不发达阶段，产权是与所有权等价的，一旦进入商品经济发达阶段，产权形式开始分解，经营使用权开始最终与所有权分离，所有权受到限制，而经营权则获得相对独立的形式。发展到今天，产权又走上了社会化的趋势，呈现诸多表现形式：一是股权分散化，股东大量增加，特别是大量劳动力持股成为亦劳亦资的混合型股东；二是持股团体化，各种

---

① 杨凡：《上市公司产权研究》，华中理工大学博士论文，2000，第 15～16 页。

基金会、社会团体持股形成颇有影响的团体股东及法人股东；三是产权合作化，比如合作社运动发展成为一种重要的产权形式。

产权制度随着生产力水平、生产方式、经济组织形式的变化而变化，因而必须对产权制度有意识地进行调整、安排和合理选择，使之适应现实的社会经济条件，从而实现要素的合理有效配置①。

国家在产权制度的建立和完善过程中具有重要作用。维护排他性产权的社会机制主要有以下几种类型：一是暴力或暴力威胁；二是价值体系或意识形态；三是习俗；四是由国家及其代理者制定的规则，包括宪法、成文法、习惯法、法令等。在一个没有政府的"自然状态"的社会中，个人和家庭依靠武力来维护产权的排他性的费用显然要大大高于在一个存在政府的"市民社会"中产权制度的运行成本。因为国家提供了一种更为有效的产权维护机制，使产权制度能够适应专业化高度发展、大规模市场、先进技术和密集生产方式下的复杂交换的需要，并能节约产权界定和保护的费用。所以，在现代市场经济中，国家在产权的界定和保护中发挥着重要的作用。

（三）产权的基本特征

综合经济学家关于产权的论述可以看出，产权至少具有三方面的特征。

首先，产权是一定历史阶段的产物。在远古时代人们可以自由地运用自然界的所有资源。人类发展到原始部落阶段才有了产权，其根本原因在于资源的稀缺。产权的第一种历史形态是原始公有，然后是以劳动者自己劳动为基础的私有产权的出现，再后来是以无偿占有他人劳动为基础的私人所有权的出现。在奴隶社会，奴隶主拥有一切，需要明晰产权的物品有一定限制。在封建社会，土地和土地产出物成为重要的交换物，土地和土地产出物的产权明晰成为必然。在资本主义社会，几乎一切东西都成了可交换的商品，包括劳动力，因此都需要产权界定。由此可以看出，产权经历了从无到有，从模糊到清晰的发展过程。

---

① 杨灿明：《产权特性与产业定位》，《经济研究》2001年第9期。

其次，产权是一个动态的概念。产权的各项权能最初是统一的，产权包含的所有权、使用权、收益权、处置权和占有权等权能最初是结合在一起的①。随着分工的发展和商品的出现，产权包含的各种权能开始分离，在现代社会，产权更多地表现为一组可以分离的权能束，例如土地的所有权和经营权的分离，房屋的所有权和使用权的分离，资本的所有权和使用权的分离等②。

再次，产权具有多元属性。产权作为人与人之间围绕财产而建立的经济权利关系，其基本属性内在地具有排他性、可交易性、有限性、可分解性、行为性等性质。

产权的排他性实质就是产权主体的对外排斥性或对特定权利的垄断性。

实际上，人与人之间对财产的权利构成竞争，对特定财产的特定权利只能有一个主体，保护特定的财产权利就是产权的排他性③。排他性激励着拥有财产的人将财产只用于带来最高价值的用途。

产权的可交易性是指产权在不同主体之间的转手和让渡。按交易内容或交易对象可以分为整体交易和部分交易。整体交易是对财产的全部让渡，并且是一次性的、永久性的。按交易时限或产权让渡时限可分为无限期交易和有限期交易，前者是即产权的永久让渡，后者是产权的有限期让渡。狭义所有权的交易和特定财产产权作为整体交易，必然是永久性让渡，即原有主体一旦让渡，就不可能再收回。狭义所有权以外的产权交易可以采取有限期交易方式，如借贷资本，就是资本所有者有限期让渡资本占有权、支配权和使用权。可交易性促使资源从低生产能力所有者向高生产能力所有者转移④。

产权的有限性包含着两个方面的含义：一是任何产权与别的产权之

---

① 钱伟荣：《国有企业产权研究》，天津大学博士论文，2002，第12页。

② 杨凡：《上市公司产权研究》，华中理工大学博士论文，2000，第15～16页。

③ 〔南〕斯韦托扎尔·平乔维奇：《产权经济学：一种关于比较体制的理论》，蒋琳琦译，经济科学出版社，1999，第30页。

④ 〔南〕斯韦托扎尔·平乔维奇：《产权经济学：一种关于比较体制的理论》，蒋琳琦译，经济科学出版社，1999，第31页。

间，必须有清晰的界限，即不同产权之间的界限；二是任何产权必须有限度，即特定权利的数量大小或范围①。

产权的可分解性是指特定财产的各项产权权利可以分属于不同主体的性质（见图 1-1）。例如，土地的狭义所有权、占有权、支配权和使用权可以分解开来。由于产权由权能和利益组成，所以产权的可分解性包含两个方面的意义，即权能行使的可分工性和利益的可分割性。产权的不同权能可由同一主体行使转变为由不同主体分工行使，就是权能的分解；相应的权利可以分属于不同的权能行使者，这就是利益的分割②。

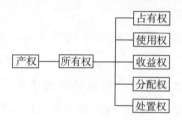

图 1-1　产权的可分解性

产权的行为性就是产权主体在财产权利的界区内有权做什么，不做什么，可以劝阻别人做什么，必须做什么等的性质。产权主体的每一种行为都由行为目标、行为过程、行为结果三个因素构成。

产权具有的多元属性特别是可交易性、可分解性和行为性等特征，对理解现代企业制度的起源、把握公司治理的内涵等都有十分重要的意义，是剖析和认识产权结构、公司治理与企业绩效关系的重要节点。

（四）产权的类别属性

所谓产权的属性，可以理解为产权及各种产权权利归属于特定的所有者或占有者。一般情况下，产权的属性主要有以下三种类型，即私有产权、共有产权和国有产权③。我国经济学家通常将公有制解释为国有制和集体所有制，按此理解，共有产权和国有产权都应包括在公有产权

---

① 钱伟荣：《国有企业产权研究》，天津大学博士论文，2002，第13页。
② 钱伟荣：《国有企业产权研究》，天津大学博士论文，2002，第13页。
③ 杨凡：《上市公司产权研究》，华中理工大学博士论文，2000年，第12页。

之中。

私有产权就是界定给特定个人的产权，其特点是主体单一，意志统一，产权物在使用和交易过程中不确定性很小，因此，私有产权交易费用较低，是一种效率较高的产权所有形式。虽然私有产权拥有一定的优越性，但是具有公共性的资源或资产由于"外部效果"和"搭便车"等原因，不宜采取私有产权形式。从资源配置的帕累托效率观点来看，这类资源或资产的公有产权或国有产权安排是相对有效率的。

共有产权也称社团产权，是共同体成员共同享有的产权。其特点是产权主体由多个成员组成，产权物在使用和交易过程中，有可能出现多种意志，造成很高的集体行动成本，因此不确定性较大，交易费用较高。此外，共有产权无论是使用还是不使用，都要支付一定的费用，即无论成员是否享有产权物的利益，都必须承担产权物的义务，结果导致没有人节约地使用共有产权的产权物。

国有产权就是把产权界定给国家，国家再按可接受的政治程序来决定谁可以使用或不可以使用这些权利。国家是一个集合概念，缺少人格化的代表。国有产权的权益通常由代理人行使，如果国家对代理人的行为缺乏充分有效的监督，而代理人又缺乏必要有效的激励，很可能使国有产权在使用和交易过程中的交易费用很高，导致国有产权低效运营。

与国有产权概念密切相关的一个术语是国有资产。所谓国有资产，可以理解为属于国家所有的一切财产和财产权利的总称。在我国，国有资产有广义和狭义之分。

广义的国有资产也称国有财产，可以理解为国家以各种形式的投资及其投资收益、拨款、接受捐赠和凭借国家权力取得的，或者依据法律认定的各种形式的财产或财产权利。广义的国有资产通常包括三个部分：一是国家以各种形式形成的对企业的投资及投资收益等经营性国有资产，二是国家向各级党的机关、各级政府及其派出机构、文化教育卫生科研等事业单位拨款形成的非经营性国有资产，三是国家依法拥有的以资源形态存在并能带来一定经济价值的资源性国有资产，包括土地、矿藏、森林、河流、海洋、滩涂、山岭、草原等（见图 1-2）。实际上，属于国家所有的资产比广义国有资产的范围要宽得多，通常认为，财产权包括物权、债权、股权和知识产权四种形态，因此，国家外汇储备、国家储备物资、国有典型标志、文物和文化遗产等，都属于国有资产。

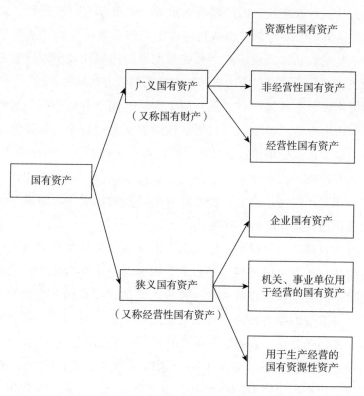

图 1 - 2 广义的国有资产

狭义的国有资产可以理解为国家作为出资者在企业中依法拥有的资本及其权益，又称经营性国有资产。狭义国有资产通常也包括三个部分：一是企业国有资产，二是行政机关与事业单位占有、使用和为获取利益而转作经营用途的资产，三是投入生产经营过程的国有资源性资产。企业国有资产又可以分为金融性国有资产和非金融性国有资产。金融性国有资产包括国有银行、证券、保险、基金等金融性机构的资产，非金融性国有资产主要指国有工商企业的资产（见图 1 - 3）。

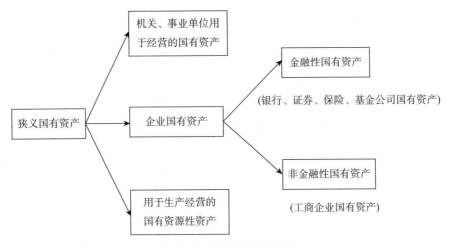

图 1 – 3 狭义的国有资产

研究产权结构、公司治理与企业绩效的关系，特别是研究国有企业产权制度变革与国有企业绩效提升的关系，有必要明晰国有企业资产与企业国有资产的区别。

所谓国有企业资产，可以理解为国有企业中的资产总额。显然，国有企业中的资产总额既包括国有资产，也包括非国有资产。国有企业资产＝所有者权益（国有股东权益＋其他出资人权益）＋债权人权益（银行等金融机构的权益）。在我国，通常统计意义上的国有及国有控股企业资产总额是指国有工商企业的资产总额，不包括金融性国有资产总额。

所谓企业国有资产，可以理解为企业中属于国有的资产。这里的企业可以是国有企业，也可以是非国有企业。企业国有资产＝国有股东权益（资产－其他股东权益－负债）。企业国有资产应包括国有及国有控股企业中的国有权益，还应包括国有参股企业中的国有股东权益。由于统计上比较复杂，在我国，通常只统计国有及国有控股企业中的国有权益。

从理论上和实践中把握国有企业资产与企业国有资产的区别，对实现政府职能与国有资产出资人职能的分离，对国有企业的所有权与经营权分离，对研究和探索国有企业改革和国有资产管理体制改革的成功路径，都具有重要意义。

与国有产权密切相关的还有一个术语是国有资本。如果把资本界定为能够产生经济价值的资源，则国有资本是指能够产生经济价值的国有资产。在这个意义上，国有资本与经营性国有资产的内涵是一致的，但国有资本更重视国有资产的资本属性，更重视国有资产的投资回报。

正如存在着私人商品和公共商品一样，也存在着私有产权和公有产权这两种不同性质的产权。公有产权制度在市场经济条件下的一个突出功能就是弥补市场的不足和缺陷，因为私人出于理性动机和自身利益的驱使，很难将自身有限的资源用于公益服务方面，于是社会就要求用公有财产制度来弥补这一不足和缺陷，以促进社会总福利的增加。

产权是一种社会强制实施的经济品使用权利，私有产权将这种权利分配给某个特定的人，并可以与类似权利相交换①。公有产权是与"生产资料私有制"相反的模式，物质资本和财务资本都归公有主体支配。同时，公有主体只能作为不可分割的产权所有者整体性地存在，不允许以任何形式分解为个人产权。因此，对于私人而言，使用公共财产的权利是没有明确界限的，任何人都无法排斥他人的使用，大家可以为使用权而自由竞争。

二　企业产权

（一）企业产权的含义

传统的企业产权专指资本的所有权，即股东对企业拥有的基于出资额而形成的权利。从所有者的角度可以将企业划分为四种类型：个人所有，企业属于某个人或某个家族；集体所有，如有限公司和股份公司；机构所有，如美国的基金持股和日本的法人持股；国家所有，由国家或政府直接控股。

传统意义上的企业产权不等于企业法人产权，因为股东仅拥有企业资产负债表中的所有者权益部分的权利。企业法人产权是指对企业总资产的权利，不仅包括控股股东的权利，而且包括少数股东的权利，还包

---

① 程保平：《产权新论——经济学若干重大问题重新解释》，武汉大学博士论文，2001，第11~12页。

括企业负债形成的部分权利。企业法人产权不但对企业的总资产拥有产权，而且对企业的员工、企业的工业产权等拥有支配权。因此，广义地说，企业法人产权是企业所有要素包括企业资本、企业员工、企业无形资产等权利的集合，是一种集体权利，可以理解成企业要素所有者通过企业契约形式将各自拥有的要素初始产权进行了置换和重组。企业要素的初始产权转化成了企业产权，并构造了相应的企业制度及其治理结构。如果将企业产权定义为企业法人产权，那么企业产权的内涵也应当广义化，企业产权不应是资本这个单一要素的所有权，而是企业所有要素包括资本、管理、劳动、无形资产、工业产权等的所有权集合。换言之，企业要素所有者通过一定的契约将各自拥有的要素初始产权转化成对企业产权的拥有①。

现代企业理论认为，企业是人力资本和非人力资本的一个特别合约。如果以企业为分界线，这些独立要素的所有者可分为两类：第一类是企业的内部人员，包括人力资本的所有者（如工人、工程管理人员、企业家等）、实物资本所有者（非人力资本所有者，如股东、债权人等）以及实物资本与人力资本的双重所有者（如拥有企业股份的工人、管理人员和债权人等）；第二类是供货商和客户等。按照这种分类方法，企业产权有三种类型：实物资本所有者享有企业产权、人力资本所有者享有企业产权以及客户享有企业产权②。

现代企业产权制度是人类社会经济长期发展的结果。从私有财产的出现到市场经济的确立这几千年的历史中，产权一直仅仅被视为一个法律上的概念，指的是财产的实物所有权，它侧重于对财产归属的静态确认和对财产实体的静态占有，基本上是一个静态化的范畴。而在市场经济高度发达的时期，这一法律意义上的产权概念已经日益深化，其含义比原来宽泛得多，它更侧重于从经济学的角度来理解和把握，侧重于对财产实体的动态经营和财产价值的动态实现，它不再是单一的所有权，而是以所有权为核心的一组权利。这样，在现代经济中，就以企业所有

---

①　杨凡：《上市公司产权研究》，华中理工大学博士论文，2000，第20页。

②　刘红：《企业产权效率研究》，上海交通大学博士论文，2000，第90页。

权制度为核心，演绎出一套与之密切相关的制度体系，形成了现代企业产权制度。

（二）企业产权关系的形成

现代经济学家普遍认为，市场和企业都是配置资源的方式。科斯创造性地提出了交易费用理论，他把企业出现和存在的根本原因解释为企业的交易费用低于市场。实际上，社会分工细化和专业化程度的提高也是企业出现和存在的动因。科斯认为"对产权的划分是市场交易的基本前提"①。现代企业制度有效运作的一个基本前提就是产权明晰，不同投资主体、不同资金来源及产权权能的分离就形成了企业的产权关系。

企业的资产负债表体现了企业的产权结构。资产负债表中的资产是一种能给企业带来经济利益的资源，为企业所拥有或控制，体现了产权的排他性，它是各产权主体权益的总和。资产负债表中的负债和所有者权益分别体现着债权人和所有者的权益，因此，一些经济学家通常也将企业的融资结构称为产权结构。

三　产权理论及其争论

（一）马克思的产权理论

在社会科学发展史上，马克思是一位十分重要的对产权理论进行过深入研究的社会科学家。马克思最初是攻读法学专业的，这使他能从法的角度深刻揭示产权的实质和内容，此后对政治经济学的研究使他充分认识到法学上的产权关系和经济学方面的生产关系之间的内在本质联系。马克思对产权理论的研究和成果主要体现在以下几个方面。

一是论述了产权的本质。在马克思看来，产权是以法律形式存在的所有权。他指出："只是由于社会赋予实际占有的法律的规定，实际占有

---

① Ronald H. Coase："The Federal Communications Commission"，*The Journal of Law & Economics*，October，1959.

才具有合法占有的性质，才具有私有财产的性质。"①财产关系只是生产关系的法律用语。"法律关系正像国家的形式一样，既不能从他们本身来理解，也不能从所谓人类精神的一般发展来理解，相反，他们根源于物质生活关系。"②马克思又说："这种具有契约形式的（不管这种契约是不是用法律固定下来的）法权关系，是一种反映着经济关系的意志关系。这种法权关系或意志关系的内容是由这种经济关系本身决定的。"③

二是分析了产权的起源。马克思提出，产权最初表现为人们在经济交往中形成的习惯或普遍接受的规则和行为方式。之后，这些习惯或规则的受益者为强化和保护由此而来的既得利益，要求以法律形式进行硬性约束，形成法权。对此，恩格斯进行了诠释，指出："在社会发展某个很早的阶段，产生了这样的一种需要：把每天重复着的生产、分配和交换产品的行为用一个共同规则概括起来，设法使个人服从生产和交换的一般条件。这个规则首先表现为习惯，后来便成了法律。"④

可见，产权的经济属性和法权属性两者缺一不可，但又不是并列的关系，而是在时间上有先后，层级上有主次，先有经济关系，后有法权关系；同时，法权关系必须以经济关系为基础。马克思提出："每当工业和商业的发展创造出新的交往形式，例如保险公司等等的时候，法便不得不承认它们是获得财产的新方式。"⑤

在人类社会发展史上，随着人们物质生活生产关系的变化，产权形态不断地发生变化。产权的最初或称原始形态是对自然条件的占有。"人把他的生产的自然条件看作是属于他的，看作是自己的，看作是与他自身的存在一起产生的前提，把他们看作是他本身的自然前提，这种前提可以说仅仅是他身体的延伸。"⑥可见，产权的最初或原始形态是直接的公有制。

---

① 《马克思恩格斯全集》第 1 卷，人民出版社，1979，第 382 页。

② 《马克思恩格斯选集》第 2 卷，人民出版社，1995，第 698 页。

③ 《马克思恩格斯全集》第 23 卷，人民出版社，1972，第 102 页。

④ 《马克思恩格斯选集》第 2 卷，人民出版社，1972，第 538 页。

⑤ 《马克思恩格斯全集》第 3 卷，人民出版社，1975，第 72 页。

⑥ 《马克思恩格斯全集》第 46 卷（上），人民出版社，1975，第 491 页。

随着人类对客观世界认识能力的提高，构成财产的内容已经从自然存在的原始要素发展为由劳动生产出来的要素，具体内容主要是生产工具。对劳动工具的所有，标志着产权的第二形态。马克思说："这是第二种历史状态，他按其本性只是作为第一状态的对立物，或者可以说，同时作为已经改变的第一种状态的补充物，才能存在。"①产权的第二存在形态是劳动者对劳动工具的直接占有，其性质与原始形态的产权没有本质上的差别，所不同的是在产权关系的物质内容上包含了生产工具。这一历史时期的所有权"是以劳动者自己劳动为基础的私有制和私人所有权。"②

生产力的发展，引起社会分工和劳动产品交换的发展；社会分工和劳动产品交换又促进生产力的进一步发展，人们的劳动产品出现了剩余，使产品占有上的不平等有条件产生。一些自然条件好的，拥有较多生产资料和生活资料的部落或家庭，把战俘或贫困氏族成员作为奴隶。在这种状态下，劳动者只是生活资料的所有者，土地和劳动工具甚至连劳动者本人都归统治者所有。这就是被马克思称为第三种产权形态的特征。"这种形式实质上是奴隶制和农奴制的公式。"③第三种形态实质上是以无偿占有他人劳动为基础的资本主义以前的私有制和私人所有权。

随着社会生产力的发展，资本主义生产方式得以确立，资本主义的产权形式产生。在资本主义产权形式下，劳动者已经成为自由人，他们一无所有，没有生产资料所有权，也没有生活资料所有权，唯一所有的是自己的劳动力的所有权。马克思说："在资本的公式中，活劳动对于原料、对于工具、对于劳动过程中所必需的生活资料，都是从否定的意义上即把这一切都当作非财产发生关系。"④也就是说，劳动的客观条件和主观条件都成了劳动者的非财产或非劳动者的财产，成了资本家的财产。我们把以无偿占有他人劳动为基础的资本主义产权关系称为产权的第四种形态，或直接称为资本主义的产权形态。

---

① 《马克思恩格斯全集》第 46 卷（上），人民出版社，1975，第 501 页。
② 《马克思恩格斯全集》第 23 卷，人民出版社，1972，第 829 页。
③ 《马克思恩格斯全集》第 46 卷（上），人民出版社，1975，第 502 页。
④ 《马克思恩格斯全集》第 46 卷（上），人民出版社，1975，第 500 页。

　　资本主义的产权形式其表象显示其平等性。无论是在商品市场还是劳动力市场上，交换主体的身份都是平等的，都是在法律上平等的人。但是，在资本主义的产权形式中，所有权对资本家和工人具有完全相反的意义。马克思认为，所有权对于资本家来说，表现为占有别人无偿劳动或产品的权利；而对于工人来说，则表现为不能占有自己的产品。在资本主义的产权形式中，财产是"过去的或客观化了的他人劳动。"①实质上是对过去无偿劳动的占有。在这种产权形式下，所有者不仅有占有别人无偿劳动或产品的权利，而且转化为日益扩大地占有别人无偿劳动或产品的权利。

　　三是阐述了产权的形式和特征。马克思系统分析了历史上曾经出现过的各种产权形式后，指出产权是包括所有权、占有权、支配权、使用权和收益权等权能形式在内的一组权利束。这里所说的所有权指财产权利的排他性所有，是狭义的所有权。占有权是指实际使用财产进行生产活动的权利。马克思说过："实际的占有，从一开始就不是发生在对这些条件的想象的关系中，而是发生在对这些条件的能动的、现实的关系中，也就是实际上把这些条件变为自己的主体活动的条件。"②支配权（或称管理权）是在一定界限内对运营一定量财产、资本或价值所从事的生产或市场活动进行具体组织管理的产权权项。使用权是产权主体利用、改变或消费客体的权能。收益权是对一定财产、资本或价值运营收益的要求权或索取权，它通常不是一项独立的权利，而是与前四项权能相伴而生的，是在行使上述权能的基础上，各权能主体要求获得收益的权利。产权具体形式诸如所有权、占有权、支配权、使用权和收益权等，既可以统一于同一权利主体，也可以分别归属于不同主体，采取分离的形式或进行不同的权利组合。产权集中于同一权利主体是一种与自然经济相适应的产权形式，马克思分析了资本主义以前的生产方式，指出独立的农民和个体生产者都属于这种产权形式。随着社会化大生产的发展，资本主义企业中所有权与支配权开始分离。"资本主义生产本身已经使那种

---

①　《马克思恩格斯全集》第 46 卷（上），人民出版社，1975，第 454 页。

②　《马克思恩格斯全集》第 46 卷（上），人民出版社，1975，第 493 页。

完全同资本所有权分离的指挥劳动比比皆是。因此，这种指挥劳动就无须资本家亲自担任了。"①

在产权分离的条件下，各项权能又可以有不同的组合形式。在资本主义土地租赁经营条件下，土地财产的所有权、占有权和使用权是分离的。马克思说："正如土地的资本主义耕种要以执行职能的资本和土地所有权的分离作为前提一样，这种耕种通常也排除土地所有者自己经营。显然，土地所有者自己经营纯粹是偶然的情况。"②这种土地所有权和占有权的分离，就是"资本和土地的分离、租地农场主和土地所有者的分离。"③马克思还说："在劳动地租、产品地租、货币地租（只是产品地租的转化形式）这一切地租形式上，支付地租的人都被假定是土地的实际耕作者和占有者，他们的无酬剩余劳动直接落入土地所有者手里。"④

随着资本主义信用制度的发展，所有权进一步和占有权分离。在间接融资条件下，资本的所有权分解为储户的"资本所有权"及银行的"借入资本所有权"，资本的占有权为资本家所有，支配权由经理人掌握。马克思指出："但是一方面，因为执行职能的资本家同资本的单纯所有者即货币资本家相对立，并且随着信用的发展，这种货币资本本身取得了一种社会性质，集中于银行，并且由银行贷出而不再是由它的直接所有者贷出；另一方面，又因为那些不能在任何名义下，既不能用借贷也不能用别的方式占有资本的单纯的经理，执行着一切应由执行职能的资本家自己担任的现实职能，所以，留下来的只有管理人员，资本家则作为多余的人从生产过程中消失了。"⑤在直接融资条件下，资本归全体股东所有和占有，董事会掌握"借入资本所有权"，董事会和经理共同拥有支配权。

四是提出了公有产权的实现形式可以是多样性的。马克思在研究亚细亚土地所有制时分析了公有制产权形式。在这里马克思特别强调了公

①《马克思恩格斯全集》第 25 卷，人民出版社，1974，第 435 页。
②《马克思恩格斯全集》第 25 卷，人民出版社，1974，第 847 页。
③《马克思恩格斯全集》第 25 卷，人民出版社，1974，第 847 页。
④《马克思恩格斯全集》第 25 卷，人民出版社，1974，第 904 页。
⑤《马克思恩格斯全集》第 25 卷，人民出版社，1985，第 436 页。

有产权实现形式的多样性，指出："这种以同一基本关系（即土地公有制）为基础的形式，本身可能以十分不同的方式实现出来。"①在土地国有的情况下，产权仍然可以是分离的，"如果不是私有土地的所有者，而像在亚洲那样，国家既作为土地所有者，同时又作为主权者而同直接生产者相对立，那么，地租和赋税就会合为一体，或者不如说，不会再有什么同这个地租形式不同的赋税。……在这里，国家就是最高的地主。在这里，主权就是在全国范围内集中的土地所有权。但因此那时也就没有私有土地的所有权，虽然存在着对土地的私人的和共同的占有权和使用权"②。

五是论述了产权形式与生产方式的关系。马克思提出产权形式要求与生产方式相适应。马克思认为产权起源于社会生产实践活动，是一个随生产力发展不断变化的历史过程。马克思指出："人们借以进行生产、消费和交换的经济形式是暂时的和历史性的形式。"③这是因为生产力作为社会生产中最活跃的因素，处于不断运动变化的状态之中，而"各个人借以进行生产的社会关系，即社会生产关系，是随着物质生产资料、生产力的变化和发展而变化和发展的"④。因此，"社会物质生产力发展到一定阶段，便同它们一直在其中活动的现存生产关系或财产关系（这只是生产关系的法律用语）发生矛盾。于是这些关系便由生产力的发展形式变成生产力的桎梏。那时社会革命的时代就到来了"⑤。马克思认为产权演变的动力来源于生产力和生产关系这一对范畴所形成的社会运动，当旧的生产关系不能适应新的生产力水平并阻碍了生产力发展的时候，新的与生产力相适应的生产关系就将取代原来的生产关系。在此基础上，必将形成新的产权形式。因此，一个时代的产权形式是与这一时代的生产方式相适应的。

六是分析了所有权与收益分配的关系。马克思在揭示剩余价值生产

①　《马克思恩格斯全集》第 46 卷（上），人民出版社，1979，第 472～473 页。

②　《马克思恩格斯全集》第 25 卷，人民出版社，1974，第 891 页。

③　《马克思恩格斯选集》第 4 卷，人民出版社，1995，第 532～533 页。

④　《马克思恩格斯选集》第 1 卷，人民出版社，1972，第 363 页。

⑤　《马克思恩格斯选集》第 2 卷，人民出版社，1995，第 32～33 页。

的秘密时曾经提出，剩余价值是雇佣劳动者创造的，生产剩余价值的秘密在于劳动力成为商品。职能资本家作为剩余价值的第一个占有者，凭借的是他们所拥有的生产的组织和管理权。货币所有者和土地所有者拥有的法律意义上的货币所有权和土地所有权并不会为它们的所有者创造出剩余价值。马克思在研究资本主义制度下的收入分配关系时发现，作为剩余价值转化形式的利润的第一个占有者并不是它的最后所有者，依照法律，货币资本所有者和土地资本所有者，虽然没有直接参与利润的生产，但也都要与在生产过程中执行职能的资本家一起分配利润。这样，剩余价值则被分割为工厂企业主收入、商人利润、银行家利息和土地所有者的地租。

马克思指出："资本（并且土地所有权，资本把它当作自己的对立物包括在内）本身已经要把一种分配假定作为前提，那就是劳动者的劳动条件要被剥夺，那些条件要在少数个人手中集中，那一些人又对土地拥有排他的所有权。"①

马克思在分析产权与收入分配关系时，还发现这样一个问题：货币银行家和土地所有者的收益分配权的基础是货币和土地所有权；而职能资本家并不拥有转化为资本的货币和土地的所有权，职能资本家对企业主收入的索取权来自他对资本的使用权或支配权，来自他在生产过程中执行着生产管理的职能。职能资本家通过支付利息和地租取得货币资本和土地资本的使用权，通过支付工资取得对劳动力的支配权，按照资本主义社会的法律规定也就取得了对剩余价值或利润的占有权。

此外，马克思还对所有权及由所有权所决定的收益分配权继承问题阐述了自己的看法。他认为，在存在私有产权的社会条件下，所有权、收益分配权可以继承，"废除继承权不会使社会革命开始，而只会使社会革命完蛋。"②他还认为，继承权的消亡是对生产资料私有制进行社会改造的自然结果，而绝不能倒过来。

---

① 《马克思恩格斯全集》第25卷，人民出版社，1974，第921页。
② 《马克思恩格斯全集》第16卷，人民出版社，1974，第652页。

（二）西方产权理论的基本论点

西方产权理论是西方经济学的重要组成部分。普遍认为，西方现代产权理论的系统提出是在 20 世纪 30 年代，其标志是 1937 年科斯发表的《企业的性质》一文。此后，德姆塞茨、阿尔钦、菲吕博腾等许多经济学家参与到产权理论的研究之中，提出了一系列新的理论和观点，推动了产权理论的发展和完善。

1. 关于产权的定义

科斯认为"产权是对（物品）必然发生的不兼容的使用权进行选择的权利的分配。它们不是对可能的使用施加的人为的或强制性限制，而是对这些使用进行选择时的排他性权利分配"。科斯的定义指出产权是对使用权的选择权，这种选择权是具有排他性的。科斯的产权理论最初是从研究外部性即私人收益与社会收益的不一致性入手的，他所说的产权的使用权并非单纯指具体物的使用权，还包括在物权基础上所产生的外部收益或损失的承担权，关注的是对此承担权在利益相关者之间的不同分配所产生的不同后果。

德姆塞茨和阿尔钦的产权定义则更强调界定产权的意义。德姆塞茨指出："产权是一种社会工具，其重要性就在于事实上它们能帮助一个人形成他与其他人进行交易的合理预期。这些预期通过社会的法律、习俗和道德得到表达。产权的所有者拥有他的同事同意他以特定的方式行事的权利。"这种按特定方式行事的权利将进一步"界定人们如何受益及如何受损，因而谁必须向谁提供补偿以使他修正人们所采取的行动"。阿尔钦认为"产权是一个社会所强制实施的选择一种经济品使用的权利"。他进一步指出，产权是"授予特定的个人某种'权威'的方法，利用这种权威可从不被禁止的使用方式中，选择任意一种对待物品的使用方式"。

贝尔和尼科尔森特别强调了产权的法权性质，并且指出产权是一组权利束，是围绕所有权衍生出来的有关财产权利的划分和组合。贝尔指出："在法律上，产权的实质就是不同所有者不让除他自己以外的任何人占有、使用、控制某物的能力，是意志的专有领域，是使用或滥用的权利。"尼科尔森认为："产权是所有者和所有权的各项权利的法律安排。"

菲吕博腾的产权定义更接近产权的本质，他认为："产权不是人与物的关系，而是由于物的存在和使用而引起的人们之间的一些被人认可的行为关系。社会上盛行的产权制度便可描述为界定每个人在稀缺资源利用方面的地位的一种经济关系。"

2. 关于理论取向

西方产权思想的渊源最早可以追溯到古典经济学。亚当·斯密曾指出："每个人都不断地努力为他自己所能支配的资本找到最有利的用途。固然，他所考虑的不是社会的利益，而是他自身的利益，但他对自身利益的研究自然会或者毋宁说必然会引导他选定最有利于社会的用途。"由他所代表的阶级本性所决定，亚当·斯密的思想取向是私有制，并认为这是天经地义的。因此古典经济学（包括新古典经济学）都没有把产权的私有作为研究的重点对象，但私有制天经地义的思想一直影响到当代。

重新将产权理论引入经济学的是制度经济学派的奈特和康芒斯。奈特在1921年发表的《风险、不确定性和利润》的著名文章中，指出新古典经济学有关人是完全理性的假设并不完全成立。他承认人的天性中包含有投机、冒险、机会主义行为等特征，因此经济制度中充斥着道德上不负责任的随意性。因此，经济学的任务是建立制度，约束机会主义行为，增强人的行为理性。奈特认为现代企业制度以私有产权明晰为特征，由资产所有者支配企业并对其冒险行为承担资产责任；支配权与风险责任的对称，客观上可以起到限制机会主义行为的作用。与奈特同时代的康芒斯于1934年出版了《制度经济学》一书，书中将市场经济中人们相互之间所有冲突和联系的起因都归结为产权交易，而交易的有效性取决于交易秩序，交易秩序建立的前提则是从法律上明确私有产权的排他性，法律上对私有产权排他性越肯定，产权交易秩序的有效性越强。因此与亚当·斯密一样，奈特和康芒斯都是主张私有产权的。

1960年科斯发表了《社会成本问题》一文，文中科斯就外部性市场失灵问题对传统理论提出挑战，强调指出政府管制不是克服外部性市场失灵的唯一手段，私有产权下的市场具有克服自身外部性缺陷的功能。如果不考虑交易成本，无论法律将产权最初分配给谁，只要私有产权界定是清晰的，产权交易就可以无成本地实现外部性的内部化，从而达到资源配置的最优，而无需政府采取减税或补贴措施。这就是人们通常所说的科斯第一定理。科斯第一定理的意义在于拓宽了市场机制有效性的适用范围，使外部性不再成为市场失效的理由。但科斯本人也认识到交易成本为零是一个并不现实的假设，因此他说："当交易成本大于零时，交易双方调整合同协议以致产值最大化的积极性将会消失。至于消失的是哪些积极性，要看执行的是哪些法律，因为法律决定着必须签订哪种合同，才能造成产值最大化的行动。而不同的法律原则会导致不同的结果，因此判断具体结果如何不能靠直觉，而要具体问题具体分析。"这就是人们通常所说的科斯第二定理。科斯第二定理实际是说在有交易费用的情况下，产权交易不能完全实现帕累托效率，人们只能在法定的范围内做有限的调整；或者因为调整所需要的交易成本过高而只能容忍现状；或者只有改变法律上的规定。法律规定对资源配置的重要性使科斯第一定理中私人产权市场的作用大打折扣。

继科斯之后，开始有大批的西方经济学家将产权研究的兴趣放在所有制问题上，德姆塞茨是其中的代表。德姆塞茨认为，提供外部性内部化的激励是产权在促进资源配置效率方面的作用，而公有产权边界模糊是许多外部性产生的原因。他以土地所有制为例，指出共有土地条件下每一个人在实现公有权利价值最大化时所产生的成本和收益不会全部集中于他自身，其他成员会为其承担一部分成本或分享一部分收益，如过度放牧或过度劳作导致动物存量和土地的丰瘠程度迅速下降的损失是由共同体的所有成员分担的，个人只承担其中的一小部分。在德姆塞茨看来，公有产权的非排他性是注定要导致公有土地滥用的。这就是哈丁所说的"公地的悲剧"。而在私有产权条件下，过度放牧或过度劳作造成的后果要全部由私有土地所有者一个人承担，为此他必须要考虑未来的成本和收益并确定适当的土地集约化使用程度，这样外部性随着产权的私有化就被内部化了。

当然，私有化可以减少外部性并不是说私有产权条件下不存在外部性，例如，在私有土地上建水坝仍会引起邻近土地水位下降，产生外部性。为此，德姆塞茨进一步指出，与公有产权条件下相比，私有产权将这一外部性内在化的成本大大降低。这是因为公有产权条件下，随着产权主体的增多，一项外部性会侵蚀许多人，由此产生的"搭便车"行为会提高谈判和签约成本。德姆塞茨在修筑水坝的例子中指出："假定一个共有权利的所有者在犁田的过程中，看到第二个共有者在相邻的土地上建水坝，而这位农民更需要水像原来那样流入田里，因此他要求建坝者停止筑坝。筑坝的人说道，'要我停止你得付费。'农民回答说，'我很乐意向你付费，但是你怎样能保证给我回报？'筑坝的人回答，'我可以向你保证我不继续筑坝，但是我不能保证另一个人不继续这一工作，因为这是一种共有财产，我没有权利排斥它。'"德姆塞茨对此评价说："这种在私有财产安排下的两个人之间如此简单的谈判，我相信，这是单个的财产所有者要优于多个财产所有者的一个基本解释。事实上，所有者数量的增加，就是财产共有性的增加，它一般会导致内在化的成本增加。"

3. 对私有产权理论的质疑

总的来看，西方产权理论的取向是主张产权私有化，但也有一些经济学家对此提出质疑。

质疑之一：纯粹私有产权的存在及在降低交易费用方面的作用

围绕科斯定理的争论自科斯定理提出伊始就从未停止过。科斯希望通过产权私有化来解决外部性问题，在许多经济学家看来并不现实并提出质疑。一些经济学家认为科斯定理中的纯粹私有产权是不存在的，以消除外部性为目的的私有产权界定只会导致新的外部性。因为在相互联系的经济中，一方私有产权的绝对化行使，客观上可能损害另一方或其他诸方的产权利益，即一方产权绝对化可能会导致新的产权界定不清，造成新的外部不经济，从而增大社会成本，使个别厂商的利润最大化目标与整个社会的资源配置的帕累托目标相冲突。正如巴泽尔所说："每次交易都会使一些财富外溢为共同财产，也总会有人花某种代价占这个便宜。"考虑到交易之后产生的新的外部性，科斯的交易成本概念就是不全面的，也就是说科斯只考虑到产权界定或交易过程中的摩擦成本，而没有考虑该种产权界定方式相对于其他界定方式的机会成本。对此问题巴泽尔在分析"单一所有权"时做了补充，他划分了两种交易成本。第一种交易成本是指因生产性资本所有权错位（即劳动者与生产资料分离，双方必须进行交易才能组织生产）所付出的交易成本，这种交易成本与科斯的交易成本属同一范畴；第二种交易成本是指当个人拥有全部所需的生产资料，但因缺乏分工所受到的损失，是相对于生产性资本所有权错位时的机会成本。产权私有化可以节约第二种交易成本，而损失第一种交易成本；单一所有权则可以节约第一种交易成本，损失第二种交易成本。因此科斯定理中交易成本概念不全面会导致以交易成本高低为基础的产权制度比较不准确，为此"应该对事前事后的协议特性都进行考察"。一些经济学家还提出，即便是私有产权可以绝对界定，也不一定会降低交易费用，因为产权绝对私有化会形成产权垄断，垄断者之间的博弈行为不仅不会降低交易费用，还会导致市场的不确定性或市场失灵。

质疑之二：所有制是不是判断经济绩效的依据

与私有化的倡导者不同，一些西方经济学家认为公有经济在经济绩效方面并不必然低于私有经济。英国两位学者林史卓顿（H. Stretto）和莱昂内尔奥查德（L. Orchard）认为在判断私有经济和公有经济有效性方面必须首先设定正确的判断标准。如果以效率为标准，现实中大量存在的成功的公有企业说明公有制并不等价于低效率。澳大利亚学者泰腾郎（Tittenbrun）对此曾作过经验分析，他对 85 篇有关产权与经济效益的论文进行了总结，其中有 15 篇证明国有企业比私有企业效率高，15 篇认为无差异，因此至少从统计学角度看私有制比国有制更有效的命题不能成立。如果以效果为判定标准，则公有经济比私有经济更注重效率与效果之间的平衡，甚至会以牺牲效率为代价来追求社会效果。如果公有企业在完成不适合私有企业从事的任务时显示出低效率，而社会效果是好的，则这种低效率不应当成为反对公有经济的理由。其次，私有企业的激励机制也不必然优于公有企业。因为对一般企业员工的激励因素主要包括对金钱的欲望、晋升的追求和解雇的恐惧，而这三项因素在私有企业和公有企业中几乎没有什么差别。在对管理者的激励方面，由于公有企业在追求效率的同时还有多重社会目标，所以公有企业经理与政府的关系比私有企业中经理与股东的关系要复杂，经理的经济绩效也更难以评价，但这些都不能说明股东对经理的监督效率一定高于政府对企业经营者的制约效率。强调所有者对公司法人的有效监督，即强调委托者的利益，则与公司利益相关的其他主体的利益必然受到忽视，造成其他主体积极性降低。另外，代理人或经理过于强调委托者的资产增值，可能会不顾企业的长远利益，而委托者从自身利益出发也可能存在对公司或代理人的败德行为。贝利和米恩斯（Blair & Means）从现代公司制的发展看，股权日益分散化，私有企业管理者不但掌握着生产经营的决策权，而且其劳动报酬也不是根据其经济绩效由股东决定的，而是由经营者自主决定，经理人员的报酬激励与其努力程度之间的相关性大大地低于主流经济学家的设想。至于认为公有企业存在预算软约束，政府挽救低效率企业以至于影响效率的观点，史卓顿、奥查德认为这种观点的错误在于假定市场淘汰低效率企业是没有成本的。事实上，市场在淘汰企业的过程中，破产、兼并、重组都不是一瞬间可以完成的，其中要经过一个漫长的过程，消耗大量的资源，成本也许很高。而政府的挽救行动如果奏效则可以避免这些成本，因此这种干预行动本身也可能是有效率的。

质疑之三：产权制度的决定性作用

进入 20 世纪 90 年代以后，超产权理论以其完整的理论体系和无可辩驳的经验分析对传统的私有产权理论提出了严峻挑战。该理论认为，在促使企业追求经济效益方面，市场竞争比产权更富有决定性作用。面对变化的竞争环境，企业为求生存必须不断完善内部治理机制，而产权改革充其量只是企业改变其内部治理机制的手段之一。超产权理论以竞争理论作为逻辑起点，该理论包括竞争激励论、竞争发展论、竞争激发论和竞争信息完善论四个方面。竞争激励论认为竞争能产生三个方面的隐含激励：第一是信息比较动力，即竞争可以让经营者的能力和努力程度通过市场比较成为公开的、易识别的信息，从而更有效地监督和激励经营者。第二是生存动力，即竞争为经营者提供了两种结局——生存或死亡，经营者为了生存必须努力奋斗，提高效益。第三是信誉动力，即竞争成败是对经营者能力认定的最好手段，为建立个人信誉，经营者必须努力工作，争取成功。竞争发展论包括生存竞争筛选论和企业发展论。前者指竞争的优胜劣汰作用，市场竞争使效益的好坏对企业有了直接的、决定生死的意义；后者指正是有了竞争的优胜劣汰作用，效益好的企业才有可能在效益差的企业被竞争淘汰的情况下发展市场，扩大规模。竞争激发论探讨了决定企业竞争的基本因素，认为只要企业的目标利益存在冲突，短期违约利益大于长期合作利益，竞争力强的企业愿意竞争，竞争就会被激发，从而否定了只有私有企业占主导的时候才能引发竞争的论点。竞争信息完善论指在信息不对称情况下，比较竞争有利于完善信息。由竞争理论可以看到，竞争的激发以及由竞争而产生的激励结果与所有权归属无关。任何所有制条件下，只要存在引发竞争的条件，竞争所产生的生死抉择就会迫使企业努力提高经济效益。经济效益的提高有赖于企业完善内部治理机制，超产权理论并不排斥产权影响治理机制的短期结论，认为在短期内由于市场竞争还未达到最后均衡，企业之间会存在机制和效益的差别，这种差别可能受产权归属或其他因素影响，但这种差异最终会被竞争消除掉。

超产权理论在批驳私有产权有效论时指出，剩余索取权和资产的排他性占有虽然可以建立私有产权所有者对资产效益的关切激励，但是这种关心在没有竞争的情况下并不必然转化为努力提高经济效益的行动。在垄断的市场结构下，经营者可以通过提高垄断价格获取更多的剩余，而不需要提高经营者的努力程度和企业效率。英国经济学家马丁和帕克（Martin & Parker）对英国各类企业私有化后的经营效益进行广泛比较后发现，在竞争比较充分的市场上，私有化后企业的平均效益显著提高；在垄断市场上，私有化对企业提高效益的作用不明显。因此，他们认为企业的效益与产权归属没有必然联系，而与市场竞争程度高低正相关。另外，在存在道德风险的情况下，私有产权方对资产效益的关心有可能因"逆向选择"而背离提高努力程度的实际行动。

4. 关于产权制度的变迁

以诺斯为代表的西方制度学派，利用交易费用概念和建立在这一概念基础上的制度选择理论，对人类历史变迁的规律进行了重新解释。他们认为一切社会制度演变的动因都可以归结为追求"潜在利润"。所谓"潜在利润"是指由规模经济、外部成本和收益、风险、市场等外部条件的变化引起的新的潜在利益。当现有的制度安排阻碍了这种潜在利润的实现时，就出现了变革制度的要求。但是任何社会制度的变迁都不是无成本的。当人们预期制度变迁所引起的交易费用高于变迁后所能够取得的潜在利润时，人们会被迫容忍现有的低效率制度，社会制度表现出暂时的稳定；而随着条件进一步成熟，一旦变迁的潜在收益超过变迁成本时，促使制度变革的行动便开始了。诺斯认为推动社会变革的力量包括个人、团体和国家。这三种力量的性质和利益来源虽然不同，但行动规律都应当符合"经济人假设"，即都是在进行成本和收益对比的基础之上选择最有利于实现自身利润最大化目标的行动方案。另外，诺斯强调在任何一次制度的变革中，国家和意识形态都发挥了重要作用。国家的主要功能是界定与实施产权，一个国家的政治体制决定一个国家的经济制度，只有首先建立一个稳定的、对高效率的经济制度起支持作用的政治制度，高效率的经济制度的建立才是可能的。因此，制度创新大多数来自统治者而非选民，制度变迁也因而普遍表现为渐进式和改良式的变革，而非激进式、革命式的变革。意识形态的作用一方面表现为有利于增强制度的合法性，减少维持现有制度或维持创新制度的政治成本；另一方面表现为有利于克服成员间单纯的个人主义和利己主义所造成的"搭便车"行为，这是任何的制度变革首先要解决的问题。

（三）我国理论界关于产权问题的讨论

改革开放以来我国学者关于产权问题的讨论源于对产权理论的不同理解和对中国改革尤其是对中国企业改革认识上的分歧，我国学者对产权理论和产权制度改革提出了各种不同的观点和主张。

1. 关于产权的定义

观点1：产权等于所有权

持这种观点的学者较多，他们把产权视为关于财产的权利，并用所有权概念来解释产权。于光远认为："产权（财产权）也就是所有权，它是某个主体拥有其作为其财产的某个客体（即拥有某个客体的所有）所能得到的法律上的承认和保护。"

杨秋宝认为：界定产权概念可以从依次递进的三个层次来把握，进而形成完整的产权定义。一是从最基本、最简单的意义上说，产权就是一定主体对财产的权利；二是完整的产权是依据一定的社会法律、以所有权为基础的，由包括所有权在内的一组权利总和而形成的权利体系；三是产权实质上体现着产权主体通过权利行使行为而形成的主体之间的权利关系。

观点 2：产权并非人对物的权利，而是产权主体之间的经济利益关系

樊纲认为："产权不同于生产资料所有权，也不同于通常法律意义上所说的财产权，而是指在不同财产权（广义财产权）之间对各自权利与义务的进一步划分与界定。"

观点 3：产权是一种选择权利

吴易风认为："产权就是一种通过社会强制而实现的对某种经济物品的多种用途进行选择的权利。……经济物品有多种用途，例如房子，你占有它，这是一个用途；出租是一个用途；出售是一个用途；把它作为遗产留给子孙后代，甚至立下遗嘱留给宠物狗都可以。"

观点 4：产权区别于所有权，比所有权更宽泛

谷书堂认为："产权毕竟不等同于所有权。产权包含一组权能，所有权只是其中的一种，但却是产权的核心部分。所有权在产权发生分解之前，尽管也包含着产权所包含的各项权能，但这些权能毕竟没有彼此分离，所有权永远只是一种权利而不是多种。"

观点 5：产权是一种收入索取权

魏杰认为："产权就是对物品或劳务根据一定的目的加以利用或处置以从中获取一定收益的权利。"

2. 关于产权制度

产权制度作为产权界定、运营、保护等的一系列体制安排，随着改革的逐步深入，越来越成为人们讨论的话题。特别是随着社会主义市场经济体制的确立，关于现代产权制度的讨论一步步深入开展下去，在讨论过程中，形成诸多观点。

（1）关于产权制度的含义

观点 1：法律制度论

霍云鹏认为："产权制度是指产权主体形成、产权界定、产权经营和转让的法律制度。"

观点 2：产权关系制度化

黄少安认为："所谓产权制度是制度化的产权关系或对产权关系的制度化，是划分、界定、确定、保护和行使产权的一系列规则。'制度化'

的含义就是使既有的产权关系明确化，相对固定化，依靠规则使人们承认和尊重并合理行使产权，如果违背或侵犯它，就要受到相应的制约或制裁。"

观点3：行为准则论

杨秋宝认为："产权主体的权利、行使权利的行为以及所发生的权利关系等，通过一定的社会形式被确定化、规范化，就形成产权制度"，"所谓产权制度，就是划分、界定、约束、保护产权和权利行使以及产权关系的一系列法律、规制、行为准则等的总和。"产权制度应包括的内容为："一是确定产权，二是划分产权，三是界定产权，四是约束产权，五是保护产权。"

观点4：制度安排论

胡峰认为："产权制度是指既定产权关系与产权规则结合而成的且能对产权关系实行有效的组合、调节和保护的制度安排。产权制度最主要功能在于它能降低经济活动中的交易费用，提高资源的配置效率。"

（2）现代产权制度

观点1：生产力匹配论

魏杰认为："现代产权制度是指和现代的生产力相匹配的产权制度，现代产权制度大致有5个方面的内容：产权清晰，产权结构多元化，产权具有可交易性，产权组织体系合理化，产权是纯粹的经济性产权。"

观点2：生产方式适应论

林兆木、范恒山认为："产权制度是关于产权界定、运营、保护等的一系列体制和法律规定的总和，而现代产权制度则是与社会化大生产和现代市场经济相适应的产权制度。其主要特征，一是归属清晰，各类财产所有权的具体所有者为法律法规所清晰界定；二是权责明确，产权具体实现过程中，各相关主体权利到位，责任落实；三是保护严格，保护产权的法律制度完备，各种经济类型、各种形式的产权一律受到法律的严格保护；四是流转顺畅，各类产权可以通过产权交易市场自由流动，以实现产权的最大收益。"

观点3：先进产权制度论

赵晓认为，现代产权制度不应以时间先后划分"现代""近代"，而只有先进的产权制度才是现代产权制度。"先进的产权制度是'政权'与'产权'关系理顺、政权归位后产权到位的制度,所谓现代产权制度一定是建立在现代政府制度基础上的制度,现代企业制度则是建立在现代产权制度上的一种具体的产权实施形式。"赵晓强调现代政府制度对现代产权制度所起的关键作用,他认为"没有现代政府制度,就没有现代产权制度",所谓政权归位,即"所有的权利均属于公民,公民为了自己的福利,愿意让渡某些权利予政府,政府则以提供公共产品与服务为回报,由此形成公权与私权的界定"。所谓产权到位,即"企业有完全自由的创业权,完全自由的签约权,完全自由的交易、经营权以及对剩余的自由索取权。"

3. 产权制度与效率

(1) 公有产权制缺乏效率

观点1:公有制的外部性降低了效率

刘世锦认为公共产权制度伴随着大量未被内在化的外部性,因此大大影响了经济绩效。"公有产权成员对财产拥有平等的、无差异的权利,这种权利的平均性质导致个人的行为和行为后果的相关性很低。单一成员努力工作所形成的收益的增加值在平均分配给所有成员之后创造收益的个人只能占有其中微乎其微的一小部分,即公有制成员的个人行为后果基本是外部性的。这种外部性的结果是降低了公有制成员努力工作的积极性,'搭便车'的行为不可避免。"

观点2:公有制下委托代理链条长,内耗严重导致效率下降

张维迎认为,"在公有制下,与最初委托人不同的是后续链条上的个人虽然也具有委托人身份,但是其委托身份却是通过对上一级的代理实现的。因此只有最初委托人具有监督代理人的自我积极性,而所有通过代理形式取得委托权的委托人(或代理人)及最终代理人为最初委托人服务的积极性只能来源于监督。经济共同体的规模越大,每个最初委托人分享到的份额越少;等级体系链条越长监督成本就越高。如果这些负面作用不能被监督的有效性所弥补,则最初代理人的最优监督积极性会随着经济规模的扩大而下降,代理人的工作努力程度也随之降低。""国有企业内部的权力斗争是产权安排的结果。国有企业产权安排带来的一

个主要弊端就是将企业由一个经济组织转换为一个政治组织，从而诱使企业内部人员不是将时间和精力用于生产性活动，而是用于权力斗争。"

观点3：公有制下缺少充分激励

樊纲认为："国有企业账目上增长最快的部分就是工资支出和管理成本。工资支出包括奖金、福利等，如果再加上各种计入'物耗成本'但发给职工个人的实物工资，工资支出增加得就更快。这也就是所谓的'工资侵蚀利润'。""企业亏损问题的背后，实质上是一个产权关系的问题，是一个侵犯所有者权利的问题。""对国有经济，首要的一个问题是缺少那些有充分激励的、对资产效益真正关心的'最终委托人'。""其他条件不变，国有企业本身的效率和财产状况会不断恶化，这是这种制度本身演化的一种趋势。人们已经分析过的'棘轮效应''预算软约束''败德行为''劣币驱逐良币'等原理对此进行了分析，这是一个动态的过程，问题会随着时间的推移而逐步恶化。"

（2）企业缺乏效率与产权制度没有必然联系

观点1：充分竞争的外部环境是影响企业效率的真正原因

林毅夫认为，"对于私有制条件下的委托——代理结构来说，信息不对称、激励不相容和责任不对等的问题都是存在的，如果没有竞争性的市场以形成反映企业的绩效的充分信息，经营者侵犯所有者的问题同样得不到解决。""在存在由充分竞争产生的平均利润率的情况下，每个企业的利润水平包容了关于企业经营好坏的充分信息。""在存在市场竞争从而有了这种充分信息的前提下，进一步形成经理人员市场。这个市场的作用是依据经理人员的经营绩效对其进行奖惩，因而使经营者与所有者的激励变成兼容的。"

观点2：竞争激励和治理机制对企业效率起决定作用

刘芍佳等超产权论者认为产权安排与企业效率没有直接联系，产权安排只是改变治理机制的一种手段，而企业效益主要与市场竞争程度有关。"产权变换并不保证企业治理机制就一定变得有效率，竞争才是保证治理机制改善的根本条件。""竞争不保证每家企业都能生存，但保证最有效益的企业得到发展。""产权变化对改变企业的治理机制有积极作用，但是治理机制的改善才是产权变化的真正含义及目的。""如果不同产权下的治理机制都类同并趋于完善，则产权变化对改变企业绩效不会有本质影响。"

观点 3：社会成本过高影响了国有企业的效率

李培林、张翼认为国有企业有增长无发展的重要原因是国有企业支付了巨大的社会成本。"从固定资产存量方面来说，是非生产性固定资产额较大；从人员编制和内部机构的兴建方面来说，其非生产性人员较多；从社会福利保险费用支出等方面来说，其在企业生产总成本当中，又占据了相当大的比重。"

（3）公有产权宏观效率论

刘元春认为评价国有企业的效率状况不能单纯依赖于对其微观效率的判断，"在中国社会主义市场经济中，国有企业的定位与发达国家是不一致的，与一般的市场经济中的竞争主体定位也是不一致的。宏观经济效率应当是中国国有企业具有的最为重要的特征"。"国有企业在过渡时期作为社会福利的提供者虽然严重地影响了自身的微观效率及其改制速度，但是国有企业的这种过渡性定位具有重要的宏观战略意义。""从这种角度来说，国有企业作为过渡时期的社会福利提供者在宏观效率上是有效的。"

（4）产权制度间接影响企业效率

冯巨章认为："产权制度（表现为一定的产权安排）对企业绩效起基础性、最终决定性作用，但它要通过管理活动，即在产权运行过程中才能发挥作用。产权决定管理，管理服从和依赖于产权。""产权安排合理不是企业绩效的必要条件，它只是企业普遍有效率有活力的前提，并不能自然而然地带来高效率。""企业能否产生高的绩效关键要看在合理产权安排下管理得好不好，而在同样的产权安排下管理状况会不一样。""产权安排不合理的企业只要有出色的管理人员并有相应的机制（如激励约束机制、市场竞争等）保障产权的运行，则还是有可能产生高效率的。"

4. 产权制度改革

纵观围绕产权制改革展开的讨论，开始时的讨论重心是解决公有产权制度与市场经济不兼容的问题；随着改革的深入，讨论的重心转移到如何在坚持公有产权的前提下提高国有企业经济效益方面；党的十六届三中全会以来，讨论的重心又转移到建立健全现代产权制度问题上。

（1）如何解决传统的公有产权制度与市场经济不相兼容的问题

观点1：使企业成为真正的市场竞争主体

周叔莲认为："从原则上说，概括起来就是要打破整个社会的独家所有制，使社会上的众多企业成为有财产的真正独立的市场竞争主体，使市场机制对资源配置起基础性作用。这主要应该从两方面采取措施：一方面是实行多种经济成分并存和相互渗透；另一方面是改革国有经济，使国有企业成为独立的商品生产经营者。"

观点2：发展混合所有制

魏杰等学者认为："更现实的思路还是改革现行的公有制形式，发展混合经济，在多种所有制的相互融合与竞争中实现公有制与商品经济相互结合。""现存国有制只能在比较有限的范围内容纳商品经济的发展，而不能保证商品经济和市场机制的充分发展。对于发展商品经济和市场机制来说，它存在着先天的不足。由此可以得出建立社会主义市场经济的第一个条件，即必须积极发展多种所有制形式，实现产权结构的多元化以弥补国有经济的不足。鼓励各种所有制之间的相互融合与竞争，在竞争中提高国有经济的效率，巩固公有经济的主体地位。""竞争的市场环境是搞活国有企业的关键。但竞争的市场环境的形成单靠国有企业是难以实现的。只有通过发展多种所有制形式，公有制与市场经济的矛盾才能大大缓解。"

观点3：构建法人产权制度

刘诗白认为："产权关系是市场经济活动的一般关系，实行市场经济要求把政府进行产品调拨与直接分配关系改变为以产权为基础的市场交换关系。产权制度改革是体制各个方面的改革都要涉及的共同内容。如：建立公有制为主体，多种经济成分共同发展的所有制结构，要求进一步发展国有、集体、中外合资、合作、股份制、个体、私营等企业，形成多元化的市场主体。""国有企业改革是全面的体制改革的中心环节。就国有企业改革来说，为了建立产权清晰、责权明确、政企分开、管理科学的现代企业制度，进行以构建法人财产权为目的的深层次的产权制度改革是极其紧迫和不可回避的。"

（2）如何在坚持公有产权的前提下提高国有企业经济效益的讨论

观点 1：让国家成为国有企业的债权人

张维迎认为："将国有资产转变为国有股份，通过成立国有资产经营公司行使股东职能，完成国有企业向现代公司的转变。""将国有资产变为债权（不是股权）可以从根本上解决'政企不分''政资不分'的问题，因为这时国家作为债权人，获取固定收入，正常情况下，国家不对企业的经营活动施行监督控制，而把这项工作留给真正承担风险的其他资本所有者（股东），例如，可以把资产委托给银行或其他金融机构来经营，这就从根本上切断了政府主管部门干预企业经营的渠道。同时，经营者职业化的问题也可以得到解决，因为那些真正承担风险的股东，会选择他们认为最有经营才能的人来经营企业，不会仅仅因为个人好恶而把真正有才能的人拉下马。"

观点 2：为企业创造充满竞争的外部环境

林毅夫等认为国有企业改革的核心应该是为企业创造一个硬预算约束的公平环境。"相对于单一的产权主体而言，国有资产产权主体的多元化实际上是国有资产产权的弱化。""改革应从解除企业目前面临的各种政策性负担入手，以此硬化其预算约束，进入竞争性的市场，使企业的利润率能够真正成为反映其经营绩效的充分信息指标。国家作为国有企业的所有者，通过掌握这种充分信息就足以对经营行为进行监督。"

观点 3：国有企业从竞争性行业退出

苏东斌认为国有经济只应运行在控制国民经济命脉的重要行业与关键领域，他的理解是，"国有企业的目标，更侧重于社会效益，而不限于企业本身经济效益；国有企业的作用，不是直接参与市场竞争，不是与民争利，而是尽量创造良好的市场环境；国有企业的领域，主要是在非营利性、非竞争性的社会公共品和外部性经济范围。它更多地涉及各种基础设施范围，如公路、铁路、邮电、通讯业。"

董辅礽认为国家所有制的所有者很难到位，在竞争领域其竞争力天然弱于非国有企业。"国有企业最宜于作为公益性的企业而运作。这是在社会主义市场经济中国有企业特有的、不能替代或难以替代的功能所在，它们应该定位于此。""按照这样的定位，现有的国有企业原则上应该从竞争性行业逐步退出来，集中于公益性行业和自然垄断性行业。"设立这些行业的国有企业，"是为了提高国民经济的整体效益，而不是仅仅着眼于企业本身的效益"。

观点4：对国有企业实行股份制改造

厉以宁认为，"只有推行股份制，按股份制的模式来重新构造我国的企业组织，我国的经济才能步入良性循环轨道。""在一般行业（竞争性行业）中，国有大中型企业改革的目标模式是以公有制为主的股份制"。"只有股份制，才能使政企真正分开，使企业实现自主经营和自负盈亏，企业才会有活力。"

（3）建立现代产权制度的讨论

观点1：建立三级国有资产运营体系

谷书堂认为，不论是国有产权的界定和权能分解，还是国有企业的股份制改造，最终成功与否，还是取决于国有资产运营制度的创新，即构造三级产权主体，建立三级国有资产运营体系。一是"国有财产所有权管理主体的构造"，应"设立纯经济性的而非行政性的国家国有财产管理中心来充任（经营性）国有财产所有权管理主体"。二是"国有财产价值经营权主体的构造"，"国有财产管理委员会进行股份投资从而拥有股权，它所拥有的显然是价值形态的权利"。鉴于国有财产过于庞大，"有必要在国有财产管理委员会和财产实体占有企业之间设立一批中介组织，国有财产价值经营权主体就是这类中介组织，姑且称之为国有财产经营公司"。三是"财产实体经营权主体的重构"，即"通过股份制改造对原来的国有和非国有财产实体占有企业的财产结构进行重组，变单一所有制为混合所有制"。

观点2：推进国有企业产权多元化

岳福斌认为，建立现代产权制度的突破口是国有企业产权多元化。"企业的产权多元化意味着企业财产不再由单一出资者投资而成，而是众多出资者投资的组合。""国有企业产权多元化意味着民间资本进入该企业。""中国国有企业的产权多元化改革目前应着重于一般竞争性行业，而且不能一哄而上。实现国有大中型企业产权多元化的途径是多种多样的，如公募、私募、兼并、收购、联合发起、职工入股、企业相互参股、出售部分国有资产等。具体采用何种形式，取决于国有企业在国民经济中的地位及本身的运营状况，应灵活使用。"

观点3：建立国有资产出资人制度，构建新的国有资产管理体制

"产权制度与国有资产管理体制改革"课题组认为，"产权制度改革，一是要明确国有产权主体，建立统一的国有资产管理机构；二是要妥善解决中央和地方的国有产权归属问题，坚持国家统一所有，分级行使出资人职责的原则。"在此基础上，"建立国有资产出资人制度，引进多元化投资主体，改变原国有企业产权单一和一股独大的局面。"通过"确立国有资产营运主体"，由"国资委对国有资产营运主体行使出资人职责，通过授权明确国有资产营运主体的权利和责任"。

观点4：建立自由企业制度

赵晓认为，要确立和健全现代产权制度，就要政权归位，即"所有的权利均属于公民。公民为了自己的福利，愿意让渡某些权利予政府，政府则以提供公共产品与服务为回报，由此形成公权与私权的界定"。通过建立自由企业制度（企业有完全自由的创业权，完全自由的签约权，完全自由的交易、经营权以及对剩余的自由索取权），真正做到政企分开。"中国自80年代起就讲政企分开，90年代起则开始呼唤建立现代企业制度。其实，最关键的是确立'自由企业制度'的理念，并以此改革政府职能。""产权的到位只能是政权不越位、不错位下的产物。因此，中国的现代产权运动即'民营化'以及相伴随的市场化运动正是政府管制的不断放松的运动。"

观点5：建立新公有制企业

厉以宁认为所有制改造是中国改革的根本。"改革的核心问题是所有制改革。""当前必须树立'新公有制'概念，以坚定所有制改革的信心。""公众持股的企业在社会主义市场经济条件下是一种新公有制企业，即公众所有制企业。""中国的经济改革必然是走向新公有制的建立。"

综上所述，虽然对产权及产权制度存在不同的理解和诠释，但产权问题的重要性及对企业制度的重要影响，却是为大多数专家学者普遍接受的共识，同时也说明，这一问题有待继续进行深入研究和探索。

四 产权多元化

产权多元化是指由诸多要素所有者将其产权分解组合之后形成的产权集合。产权多元化可以界定为两个及两个以上投资主体出资形成的实体。企业的产权多元化意味着企业财产不再由单一出资者投资而成,而是众多出资者投资的组合。企业的产权多元化是企业制度的一种重大创新。在企业发展史上,从古典的个人业主制企业和合伙制企业到现代企业,实际上就是企业产权多元化的过程。

产权多元化既可以是同一所有制内部的产权多元化,即投资主体的产权属性是同质的,如投资主体的产权属性都属于私有产权或国有产权,也可以是不同所有制之间的产权多元化,即投资主体的产权属性是不同质的,如投资主体既有国有产权也有公有产权或私有产权。所有权多元化结构就是指不同所有制之间的产权多元化。

产权多元化主要包括两个层面的含义:一个层面是指宏观层次的产权多元化,主要指所有制结构多元化,即多种所有制形式并存及各种所有制在所有制结构中的比重。宏观层次的产权多元化影响所有制结构的变化,影响整个社会资源配置的效率。另一个层面是微观层次的产权多元化,是指微观经济主体即企业投资主体多元化,股份制企业则表现为股权多元化。微观层次的产权多元化影响企业的产权结构变化,影响企业的资源配置效率和企业的竞争力。研究产权结构、公司治理与企业绩效的关系时主要涉及的是微观层面的产权多元化。

公司制是现代企业制度的一种主要形式。公司制企业作为多元产权主体的集合,可以形成多元投资主体的制衡,并形成多元利益主体的制衡,进而形成企业内部的制衡,在此基础上形成的公司治理结构既有利于保证所有者对经营者实施有效监督和自身利益不受损害,又有利于保证经营者拥有充分经营自主权,这是避免所有权与经营权分离后出现内部人控制的重要机制。

五　企业产权结构

（一）企业产权结构及其类型

企业产权结构是指企业内部的产权构成和比重。企业产权结构可以分为两种类型：一种是一元产权结构，即企业的投资主体只有一个；另一种是多元产权结构，即企业的投资主体有多个。一元产权结构的企业包括个人业主制企业和国有独资企业等；多元产权结构的企业包括合伙制企业和公司制企业等，公司制企业又包括有限责任公司和股份有限公司。

对于股份制企业特别是上市公司而言，产权结构也就是股权结构。因为上市公司的资料是公开的，容易搜集和分析，所以专家学者大多从股权结构着手研究企业的所有权与控制权或股权结构与企业绩效的关系等问题。根据股份制企业股权的集中程度，多元产权结构又可以分为三种类型：一种是股权高度集中，一种是股权相对集中，一种是股权比较分散。

如何界定股权结构是分散还是集中，目前主要有两种方法：一种是依据股权集中度考察公司是否存在大股东，另一种是依据控制权链考察公司是否存在终极控制人或控股股东。两种方法的前提有所区别，第一种方法是依据现金流权来界定控制权，第二种方法是依据投票权来界定控制权①。

一元产权结构作为一种企业制度安排，适合规模相对较小的企业和承担特殊职责的企业。在一元产权结构下，公司治理中的决策权与执行权是高度统一的，内部交易费用较低，因而管理效率往往较高，但容易导致三个制度性缺陷：一是家族企业难以摆脱血缘的束缚，经常会遇到家族传承和接班的瓶颈，面临"家族本位"还是"公司本位"的困惑；二是国有独资企业难以摆脱国家行政权力的干预，存在着政企关系的处理问题，面临企业的经济目标与国家的社会目标的冲突；三是资产所有者的治理能力不会随着资产的扩张成正比例增长。因此，随着企业规模

---

① 陈仕华、郑文全：《公司治理理论的最新进展：一个新的分析框架》，《管理世界》2010 年第 2 期。

的扩大，从一元产权结构向多元产权结构演变就成为一种历史必然和制度选择。从产权结构和企业组织形态的演变趋势来看，大型企业大多采用的是多元产权结构，在此基础上形成了公司制或股份制企业，并实现所有权与经营权的分离，由专业水平高的职业经理人来管理、运作公司业务，现代企业制度也就由此形成。其中，许多大型企业选择了上市的模式，成为多元持股的公众公司，以彻底摆脱一元产权结构的制度缺陷，解决所有者的能力不能适应企业发展和规模扩张带来的治理问题。从中国的企业实践看，不管哪种所有制的企业，如果产权结构是一元的，就很难形成现代产权制度，进而难以形成现代企业制度。这就要求一元产权结构向多元主权结构转变，这样才能吸引大量的社会资本，才能吸引高水平的职业经理人。

企业的产权多元化，既包括国有企业的股份化及投资主体的多元化，又包括在国有企业之外大力发展私有企业，从而促进所有制结构的调整和优化。

具有不同产业属性的企业，其产权的多元化各不相同。在现实中，往往将企业分为竞争性和非竞争性两种，按照竞争性与非竞争性的不同要求，可以选择不同的企业产权多元化的模式。

对于竞争性企业来说，由一元产权结构转为多元产权结构相对而言比较容易。因为对这类企业而言，任何投资主体都可以自由进入，不存在国家政策和产业性障碍，多元投资主体的自由进入使企业实现多元产权结构成为可能。就目前单一产权结构的竞争性国有企业来说，实现产权多元化的主要方式是，变一元产权结构的国有企业为多元股权结构的国有控股企业。

企业产权多元化实现难度最大的是非竞争性企业。这种企业的特殊性使企业产权多元化不易实现，因为既要实现多元化，也要在产权结构多元化条件下保证这种企业的特殊性不受损害，避免对经济活动产生不利影响。例如，垄断性企业既要做到产权多元化，又不能使这种企业在产权多元化条件下利用垄断危害公众利益。因此，非竞争性企业的产权多元化，需要选择有效的多元产权结构实现形式。

对于非竞争性企业的产权多元化，国际上有不少可借鉴的方式，其中有两种方式值得参考：一是"黄金股"控制制度，其中最为典型的例子是英国电信（BT）。英国电信属于公用事业性质的企业，由于历史的原因，它几乎垄断了英国全部电信事业，是垄断性较强的企业。这种企业政府当然需要控制，以防止其损害公众利益。但英国政府在后来的改革中并没有采用独资方式和绝对控股的方式，而是采用了"黄金股"制度，即在英国电信公司中政府只占一股，其余的股份全部都非国有化，但政府的这一股是不同于一般股权的"黄金股"，它可以在英国电信损害公众利益时，否决英国电信的董事会决定。当然，在正常的情况下"黄金股"并无特权，英国电信完全可以按股份制企业经营，"黄金股"不得干预。这要比政府独资和绝对控股的效益好得多，它既可以使政府对特殊性质的企业实现控制，也可以实现企业股权多元化，建立现代产权制度。二是国有民营，例如，日本国铁及法国航空公司就采取这种方式。有些国有企业由于历史原因或产业的特殊性，采取了国家所有的形式，但是国有不一定国营，也可以实现国有民营。例如，法国航空公司是国家的，但按私营方法经营。这样便摆脱了政府的行政干预，排除了一元产权结构，形成了多元化的产权制度。由此可见，经营权的非国有化，可以解决所有权国有化带来的产权一元化和企业缺乏活力的问题，有利于促使企业产权多元化。

（二）企业产权结构的经济学意义

经济学要解决的是人们在使用稀缺资源时的优化选择和利益冲突，产权则是解决稀缺资源以及由此产生的权益归属的问题，是从所有权出发解决由资源稀缺引发的人们利益冲突的一些行为规则。企业产权的经济学意义是减少不确定性，从而派生出降低交易费用、优化社会资源和减少外部性等功能。

英国学者 P. 阿贝尔在其《劳动－资本合伙制：第三种政治经济形式》一书中提出："产权的意思是：所有权，即排除他人对所有物的控制权。使用权，即区别于管理和收益权的对所有物的享受与使用权。管理权，即决定怎样和由谁来使用所有物的权利。分享剩余收益或承担义务的权利，即来自对所有物的使用或管理所产生的收益分享与成本分摊的权利。"对产权的这样认识，符合"产权的可分割性"理论①，而且也更容易引出产权经济学的基本观点："产权制度是影响经济效率以及经济增长的关键因素。"产权就是以财产所有权为基础，由所有制实现形式所决定、受国家法律保护、反映不同利益主体对某一财产的占有、支配和收益的权利、义务和责任。

明确各经济组织的产权主体及界限，在早期商品经济条件下比较容易做到。业主制企业就是以作为业主的个人财产来确定其市场主体身份。但随着商品经济的发展，社会化大生产要求驱动企业不断扩大规模，出现了所有权与经营权的分离，企业产权关系变得复杂起来，不仅包括财产所有者与经营者的关系即委托－代理关系，而且还包括彼此责权利关系。在所有权与经营权分离的情况下如何既保证企业产权关系的明晰，又保证企业市场主体的地位和活力，是现代企业产权制度要解决的一个重要问题。

公有产权制度与私有产权制度在激励方面有很大的区别。首先，在公有产权制度下，个人可以合法分享的公共领域资源是有限的，与私有产权制度下的利润激励差距较大。其次，公有制下的利益索取权很少，但利益控制权却很大。利益索取权与利益控制权不对称的制度安排，无疑会给国有企业体制带来滥用职权的危险，而这种情况在私有产权制度下是很少发生的。最后，公共利益的索取权及控制权往往按照行政级别加以分配，从而增加了职位竞争的激烈程度，削弱了人们对企业长远利益的考虑。而私有产权制度下的职位竞争不是主要的，利润最大化才是追求的主要目标。

不同的产权制度决定不同的企业定位。市场经济国家基本上都是以私有产权作为市场运行的基础，因为市场经济要求边界清晰、流转顺畅的产权制度，私有产权制度相对于公有产权制度来说，边界更为清晰，流转更为顺畅，因此，私有产权更容易满足市场经济的一般要求，更适宜作为市场经济的产权基础。同时，在私有产权制度安排下，其经济责任可以追溯到成员个人，那么，其企业定位当然是在市场竞争方面。私

---

① Alchian, Armen："Property Rights", *The New Pal grave*：*A Dictionary of Economics*, The Macmillan Press, Vol. 3, 1987.

有产权制度的利润激励也要求其是以营利为目的的。公有产权意味着共同体内的每一个成员都有权分享这些权利，国有产权在理论上是指这些权利由国家拥有，由国家来决定谁可以使用或不能使用这些权利，其经济责任难以追溯到具体某个成员。相对来说，公有产权比私有产权具有更弱的竞争性。

虽然在实际生活中，存在着兼有个人产品和公共产品性质的"混合产品"，但经济学家大多认为，市场经济中微观单位产权安排应遵循的原则一般是：提供公共产品的"公共部门"一般采用"公共产权"，提供个人产品的"个人部门"一般采用"个人产权"。个人部门根据一定条件如市场失灵、个人资本能力与偏好、行业的国民经济地位以及决策者意愿等，也可以实行公有产权制度或公私混合产权制度，但是，由于公共产品具有非排他性和非竞争性等特征，随着市场经济的发展，尤其是世界经济一体化和金融全球化的发展，国家资本退出个人产品部门或一般性竞争部门已成为一种世界性的趋势和许多国家的选择。随着中国市场经济的不断演进和国际竞争的日益激烈，中国国有企业的营利性、竞争性的产业特性也是市场经济和经济一体化发展的必然要求，一元产权结构下的国家资本直接控制不仅容易引发不同所有制企业之间的不公平竞争，而且也会影响国有资本的活力和竞争力，制约国有资本在市场竞争中的生存和发展。因此，一元产权结构的国有企业应尽可能转变为多元产权结构的混合所有制企业。

经济资源的产业配置上，若预期收益超过预期成本，就可以进行企业安排的创新。从纯粹私人资源的形式到完全由政府控制和经营的形式都有可能，在这两个极端之间存在着广泛的半资源、半政府结构，这便是公有产权与私有产权安排的博弈。但无论如何，公有产权下的产业主要应定位于规模经济与外部性的方面，同时，主要着眼于遏制垄断行为、克服信息不对称和不确定因素、维持社会公平及经济增长等方面。

（三）企业产权结构的内部控制效率分析

1. 一元产权结构下内部控制效率的分析

在个人独资企业中，业主作为出资人是自然人，而且仅仅限于一个。

业主既是企业财产的所有者,又是企业的经营者,也可以独享企业的剩余索取权,并对自己的经营失败承担责任。在各国的法律中,几乎都有独资企业的业主对本企业的债务承担无限责任的规定。按照惯常的独资企业制度,业主拥有企业的财产所有权与经营权,企业的治理结构比较简单,业主很少发生委托代理人行使经营权的代理成本以及监督费用。这里,监督意味着内部控制。实证资料表明,各国的一元产权结构经济组织大多是家族式的企业,其治理结构比较简单,业主集所有权与经营权于一身,但可以借助家族内部通过血缘关系所建立的亲情关系以及某些族规或礼教下的道德约束等实现对充任管理者的家族成员的约束,内部控制效率较高,很少出现管理者舞弊的现象。这一事实折射出一个规律:员工的素质比内部控制的其他要素更为重要。独资企业中家族成员的道德力量在很大程度上抵消了部分会计控制的技术缺陷,依然能够使控制的效率达到较高的程度。

个体工商户、个人独资企业、一人有限公司是个人投资可供选择的三种不同法律形式,但这三种法律形式存在明显区别。

第一,法律地位不同。根据我国法律,民事法律关系的主体可分为自然人和法人。个体工商户不具有法人资格。依照相关法律规定,公民在法律允许的范围内,依法经核准登记从事工商业经营的,为个体工商户。个体工商户是一种我国特有的公民参与生产经营活动的形式,也是个体经济的一种法律形式。个体工商户可比照自然人和法人享有民事主体资格,但个体工商户不是一个经营实体。个人独资企业是依法在中国境内设立,由一个自然人投资,财产为投资人个人所有,投资人以其个人财产对企业债务承担无限责任的经营实体。个人独资企业不具有法人资格,虽然可以起字号,并可以对外以企业名义从事民事活动,但也只是自然人进行商业活动的一种特殊形态,属于自然人企业范畴。一人有限责任公司,是指只有一个自然人股东或者一个法人股东的有限责任公司。《中华人民共和国公司法》规定,一名自然人股东或一名法人股东可以设立"一人有限责任公司"。从企业名称可以看出,一人公司符合公司设立条件,是具有完全法人资格的经济实体。

第二,出资人不同。个体工商户既可以由一个自然人出资设立,也可以由家庭共同出资设立。个人独资企业出资人只能是一个自然人。一人有限公司是由一名自然人股东或一名法人股东投资设立。

第三，承担责任的财产范围不同。根据我国《民法通则》和现行司法解释的规定，就承担的责任性质而言，个体工商户对所负债务承担的是无限清偿责任，即不以投入经营的财产为限，而以其所有的全部财产承担责任。是个人经营的，以个人财产承担；是家庭经营的，以家庭财产承担。当然，无论是以个人财产还是家庭财产承担责任，都应保留其生活必需品和必要的生产工具。个人独资企业的出资人在一般情况下仅以其个人财产对企业债务承担无限责任，只是在企业设立登记时明确以家庭共同财产作为个人出资的才依法以家庭共有财产对企业债务承担无限责任。一人有限责任公司的股东仅以其投资为限对公司债务承担有限责任。这也是一人公司作为独立法人实体的一个突出表现。

第四，适用法律不同。个人独资企业依照《个人独资企业法》设立，个体工商户依照《民法通则》《城乡个体工商户管理暂行条例》的规定设立，一人有限公司则依据《公司法》设立，并受其调整。

第五，税收管理不同。首先从税收管理上看，税务局对个体工商户和个人独资企业的税收管理相对宽松，对建账要求较低，在税款征收方式上主要采用定额或定率征收；而对于一人有限公司，要求则严格得多，在税款征收方式上主要采用定率或查账征收。其次是涉及的所得税不同。个人独资企业和合伙企业比照个体工商户生产经营所得征收个人所得税，所以个体工商户或个人独资企业只需缴纳个人所得税，不用缴纳企业所得税；而一人有限责任公司必须缴纳企业所得税，对股东进行利润分配时还要缴纳个人所得税。从这个角度讲，个体工商户和个人独资企业比"一人公司"更有利。

不难看出，个体工商户、个人独资企业、一人有限公司三者的区别还是比较明显的，尤其在是否具有法人资格、投资者承担有限责任还是无限连带责任、是否缴纳企业所得税方面，区别尤为突出。

在合伙企业中，合伙人既是出资人，又是经营者。企业的全部资产是全部合伙人的共有资产，全部负债也是全部合伙人的共有负债，从委托代理关系看，在合伙活动范围内所发生的事情上，每个合伙人都是其余合伙人的代理人，所以外界人士有权假定：所有与合伙之事有关的任何合伙人的行动都对该合伙企业有约束力。由于"无限责任"的企业制度设计，合伙人将可能以私人财产承担超出企业偿付能力的债务，这种情况下，合伙企业不能作为独立的法人从事民事活动。合伙企业的治理结构具有较高的有效性，合伙人处在同一个利益体之中，每个人按合伙契约所实施的行为都可能引致无限责任的压力，这促成了合伙人之间的牵制以及对雇员的有效监督。合伙人都有一种潜意识的监督的动力，每个合伙人既要考虑对自己负责，又要考虑对他人负责，在集多人财力、集多人智慧的共有财产、共有收益的企业制度下，可以获得较高的营运绩效。合伙契约是一个不完全契约，这一确立合伙关系的契约可能会因为一个人的退伙而失效。合伙人对未来的收益及持续经营等缺乏明晰的预期，转而对短期行为产生较大兴趣。因为缺少必要的仲裁机构，在合伙契约存在欠缺时，处在同等地位上的合伙人一旦发生争议，大多只能依靠道德调节的力量，对此可以从合伙前的合伙人选定时的信任度观察出来。从这种意义上看，对合伙人实施的内部控制，除合伙契约这一控制标准外，还必须依靠道义规则作为有效补充。合伙人的"监督是不易观察到的，而且监督的努力取决于每个合伙人的负责精神"。实际上，负责精神本身是道义上的而不是行为规范所控制的。

合伙企业的会计控制效率比独资企业的会计控制效率要低一些。合伙人之间的互相监督与制衡能够减弱单个合伙人的个人行为对会计控制的干预，如果部分合伙人形成了一个或多个"非正式组织"，其组织成员之间的牵制力弱化，对会计控制干预的约束力不足，会计控制效率必然下降。合伙企业会计控制的效率高低，主要取决于在合伙契约及相关规章中对会计控制制度的设计，合伙契约是合伙人利益均衡状态下的产物，它规定了或授权其他规章规定适当的会计控制制度。

国家的法律、文化环境对企业的内部控制及其效率也会形成影响。同样是私有产权，在不同国家因法律、文化观念的差异产生了不同的会计控制结果。西方国家经过长期的市场经济制度，企业的内部控制制度相对比较健全，即使发生企业内控机制失灵的现象，至少还有来自法律的追加防护。我国市场经济还处于完善之中，企业自身的内部控制防范机制普遍不够健全，更多需要法律手段去解决。

2. 公有产权结构下内部控制效率的分析

公有产权结构企业的典型代表是国有企业，即国家作为单独出资人或绝对控股的企业。国家是一个抽象的集合概念，国家所有即"全民所有"。人民作为初始委托人，以纳税形式提供财政基础，建立了代表国家行使权力的政府，政府又由代理人转变为第二层次的委托人，以国家出资人的形式向企业投资，委托经理人负责企业经营事项。

企业内部控制的核心是权力的约束与监督，其重防范的机制是法治社会和市场经济的内在要求。由于国有企业的产权结构特点，企业内部控制机制容易失效，作为国有资本出资人的政府对国有企业经营者的监督普遍较弱，许多国有企业在内部控制方面主要是沿袭计划经济体制环境遗留下来的行政管制的特点，难以进行有效监督。按《公司法》设立的国有独资的有限责任公司，已在我国作为现代企业制度的一种形式广为推行，这些企业中不难找出传统国有企业内部控制的痕迹。

3. 混合产权结构下内部控制效率的分析

股份公司包含公私出资人股权，代表着现代企业制度的主流。所有权与经营权在这一法人组织中是分离的，股东作为委托人可以委托职业经理作为代理人负责经营，与此相适应，产生了比较复杂的治理结构。股东大会是一个由股东组成的最高权力机构，它选举产生董事会，再由董事会委托经理人经营企业，同时，设立监事会或其他形式的内部监督机构，对董事会与经理人实施监督。从这个意义看，公司治理结构是一个多极权力相互制衡的控制系统。

在股份公司中，基于控制系统建立的是整套比较健全的内部控制制度，它的特点：一是书面资料比较齐全和真实，由于内部利益多元化的制衡，以及对外信息披露的法定要求，会计控制的过程比较规范。二是大多数企业拥有计划、预算、定额、目标以及责任管理的控制标准，再加上各种内部规章制度，控制标准相当完善。三是由于委托代理层次多、关系复杂，授权与分工在吸取经验教训与借鉴他人长处的基础上得以科学化；由于每一个公司员工都处在内部控制的过程中，预设的牵制功能有助于阻止滥用权力。四是一般业务的控制程序都可以聘请专家予以设计或指导，保证简化、可行和有效。五是几乎每个大公司都聘雇内部稽核人员，执行多种业务方面的稽核，由于业务稽核与会计稽核、内部审计属于同一控制体系，控制效率明显趋高。

现代股份公司所提供的治理结构为实现有效的内部控制提供了良好的条件。因为，整个组织是在一个既定的规则下运作的，而不是在经营者随心所欲的指挥下运作，就如同一个法治社会，应服从法律权威而不是服从行政长官的个人权威。在一个公司中，内部控制制度的权威大于一个经理人的权威，除非通过正式渠道对此制度进行了修正，否则，任何人都应服从制度权威。这是克服企业中实行"人治"的一项根本性措施；在公司制企业中，由于存在着多级复杂的权力牵制，制度权威易于实现，可以产生较明显的控制效率。在股份公司中，庞大的组织体系、精细的分工授权以及科学的管理手段将内部控制的技术含量推到了高峰，这是独资企业、合伙企业所无法比拟的，而优良的治理结构所形成的有序的委托代理关系以及其中包含的约束机制、监督意识、制度监控等，也是独资企业、合伙企业所无法比拟的。因此，股份公司中的内部控制具有较高的效率。当然，股份公司内部控制的效率与股权结构有着密切的联系，在控股股东处于绝对控股地位的情况下，其他股东难以对控股大股东的权力行使形成有效的制衡，这时，股份公司的内部制衡机制也存在失效的可能。

（四）产权结构的合理化

在多元产权结构的条件下，什么样的产权结构对于企业绩效的提升最为有利？什么样的产权结构是最优产权结构或最合理的产权结构？或者说，是采用高度集中型或是相对集中型还是高度分散型的股权结构？这一问题已成为近一二十年来经济学家和企业家十分感兴趣的一个课题。

理论研究和实证分析表明，高度分散型的产权结构往往使单一股东缺乏积极参与公司治理和驱动公司价值增长的激励，容易导致公司治理系统失效，产生管理层内部人控制的问题，形成所谓"弱股东、强管理层"，由此产生代理人追求自身利益而损害委托人利益的行为。从这方面讲，产权的集中是必要的，高度集中的产权结构有其合理性。而高度集中型的产权结构甚至"一股独大"则会带来大股东与外部小股东的利益冲突，大股东可以通过损害或剥夺外部小股东的利益而获取自身利益。当大股东的持股比例达到基本上能够充分控制公司决策时，可能更倾向于外部少数股东不能分享的私人利益，如支付特殊红利、通过关联交易转移利润或通过合理利用企业会计准则进行利润管理以获取内部控制利益等。从这方面讲，产权的分散是必要的，高度分散的产权结构有其合理性。

作为企业的产权制度安排，集中的股权结构和分散的股权结构各有利弊，但学者们对许多国家大公司的股权结构研究发现，除美国、英国、爱尔兰等少数国家的大公司实行的是分散型的股权结构外，东亚国家、欧洲大陆国家以及中国、俄罗斯等大多数国家的大公司采用的是集中型的股权结构，即由单一控股股东所控制，控股股东主要是政府或家族。

需要进一步研究的是，为什么美国、英国、爱尔兰等少数国家的大公司采用的是分散型的股权结构，而大多数国家的大公司采用的是集中型的股权结构。LLSV（1999）基于 27 个国家和地区（包括表 1 - 1 中 LLSV 给出的其他 10 个国家，西欧的 13 个国家以及日本、韩国、新加坡和中国香港）的 540 家大公司数据的研究发现：大多数国家的大公司很少是分散持股的，大公司一般由家族或政府所控制，采用分散持股的国家都是投资者法律保护极好的国家。应该说，LLSV 的研究为解释美、英等国的大公司采用分散型的股权结构提供了有力的说明，但没有解释同样是投资者法律保护极好的国家，为什么德、日等国家的大公司没有采用分散型的股权结构而采用了集中型的股权结构。

表 1 - 1 部分国家的股权结构情况

国家（地区）	分散持股	集中持股				
		家族	政府	分散持股的金融机构	分散持股的公司	其他
西欧的 13 个国家						
奥地利	0.10	0.325	0.425	0.05	0.00	0.10
比利时	0.20	0.375	0.00	0.275	0.00	0.15
芬兰	0.38	0.34	0.28	0.00	0.00	0.00
法国	0.60	0.30	0.00	0.10	0.00	0.00

续表

国家（地区）	分散持股	集中持股				
		家族	政府	分散持股的金融机构	分散持股的公司	其他
西欧的 13 个国家						
德国	0.45	0.15	0.10	0.125	0.00	0.175
爱尔兰	0.70	0.20	0.00	0.00	0.025	0.075
意大利	0.35	0.20	0.25	0.15	0.00	0.05
挪威	0.30	0.45	0.20	0.00	0.00	0.05
葡萄牙	0.15	0.60	0.175	0.00	0.025	0.05
西班牙	0.45	0.20	0.10	0.15	0.10	0.00
瑞典	0.80	0.05	0.05	0.00	0.00	0.10
瑞士	0.50	0.35	0.00	0.15	0.00	0.00
英国	0.90	0.00	0.00	0.10	0.00	0.00
东亚的 9 个国家或地区						
中国香港	0.05	0.725	0.075	0.10	0.05	0.00
中国台湾	0.45	0.15	0.15	0.05	0.20	0.00
印度尼西亚	0.15	0.60	0.20	0.00	0.05	0.00
日本	0.90	0.05	0.05	0.00	0.00	0.00
韩国	0.65	0.20	0.10	0.00	0.05	0.00
马来西亚	0.30	0.35	0.30	0.00	0.05	0.00
菲律宾	0.40	0.40	0.075	0.075	0.05	0.00
新加坡	0.20	0.325	0.425	0.00	0.05	0.00
泰国	0.10	0.575	0.20	0.075	0.05	0.00
LLSV 给出的其他 10 个国家						
阿根廷	0.00	0.65	0.15	0.05	0.15	0.00
澳大利亚	0.65	0.05	0.05	0.00	0.25	0.00
加拿大	0.60	0.25	0.00	0.00	0.15	0.00
丹麦	0.40	0.35	0.15	0.00	0.00	0.10
希腊	0.10	0.50	0.30	0.10	0.00	0.00
以色列	0.05	0.50	0.40	0.00	0.05	0.00
墨西哥	0.00	1.00	0.00	0.00	0.00	0.00
新西兰	0.30	0.25	0.25	0.00	0.20	0.00

国家（地区）	分散持股	集中持股				
		家族	政府	分散持股的金融机构	分散持股的公司	其他
LLSV 给出的其他 10 个国家						
荷兰	0.30	0.20	0.05	0.00	0.10	0.35
美国	0.80	0.20	0.00	0.00	0.00	0.00

注：西欧的 13 个国家的数据来自法西奥（Faccio）和郎咸平（Lang）（2002），东亚的 9 个国家的数据来自斯梯恩·克雷森斯（Stijn Claessens）、西蒙·詹科夫（Simeon Djankov）和郎咸平（Lang）（2000），LLSV 给出的其他 10 个国家数据来自 LLSV（1999）。表中数据是基于各个国家的 20 家最大的上市公司算得。具体而言，对一家公司来说，通过考察公司是否存在单一控股股东（20% 投票权标准）来判断股权是否为集中或分散的，若股权是集中的，再进一步判断控股股东的性质是家族、国家、分散持股的金融机构、分散持股的上市公司或其他，然后计算各类公司占 20 家公司样本的比重。

资料来源：陈仕华、郑文全：《公司治理理论的最新进展：一个新的分析框架》，《管理世界》2010 年第 2 期。

其实，理论研究和实证分析可以证明，资本市场特别是证券市场的发达程度和法律对投资者的保护程度是决定股权结构的两个重要因素。不难理解，股权结构与资本市场特别是证券市场之间存在着密切的关系，证券市场越发达，股权的流动性就越强，对上市公司绩效的评价就越积极，对控制权的收购作用就越明显，股东对公司经营层的制约和对股东的利益保护就越有效，在这一前提条件下，如果法律对投资者的保护是充分的、有效的，分散型股权结构的制度缺陷就可以得到较好抑制，其制度优点就可以得到有效发挥，此时，选择分散型的股权结构就成为一种可能和现实。当然，证券作为一种私人合约，实质上代表着上市公司对证券持有人的隐性负债，这类负债隐藏于标准化的、可转换的股票之中，在这类债务关系中，债权人的权利请求要弱于正式而详细地列明权利与义务的一般合约，这些隐含在股票中的权利能否实现取决于国家的法律体系和政府监管，也就是说依赖于法律对投资者的保护程度和保护的有效性，而不同法律体系对投资者保护的差异性又决定着资本市场的配置效率和繁荣程度。但仅用法律对投资者的有效保护并不能充分说明为什么德、日等投资者利益保护也极好的国家的大公司采用了集中型的股权结构。如果比较美、英等国与德、日等国的资本市场，不难看出，美、英等国的资本市场比德、日等国的资本市场更为发达，更为活跃。美国、英国都是资本市场高度发达的国家，纽约、伦敦都是名列前茅的世界金融中心所在城市。正是因为美国、英国等既是资本市场高度发达的国家，又是投资者利益保护极好的国家，其大公司才可能也可以采用分散型的股权结构，而德、日等虽然是投资者利益保护极好的国家，但证券市场相对滞后，所以，其大公司普遍采用了集中型的股权结构。

当然，一个国家的公司是采用分散型的股权结构还是集中型的股权结构还与这个国家的历史和文化背景密切相关。新加坡也被普遍认为是法律完备和投资者利益保护很好的国家，但新加坡国家的公司中，家族持股为 0.325，政府持股为 0.425，显然属于集中型股权结构。新加坡的公司之所以采用集中型的股权结构，与所处的东亚地区的文化背景有着内在的联系。

由此可以看出，理论上和实践中并不存在最优的产权结构。采用什么样的产权结构要考虑一个国家的历史文化、资本市场、法律保护水平等因素，适合国情的、具有效率的产权结构就应视为合理的产权结构。因此，所谓产权结构合理化是一个相对的概念。但这并不排斥大型企业产权多元化的趋势。作为现代企业最重要的两种法律形式即股份有限公司和有限责任公司，其典型特征就是产权的多元化以及所有者的外在化和责任的有限性。产权多元化及所有者责任的有限性为资本集中提供了可能，企业经营由此可以达到规模经济，而所有者的外在化则保证了企业财产的独立性和正常营运，它可以避免和防范其他主体对企业财产的支配和侵害，这使企业具有了不同于自然人的永续存在的可能，使企业能够产生持久的效益。多元的产权主体通过外部完善的市场体系和内部健全的组织结构来监督经营者的日常经营活动，以使经营者的经营不至于过多地偏离所有者的目标。这种机制是现代公司尤其是股份有限公司的生命力之所在。

实现产权多元化，就是要明确不同类的产权主体及其相应的权能和利益，以最终实现对产权进行清晰、合理的界定。产权多元化包含产权结构多元化和产权组织体系合理化两个层次的内容。所谓产权结构多元化，是相对于一元产权结构而言的，是指企业的出资者或投资主体不是只有一个而是有多个。在产权多元化的条件下，任何一个企业的产权都是由各种不同类的产权构成的，这种不同类产权的组合，就是产权组织体系。产权组织体系合理化，就是指不同类的产权的组合形式要合理化。在一个企业的产权组织体系中，关键是看企业的生产力水平和企业所经营产业的状况和背景，以及企业所面临的风险和收益预期的状况。

六　小结

考察企业制度的历史可以看出，原始产权与法人产权的分离是现代公司制度成长的历史起点和逻辑起点。企业形态的变革一般是与产权制度的变革相伴相随的。企业体制的发展是以产权制度的发展为基础的，而产权制度又是全部经济体制的基石。本章的论述正是围绕着产权制度而展开的。

本章首先简要论述了产权的含义、基本特征、起源及其属性，并从企业产权的含义入手，分析了企业产权关系是由不同投资主体、不同资金来源及产权权能的分离而形成的。在此基础上，本章阐述了产权多元化的含义及其在企业治理结构形成中的必要性，详细分析了企业产权结构的两种类型：一种是一元产权结构，另一种是多元产权结构，并得出企业产权的经济学意义在于减少不确定性，从而派生出降低交易费用、优化社会资源和减少外部性等功能的结论。本章还探讨了不同类型的企业产权结构的区别，以及在多元产权结构的条件下，如何使产权结构合理化，认为产权结构合理化并不排斥大型企业产权多元化的趋势。实现产权多元化，就是要明确不同类的产权主体及其相应的权能和利益，以最终实现对产权进行清晰、合理的界定。本章还针对现代企业制度和现代企业组织中的产权结构形式进行了系统分析，结合中国国情论述了国有企业的内涵和国有资产的范围，提出只有按照"区别对待"的思路来考虑国有企业的改革，才能更好地认识国有企业改革所存在的问题。

通过本章的论述，不难得出如下结论：现代企业产权制度是以产权为依托，对财产关系进行合理有效的组合、调节的制度，它是一个制度体系，包括出资人财产所有权制度、法人财产权制度、委托代理制度、资产管理制度、资产经营制度、资产监督制度等，其多元化的特性产生了一套有效的公司治理结构体系，这套结构体系保证：选择优秀的经营管理者，对其行为进行有效激励、约束，进而提高企业竞争力，改善企业绩效，提高企业效率。因此，建立现代企业制度，是国有企业提高经济效率的根本途径。

第二章　产权结构与现代企业制度

一　企业及其特征

企业由许多人集合在一起，生产某种产品或提供某种服务，他们生产的产品和提供的服务并非为了自身的需求，而是为社会提供的，是为了满足消费者的需求①。

企业是生产要素——土地、自然资源、劳动力、资本、技术和信息等的集合，并在利润动机的驱动和承担风险的条件下，为社会提供产品和服务。它具有独立的商品生产者和经营者的法律身份，是现代经济的细胞和基本经济单位②。

作为企业必须具有一定的生产要素。土地、自然资源、劳动力、资本是传统企业的基本生产要素，知识、技术和信息是现代企业的基本生产要素。

企业的设立必须具备以下条件：产品和服务为社会所需要，有生产技术设备、原材料、能源、交通运输等必要的条件，有自己的名称和经营场所，有符合国家规定的资金，有自己的组织机构和员工，有明确的经营范围等。

企业是经济组织，是营利性机构，它向社会提供产品和服务，目的

---

① 孙义敏、杨洁：《现代企业管理导论》，机械工业出版社，2004，第1页。

② 孙义敏、杨洁：《现代企业管理导论》，机械工业出版社，2004，第2页。

是获取利润，所以它必须讲究效率。企业的效率来自制度效率和经营效率两个方面。制度效率是由土地、劳动力、资本等生产要素的集合方式决定的，经营效率是由企业的管理方式和有效性决定的。企业的效率是企业获得经营利润、克服市场风险并得到长期稳定发展的保证。

企业向社会提供产品和服务，可以满足人民物质和文化的需求，同时，企业的稳定和健康发展可以为国家提供稳定的税收和为社会提供充分的就业机会，从而实现企业存在和发展的社会价值。

二 企业特征和类别

企业作为一个独立的经济组织具有以下特征①。

企业是法人。企业能以自己的名义进行民事活动并承担责任，享有民事权利和义务。企业要成为法人必须依法向工商部门登记注册，应有专门的名称、固定的工作地点与组织章程，具有独立的财产，实行独立核算和自主经营等。

企业拥有经营自主权。企业作为一个经营实体，必须拥有独立的生产经营自主权，包括经营决策权、产品决定权、产品销售权、人事权和分配权等。

企业必须实行独立核算，自负盈亏。企业作为营利机构，获取利润是其生存和发展的条件。为此，企业必须实行独立核算，力争以最少的投入获得尽可能多的产出，从而获得更多的利润。最终的经营结果取决于企业的经营管理水平。如果出现亏损，而又无法扭亏为盈，企业就会破产倒闭。

企业是纳税单位。税收是国家的主要财政来源，企业作为国家经济的微观基础单元，有缴纳税收的义务。这是市场经济中，企业与国家之间的重要经济关系。

企业作为一个复杂的系统，有着多重属性和形态，有着不同的划分方法，按照不同的标准、范围和研究需要，可以将企业分为不同的类型。

按照企业的财产组织形式，可以将企业分为个体企业、合伙企业、合作制企业和公司制企业，其中，公司制企业又可以分为无限责任公司、

---

① 孙义敏、杨洁：《现代企业管理导论》，机械工业出版社，2004，第 2~3 页。

有限责任公司和股份有限公司；

按照企业的组合方式，可以将企业分为单一企业、多元化企业、经济联合体、企业集团和连锁企业；

按照企业的所有制形式，可以将企业分为国有企业、集体企业、私营企业和混合所有制企业；

按照企业所处的领域，可以将企业分为工商企业、金融企业、科技类企业等；

按照企业所处的行业，可以将企业分为钢铁企业、石化企业、运输企业、贸易类企业等。

按照对剩余索取权的契约安排来划分，发达资本主义经济中常见的有 6 种经济类型企业，即业主制企业、合伙制企业、不公开招股公司、公开招股公司、金融互助社和非营利组织①。

从企业资产所有者的形式财产的组织形式和承担的法律责任来看，人类历史上主要出现过三种比较常见的企业形式，先后依次为个人业主制企业、合伙制企业和公司制企业。我国专家学者通常将个人业主制企业和合伙制企业称为古典企业，将公司制企业称为现代企业。

个人业主制企业是指由个人出资兴办并由个人控制和经营的企业。个人业主制企业的出资者掌握企业的全部业务经营权力，独享企业的全部利润，承担企业全部的风险，同时，对企业的债务负无限责任。早期的手工工场多数属于个人业主制企业，是最早产生也是最简单的企业形态。个人业主制企业受业主资金规模和经营能力的限制，发展规模普遍有限，而业主对债务承担无限责任，经营风险较大，因此，个人业主制企业很难发展壮大。但个人业主制企业的优点也较为明显，包括开办企业所需资金较少，建立和歇业的程序较为简单，经营较为灵活，产权转让较为顺畅，所有者与经营者的利益完全重合，利润独享，风险自担，经营信息不用向社会公开等。因而，即使在市场竞争十分激烈、企业规模越来越大的现代社会，个人业主制企业作为一种企业形态仍然普遍存在。

合伙制企业是指由两个或两个以上所有者共同出资兴办的企业。企

---

① 杨凡：《上市公司产权研究》，华中理工大学博士论文，2000，第 4 页。

业为合伙人共同所有，共同经营，共享权益。合伙制企业分为两类，一类是一般合伙制企业，另一类是有限合伙制企业。在一般合伙制企业中，所有的合伙人提供一定比例的资金，并且分享相应的利润或亏损，每一个合伙人承担合伙制企业中的相应债务，其中合伙制协议可以是口头协议，也可以是正式文字协议。在有限合伙制企业中，允许某些合伙人的责任仅限于其在合伙制企业的出资额。有限合伙制企业通常要求，至少有一人是一般合伙人和有限合伙人不参与企业管理。合伙制企业的优点是，所有者与经营者是合二为一的，保证了合伙人对企业的严格控制；可以将违约成本的"社会化"转化为"私人化"，有助于避免企业预算的软约束；一般合伙制的合伙对风险承担无限连带责任，有利于企业全面增强风险防范意识和能力；合伙制企业不是企业法人，只征收个人所得税，不缴纳企业所得税，因此，税收负担相对较轻。

合伙制企业与公司制企业在责任人、责任范围、适用法律、组织架构、缴纳税种、能否上市等方面存在明显区别：一是合伙制企业的责任人为合伙人，公司制企业为企业法人；二是合伙制企业的合伙人承担无限连带责任，公司制企业出资人承担有限责任或无限责任；三是合伙制企业适用法律为合伙企业法，公司制企业适用法律为公司法；四是合伙制企业的组织架构为松散团队型，公司制企业为严密的金字塔型；五是合伙制企业缴纳税种以个人所得税为主，公司制企业需要缴纳企业所得税或营业税、增值税等；六是合伙制企业一般无法上市，公司制企业符合条件的可以成为上市公司（见表2–1）。

表2–1 合伙制企业与公司制企业的区别

比较内容	合伙制企业	公司制企业
责任人	入伙合伙人	企业法人
责任范围	无限连带责任	有限责任或无限责任
适用法律	合伙企业法	公司法
企业组织架构	松散团队型	严密金字塔型
缴税	以个人所得税为主	企业所得税、营业税、增值税等
能否上市	否	是

资料来源：《北京商报》2013年9月25日第5版。

合伙制企业与公司制企业的一个核心区别在于，公司制企业属于法人实体，有法人代表，合伙制企业不是法人实体，也没有法人代表，而全球主要交易所都要求法人实体才能上市，因此，合伙制企业无法获得全球主要交易所的批准而上市。高盛集团（Goldman Sachs）、摩根大通（JP Morgan Chase）、摩根士丹利（Morgan Stanley）等众多华尔街著名投资银行为了上市，最终不得不放弃延续数十年甚至上百年的合伙制转而实行公司制。2013年阿里巴巴集团（Alibaba）拟在香港上市的计划陷入僵局，其根本原因就在于，阿里巴巴虽然是一家公司制企业，但阿里巴巴在公司制的框架下引入合伙制的管理方式，最大股东被排斥在合伙人之外，公司章程还规定董事会大部分董事提名权归阿里巴巴的合伙人，这实际上构成了一种双层控制权架构，是香港联交所上市规则所不允许的。

相对于公司制企业而言，合伙制企业的一个优点是可以让具有高深专业知识的人才在不出资的情况下成为合伙人，这些合伙人无权分享企业的共同财产，但可以分享一部分利润，这种激励方式有利于吸引和留住优秀的技术型专业人才，同时又不过分损害合伙人的权益，更容易为创业团队所接受。因此，合伙制这种企业组织形式在会计师事务所、律师事务所、咨询公司及PC、VC等需要大量优秀人才、主要依靠人力资本的企业组织中采用较多。著名的全球管理咨询公司——麦肯锡公司就属于合伙制企业。由芝加哥大学教授杰姆斯·麦肯锡（James Mckinsey）于1926年创立的麦肯锡咨询公司采取的就是"公司一体"的合作伙伴关系制度，目前，在全球44个国家有80多个分公司，拥有7000多名咨询顾问。

公司制企业是由两个人以上依法集资联合组成、有独立的注册资产、自主经营、自负盈亏的法人实体。公司制企业产生于19世纪中期，由于英国和欧洲先后完成了产业革命，机器大工业广泛建立，生产的社会化程度大大提高，企业发展迅速，到了1856年，英国议会确认了注册公司只负有限责任，并且公布了第一个现代公司法，即有限责任形式的公司法。公司制企业以法人财产制度为核心，以有限责任制度为保证，以公司法人治理结构为关键，以所有权与经营权分离为特征，更能适应市场经济发展和社会化大生产的需要，现代企业制度的主要组织形式是大企业普遍采用的组织形态，在市场经济中起着主要作用。据有关专家计算，公司为全球超过 80% 的人口提供了工作机会，构成了全球经济力量的 90%。全球最大的 10 个公司的销售总额超过世界上最小的 100 个国家的国内生产总值总和。

（一）国有企业

所谓国有企业，是指资本全部或主要由国家投入、依法设立、从事生产经营活动的经济组织。在我国，比较国有企业与非国有企业绩效时，有四点需要注意把握：一是国有企业有广义与狭义之分。广义的国有企业是指资本全部或主要由国家投入、依法设立并从事经营活动的经济组织，包括国有独资企业、国有独资公司和国家控股 50% 以上的公司。狭义的国有企业是指企业全部资产归国家所有并按《中华人民共和国企业法人登记管理条例》规定登记注册的非公司制的经济组织，不包括有限责任公司中的国有独资公司。通常讲的国有企业是指广义上的国有企业。

国际上一般将国有独资公司和国家控股 50% 以上的企业界定为国有企业。从产权结构分析，国有独资企业与个人业主制企业都属于一元产权结构的企业。目前，我国的国有独资企业特别是中央企业大多属于按《中华人民共和国企业法》注册的企业，也有一部分是按《中华人民共和国公司法》注册的公司制企业。按我国现行《中华人民共和国公司法》和《中华人民共和国国有资产法》的规定，国有独资公司属于有限责任公司的范畴，是一种特殊形态的公司。

二是理论上的国有企业与国有资产监管机构或部门管理的国有企业有所不同。芬兰政府财政部和工业部等部门管理的企业在法律上分为"国有公司"和"联合公司"，前者指国有独资公司和国有控股 50% 以上的公司，后者指国家作为主要股东但持股比例低于 50% 的公司。2005 年底，芬兰中央政府 8 个部门管理的 54 家企业中，国有持股比例在 50% 以上的国有公司有 29 家，国有持股比例低于 50% 的联合公司有 25 家，其中部分是国有参股公司。

从我国和一些国家的实际情况看，国有资产监管机构或部门管理的企业既包括国家控股 50% 以上的国有绝对控股公司，也包括国有相对控股公司，有时把国有参股公司也作为国有企业。国务院国资委履行出资人职责的上海贝尔阿尔卡特股份有限公司是上海贝尔公司与法国阿尔卡特公司合资组建的公司，股权结构为 50：50。上海华源集团曾经是一家直属国务院国资委监管的中央企业，2006 年出现重大财务问题被华润（集团）有限公司重组。上海华源集团作为一家投资主体多元化的公司，国务院国资委作为最大股东仅持股 9.136%。

三是国有企业不一定将利润最大化作为企业经营的首要目标。虽然国有企业也是从事生产经营活动的经济组织，也要追求赢利，但部分国有企业的职责定位决定了国有企业不一定将利润最大化作为首要追求目标。这是国有企业区别于非国有企业的一个重要方面。

瑞典、芬兰两国的国有企业按追求目标和设立宗旨分为两类：一类是以为社会提供特定的公共服务为主要任务、不完全按市场化运作的国有企业，这类国有企业的利润可能不高，但这类国有企业是政府履行公共服务职能、弥补市场经济缺陷的重要工具；另一类以利润最大化为主要目标、完全按市场化运作的国有企业，这类国有企业不承担政府职能，与私营企业适用同样的法律，遵循同样的规律，实现利润要向国家分红。

马来西亚的国有企业主要分为两类，一类是财政部投资的以公用事业、社会服务为主的国有企业（GOC），由财政部下设的 MOF INC 公司管理，政府对此类企业主要采取政策性控制；另一类是以马来西亚国库控股公司（KHAZANAH）为主投资并负责管理的以营利为目的商业性企业，亦称为官联企业（GLC）。截至 2007 年 9 月，国库控股公司管理的官联企业共有 56 家，其中，27 家为上市公司。官联企业的业务遍及银行、保险、能源、航运、港口、汽车、建筑、电信、电子、传播、医药、投资等多个领域。

国务院国资委监管的中央企业中，中国储备粮管理总公司和中国储备棉总公司虽然也要努力实现国有资产保值增值，但首要职责是参与政府对粮食和棉花的市场调节，而不是追求利润最大化。

四是各国对国有企业范围的界定也不尽相同。英国、加拿大等国家通常将邮政、医院等包含国有经济成分的公共部门或公用事业也视为国有企业。对国有企业范围的不同理解背后是理念的差异。英国、加拿大等国家对国有企业范围的理解反映了这些国家将公共部门或公用事业单位视为经济实体进行运营，尽可能像公司一样实行市场化管理，追求高效率。

我国对国有企业范围的理解和使用与一些发达市场经济国家有所不同。

一是在我国，国有企业与集体所有制企业都被归为公有制企业的范畴，所谓集体企业是指企业资产归集体所有并按《中华人民共和国企业法人登记管理条例》规定登记注册的经济组织。

二是我国将企业化管理的事业单位也归入国有企业的范畴。截至2013年底，全国国有独资企业、国有控股公司和企业化管理事业单位共有159184户，其中企业化管理的事业单位4848户，占全部国有企业总数的3.0%（见表2-2）。

表2-2 2013年全国国有企业户数、从业人数、国有资产总量按组织形式分类分析

项目	数量（户）	占比（%）	年末从业人数（万人）	占比（%）	年末国有资产总量（合计数，亿元）	占比（%）
国有独资企业、公司	58696	36.9	1338.7	34.1	672996.3	38.7
国有控股公司	95640	60.1	2527.9	64.4	1061887.7	61.0
企业化管理事业单位	4848	3.0	55.9	1.4	5982.1	0.3
全国合计	159184	100%	3922.5	100%	1740866.1	100%

资料来源：国务院国资委财务监督与考核评价局：《二〇一三年度全国企业国有资产统计数据资料》。

三是作为改革范畴的国有企业主要指的是国有工商企业，通常将国有独资或控股的银行、保险、证券、基金等金融类企业的改革列入金融体制改革的范畴。

四是在统计上，我国在使用国有企业资产总额、营业收入、实现利润、上缴税收等统计数据时，通常也不包括国有金融类企业。

作为资本全部或主要由国家出资形成的国有企业，也有不同的类别属性。西方一些国家将国有企业分为三类。

　　一是政府企业。这类企业是归政府所有并直接由政府机构经营的非营利性组织，其目标并不是商业性的。在西方国家，这种政府企业数量较少，且产值不大，主要是向政府部门提供特殊产品和特殊服务。在西方国家，这类企业多为政府造币机构、印刷与出版机构、军用船舶修造企业、关键技术的研究开发机构等。在多数情况下，政府企业主要负责向政府其他部门提供商品和服务，以使后者能向社会提供公共用品和服务。换言之，政府企业的运营构成了公共用品生产的一部分。政府企业提供的产品与服务往往是免费的，或以服从于公共服务目的的价格"出售"给其他政府单位。然而，个人或民营企业一般不会自愿从事这类经济活动，所以，只有政府企业出面承担。因此，政府企业很难做到政企分开，自负盈亏，容易出现预算需求膨胀、生产效率低下、管理比较粗放、服务意识不强等现象，也难以通过股份制改革和完善治理结构从根本上予以解决。

　　二是特殊法人企业。这类国有企业有别于按《公司法》设立的普通法人企业，主要受特殊法人的有关法律如《烟草专卖法》和《铁路法》的规范具有法人地位，但属特殊法人。这类企业以国家独资或以国家投资为主，主要从事自然垄断和行政垄断业务，如邮政、铁路、电信、烟草等行业的企业，其特点是兼顾商业性与非商业性，主要生产垄断性行业的产品、"准公共用品"或某些特殊私用品，产品价格与成本有较大的相关性。对这类企业，政府应在进一步完善特殊法人相关法律的基础上，建立规范的公司治理结构，引入市场竞争机制。

　　三是股份公司企业。这类企业依据《公司法》运作，政企分开，国有经济或政府参股或控股，具有普通法人地位，建立规范的公司治理结构，主要从事竞争性行业，与民营的公司制企业没有本质的区别，所不同的是由国有资本控股或参股。近几十年来，许多发达市场经济国家将大量竞争性行业的国有企业民营化，仍然保留的国有企业大多进行公司制改革，符合条件的进行股份制改革，能够上市的则上市，变为公众公司。

　　与发达市场经济国家和一些体制转型国家相比，我国竞争性行业的国有企业改革选择了不同的模式和路径，主要表现在三个方面。

一是在国有企业的数量上，我国的国有中小企业经过改制虽然绝大多数已不再属于国有企业的范畴，但仍然保留了大量的国有企业，特别是大中型国有企业。这一现象的出现和存在是由中国特色社会主义的本质和社会转型时期的特点决定的：第一，我国宪法把坚持公有制为主、多种所有制经济共同发展确立为我国社会主义初级阶段的基本经济制度，国有企业作为公有制经济的重要实现形式，作为社会主义制度的重要经济基础，其数量和地位必然要与社会主义初级阶段的基本经济制度相适应；第二，坚持中国特色社会主义要求国有经济在国民经济中发挥主导作用，具体体现为国有经济在关系国家安全和国民经济命脉的关键领域和重要行业保持控制力，这一基本定位也决定了我国必然会保留相当数量的国有企业；第三，我国实行的是共产党领导的多党合作的政治制度，国有企业作为国家的重要构成，是坚持我国现行政体的重要保证；第四，我国正处于经济和社会发展的重要转型期，市场经济和法制都不完善，同时，各种社会矛盾比较集中和突出，在这一时期，国有企业作为调节经济社会矛盾、实现国家战略目标的重要工具，也需要发挥更大的作用；第五，我国的私营企业发展历史相对较短，私人资本的规模虽然取得了长足的发展，但总体上，私人资本规模相对较小，实力相对较弱，在许多重要领域和行业难以满足经济和社会发展的需要，短期内也无力吸收和兼并巨量的国有资本；第六，国有企业经过多年改革探索，其体制机制已发生重大变化，显示出相当的市场竞争力，成为国家税收的重要来源和支撑，而西方发达国家的不少国有企业则成为政府财政的沉重负担。正是从我国的国情和现阶段经济社会发展的要求出发，国有企业在我国要比市场经济国家数量更多。

二是在改革的方向上，从国内外国有企业改革的实践看，短期内将大量的国有企业民营化，一方面，可能会导致大量的失业，在社会保障体系不健全的情况下，会严重影响社会的稳定；另一方面，在法制体系不健全的情况下，会导致国有资产的严重流失，加剧社会分配的失调。因此，我国竞争性领域国有企业的改革没有简单复制西方发达国家和一些体制转型国家的做法，将大量大中型国有企业在短期内私有化，而是通过公司制股份制改革，使国有企业的体制机制尽可能与市场经济体制相适应，使其具有类似于普通法人公司的经营自主权和政策环境，增强国有企业的活力和竞争力，改进和提高国有企业的经营效率。

三是在改革的模式上，我国国有企业的改革一直试图以市场竞争主体和普通独立法人的模式在所有国有企业中建立现代企业制度，并以此作为建立市场经济体制的基础，但国有企业承担的经济责任、政治责任和社会责任使得笼统地对所有国有企业提出同样的改革要求和改制模式变得既不合理，也不现实。根据国有企业的不同职责定位和类别属性，按照"区别对待、分类推进"的思路深化国有企业改革，应该更符合国有企业的实质，更有利于国有企业改革达到预期的目的。

四是在改革的内容上，我国国有企业的改革特别是在公司治理模式的选择方面，既没有照抄美英公司治理模式，也没有照搬德日公司治理模式，而是在借鉴市场经济国家公司治理基本原理和遵循国际公司治理发展趋势的基础上，从中国的国情出发探索建立中国特色国有企业的治理模式，包括董事会的构成、监事会的设置等。虽然中国国有企业的公司治理还需要继续探索和完善，但从改革的初步结果看，已经对国有企业的活力和竞争力提升、对国有企业效率和绩效的改进起到了积极的作用。

（二）民营企业

在我国，民营企业经常是相对于国有企业而言的一个特定概念和范畴，是我国经济体制转型时期的一个特定历史产物。但实际上，民营企业并不是《公司法》规定的一种企业组织类型。在我国的《公司法》中，按照企业的资本组织形式划分，企业类型主要有国有独资公司、一人有限责任公司、有限责任公司和股份有限公司。

民营企业也不是我国国家统计的一种企业类型。根据国家统计局和国家工商行政管理局1998年8月颁布、2008年3月再次公布的《关于划分企业登记注册类型的规定》，企业登记注册类型包括：内资企业，国有企业，集体企业，股份合作企业，联营企业，有限责任公司，股份有限公司，私营企业，其他企业，港、澳、台商投资企业，合资经营企业（港或澳、台资），合作经营企业（港或澳、台资），港、澳、台商独资经营企业，港、澳、台商投资股份有限公司，外商投资企业，中外合资经营企业，中外合作经营企业，外资企业，外商投资股份有限公司。

在我国科技主管部门的统计中，将民营科技企业作为一个类别进行统计。中华全国工商业联合会主编的《民营经济蓝皮书：中国民营经济发展报告》中，也有民营企业的户数、资产和就业人数等统计数据。

民营企业是民营经济范畴的另一种表述。在我国，民营经济在实际运用中，有广义和狭义之分。广义的民营经济是除国有和国有控股企业以外的多种所有制经济的统称，狭义的民营经济指个体和私营企业。具体研究问题时大多以分析狭义民营经济即个体私营经济为主，中华全国工商业联合会主编的《民营经济蓝皮书：中国民营经济发展报告》使用的就是狭义民营经济的概念。属于民营经济范畴的企业就是民营企业。

在我国，相对于国有企业而言，经常使用的还有一个概念或术语是私营企业。根据我国国家统计局、国家工商行政管理局《关于划分企业登记注册类型的规定》，私营企业是指由自然人投资设立或由自然人控股，以雇佣劳动为基础的营利性经济组织。包括按照《公司法》《合伙企业法》《私营企业暂行条例》规定登记注册的私营有限责任公司、私营股份有限公司、私营合伙企业和私营独资企业。

私营独资企业是指按《私营企业暂行条例》的规定，由一名自然人投资经营，以雇佣劳动为基础，投资者对企业债务承担无限责任的企业。私营合伙企业是指按《合伙企业法》或《私营企业暂行条例》的规定，由两个以上自然人按照协议共同投资、共同经营、共负盈亏，以雇佣劳动为基础，对债务承担无限责任的企业。私营有限责任公司是指按《公司法》《私营企业暂行条例》的规定，由两个以上自然人投资或由单个自然人控股的有限责任公司。私营股份有限公司是指按《公司法》的规定，由五个以上自然人投资，或由单个自然人控股的股份有限公司。

对私营独资企业和私营合伙企业，工商机关核发《独资企业营业执照》和《合伙企业营业执照》，这两类企业均无法人资格；对私营有限责任公司和其他的有限责任公司，核发《企业法人营业执照》，注册登记经济类型为有限责任公司。

由此可见，民营企业与私营企业是既相关联又不相同的两个概念，民营企业的内涵和外延比私营企业更为广泛。作为我国经济体制转型时期的一个特定术语，民营企业或民营经济主要是基于所有制性质进行界定的，私营企业主要是基于产权属性进行界定的。虽然民营企业或民营经济频繁出现于理论刊物和大众媒体，也有科技主管部门和中华全国工商联合会的统计，但严格地讲，民营企业在我国并没有法律规定和法律地位，私营企业则有相关法律和统计的规定。这种现象既反映了企业的所有制属性在我国还是一个引起广泛讨论的问题，也反映了我国在企业类型问题认识上还存在模糊不清的地方，有待进一步研究和讨论。

（三）混合所有制企业

混合所有制企业作为近一二十年来不时引起关注的一种经济现象和研究课题，国内理论界和学术界对其性质界定并没有形成广泛共识。归纳国内关于混合所有制企业的不同界定，主要有广义与狭义两种界定：广义的界定把混合所有制企业界定为不同所有制企业按照一定原则实行联合生产或经营的企业；狭义的界定把混合所有制企业界定为公有资本与非公有资本共同参股组建而成的新型企业形式。

国内理论界和学术界对混合所有制企业与股份制企业的关系也存在不同的理解。有观点认为，混合所有制企业是股份制企业的一种形式，是我国改革开放中形成的一种特殊形态的股份制。《党的十八届三中全会〈决定〉学习辅导百问》一书就提到，"混合所有制经济从本质上说就是股份制经济"，"我国的股份制特点是不同性质的资本融合的混合所有制的股份制经济，也就是混合所有制经济"[1]。还有观点认为，混合所有制企业与股份制企业既有区别又有联系。后一种观点提出，混合所有制企业与股份制企业的区别主要在于，股份制企业是指两个或两个以上的利益主体以集股经营的方式自愿结合而成的一种企业组织形式，它的资本组织形式是股份制，它的突出特征是财产占有形式的社会化；而混合所有制企业是指由各种不同所有制经济按照一定原则实行联合生产或经营

---

[1]　本书编写组编著《党的十八届三中全会〈决定〉学习辅导百问》，党建读物出版社、学习出版社，2013，第31~32页。

的所有制形式。混合所有制企业是从所有制角度提出的,是从资产占有方式角度来说的,股份制企业是从资产的组织运营方式角度提出的,前者指的是内容实质,后者指的是实现形式,两者不能混为一谈。后一种观点还提出,混合所有制企业与股份制企业的联系主要在于,混合所有制经济的主要组织运营方式和实现形式,在我国就是股份制。

国内关于混合所有制企业性质的争论以及关于混合所有制企业与股份制企业关系的争论,既反映了我国经济体制转型过程中经济现象的多样性和复杂性,也反映了对所有制与所有制实现形式的关系还缺乏深入了解和准确把握。

实际上,所有制与所有制的实现形式是两个既相互联系又不相同的概念。所有制是指对生产资料占有、使用、处置并获得收益等一系列经济权利和经济利益关系的总和,而所有制的实现形式则是指在一定的所有制前提下财产的组织形式和经营方式。所谓财产的组织形式,包括独资、合资和各类资本相互融合等形式,在企业形态上体现为业主制企业、合伙制企业和股份制企业等。所谓经营方式,包括经营资本的直接经营方式和经营资本的间接经营方式。相对于所有制来说,所有制的实现形式具有相对的独立性。因为同一种所有制可以有多种实现形式,不同所有制也可以采用同一种实现形式①。

混合所有制作为一种所有制形态,可以与公有制、私有制作为同等经济范畴进行分析。混合所有制企业作为多元产权结构的企业组织形式和经营方式,则不能与国有企业、私营企业一样作为一种企业类型进行工商登记注册。其根本原因就在于,所有制与所有制的实现形式是既相互联系又不相同的两个概念。

如果从产权结构来分析,不管是什么所有制资本组成的混合所有制企业,不管是国有资本控股还是私营资本控股或是外国资本控股,混合所有制企业本质上都属于多元产权结构或多元投资主体的组织形式和经营方式。

---

① 魏礼群:《积极推行公有制的多种有效实现形式》,见《〈中共中央关于完善社会主义市场经济体制若干问题的决定〉辅导读本》,人民出版社,2013,第 26～27 页。

　　根据产权结构的不同，混合所有制企业也可以有多种组织形式和经营方式。如果是国有绝对控股的混合所有制企业，则属于国有企业；如果属于私营资本或外国资本控股的混合所有制企业，则属于非国有企业或民营企业。如果混合所有制企业是以股份方式组建而成的企业，则是股份制企业；如果是以其他方式组建而成的企业，则属于合资经营企业或合作经营企业或其他类型的企业。对此，要作具体分析和界定，混合所有制企业的所有制属性和企业类型要根据企业的产权结构和资本组织方式进行界定。把混合所有制企业作为一种独立于股份制或其他类型企业的新的企业类型，是缺乏理论根据和法律基础的。

　　正因为混合所有制企业具有多种组织形式和经营方式的选择，因此，混合所有制企业并不是《公司法》规定的一种企业组织形式，也不是工商注册登记的一种企业类型。作为我国经济体制转型时期的一种经济现象和一个特定术语，混合所有制企业主要是基于所有制性质进行界定的，而不应笼统地界定为一种新型的、独立的企业组织形式。

　　混合所有制企业特别是混合所有的国有控股企业的出现，在我国受到普遍关注和认真研究，分析其原因，主要在于混合所有的国有控股企业既区别于原有的国有独资企业，又区别于建立在产权私有基础上的私营企业，被认为既有利于国有资本放大功能，保值增值，提高竞争力，又有利于各种所有制资本取长补短，相互促进，共同发展，统一于社会主义现代化建设进程中，最大限度地解放和发展生产力，是社会主义基本经济制度的重要实现形式，因而，混合所有制企业受到国内一些专家学者的肯定和赞誉，有观点甚至把国有控股的混合所有制企业称为新型国有企业。还有观点认为，混合所有制经济是我国发展社会主义市场经济中所特有的。①从区别于原有国有独资的国有企业来说，从多元产权结构的股份制企业比一元产权结构的国有独资企业更具制度优势来看，混合所有制的国有控股企业确实是我国经济体制转型过程中出现的一种新

---

① 张卓元：《混合所有制经济是基本经济制度的重要实现形式》，《〈中共中央关于全面深化改革若干重大问题的决定〉辅导读本》，人民出版社，2013，第78 页。

的经济现象，但从多元产权结构来看，混合所有制企业是发达市场经济国家和经济体制转型国家的一种普遍经济现象和现实存在，并不是我国特有的经济现象和企业类型。

三　现代企业制度与产权结构

（一）企业制度

有学者将企业制度笼统地分为两大类，即传统企业制度和现代企业制度。虽然对如何划分企业制度的不同发展阶段存有不同观点，但研究企业制度的发展史和演变史，有必要对企业制度的发展历程划分阶段。

传统企业制度实质就是古典经济学的代表人物亚当·斯密"经济人"思想的延续。美国经济学家伯尔（Berle，Asolf Augustus，J. R.）和米恩斯（Means，Gardiner Coit）在企业制度结构的分析方面发展了凡勃伦的学说，把企业制度结构分为产权层和经营层。他们分析了企业权力结构和管理阶层的经济地位，强调了法律制度和法律形式对于企业所有权和经营方式的意义，论述了企业所有权与管理权的分离及两个对立集团的形成，认为现代大型企业的管理权将不可避免地从私人资产所有者手中转到具有管理技术的专业人才手中。

加尔布雷斯（Galbraith，John Kenneth）进一步得出了二元体系的理论。即在经济发展的条件下，在原分散经济的市场体系中游离出有组织经济的计划体系。计划体系是由大公司、大企业所组成的，它们的投资量大、技术复杂性高、建设周期长，因此，要求安全和稳定，需要有预测和计划。这些大公司和大企业的计划体系使得公司的制度结构内部发生了重大的变化，即公司（或企业）权力的转移和目标的形成。所谓公司（或企业）权力的转移是指权力已由业主和股东手中转移到"技术结构阶层"（Technostructure）手中，这个阶层主要包括经理、科学家、经济学家、工程师、会计师、律师等在企业决策中提供了专业知识的人。现代公司中权力的转移是因为权力应该归于掌握了最难获得或最难替代的生产要素的人，谁掌握了这种生产要素的供给，谁就拥有权力。而伴随着公司权力的转移，公司的目标也发生了变化，新的目标就是技术变革、稳定和增长。显然，企业制度由传统企业制度过渡到现代企业制度，产生了一个由"经济人"向"经济法人"过渡的过程，企业在这个时候获得了法律上的认可，构成法人实体。在这种法人实体下，原来的业主、资本所有者与管理者合一的企业类型转变到资本所有者与管理者分离的企业类型①。

现代企业是相对于传统企业（古典企业）而言的，可以从生产力和生产关系两个方面去考察。从生产力方面看，传统企业的特征是企业规模较小，劳动生产率低，企业所有权与经营权合一，在管理上带有浓厚的集权色彩。现代企业是由先进的机器设备武装起来的，企业内部分工科学，组织严密，能运用先进的科学技术成果，具有较大的规模和较高的效率。从生产关系方面看，传统企业的生产资料归少数资本家所有，形成了独资企业和合伙企业，这些企业的特征是所有权与经营权合一，资本积累一般情况下较为缓慢，企业的寿命较短。现代企业是由多个投资主体组成的，而不是单一投资主体，较为典型的是运用股份制所具有的聚集资本、分散风险和管理专业化的功能，建立起"三权分立"的领导体制，即董事会主要行使决策权，监事会主要行使监督权，经理层主要行使指挥权。符合现代企业特征的有股份有限公司和有限责任公司两种具体形式。由多元投资主体所决定，企业内部生产关系发生了重大变化，使企业的经营目的、责任、劳资关系得到了根本改善。正如奈斯比特所说："公司不仅要能使其雇员为其做出贡献，而且要成为能使职工个人得到发展的乐园。"②

现代企业制度有广义和狭义之分，广义的现代企业制度是现代市场经济中企业的组建、管理、运营的一系列行为和关系的制度体系，包括企业的产权制度、组织制度和管理制度；狭义的企业制度主要指企业的组织制度，即企业的公司治理。在理论研究上和现实经济生活中，"企业制度"通常在这两种意义上使用。具体地说，当企业的产权制度及其他

---

① 钱伟荣：《国有企业产权研究》，天津大学博士论文，2002，第 19~20 页。
② 奈斯比特·阿尔布丹：《展望 90 年代西方企业和社会新动向》（中译本），国际文化出版公司，1983，第 19 页。

一系列的关系已作为前提或基础存在的时候，企业制度就仅指企业的组织制度；当一般意义地提到企业制度改革，比如在探讨建立现代企业制度的时候，就是从广泛的含义上谈到的企业制度。

以企业法人制度为核心、以有限责任制度为主要特征、以公司组织形式为典型形态的现代企业制度，是社会化大生产和市场经济发展的产物。在资本主义发展初期，企业的所有权与经营权是统一的，所有者的个人财产与企业财产是不分的，谁投资、谁所有、谁经营、谁受益、谁承担民事责任，这些都是一致的。随着生产规模的不断扩大和市场竞争的日趋激烈，企业资金需求不断增加，投资风险逐渐增大，对决策和经营能力的要求日益提高，传统的企业制度和单个企业所有者难以承受这些要求，因此，企业制度必须进行变革，股份公司、法人制度、有限责任制度以及企业家阶层也就应运而生。

（二）现代企业的形式及特征

从世界各国的普遍情况看，按照财产构成划分，现代企业制度下，现代企业主要有三种基本存在形式，即独资企业、合伙企业、公司企业。

独资企业是由单一投资主体出资兴办并完全由出资人所有和控制的企业。合伙企业是由两个以上出资人共同兴办并由其共同所有和控制的企业。公司企业是由两个以上出资人兴办，每个出资人以其出资份额的多少拥有控制权力和承担相应义务的企业。

需要指出的是，独资企业不一定是业主制企业，也可以是公司制企业，我国《公司法》就将国有独资企业列入调整和规范的对象。

公司企业可以有不同的类型。按照出资者的责任性质可以分成"无限责任制企业"和"有限责任制企业"两大类。所谓无限责任制就是出资者对企业经营债务承担无限的连带责任，这样不利于出资者出资的积极性。所谓有限责任制是出资者对企业经营债务只按出资额承担有限责任，这样可以鼓励出资者积极出资和扩大出资。

按照出资者的广泛程度可以分为"有限责任公司"和"股份有限公司"两种类型。有限责任公司的出资者人数有上限规定，例如不能超过50人，资本没有细小分割，是一种为小型企业设置的企业形态。股份有限公司的出资人数没有上限规定，资本金被分成细小单位即股份，是大型企业的主要形态。

有限责任公司和股份有限公司都是股份制企业的法律形式。从投资者的角度看，股份有限公司和有限责任公司主要有两个方面的相同点：一是股东都是以其所认购的股份对公司承担有限责任，公司以其全部资产对其债务承担责任；二是股东权益的大小都取决于股东对公司投资的多少。投资多，享受的权利就大，承担的义务也大；投资少，享受的权利就小，承担的义务也小。

公司企业在市场经济的发展中已经形成一套完整的组织管理制度，最主要特征是：所有者、经营决策者、监督者之间通过公司的权力机构、决策管理机构、监督机构形成各自独立、权责分明、相互制衡的机制，并通过法律和公司章程加以确立和实现。这种组织管理制度经过上百年的实践，既能保障股东的权益，又能使经营者有充分的财产经营权，同时保障有效的监督。所有者（股东）、公司代表——董事会和执行管理部门——经理之间形成的关系，使公司权力机构责、权分明，又相互制衡，形成企业发展的一种良好的机制。

企业制度的发展经历了由业主制到合伙制再到公司制的演变过程，经历了由原来的一元产权结构转变为多元产权结构，由产权的集中变为产权的分散的演变过程。现代企业制度与传统企业制度的根本不同点就在于现代企业制度中的产权关系表现为出资人财产和法人财产的分离、出资人所有权和法人财产权的分离。

现代企业具有产权、责任、保值增值和效益等特征。所谓产权特征，是指在公司制企业中产权关系是清晰的，企业财产的所有权属于投资者，企业拥有出资者投资形成的全部法人财产权，成为享有民事权利、承担民事责任的法人实体。所谓责任特征，是指在公司制企业中，出资者按投入企业的资本享有所有者权益，公司破产时，投资者只以投入公司的资本额对公司债务承担有限责任，同样，公司也仅以其全部资产对公司债务承担有限责任。所谓保值增值特征，是指公司制企业以其全部法人财产依法经营，自负盈亏，照章纳税，对出资者承担保值增值的责任。所谓效益特征，是指公司制企业应该完全按照市场需求组织生产和经营，积极参与市场竞争。效益驱动是市场经济的内在动力。

（三）现代企业制度的基本内容

现代企业制度的基本内容包括三个方面：现代企业产权制度，即公司法人产权制度；现代企业组织制度，即公司组织制度；现代企业管理制度，即公司管理制度①。

1. 现代企业产权制度

现代企业产权制度是以产权为依托，对财产关系进行合理有效的组合、调节的制度，它是一个制度体系，包括出资人财产所有权制度、法人财产权制度、委托代理制度、资产管理制度、资产经营制度、资产监督制度等。

参与市场经济的各个经济主体是通过市场的等价交换结成商品经济关系，因此，进入市场的各个经济主体必须明确其产权主体及界限，才能建立起真正的商品经济关系。同时市场经济的运作机制是价格机制，而市场价格也只有在交易双方的产权主体、界限明确时才能形成。早期商品经济所要求的产权主体、界限明确是以所有制为基本形式的。如业主制企业就是以业主的个人财产来确定其市场主体身份的。在公司法人制度下，出资人的原始所有权演化为股权，公司法人则获得了公司的法人财产权。公司法人可以像业主制企业一样对公司的全部资产享有占有、使用、收益和处分的权利，参与市场交易。可见，公司法人制度的产权明晰化是现代企业制度不可缺少的首要内容。

2. 现代企业组织制度

公司制企业作为许多投资者及股东投资设立的经济组织，必须充分反映公司股东的利益要求，同时公司作为法人应当具有独立的权利能力和行为能力，形成一种以众多股东的个人意志为基础的组织意志，以自己名义独立开展业务活动。公司组织制度必须体现这些要求。狭义地理解，现代企业组织制度是指公司决策机构、执行机构、监督机构的设置及相互关系。

---

① 李悦：《产业经济学》，中国人民大学出版社，1998，第706页。

3. 现代企业管理制度

管理是企业永恒的课题。现代企业制度的重要特征之一是管理科学。现代企业管理制度中，企业遵循现代生产力发展的客观规律，按照市场经济发展的需要，应用现代科技手段和方法，有效进行管理，以创造最佳的经济效益。现代企业管理制度的主要内容包括现代的经营理念和思想、灵活的经营战略、科学完善的领导制度、熟悉掌握现代管理知识和技能的管理人才、适合企业的特定组织机构、普遍使用现代化管理手段、良好的企业形象和有特色的企业文化等①。

（四）现代企业制度及产权结构

1960 年英国经济学家科斯发表了他的"社会耗费问题"之后，产权问题开始堂而皇之地登上了经济学殿堂。科斯从市场运行的现实出发，着重讨论了怎样度量和界定利益边界问题。

一般认为，如果甲对乙造成了损害，那么就应该考虑如何约束甲或惩罚甲。但科斯认为这种思路是错误的，因为为避免乙被损害而采取的措施或制定的规则可能会对甲造成更大的损害。此时，重要的问题就变成：我们根据什么原则或允许甲对乙造成损害，或允许乙对甲造成损害呢？科斯解决这一问题的思路是考虑如何避免更严重的损害，或者说究竟那种避免损害的方法更好。他举例说明自己的观点，提到牛群损坏邻近土地的谷物，生产者的活动给周围环境造成了污染，电台或电视台之间互相发射同样频率的信号使得双方互为干扰，等等。凡此种种，科斯认为其根源在于产权边界未能界定。一旦产权明晰了，就可以通过市场价格机制来确定损害程度和责任大小进行赔偿。科斯的阐述引出了科斯定理：如果交易费用为零，无论权利如何界定，都可以通过市场交易达到资源的最优配置。

各经济主体明确其产权主体及界区，在早期商品经济条件下很容易做到，如业主制企业就是以业主的个人财产来确定其市场主体身份。但随着商品经济的发展，社会化大生产要求企业不断扩大规模，所有权与

---

① 孙义敏、杨洁：《现代企业管理导论》，机械工业出版社，2004，第 5~6 页。

经营权实行分离，其产权关系就不再那么简单明了，它不仅包括财产所有者与经营者的关系、委托代理关系，而且还包括彼此责权利关系、激励约束机制。这时如何保证企业产权关系的明晰，保证企业市场主体的地位和活力，是现代企业产权制度首先要解决的问题。只有产权关系明晰，产权制度体系完善，现代企业制度建设才有基础。因此，对于产权制度体系不完善的企业来说，产权制度创新已成为企业制度创新的首要环节。

考察企业制度的历史可以看出，原始产权与法人产权的分离是现代公司制度成长的历史起点和逻辑起点。企业形态的变革一般是与产权制度的变革相伴而生的。由此可以得出以下的结论：企业体制的发展是以产权制度的发展为基础的，而产权制度又是全部经济体制的基石。

以产权明晰化为本质特点的现代企业产权制度，其具体表现为：产权主体多元化，法人企业的投资主体是开放的、多元化的；终极产权外在化，出资人一旦投资于企业，其所有权就转化为股权，终极产权与法人产权相分离，出资者不能随意干预法人企业的日常经营活动；法人产权独立化，法人财产一旦形成便获得了独立性质，无论企业的终极产权归谁，无论股权如何易手，法人企业作为独立的经济实体，自主地行使法人财产权；财产责任有限化，出资人以投入资本额为限承担有限责任，法人企业则以全部法人财产对外独立承担有限责任；财产权运作市场化，产权不再是一种封闭和僵化的权利，它可以借助于产权市场进行交易、配置和重新组合。

现代企业的产权制度决定了规范化的公司法人治理结构。从产权关系上看，股东大会对董事会是委托代理关系，董事会对总经理是授权经营关系。这种纵向的财产负责关系又决定了股东、董事和经理人员之间的横向职权限定关系，三者有各自不同的职权范围和利益，这些职权是具体和明确的，谁也不能越权行事，形成了彼此间相互制衡关系，保证了公司制度的有效运行和公司内部的科学管理。它既可以保障所有者的权益，又赋予经营者充分的经营自主权，同时能够调动生产者的积极性，做到所有者放心，经营者专心，生产者用心，从而有利于公司经济效率的提高。

现代企业制度是适应社会化大生产和市场经济要求的一种有效的企

业制度，已经被发达国家的实践证明是有利于促进生产力发展的先进生产组织形式，其多元产权结构衍生出一套有效的公司治理结构体系，这套结构体系可以为选择优秀的经营管理者并对其行为进行有效激励和约束进而提高企业竞争力、为改善企业绩效和提高企业效率提供制度保证。因为企业的经济效益取决于在不同市场结构中企业的竞争力和市场行为，而企业经营管理者的能力、努力因素、经营战略以及管理和技术水平在很大程度上决定了企业的竞争力和市场行为；企业经营管理者的选择、积极性的调动和经营战略的制定是企业治理结构运行的结果，而企业的产权制度最终决定了企业的治理结构。因此，世界上的企业特别是大企业普遍选择了现代企业制度作为资本和组织形式，建立现代企业制度也就成为我国国有企业改革产权制度和提高经营效率的根本途径①。

在借鉴现代企业制度的普遍范式和克服我国国有企业的制度弊端的基础上，我国政府将建立现代企业制度确立为国有企业的改革方向，把"产权清晰、权责明确、政企分开、管理科学"确立为现代企业制度的特征。

产权清晰是指以法律的形式明确企业的出资者与企业的基本财产关系。基于对产权的认识，产权清晰意味着如下含义：首先，应当明确企业资产的归属权，即谁对企业的资产拥有要求权和主张权；其次，要落实资产经营管理的代理权力和责任，即谁来管理，怎样管理企业；再次，要明确有关方面对企业剩余收益即盈余的分享权，即谁能分享、怎样分享企业的盈余；最后，构造一个新的、具有一定效率的产权制度。

权责明确是指在理顺产权关系、建立公司制度、完善企业法人制度的基础上，通过法律、法规确立出资人和企业法人对企业财产应当拥有的权利、承担的责任和履行的义务。公司制度、法人制度和有限责任制度，是现代企业制度在组织方面的典型特征，也是权责明确的基础。

政企分开是指理顺产权关系，在明确产权的基础上，实行政府职能与国有企业职能的分离，建立新型的适应社会主义市场经济体制要求的

---

① 王建、李国荣：《试论企业制度与企业经济效率》，《上海电力学院学报》2003年第6期，第74～78页。

政府与国有企业的关系。

管理科学是指在产权清晰、权责明确、政企分开的基础上，明确政府管理国有企业的权限和职责以及在国有企业内部形成一整套科学的管理制度。

在现代企业的发展历程中，股份制度具有关键性的作用。股份制度具有迅速筹集资本、分散投资风险、加速要素流动、规范经营行为等基本功能。马克思在论述股份制的作用时说："假如必须等待积累去使某些单个资本增长到能够修建铁路的程度，那么恐怕直到今天世界上还没有铁路。但是，集中通过股份公司转瞬之间就把这种事完成了。"①此外，股份制还具有只能进行转让而不能随意退股的特征，使企业的资本具有内在的稳定性。股份制的内在机理是由股东选择企业的管理者，具体表现为，股东大会选举董事组成董事会，董事会聘任经营层，董事会行使公司的决策权并对经营层进行监管，以保证公司的正常经营和获取最大收益，从根本上保障众多股东的利益。

股份制企业是社会发展到一定程度的产物，现代企业制度生存于现代社会之中。"现代"既包括企业内部采用现代融资制度，运用现代管理手段和方法，也包括企业外部环境的现代化。没有企业外部环境的现代化，现代企业的生存和发展就会受到影响。

四 小结

本章分析了现代企业组织的含义、作用和形式，阐述了现代企业制度的作用，结合现代企业的主要类型和主要特征，简要论述了产权与现代企业制度的关系及现代企业的产权制度、组织制度、管理制度的重要作用。

---

① 《马克思恩格斯全集》（第23卷），人民出版社，1972，第688页。

第三章 公司治理模式及比较

一 公司治理的内涵

公司治理问题早在 20 世纪 50 年代之前就被伯利（Berle）和米恩斯（Means）提了出来（1932），当时主要是指公司中的所有权和控制权的分离问题。公司治理问题虽然近二三十年来引起国际社会的广泛关注和专家学者的深入研究，但国内外学者对公司治理内涵的理解并没有取得一致意见。20 世纪 80 年代后期，随着股份制试点企业的出现和外国专家学者的介绍，公司法人治理结构的概念在我国出现并被广泛使用，1999 年 9 月召开的中国共产党十五届四中全会在《关于国有企业改革和发展若干重大问题的决定》中第一次使用了公司法人治理结构的提法，并强调公司法人治理结构是公司制的核心。但国内对 Corporate Governance 一词的译法并不一致，有的学者称之为"公司法人治理结构"，有的学者称之为"公司治理结构"，有的学者称之为"公司治理机制"，还有的学者称之为"法人规制"①，现在专门研究公司制企业的专家学者使用较多的是"公司治理"。称谓的不同表明对公司治理内涵的理解不尽一致。虽然国内外对

---

① 高明华等：《公司治理学》，中国经济出版社，2009，第 1 页。

公司治理的内涵有多种理解和解释，学者们从不同角度也作过多种定义和分类（见表 3-1），但大量有关公司治理的文献所关注的问题和所依据的理论大致可以分为两类。

表 3-1　关于"公司治理"的不同解释

分析角度	定义的核心内容
公司治理的具体形式	公司接管市场；机构投资者；市场竞争机制；董事会
公司治理的制度构成	公司治理的制度结构；公司治理的市场结构
公司治理的制度功能	一套制度性安排；处理所有权与经营权的关系；处理各利益相关者之间的关系
公司治理的理论基础	委托-代理理论；信托-责任理论；不完全合同理论；产权与控制关系理论
公司治理的基本问题	谁从公司决策和高层管理者行为中获益，谁应该从公司决策和高层管理者行为中获益
公司治理的潜在冲突	公司治理与公司管理的冲突；所有权与控制权分离后的问题；公司股东、经理层与利益相关者的问题

资料来源：高明华等：《公司治理学》，中国经济出版社，2009。

　　一类是投资者与经理人之间的利益冲突以及相应的治理结构和治理机制。通常认为，传统的公司治理建立在委托-代理理论的基础之上。委托-代理理论认为，企业只是资本家通过委托-代理中的激励约束设计来控制代理人和企业的一种机制，这里，遵循的是"股东本位"和"股东主权"，强调的是公司治理主要关注股东利益的保护，企业管理主要解决股东价值的最大化。以阿尔钦和德姆塞茨（Alchian，Demsetz，1972）、詹森和麦克林（Jensen，Meckling，1976）为代表的企业理论，主要研究委托-代理的问题。哈特认为，公司治理问题产生的条件有两个：一是"委托-代理问题"，即组织中成员之间存在利益冲突；二是交易费用的存在使得委托方与代理方不能通过完全的合约来解决问题。有学者将解决投资者与经理人之间的权益关系称为狭义的公司治理范畴（见图 3-1）。

图 3-1　狭义的公司治理

另一类是投资者与经理人之间的利益冲突以及保护利益相关者集团。20 世纪 90 年代以来，随着以共同所有权理论、托管责任理论和公司社会责任理论为理论基础的利益相关者共同治理理论的发展，企业被视作利益相关者缔结的一组契约，被界定为利益相关者因投资缔结的契约网络。以斯蒂格利茨为主要代表的一批经济学家提出了"利益相关者理论"（Stakeholder Theory），他们拓展了传统的公司治理理论，认为广义上的公司除所有者和管理者外，还应考虑利益相关者。以斯蒂格利茨为代表的新经济发展理论所指的公司治理，已经远远超出了传统意义上的公司治理问题，它涉及企业外部环境，包括法律体系、金融系统剩余和竞争性市场等，也包括企业内部的激励机制和监督机制。利益相关者共同治理理论与"股东本位"的委托－代理理论不同，认为每个利益相关者都应该有平等的机会享有企业的剩余索取权和剩余控制权，公司治理的主要目标不仅是要保护股东利益，实现股东利益最大化，而且要明确利益相关者的权利和责任，实现各利益相关者的利益最大化。有学者将解决利益相关者与公司的权益关系称为广义的公司治理。

哪些利益主体属于利益相关者，并没有一个明晰的界定。有学者提出，应根据与公司法人的合同关系界定利益相关者，因为与合同关系相关的利益主体都与公司法人存在着某种利益关系，这些利益主体的收益与企业的运行风险相关。据此推断，股权投资者或股东、债权投资者、供应商、销售商、管理者和员工都是利益相关者[1]（见图 3－2）。还有学者提出，与企业有直接或间接关系的个人集团，包括股东、劳动者、供应商、消费者、政府以及地域社会等，都属于利害相关者，因为企业的生存与发展已越来越离不开利害相关者的支持，尤其是向企业投入专用性资源的直接利害相关者，否则就可能危及企业价值的实现甚至企业的生存[2]（见图 3－2）。

---

[1]　宁向东：《公司治理理论》，中国发展出版社，2006，第 2 版。
[2]　马连福：《公司内部治理机制研究》，高等教育出版社，2005，第 1 版。

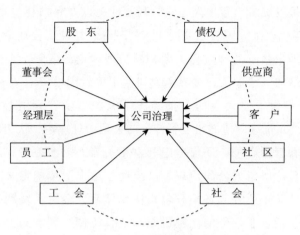

图 3 - 2 广义的公司治理

对利益相关者的界定有不同理解，但目前国际上普遍认同企业社会责任（Corporate Social Responsibility，CSR）的理念，即企业在创造利润、对股东利益负责的同时，还要承担对员工、对消费者、对社会和对环境的社会责任，包括遵守商业道德、安全生产、促进职业健康、维护劳动者的合法权益、节约资源、保护生态等。企业社会责任是企业为改善利益相关者的生活质量而贡献于可持续发展的一种承诺。企业社会责任要求企业必须超越把利润最大化作为唯一目标的传统理念，强调对员工的价值的关注，强调对消费者、对社会、对环境的贡献。基于企业社会责任的要求，可以这样界定公司治理的内涵，即公司治理是明确和界定所有者与经营者以及公司与所有利益相关者之间的正式和非正式关系的一整套制度性安排，建立这套制度的主要目的是保护股东的权利，明确和界定股东与经理人以及其他利益相关者之间的权利和责任，平衡和协调各利益相关者之间的利益关系，降低所有权与控制权分离带来的代理成本，提高企业绩效和回报。

准确理解公司治理的内涵及范畴对正确分析产权结构、公司治理与企业绩效的关系具有十分重要的意义。

20 世纪 90 年代初开始，我国经济学界对公司治理问题开始从不同的角度进行介绍和阐述，现代企业制度的提出和深化使公司治理变得越来越重要。吴敬琏、张维迎等经济学家较早提出要在国有企业改革中借鉴和吸收当代公司治理理论。接着，理论界在公司治理的内涵、有效的制度安排、委托－代理问题研究、产权的讨论和治理模式的比较等方面均取得了一定进展。

委托－代理问题伴随着企业的所有权与经营权相分离而来。亚当·斯密在《国富论》中就指出，受雇管理企业的经理在工作时一般不会像业主那样尽心尽力。1932 年，伯利和米恩斯对企业所有权和经营权分离后产生的"委托人"（股东）和"代理人"（经理层）之间的利益背离作了经济学分析，奠定了"代理人行为"的理论基础。他们认为，由于委托人与代理人之间的利益背离和信息成本过高而导致的监控不完全，企业的职业经理所做的管理决策可能偏离企业投资者的利益。例如，投资者的目的是投资利润最大化，而职业经理往往追求企业规模最大化，这不仅是因为经理人员的报酬实际上与企业规模成正相关关系，而且是因为规模和成长本身会带来权力与地位。更加有害的是代理人的监守自盗现象，在企业管理上表现为各种侵蚀委托人利益的"代理人行为"。例如，经理人员扩张各种不正当的在职消费，以及为个人目的进行高价或低价收购等。如果能够在委托人与代理人之间签订完全的合约，即合约能够预料到各种可能发生的情况，就能够杜绝委托－代理问题的出现。但是由于信息不对称和交易费用的存在，委托方不能获得与代理方完全一致的信息，从而导致合约不完全。此时，治理结构的作用顿时凸显出来。治理结构代表一套制度安排，而这些制度安排在初始合约中没有明确规定。例如，治理结构可以分配公司中非人力资本的剩余控制权，即如果资产使用权在初始合约中没有明确设定的话，治理结构将决定其如何使用。

公司治理结构要解决的是以公平与效率为前提的对各相关利益主体的责、权、利进行相互制衡的一种制度安排问题。我国经济学者对公司治理已经做了大量研究，研究的关注点较多集中于在委托－代理理论范围内研究公司内部控制权如何配置以最大程度地解决代理人问题，主要解决的是激励和约束公司经营者的问题。其实这只是狭义上的公司治理结构，主要指的是公司的内部治理。广义上的公司治理结构还包括公司的外部治理，即公司的出资人通过市场体系对公司的经营者进行控制，以保证出资人收益的方式。国际经验表明，公司治理有两个互为表里的关键性制度安排，其一是公司控制架构，主要功能在于保证各个股东之间和各个利益相关者之间权利义务的平衡以及所有者对经营者的有效监督；其二是薪酬激励制度，主要功能在于通过构建具有竞争力的企业薪酬与激励体系以协调所有者与员工的利益。这二者通过良性互动谋求实现以股东利益为主导的公司价值最大化。

公司治理是一种动态的过程，一方面，公司内部和外部的各种治理机制通过各种不同的途径和形式对处于相对静态中的公司治理结构发挥着各种各样的作用；另一方面，为适应外部环境的变化，公司治理模式也要进行相应的调整和完善。公司治理结构不仅在于在所有者利益最大化的同时实现企业利益的最大化，而且在于不同的经济环境、不同的文化背景下采取什么样的公司治理模式，在不同的制度安排下如何协调委托人与代理人的利益关系等更为复杂的问题。公司治理的目标在于控制代理成本、提高公司绩效以及满足其利益相关者的要求。在公司治理的过程中，由于各国具体制度环境的差异，产生了多样化的治理系统、治理主体与治理机制。特定国家的法律只在特定的市场和制度条件下运转，它反映了特定国家的历史、文化与公众制度的特质，这是不具备这些特质的国家照搬别国公司法的主要障碍。不能简单地假定发达国家的公司法在本质上是有效的（或可行的），将它们进行简单的移植未必会在其他国家的社会经济环境的框架下产生效率。对于处在经济转型中的国家而言，简单地移植发达国家的公司法可能会使实际情况变得更差。

二 公司治理的模式

一个国家的公司治理是由该国的公司法所规定的，并受到该国历史、文化等因素的影响。经济合作与发展组织（OECD）将公司治理模式大体分为三大类，即英美模式、德日模式和家族模式。

（一）英美公司治理模式

英美公司治理模式是指按照英美法系的基本要求制定公司法的国家

普遍实行的一种公司治理结构。英美公司治理模式是在英国逐步形成、在美国发展起来的，因此也称为盎格鲁－萨克森（Anglo－Saxon）模式。从目前英美国家大多数公司的治理模式看，英美公司治理模式具有以下一些特征。

第一，股权结构相对分散。这是英美公司治理模式的一个典型特征。如被称为"蓝色巨人"的美国国际商用机器公司（IBM）是一家上市公司，最大股东所持股份不超过 0.3% ~ 0.4%。美国通用电气公司（GE）作为一家上市公司，最大股东持股比例只有 3%。由于股权高度分散，任何一个投资人都不足以控制或影响公司的经营决策。

第二，机构投资者在股权构成中占有相当比例。机构投资者是指那些社会事业投资单位，如养老基金、人寿保险、互助基金、大学基金、慈善团体、银行信托受益人等。从理论上讲，机构投资者不拥有股权的最终所有权，股权属于最终所有人——信托收益人或投保人，但最终所有人通过信托关系授权机构投资者行使股权，因此，机构投资者实际上就是作为一个股东身份来行使权利。20 世纪 80 年代以来，在英美法系国家，股东机构化、法人化的趋势加剧，机构投资者持有的股权不断增加，股权高度分散化的状况有所改变。以美国为例，1965 年机构投资者持有的普通股占全部上市普通股的 23.7%，到 1980 年这一比例上升为35.8%，到 20 世纪 90 年代机构投资者拥有美国公司的股权已超过 40%。由于股权结构相对分散和机构投资者在股权结构中占有相当比例，因此英美模式的外部治理机制十分发达，机构持股者为实现低风险的投资战略经常"用脚投票"，即当公司业绩不佳时便迅速抛售股票，以调整持股结构，降低投资风险。资料表明，一般机构投资者的换手率达 50%以上。因此，英美公司治理模式也被称为"市场主导型"的公司治理或"外部控制型"的公司治理。

第三，董事会成员主要由外部董事或独立董事担任。英美法系国家的公司大多实行董事会和经理层分开运作的制度，为了防止出现"内部人控制"的问题，这些国家的法律规定，董事会中必须有半数以上的外部董事或独立董事（见表 3－2），一些公司的董事长也由外部董事担任。外部董事制度在美国大公司中最为典型，2007 年美国十大投资银行的董事会成员平均为 11.4 人，其中外部董事占 68.4%，雷曼兄弟公司董事会 9 名成员中有 8 人是外部董事，占全部董事的 88.9%。美国 IBM 公司董事会 15 名成员中有 13 名是外部董事，美国 GE 公司董事会 16 名成员中有 13 名是外部董事，雪佛龙公司董事会 15 名成员中有 13 名是独立董事。受英美法系影响的澳大利亚的公司也普遍实行了外部董事制度。2007 年澳大利亚最大的公司——澳大利亚电讯（Telstra）董事会 9 名成员中有 8 名是独立非执行董事。从美国的公司治理看，虽然外部董事或独立董事在董事会中占绝大多数，内部董事或非独立董事在董事会中所占比例极小，但内部董事或非独立董事在董事会中都担任主要职务，摩根士丹利的两个内部董事，一个任董事长兼 CEO，另一个任首席运营官。

表 3 - 2　2007 年美国和澳大利亚部分公司董事会成员构成

公司名称	董事会成员人数（人）	外部或独立董事人数（人）	占比（%）
雷曼兄弟公司	9	8	88.89
IBM	15	13	86.67
GE	16	13	81.25
雪佛龙	15	13	86.67
澳大利亚电讯	9	8	88.89

资料来源：根据考察报告和有关资料整理。

第四，董事长普遍兼任 CEO。美国五大投资银行即摩根士丹利、高盛、美林、嘉信和雷曼兄弟公司的董事长和 CEO 都是由一个人担任。为了消除公众对董事长兼 CEO 这一制度安排的议论，也为了提高董事会工作的效率，美国大型公司普遍在董事会内设立首席独立董事一职。首席独立董事的主要职责是：负责统计独立董事参加会议的次数、会议主持人及会议内容等，以向社会公布；收集独立董事对公司工作的意见，代表独立董事与 CEO 沟通；统筹评估董事会工作及组织独立董事给 CEO 工作评价打分；等等。

第五，董事会下设若干专门委员会。英美国家的公司董事会下大多设有各种专门委员会，协助董事会行使决策和监督职能。通常设立的有审计委员会、提名委员会和薪酬委员会，一些企业设立了战略和规划委员会，有的企业根据所处行业的特点设立某些专门委员会（见图 3 - 3），如美国雪佛龙公司董事会下设审计委员会、提名和治理委员会、管理层薪酬委员会外，还设立了公共政策委员会；澳大利亚电讯公司（Telstra）董事会除设立审计委员会、提名委员会、薪酬委员会外，还设立了技术委员会；马来西亚航空公司董事会除设立审计委员会、提名委员会、薪酬委员会外，还设立了安全委员会。专门委员会的成员大多由外部董事或独立董事担任。在外部董事占绝大多数的情况下，为了提高企业的办事效率，一些公司还设立了执行委员会，负责公司的日常经营管理。如芬兰奥托昆普公司（Outokumpu）在总裁办公室设立了执行委员会。美国雪佛龙公司也设有执行委员会，成员由首席执行官、首席运营官（COO）、4位执行副总裁、首席财务官（CFO）和总法律顾问共8人组成。

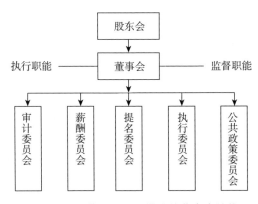

图 3-3　美英公司治理模式的董事会结构

第六，公司治理中一般不设监事会。英美公司的治理结构通常由股东会、董事会、经理层组成，普遍没有设立监事会。股东会是公司的最高权力机构，董事会负责重大事项的决策和监督经理层，经理层负责董事会决策的实施和日常经营管理的决策事项。公司的内部监督职能主要由审计委员会承担，审计委员会主要对董事会负责。我国专家学者习惯于将英美公司治理称为单委员会制，主要就是基于公司内部不设监事会。

第七，普遍实行总法律顾问制度。美英大公司普遍设立了总法律顾问职务，负责管理全公司的法律事务。美国的波音公司、通用公司、微软公司、雪佛龙公司、IBM公司等和英国的BP公司等都设有总法律顾问。据世界大企业联合会的调查，美国48%的大公司、英国29%的大公司都设立了总法律顾问。总法律顾问一般为公司的高级副总裁，有的还兼任公司的秘书，直接对公司总裁负责。

第八，雇员通过持股计划和集体谈判制度参与公司治理。实行雇员持股计划的公司首先由雇主和雇员达成协议，雇主自愿将部分股权（或股票）转让给雇员，雇员承诺以减少工资或提高经济效益作为回报。集体谈判制度的实施程序是，先由工会选出雇员的谈判代表，然后按法定程序与雇主进行谈判，最后签订集体合同。集体合同就是集体谈判的结果，它界定了雇主与雇员之间的责、权、利关系，是雇员参与公司管理的重要手段。

（二）德日公司治理模式

以德国公司为代表的公司治理也称为莱茵模式或日耳曼－拉丁（Norman）模式。德国是大陆法系国家，公司治理主要体现大陆法系的准则，一般侧重于公司的内部治理，较少依赖外部治理机制。日本虽然是亚洲国家，但日本的公司治理结构与亚洲许多国家的公司治理有所不同，其特征更多地倾向于大陆法系国家，并根据自身的国情有所变通，因此日本的公司治理又不完全类似于大陆法系国家的公司治理，但专家学者通常将日本公司治理也归为德日模式。德日公司治理模式具有以下一些特征。

第一，股权相对集中。据香港中文大学郎咸平教授对德国、法国、奥地利、比利时等13个西欧国家的5232个公司的数据研究，公众持有（36.93%）和家族持有（44.29%）的公司在西欧公司中占主导地位，其中，公众持有的公司在金融公司和大公司中占主导地位，家族持有的公司在非金融公司和小公司中占主导地位。在德国，Wer gehort zu wem收集的500家非上市公司的样本显示，平均控股权为89.44%。在法国，布洛克（Block）和克瑞普（Kremp）分析的282322个公司的数据显示，拥有员工数超过500人公司的最大所有者平均占有88%的股本。在意大利，比安奇（Bianchi）等（1998）考察了被意大利银行（the Bank of Italy）审查的1000家制造业公司的样本，发现这些公司最大的直接股东平均持有 67.69% 的控制权。另据统计，1988 年在德国 40 家最大的公司中，单个股东持有 10% 以上股份的有 29 家。大股东在欧洲可以直接参与公司治理。按德国公司法规定，拥有公司 10% 股权的股东有权在监事会中获得一个席位。这样，当公司业绩不佳时，大股东可直接行使表决权来校正公司的决策，而不用在股票市场上"用脚投票"。这也是欧洲国家的证券市场大多不如英美发达的原因之一。

第二，法人交叉持股。这是德日公司治理模式的一个重要特征。在日本，控制公司股权的主要是法人，包括金融机构和实业公司。这些法人股东与机构持股者有本质区别。法人股东是法人企业为稳定交易伙伴之间的相互利益关系而持有其他公司的股票，它拥有该股票的所有权，它持有该公司股票的目的是要影响该公司的决策；机构持股者则是为了确保受益人的利益而持有公司股票，股票所有权归受益人。1989 年日本公司的法人持股比率高达 70% 以上。

第三，银行的作用较大。欧洲大陆国家的证券市场不及美国和英国发达，因此，银行在公司治理中扮演着十分重要的角色。银行在欧洲国家可以合法地持有公司股票。德国公司的大股东主要是金融公司、保险公司、银行等，虽然法律规定了银行持股的最高限额，但银行通过股票代理可以行使的表决权是非常可观的。据统计，银行可以行使的表决权股票占德国上市公司股票的一半左右。与德国相似，日本的银行也持有公司的巨额股票，形成了主银行制度。日本的银行持股份额一般占到 20% 左右。主银行不直接干预公司的业务活动，但通过财务状况的变动来监督公司的行为，或当发现公司经理人员有不轨行为时，即可通过表决给予惩罚。因此德日模式又被称为"银行主导型"的公司治理。由于股权相对集中和银行持股比例较大，使得德日公司治理模式的外部治理作用不及英美公司治理模式，因此，也被理论界和管理界称为"内部控制主导型"的公司治理。

第四，实行董事会与监事会并存的制度（见表 3 - 4、表 3 - 5）。在欧洲，不少国家的股份公司中同时设立董事会和监事会。董事会作为公司的法人代表机构，专门从事公司的经营决策工作，监事会则专门从事监督工作。监事会一般与董事会处于平等地位，以便在董事会和监事会之间形成制衡机制。在德国公司中监事会的地位高于董事会。我国专家学者习惯于将德日公司治理中董事会与监事会并存的制度称为双层委员会制。但实行大陆法系的欧洲国家的公司治理并非都采用这种双层委员会制，如法国的《公司法》规定，公司可以采用双层委员会制，也可以采用单委员会制，芬兰的公司是否设立监事会由股东大会决定。

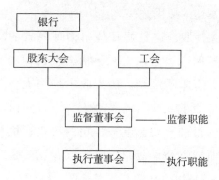

图 3 - 4 　德国公司双层委员会模式

第五，实行内部董事制度。传统上欧洲国家的股份公司中独立董事较少，不过近年来这种情况有所改变。日本公司的董事会成员主要来自公司内部，董事按社长、专务、常务、一般董事分为四级，社长提名董事候选人，社长一般兼任总经理。由于法人相互持股，一般社长会、总经理会实质上就代表了股东会议，因此，社长总是从内部提拔董事。

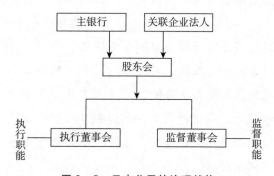

图 3 - 5 　日本公司的治理结构

第六，普遍实行雇员参与公司治理制度。德国的法律规定，雇员可以进入公司的监事会，法国等国家则允许雇员进入公司的董事会，并且欧洲国家大多在公司中建立了企业委员会制度，雇员通过参加企业委员会来参与公司治理。在日本的股份公司中，雇员主要通过企业内工会参与公司治理，日本的公司十分重视中低层雇员参与企业的管理，如企业普遍建立质量管理小组等，高层职员则参与公司治理。

（三）东亚国家和地区的公司治理模式

从股权结构上看，东亚国家和地区的公司与西欧国家的公司类似，普遍采用集中型的股权结构。克雷森斯（Claessens）等（2000）考察了日本、韩国等9个东亚国家和地区的2980家上市公司，发现不低于2/3的企业是由单一控股股东所控制（见表3－3），控股股东普遍采用指派管理者入驻公司的控制方式，约占存在控股股东公司总数的2/3，金字塔结构的控制方式居次。相比西欧国家而言，东亚国家的公司中金字塔结构的控制方式更为普遍，交叉持股的控制方式则较为少见。

表3－3　东亚和西欧国家公司的控股股东的控制方式

国家（地区）	企业数量（家）	单一控股股东控制（%）	金字塔（%）	交叉持股（%）	由控股股东指派管理者控制（%）
东亚的9个国家或地区：					
中国香港	330	69.1	25.1	9.3	53.4
中国台湾	141	43.3	49.0	8.6	79.8
印度尼西亚	178	53.4	66.9	1.3	84.6
日本	1240	87.2	36.4	11.6	37.2
韩国	345	76.7	42.6	9.4	80.7
马来西亚	238	40.4	39.3	14.9	85.0
菲律宾	120	35.8	40.2	7.1	42.3
新加坡	221	37.6	55.0	15.7	69.9
泰国	167	40.1	12.7	0.8	67.5
东亚各国或地区的平均	331	53.73	40.8	8.74	66.71
西欧的13个国家：					
奥地利	88	81.82	20.78	1.14	80.00
比利时	104	71.15	25.00	0.00	80.00
芬兰	92	41.30	7.46	0.00	69.23

续表

国家（地区）	企业数量（家）	单一控股股东控制（%）	金字塔（%）	交叉持股（%）	由控股股东指派管理者控制（%）
法国	522	64.75	15.67	0.00	62.20
德国	631	59.90	22.89	2.69	61.46
爱尔兰	26	42.31	9.09	0.00	77.78
意大利	181	58.76	20.27	1.13	70.00
挪威	98	38.78	33.90	2.04	66.67
葡萄牙	68	60.29	10.91	0.00	50.00
西班牙	465	44.30	16.00	0.22	62.50
瑞典	149	48.32	15.91	0.67	73.47
瑞士	155	68.39	10.91	0.00	70.00
英国	721	43.00	21.13	0.00	75.85
西欧各国平均	254	55.62	17.68	0.6	69.16
各国平均	285	54.85	27.14	3.94	68.16

注：除企业数量外，其余指标均为百分百数据，即各类型结构占有控股股东公司数的百分比。其中数据来自克雷森斯（Claessens）、詹科夫（Djankov）和郎咸平（Lang）（2000）及法西奥（Faccio）和郎咸平（Lang）（2002）。

资料来源：陈仕华、郑文全：《公司治理理论的最新进展：一个新的分析框架》，《管理世界》2010年第2期。

家族企业（Family-owned Business）的公司治理模式在东亚的韩国和中国台湾地区及东南亚的马来西亚、泰国、印度尼西亚、新加坡等比较普遍。在这种治理模式下，企业的所有权主要控制在由血缘、亲缘和姻缘为纽带的家族成员手中，主要的经营管理也由家庭成员把持（见图3-6）。家族企业的治理模式具有以下特征。

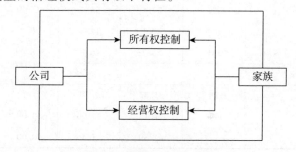

图3-6　东亚家族公司的治理模式

第一，股权集中。从股权结构来分析，所谓家族企业就是公司股权集中于家族手中，公司的股权结构呈现"一股独大"。据调查，家族控制的企业占企业总数的比例，马来西亚为 67.2%，中国台湾地区为 61.6%，韩国为 48.2%，菲律宾和印度尼西亚最大家族控制了上市公司总市值的 1/6。香港中文大学教授郎咸平曾对日本、韩国、泰国、菲律宾、新加坡、马来西亚、印度尼西亚、中国台湾和香港 9 个东亚国家和地区 2970 家上市公司的所有权与控制权分离情况进行过考察，郎咸平教授将所有权定义为依赖于现金流的权利，将控制权定义为依赖于投票权。研究发现，在这些东亚国家和地区中，控制权通过金字塔控制结构和公司间交叉持股得到加强，投票权超过了现金流的权利，这种状况在家族控制公司和小公司中尤为突出，东亚公司的大量财富集中在少数几个家族手中。郎咸平教授由此提出，以前的研究仅看到了直接所有权而忽视了最终所有权，而所有权和控制权的分离表明了所有权结构和公司业绩之间的关系需要被重新考察①。

第二，企业决策家长化，在家族企业中企业决策程序按家族决策程序进行，企业的重大决策通常由家族中的重要人物同时是企业创办人的家长决定，家族中其他成员做出的决策通常要得到家长的首肯。

第三，经营者激励约束双重化。在家族企业中，家族成员受到来自家族利益和亲情的双重激励和约束。

第四，来自银行的外部监督较弱。在中国，家族企业或不愿过多向银行贷款，或不易获得银行贷款。在东南亚，许多家族企业都涉及银行业，作为家族所控制的银行，与家族其他企业一样，必须服从于家族的整体利益，为家族的其他企业服务。

与非家族企业经营者相比，家族企业经营者的道德风险、利己的个人主义倾向发生的可能性较低，因此，在家族控制公司的情况下，内部交易成本相对较低，不存在内部人控制的问题，但企业的社会化、公开化程度较低，控制型家族普遍参与公司的投资决策和经营管理，决策机制不健全，经理人容易通过串通大股东控制公司的重要决策，形成家族控制股东"侵占"中小股东权益的局面。

---

① 郎咸平：《公司治理》，社会科学文献出版社，2004。

（四）中国企业的公司治理模式

中国公司治理模式在表现形式上具有英美、德日和家族企业三种公司治理模式的部分特征。根据上海证券交易所的研究，中国现行的公司治理结构主要有两种模式，即内部人控制模式和控股股东模式，这两种模式甚至常常在一个企业中重叠在一起。在控股股东模式中，当控股股东为私人或私人企业时，往往出现家族企业的现象；当控股股东为国家时，往往出现政企不分的现象。这两种模式通常趋向于同一表现形式，即"关键人模式"，其特征表现为关键人大权独揽，常常集控制权、执行权和监督权于一身，拥有不够明确的剩余控制权和剩余索取权。

根据我国《公司法》《证券法》《企业国有资产法》等法律法规的规定和目前大型国有企业的改革趋势，我国上市公司和国有大型公司在治理模式方面表现出采取混合公司治理模式的特征，既采取德日公司治理模式的一些做法，又采取美英公司治理模式的部分做法。在采用德日公司治理模式方面，主要表现为：一是普遍采用双层委员会制，即实行董事会和监事会并存的制度；二是股权结构比较集中；三是董事长与总经理普遍分设。在采用美英公司治理模式方面，主要表现为：一是普遍引入美英公司治理采用的独立董事或外部董事制度，上市公司普遍实行了外部董事或独立董事制度，实行外部董事制度的国有企业的外部董事人数超过内部执行董事的人数；二是在董事会下设立若干主要由独立董事或外部董事组成的专门委员会，专门委员会的主任委员往往由独立董事或外部董事担任；三是大型国有企业特别是中央企业普遍实行总法律顾问制度，截至2013年底，113家中央企业在集团层面全部建立总法律顾问制度，2560家重要子企业建立了总法律顾问制度，基本做到了全覆盖，集团和重要子企业总法律顾问专职率分别达到64%和50%；中央企业全系统总法律顾问队伍达1.8万人，持证上岗率近60%。

国有企业作为一种企业类型和市场经济的竞争主体，其公司治理既要遵循市场经济国家的公司治理的基本要求，同时，在我国，国有企业的公司治理还要符合中国国情，这就使得中国国有企业的公司治理具有明显的中国特色，主要表现为：一方面，公司治理中更多地体现执政党的组织作用，大型国有独资企业或国有独资公司的管理机构都设有比较完善的执政党的组织，集团层面的经营管理者基本上都是执政党党员，他们进入公司治理并参与决策和管理，行政管理层会议与企业党组织的会议往往合二为一；另一方面，政府向国有企业派出监督机构，许多大型国有企业存在外部监督机构与内部监督机构并存的现象（见图 3 - 7）。作为我国公司制企业法律规范的《公司法》，也是市场经济对国有企业公司治理的一般要求与中国国情对国有企业公司治理的特殊要求的结合。

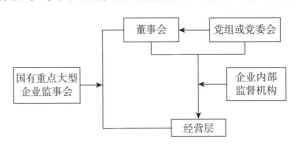

图 3 - 7　国有独资公司治理架构

　　中国大型国有企业公司治理呈现的上述特征，主要是由中国的国体和政体决定的，是由国有企业的本质要求决定的，是由中国所处的发展阶段和现阶段中国的监管水平决定的。总之，中国的基本国情和现阶段的发展状况决定了中国的大型国有企业必然采用这样的公司治理而没有采用其他类型的公司治理。

　　研究中国企业的公司治理，需要区分形式上的公司治理机制与现实中的产权权利关系和实际运作过程。从形式上看，我国众多的企业都按照《公司法》的要求设立了董事会、监事会和经营层，股份公司都设立了股东会，但实际的产权权利和控制关系与形式上的公司治理机制存在相当差异。在不同所有制的企业中，由于产权权利关系在性质和内容上不尽相同，因而，面临不同的公司治理问题。有关人员对湖北省 12 家中小企业的投资来源和公司治理进行过调查，这些企业涉及的行业和领域包括制造业、贸易业、零售批发业、矿业、服务业等。从资金来源看，12 家企业中，除 1 家企业资金来源中含有国有资本投入外，其余 11 家企业均为私有企业；从资本类型看，80% 以上的企业既有自有资金也有银行贷款；从投资主体看，40% 的企业既有个人投资也有公司、企业等法人投资；从公司治理看，

80%以上的企业按照《公司法》相关规定设立了股东会、董事会或执行董事、监事会，但超过50%的企业中股东会、董事会、监事会"三会合一"的现象较为普遍，还有部分企业表示并不知道股东会、董事会、监事会各自的职能与作用，上述机构很少独自开会或基本不开会；从企业财务看，50%以上的企业设有独立的会计部门，20%左右的企业会计岗位隶属于综合管理部门或经理办公室，其余企业采取聘请外部会计人员或会计师事务所代理记账的模式进行财务处理，大部分企业会计主管与实际投资者存在亲友关系或经由其亲友推荐担任①。调查结果显示，虽然我国中小企业和私有企业在资金来源、投资主体方面呈现多元化的趋势，但公司治理形同虚设，权力运作不够规范。

三 公司治理模式的比较分析

对于不同的国家和地区而言，公司治理存在着不同的模式。在一个国家或地区内部，不同的企业的公司治理也存在着不同的模式。各类公司治理模式都有其赖以存在的基本国情、法律制度和文化传统，有各自的优点和不够完备的地方（见表3-4）。

表3-4 三种公司治理模式比较一览

比较项目	英美模式	德日模式	韩国及东南亚模式
股权结构特点	股权分散，流动性高；单个法人持股比例受限制，机构投资者为大股东	股权集中，流动性小；银行持股或法人相互持股	股权集中于个人及家庭成员手中，流动性相对较小
所有权和控制权分离	较强	较弱（集中于银行、大财阀）	较弱（集中于家族成员手中）
经营决策权属	职业经理层发达，拥有较大的经营管理自主权	管理人员有一定的自主权，但银行对企业决策的影响力大	主要经营管理权在家族成员手中，企业决策家长化
政府角色	宏观调控	间接管理，行政指导	政策指引，行政指导

---

① 桂玉娟：《谈谈中小企业公司治理存在的问题及完善》，《财务与会计》2010年第5期。

比较项目	英美模式	德日模式	韩国及东南亚模式
法律框架	完善	完善	不完善
证券市场有效性	较高	较低	较低
借贷市场（银企关系）	银行对企业无控制关系，以从股票市场直接融资为主，负债率较低	实行主银行制，以向银行间接融资为主，负债率较高，银行对企业有监督、控制权	和银行关系密切，从银行获取大量资金，但银行对企业的监督、约束力较小
经理市场	完善度较高	完善度较低	完善度较低
产品市场	完善度较高	完善度较高	完善度较低

资料来源：廖理主编《公司治理与独立董事》，中国计划出版社，2002。

（一）　美英公司治理模式的有效性和改革措施

通常认为，美英公司治理模式是典型的外部治理型。一方面，股东通过持有公司股份而取得对企业的控制权，从而掌握对董事会的任免权，如果股东不满意经理层的表现，股东可通过股东大会的形式实现对现有董事会的任免，进而影响管理层的任免；另一方面，股东通过股票市场对企业股票的操作，运用"用脚投票"的方式，对董事会和管理层施加影响，英美公司治理模式的企业最终控制权实际上是通过股票市场的股权来实现自己的意志。在企业内部治理上，表现为代表股东利益的董事会与管理层共同作出企业的战略决策和日常决策，但管理层的经营行为须对董事会负责，必须为实现股东的利润最大化服务，所以有专家学者称英美公司治理模式为"股东主权至上"的模式。

自 20 世纪 80 年代以来，美国兴起的放松管制以及随之而来的恶意收购浪潮造成了美国公司治理结构的重大转变，利益相关者特别是公司管理层的作用得到强化。恶意收购者认为被收购目标公司大大忽视了股东的利益，通过收购而改组现有管理阶层，可以更有效地发挥公司的潜在赢利能力，使收购后的公司股票价值上升。收购后通常导致企业现有的管理层遭解雇，并通常采取关闭工厂、大规模解雇工人的措施。但是，股东采取的"恶意收购"的短期获利行为，往往是和企业的长期发展相违背的。一个企业在发展中，已经建立起一系列的人力资本、企业劳动者之间的密切联系、供销网络、债务关系等，这些安排如果任意被股东的短期获利动机所打断，必将影响到企业的生产率。因此针对 20 世纪 80 年代大规模兴起的虽有利于股东利益但有可能损害企业其他利益集团的"收购浪潮"，美国社会上下各有识之士纷纷发表言论，批评这一纯粹为了股东利益的企业治理模式和相关的《公司法》。在对股东的"恶意收购"行为进行反思后，美国 29 个州修改了公司法，其中一个重要的修改措施就是，企业管理层一方面仍然主要为股东利益服务，另一方面企业的行为也要为其他的对企业投入了专用性资产的利益相关者服务，这其中的主要利益相关者就是企业员工。修改的公司法对员工利益的保障措施有：企业被收购的控股方案被批准后的两年内，如果解雇一名合格的员工，则必须付给其在每一年的服务中相当于 1～26 周工薪的补偿费；对经理人员的补偿有"金色降落伞"计划的实施，这些改革措施部分地反映了员工的专用性投资在企业中的利益要求。

对美英公司治理模式的有效性，国内外学术界和企业界虽然存在一些不同看法，但在相当一段时间内总体上持充分肯定态度。2001 年美国安然公司等一批大企业财务丑闻的发生，使一些专家学者对美英公司治理模式的有效性产生了怀疑，如有专家认为美英公司治理普遍存在的董事长兼 CEO 的做法有可能导致内部人控制，但大多数专家学者更多地将安然等美国大公司发生丑闻的主要原因归结于其内控制度缺陷和美国五大会计师事务所之一的安达信会计师事务所的违规行为。

成立于 1913 年的安达信会计师事务所（Arthur Andersen）由美国芝加哥大学教授阿瑟·安达信先生创建，自成立以来，一直以其稳健诚信的形象被公众视作同行业中的"最佳精英"。1916 年，安达信会计师事务所成为业内首家采用一套正式招聘大学毕业生计划的专业会计师事务所。1924 年，统一所有办事处，确保以"同一声音"对外。1932 年，在经济大萧条时期，安达信会计师事务所因帮助一家处在破产边缘的能源公司扭转了经营状况，开始得到业内外的尊重，不少全国性的银行和金融机构都聘请安达信会计师事务所做顾问。1955 年在墨西哥城开设首家美国以外的分公司。20 世纪 70 年代初，在伊利诺伊州查尔斯市成立全球培训中心。1972 年开始在亚洲开拓业务，开设中国香港和新加坡分公司。

1973 年，向公众发布首份由国际专业会计师行编制的年报。1979 年，成为全球最大的会计专业服务公司，合伙人多达 1000 多人。1987 年正式进入中国内地市场，后在中国内地设立合作制会计师事务所——安达信华强会计师事务所。20 世纪 90 年代以后，与普华永道（PWC）、毕马威（KPMG）、安永（E. Y）、德勤（D. T）一道成为全球最大的五大会计师事务所。1987 年以来，安达信会计师事务所不仅主营业务收入增长很快，而且不断拓展新的业务领域，在保持传统的审计和税务咨询业务的基础上，安达信会计师事务所还重新定位，开拓出企业财务、电子商务、人力资源服务、法律服务、风险咨询等业务。从 1997 年开始，安达信会计师事务所花费了 3 年时间经历了与安达信咨询业务公司旷日持久的分拆大战，从此伤筋动骨，在五大会计师事务所中的地位由第一降至最末。到 2001 年，安达信会计师事务所在全球 84 个国家和地区拥有 4700 名合伙人，85000 名员工，业务收入高达 93 亿美元。从安然公司成立时起，安达信会计师事务所就开始担任安然公司的外部审计工作。20 世纪 90 年代中期，安达信会计师事务所与安然公司签署了一项补充协议，安达信会计师事务所包揽了安然公司的内部审计工作。不仅如此，安然公司的咨询业务也全部由安达信会计师事务所负责。接着，由安达信会计师事务所的前合伙人主持安然公司财务部门的工作，安然公司的许多高级管理人员也有不少来自安达信会计师事务所。从此，安达信会计师事务所与安然公司结成牢不可破的关系。在安然公司财务作假事件中，人们对安达信会计师事务所的指责和质疑始于 2001 年 11 月下旬，安然公司在强大的舆论压力下承认自 1997 年以来通过非法手段虚报利润达 5.86 亿美元，在与关联公司的内部交易中不断隐藏债务和损失，管理层从中非法获益。这一消息传出，立刻引起美国资本市场的巨大动荡，媒体和公众将讨伐的目光对准负责为安然公司提供审计和咨询服务的安达信会计师事务所，指责其没有尽到应有的职责，并对其独立性表示怀疑。

美国公众和媒体指责、怀疑安达信在安然事件中的不当做法主要有：一是安达信明知安然公司存在财务作假的情况而没有予以披露。安然公司长时间虚构赢利以及隐藏数亿美元的债务，作为十多年来一直为安然公司提供审计和咨询服务、在会计行业声誉卓著的安达信不可能不知道内情。二是安达信承接的安然公司的业务之间存在利益冲突。安然公司为了降低成本，安达信为了增加收入，安达信不仅接管了安然公司多家所属企业的会计工作，包括在1994年至1998年受聘为安然公司内部审计师，并全面负责安然公司的咨询工作，同时，安达信还承担安然公司的审计工作，如2001年，安然向安达信支付的费用达5200万美元，其中2500万美元是审计费用，2700万美元是顾问费用，这种做法被指存在利益冲突。三是安然公司财务主管人员与安达信存在利害关系。安然公司数名掌管财务的高层来自安达信，如安然的会计主任加入公司前为安达信高级经理。安然的财务总监大学毕业后曾在安达信任审计经理。这种情况有损审计师的独立性。四是销毁文件，妨碍司法调查。安达信的一名合伙人在得知美国证监会将对安然公司展开调查后，下令销毁为数不少有关安然的文件和电子邮件，这种行为被指有违职业操守，并涉嫌妨碍司法调查。

虽然媒体纷纷指责、怀疑安达信涉嫌上述违规行为，但安达信几次发表声明，予以否认。在安然公司承认1997～2001年间虚报利润5.86亿美元时，安达信发表声明，称安然公司未向安达信提供有关财务资料；在有报道说安然公司因为向安达信支付咨询费用，因而安达信忽略了安然公司潜在的利益冲突时，安达信的首席执行官贝拉尔迪诺对此予以坚决否认，并说安达信为安然公司所做的工作在任何情况下都是恰当的，安然公司的董事会和股东对安达信的工作是了解的；在有媒体指责安达信销毁与安然有关的财务资料时，安达信首席执行官召开记者招待会，称销毁安然公司文件的行为仅仅是会计师的个人行为，并不能代表整个公司的行为，他的这种行为也与安达信公司的价值观和职业道德相背离；在人们指出安然公司的倒闭主要是长期财务作假所致时，安达信表示，安然的破产是商业经营的失败，并不是因为财务问题。尽管如此，后来美国国会和政府部门的调查结果表明，安达信的确存在违规行为。经过长时间的调查，2002年3月14日，美国司法部副部长汤普森向美国休斯敦联邦地区法院对安达信公司提出"妨碍司法"的犯罪指控，原因是安达信公司故意销毁大量的有关安然公司的文件。5月6日，法院正式开庭。主审法官是一位女法官哈蒙，陪审团有12位成员。在审理中，控辩双方争论十分激烈，法庭辩论持续了整整 23 天。双方争辩的焦点是，安达信是否在得知美国证监会即将开展调查后销毁与安然相关的文件，其行为是否构成阻碍司法公正的罪行。

2002 年 6 月 5 日，进入最终陈词阶段，检方一口咬定安达信的合伙人和内部律师在得知证监会即将开展调查的情况下蓄意销毁文件，而安达信的主辩律师哈丁则称检察官并不能证明有任何人接到销毁文件的直接指令，亦无任何证据证明安达信意图阻碍证监会的调查。最终陈词结束后，哈蒙法官就本案涉及的法律问题对陪审团给出长达 11 页的指示。从 6 月 6 日开始，12 名陪审员正式进入封闭式审议阶段。经过长达 10 天的艰难审议，6 月 15 日，陪审团终于得出了审议结果：一致认定安达信阻碍政府调查的罪名成立。

为防止类似于安然公司和安达信会计师事务所的事件再次发生，2002 年 7 月美国国会通过和颁布了《2002 年公众公司会计改革和投资者保护法案》（简称《萨班斯法案》），这是美国国会针对 2001 年美国安然、世通等世界级的著名公众公司领导层先后发生舞弊和欺诈事件，严重损害投资者的利益和大公司的形象，给整个经济运行造成了重大不利影响而专门颁布的一部法律。《萨班斯法案》的主要内容包括以下几方面：

一是成立独立的公众公司会计监察委员会，监管执行公众公司审计。公众公司会计监察委员会（以下简称 PCAOB）负责监管执行公众公司审计的会计师事务所及注册会计师。法案规定：PCAOB 拥有注册、检查、调查和处罚权限，保持独立运作，自主制定预算和进行人员管理，不应作为美国政府的部门或机构，遵从《哥伦比亚非营利公司法》，其成员、雇员及所属机构不应被视为联邦政府的官员、职员或机构。法案授权美国证券交易委员会（以下简称 SEC）对 PCAOB 实施监督。PCAOB 由 5 名专职委员组成，由 SEC 与美国财政部长和联邦储备委员会主席商议任命，任期 5 年。5 名委员应熟悉财务知识，其中可以有 2 名是或曾经是执业注册会计师，其余 3 名必须是代表公众利益的非会计专业人士。执行或参与公众公司审计的会计师事务所须向 PCAOB 注册登记。PCAOB 将对登记会计师事务所收取"注册费"和"年费"，以满足其运转的经费需要。PCAOB 有权制定或采纳有关会计师职业团体建议的审计与相关鉴证准则、质量控制准则以及职业道德准则等。PCAOB 须就准则制定情况每年向 SEC 提交年度报告。根据《1934 年证券交易法》和修订《1933 年证券法》的有关要求，授权 SEC 对会计准则制定机构的会计原则是否达到"一般公认"的目标进行认定。PCAOB 要对公众公司审计客户超过 100 户以上的会计师事务所，进行年度质量检查，对其他事务所每 3 年检查一次。PCAOB 和 SEC 可随时对会计师事务所进行特别检查。PCAOB 有权调查、处罚和制裁违反该法案、相关证券法规以及专业准则的会计师事务所和个人。不过，PCAOB 的处罚程序要受 SEC 监督，SEC 可以加重、减轻其作出的处罚，也可以修改或取消其处罚决定。审计美国公司（包括审计美国公司的国外子公司）的外国会计师事务所也必须向 PCAOB 登记。

二是要求加强注册会计师的独立性。包括：修改 1934 年《证券交易法》，禁止执行公众公司审计的会计师事务所为审计客户提供列入禁止清单的非审计服务，未明确列入禁止清单的非审计服务也要经过公司审计委员会的事先批准；审计合伙人和复核合伙人每 5 年必须轮换，规定了注册会计师须向公司审计委员会报告的事项；如果公司首席执行官、财务总监、首席会计官等高级管理者在前一年内曾在会计师事务所任职，该事务所则被禁止为这家公司提供法定审计服务。另外，责成各州监管机构自行决定 PCAOB 的独立性标准是否适用于未在该委员会登记的中小型事务所。

三是要求加大公司的财务报告责任。包括：要求公司的审计委员会负责选择和监督会计师事务所，并决定会计师事务所的付费标准；要求公司首席执行官和财务总监对呈报给 SEC 的财务报告"完全符合证券交易法，以及在所有重大方面公允地反映了财务状况和经营成果"予以保证；对违反证券法规而重编会计报表后发放的薪酬和红利应予以退回；公司财务报告必须反映会计师事务所作出的所有重大调整，年报和季报要披露重大表外交易，以及与未合并实体之间发生的对现在或将来财务状况具有重大影响的其他关系；SEC 有权对违反证券法规者担任公司的董事或管理人员采取禁入措施；强制要求公司高级财务人员遵循职业道德规则；禁止公司给高层管理者或董事贷款，并要求公司管理层在买卖公司股票后立即告知 SEC。

四是要求强化财务披露义务。公众公司应进行实时披露，即要求及时披露导致公司经营和财务状况发生重大变化的信息。由 SEC 制定规则，要求公众公司披露对公司财务状况具有重大影响的所有重要的表外交易和关系，且不以误导方式编制模拟财务信息。由 SEC 负责对特殊目的实体等表外交易的披露进行研究，提出建议并向国会报告。主要股东或高级管理者披露股权变更或证券转换协议的强制期间由原来的 10 个工作日减少为 2 个工作日。由 SEC 制定规则，强制要求公众公司年度报告中应包含内部控制报告及其评价，并要求会计师事务所对公司管理层作出的评价出具鉴证报告。由 SEC 制定规则，强制要求公司审计委员会至少应有一名财务专家，并且要予以披露。

　　五是加重了对违法行为的处罚措施。包括：故意进行证券欺诈的犯罪最高可判处 25 年入狱；对犯有欺诈罪的个人和公司的罚金最高分别可达 500 万美元和 2500 万美元；故意破坏或捏造文件以阻止、妨碍或影响联邦调查的行为将视为严重犯罪，将处以罚款或判处 20 年入狱，或予以并罚；执行证券发行的会计师事务所的审计和复核工作底稿至少应保存 5 年。任何故意违反此项规定的行为，将处以罚款或判处 20 年入狱，或予以并罚；公司首席执行官和财务总监必须对报送给 SEC 的财务报告的合法性和公允表达进行保证，违反此项规定，将处以 50 万美元以下的罚款，或判处入狱 5 年；起诉证券欺诈犯罪的诉讼时效由原来从违法行为发生起 3 年和被发现起 1 年分别延长为 5 年和 2 年；对检举公司财务欺诈的公司员工实施保护措施，并补偿其特别损失和律师费。

　　六是增加经费拨款，强化 SEC 的监管职能。从 2003 年度起将 SEC 的拨款增加到 7.76 亿美元，加强欺诈防范、风险管理、市场监管与投资管理。其中 9800 万美元用于招聘 200 名工作人员，加强对注册会计师和审计业务的监管。

　　七是要求美国审计总署加强调查研究。包括：授权美国审计总署对会计师事务所强制轮换制度进行研究；要求美国审计总署对 1989 年以来的会计师事务所的合并进行研究，评估其现在和未来的影响，并对发现的问题提出解决方案；要求美国审计总署研究导致会计师事务所竞争受限的因素，如高成本、低服务质量、独立性、缺乏选择等，并调查联邦或州的监管政策是否存在妨碍会计师事务所正当竞争的因素；责成美国审计总署就调查研究的情况，在一年内分别向参议院银行委员会和众议院金融服务委员会报告。

《萨班斯法案》出台的主要目的是确保企业财务报表的真实性和有效性，该法案对上市公司约束机制和内控制度影响最大的是302条款和404条款。302条款要求CEO和CFO向证券交易委员会就公司财务报告的合规性、公允性、完整性按季度发表予以保证的声明。404条款要求公司的CEO和CFO对公司治理和内控制度承担法律责任，就内部控制和财务报告程序发表年度报告，并且要由外部审计师对该报告的准确性作出鉴证。美国大公司在实施《萨班斯法案》时的主要做法，一个是强化内控机制，包括会计记录必须准确、客观反映资产处置和交易，各项收入和支出必须得到管理层授权，禁止一切未经授权而对财务报表产生实质影响的资产使用行为；一个是强化测试评估，包括对管理层的测试、内部控制的测试等。就内容而言，《萨班斯法案》是美国70多年来对证券监管规则作出的最大修改，但没有涉及美英公司内部治理机制的框架结构。由此可见，美国国会也认为安然等大公司的问题之所以出现主要是因为公司内控制度存在缺陷和外部审计制度问题。

2008年由美国次贷危机引发的国际金融危机爆发后不久，国内外就开始剖析危机爆发的根源。普遍认为，这次美国次贷危机的爆发和蔓延，原因是多方面的，政府监管不力、宏观经济政策不当、经营者诚信度差、信用评级机构缺乏自律等，都对这次次贷危机的形成起到了催化和推动作用。但国际金融危机也使国内再次出现质疑美英公司治理有效性的声音，有专家学者提出要深入研究美国次贷危机的微观原因，重新审视美英公司治理模式的长处与不足[1]。

这次美国次贷危机中，数百家美国银行或金融机构陷于困境，而以摩根士丹利、高盛、美林、嘉信、雷曼等为代表的投资银行则首当其冲，不是被合并重组就是破产倒闭。因此，从微观层面也可以说，这次美国次贷危机也是美国金融企业的公司治理危机。从公司治理结构看，这些

---

[1] 韩修国、季晓南、李家模等：《切实提高公司治理和约束机制的有效性》，《国企》2009年第2/3期。

投资银行的治理结构与美国其他大公司的治理结构基本相同。主要特征是：董事会中外部董事占绝大多数，2007 年美国十大投资银行的董事会成员平均为 11.4 人，其中外部董事占 68.4%；董事长普遍兼任 CEO，美国五大投资银行的董事长和 CEO 都是由一个人担任；内部董事身居要职，虽然美国公司董事会中内部董事所占比例极小，但在董事会中都担任主要职务，摩根士丹利的两个内部董事，一个任董事长兼 CEO，另一个任首席运营官；董事会下设若干专门委员会，协助董事会履行决策和监督职能，美国大公司通常都设有提名、薪酬和审计 3 个委员会。这次美国次贷危机至少也告诉我们，在政府放松监管的情况下，经营者的集体贪婪导致的道德风险会使美英公司治理模式无法进行有效的自我约束，以外部董事为主的董事会和审计委员会也不能对经营风险进行有效的自我防范。也就是说，在政府放松监管的情况下，英美公司治理模式的内部制衡和外部制衡机制都可能会出现制度失效的现象。

一是股权结构过于分散。美国大多数上市公司特别是大公司的股权结构高度分散，任何单一股东所持股份都微不足道（见图 3-8）。由于股

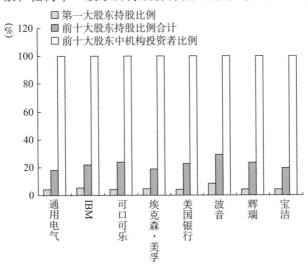

图 3-8　美国几大公司股权分散化情况

注：前 5 家公司数据报告日期为 2009 年 3 月 31 日，后 3 家公司数据报告日期为 2009 年 9 月 30 日。http://finance.yahoo.com/。

资料来源：汪建熙：《股权高度分散化的危机》，《财经》2010 年第 4 期。

权结构高度分散，股东难以有效地介入公司的治理，难以主动表达自身的利益诉求，难以对公司事务和公司管理层进行有效的监督，结果是，逐步从积极投资者变为消极投资者；与此同时，管理层却越来越精英化，结果是，股东对公司的控制越来越弱，管理层对公司的控制越来越强。这种制度安排的结果是，股东关心的不再是公司的长期赢利能力，而是公司的短期股价波动，如果股东对所持股票的公司不满意，就会卖出这家公司的股票转而买入其他公司的股票，最终由某一特定公司的股东变成面向资本市场全体上市公司的一般性投资者。

二是内部董事特别是首席执行官（CEO）拥有的权力过大。美英公司的 CEO 一般由董事长兼任或董事长的继任者担任，美国五大投资银行的董事长和 CEO 都是由一个人担任。虽然美国公司董事会中内部董事所占比例极小，但在董事会中都身居要职，担任主要职务，而公司董事基本上是由管理层提名的，许多董事是由其他大公司现任董事长或退休高管、政府前高官、社会名流、学者、教授等担任（见图 3－9），这就造成企业董事会和经理层事实上由 CEO 主导，并由 CEO 主导企业的最高决策和日常运营，而对企业发挥监督和咨询作用的外部董事往往不能很好地

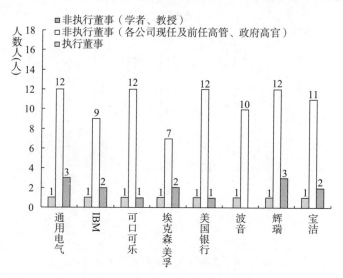

图 3－9 美国几大公司董事构成

资料来源：汪建熙：《股权高度分散化的危机》，《财经》2010 年第 4 期。

发挥作用。董事长兼 CEO 可能造成的结果是由于 CEO 管理上的无能或固执己见的错误决策使企业陷入灾难性的困境。这方面的著名例子就是福特汽车公司的前 CEO 亨利·福特把六缸引擎送入了废料输送机的故事，这个新型的六缸引擎是公司的首席工程师们花费 6 个月的时间研制出来的能够提高企业与对手（通用汽车）竞争的竞争力的一个主要措施，后来的事情发展终于证明了亨利·福特的决策是多么的错误。2008 年 9 月 15 日，具有 158 年历史的美国第四大投资银行雷曼兄弟投资公司破产倒闭，普遍认为，这与董事长兼 CEO 理查德·福尔德的个人专断有密切关系。

三是对管理层的监督不力。美英公司治理模式作为一种单委员会制，其权力制衡和监督来自内部和外部两个方面：内部监督主要来自以独立董事为主的董事会和审计委员会的监督和约束，董事会既行使重大事项的决策职能，又行使对经理层的部分监督职能，董事会下设的审计委员会则主要协助董事会专门行使审计监督职能。外部监督除了政府机构的监督外，主要来自股东"用脚投票"及社会审计和投资分析机构的监督。外部监督具体讲主要来自三个方面。第一，来自证券监管机构的监督和约束。证券机构监督和约束的一个重要方式就是要求上市公司披露信息。美国证券立法对上市公司的信息披露作了较详细的规定，公司必须披露的重大信息包括，公司总裁的经营成果及财务状况，公司的发展战略和计划，公司股权结构及变化，董事和主要执行官员的资历、信誉和报酬，一些可预见的重要风险因素，与雇员及其他利益相关者有关的重大事件等。健全的信息披露制度本身就是对经理层的一种约束手段，也是对公司进行市场监督的基础，是股东正确行使表决权的关键。第二，来自会计师事务所的监督和约束。美国上市公司均聘请著名的会计师事务所负责公司财务报告的审计，例如，美国雪佛龙公司的财务报告审计就是由著名的普华永道会计师事务所承担的。第三，来自外部市场的监督与约束。经理层的经营行为和经营成果最终都要接受市场的评判，投资人会根据自己的评判进行投票，公司业绩的下滑会引发股价的下跌，股价的下跌则可能会引发公司被收购兼并的风险，公司的经理层也有被取而代之的职业风险。这是对经理层滥用职权、实行内部人控制的有效的外部制约。

对美英公司来说，虽然权力行使和经营行为受到内部和外部制衡机制的约束，但事实证明，美英公司治理在演进和变迁的过程中逐步形成的内部和外部这两种监督机制很可能出现监督失灵。可能的严重后果是外部审计机构被企业的经理层收买，与经理层合谋粉饰企业财务和利润指标。安然公司财务丑闻能够一度掩人耳目，就是因为世界著名的安达信会计师事务所与安然公司串通作假。因为，对安达信会计师事务所来说，安然这样的世界级大公司是为其创造利润的大客户，如果不与安然公司密切配合，则可能会出现丧失安然公司这样大客户的风险。这就使得会计师事务所在利益与原则发生冲突时，可能会选择放弃原则。

公认的美国次贷危机发生的一个重要原因，则是美国信用评级机构的行为自律问题。被投资者寄予厚望和作为投资指南的外部评级机构受利益驱动，出现了夸大企业的评价等级等行为。据有关资料，世界三大著名评级机构之一的美国穆迪投资者服务公司在 2000～2007 年间，共给 4 万多项房贷相关投资产品打上"AAA"评级，被称为"3A 工厂"。与此同时，穆迪公司的年收入从 6 亿美元蹿升至 22 亿美元，而依靠穆迪公司的投资评级进行投资的投资者们的表现却相当糟糕。

四是高管人员的激励机制不够完善。对英美国家的大部分公司而言，高管人员特别是董事长、CEO 等人的报酬大幅超额增长已经引起了社会各界的广泛关注，因为他们的报酬增长与公司业绩的关联性并不很强，有些甚至在公司业绩平平的时候也出现大幅增长，其平均报酬水平与公司员工的平均水平差距能达到几十倍甚至数百倍，许多公司出现重大亏损或赢利不多甚至陷于困境或破产时，高管人员却照样获得高额薪酬。美国企业高管人员还有"金色降落伞"制度作为报酬的保障，高管人员由于不称职或造成重大损失被解雇，仍然能够获得高额的补偿金。美国公司高管人员的高额报酬甚至脱离企业业绩大幅增长的现象不断受到各方面的尖锐批评，但这种现象并没有根本改变反而日益加剧。这次美国次贷危机中，甚至出现了令美国政府和纳税人无法接受和极为愤慨的现象：一方面，美国政府动用数以千亿美元的纳税人的钱拯救华尔街的金融机构；另一方面，政府出资救助的一些华尔街金融机构的高管人员仍然支取超高的花红。这种现象的出现说明美英公司治理的高管人员激励机制存在严重缺陷，同时也说明美英公司治理缺乏有效的内部制衡和监督机制。值得注意的是，这次美国次贷危机后，美国许多上市公司停止了把股票期权作为激励手段的做法。有专家学者认为，美国公司实行的股票期权导致公司高管人员追求一种激进的、冒险的短期行为，甚至不惜造假，放大了金融风险。还有专家学者提出，公司高管人员的薪酬与股东的利益关联是不够的，公司风险管控人员的薪酬不应简单地与公司的绩效挂钩，而应与风险管控人员履行职责的效果挂钩等。这些现象和观点表明，美英公司治理的激励机制存在严重的缺陷。而股票市场等外部治理的作用往往表现为事后性，难以及时纠正这些失误。对这类企业治理而言，迫切需要一个机制来及时纠正其错误。

从对"恶意收购"和CEO权力膨胀的简要分析中可以发现一个共同的问题，就是企业治理中对企业的内部人——员工作用的忽视。对"恶意收购"的反思使得企业治理的改革中对在企业投入专用性资产的相关利益者采取了一些保护措施，其中的"金色降落伞"计划却由于企业收购成本的上升而使经理阶层的权力发生膨胀。对"恶意收购"的反思虽也采取了一些针对一般员工的利益保障措施，但在英美国家的典型企业治理模式中终归没有体现出应有的地位，经理阶层只有出于激励的目的给予了员工一些管理权限和治理权限，但其地位终究是掌握在经理阶层手上，因此，员工在英美国家企业治理中的作用非常有限。

英美公司治理模式优化的一个重要途径应是更加重视作为内部人的员工在企业治理中的作用。一方面，员工之间以及员工与经理阶层的长期合作能够使企业提高劳动生产率，这方面已经有很多证据予以证明，对英美国家的员工持股计划的大量研究就证明了其在提高劳动生产率方面的积极作用；另一方面，对企业投入了专用性人力资本的员工，其利益应加以保证，这样能够促进员工对协作产生的组织进行知识和能力的投入，员工之间的专用性投资也需要得到企业制度上的保证，一个必要的措施就是在企业治理结构的制度安排上，给员工提供参与企业决策的渠道。这可以起到一箭双雕的作用，既保护了员工专用性投资的利益，又在制度上保证了具有内部信息的员工对经理阶层的监督作用。

　　英美模式以外部治理为主，经理市场、劳动力市场、资本市场、产品市场以及技术市场上的竞争激烈，对企业的行为有较大的压力，促使企业对资源作出有效的分配以适应市场。其逻辑是：产品市场以及技术市场能对企业的产品和技术作出迅速的评价，这种评价影响企业的财务；企业财务的变化通过资本市场的信息披露机制披露出来，资本市场对这种变化也进行评价，并通过股票市场和债券市场加以反映，表现为企业股票价格的升降和外部融资的可能性；透明的证券市场使企业潜在的收购者能不受阻碍地收购企业的股票，从而使企业的所有权易手，新的股东通过改组企业的经理层解雇不称职的经理；经理市场对经理的人力资本进行评价，从而使不称职经理的人力资本贬值，直接影响其未来收入；劳动力市场通过工资的变动，使劳动力市场获得调节。在这种制度下，交易通过传统的契约来进行，交易中所产生的纠纷主要是在法庭解决①。

　　从提高效率和减少成本的角度分析，英美公司治理模式有利于减少公司内部的过多制衡，有助于决策和执行的效率提高，减少了监事会和审计委员会的职责交叉，企业内部监管和政府外部监管的成本相对都比较低。但这种外部控制主导型的公司治理对一国的市场结构和监管体系提出了严格的要求，其形成和有效发挥作用至少要具备以下前提和约束条件。

　　一是产品市场必须是充分竞争的市场，或者产品市场应是有效竞争市场，这样才能保证产品市场能对企业的产品和技术作出迅速有效的评价；

　　二是资本市场特别是证券市场高度发达而且应该是有效市场，能迅速地将企业的财务状况和市场预期反映到企业的股票价格上，其中，证券市场对企业的治理处于主导地位，英美治理结构模式的内在要求是有效的证券市场以保证高度分散的持股结构和对企业控制权的积极竞争；

　　三是企业的股权应是高度分散的，并且不存在制度上的障碍来阻止企业的收购兼并和对经理层进行更换，公司控制权的争夺和转移能够有效制衡企业经营管理者的行为；

---

　　① Frankling Allen and Douglas Gale，2003。

四是职业经理人市场比较健全而且是有效的，能根据经理过去的经营绩效对经理的人力资本作出适当的评价，独立非执行董事能够自觉地维护出资人和企业的利益；

五是监督体系是有效的，内部审计委员会能够真正发挥作用，社会审计机构能够独立发挥作用，出资人对企业董事会能够进行有效监督，银行等利益相关者对企业能够进行有力监管；

六是法制比较完善，依法经营成为企业的共同准则和行为，诚信成为社会的普遍意识和行动，董事会成员自律意识较强，企业能够提供真实准确的信息，便于政府和社会监督。

因此，借鉴和采用英美公司治理模式需要具备一定的前提条件。在英美模式下，市场被认为能够有效地治理企业，因此，政府更多的是从制度上来规范引导企业。企业的行为只要符合法律就行，在决策上无须征求政府的意见，政府也无权干预企业的决策。企业之间、政府和企业之间的纠纷多通过法律途径来解决，因此，采取英美公司治理模式的国家必须具备一个完善的法律体系。

（二）德日公司治理模式的有效性及近年来的反思

德日公司治理模式的外部性相对较弱。在采用德日模式的国家中，政府对经济结构的变化干预较深，多运用特殊的产业和技术政策来影响经济结构的变动。一般来说，政府往往先制定一个经济发展战略，提出某一阶段经济发展的目标。为实现这一目标，政府鼓励企业展开竞争，但政府和企业长期的合作关系居主导地位，因此这种模式同时提供强烈的保护机制来抑制企业之间的兼并收购，企业之间、政企之间的纠纷由特殊的对话机制加以解决。市场组织结构受到管制，合作与竞争并存，市场选择机制也受政府引导。企业的要素所有者通过多种方式参与企业的内外部治理。

由于长期的利益合作关系占主导地位，德日模式往往抑制企业所有权的转换，以使企业的经营决策保持稳定性和连续性，这必然要求弱化证券市场的兼并收购功能。"二战"后，德国只发生为数不多的恶意收购，至今仍无一次由管理层发动的收购。德国证券市场上的恶意收购行为很少，通常认为其原因有两条：一是通过证券市场进行恶意收购的成本太高。德国的双层经营体制下，工人在企业唯一的管理机构——监事会中拥有一半的成员，恶意收购行为会导致工人的抵制，引起公众的不满，这大大增加了收购的成本。二是由于存在成本更小的方式来撤换不称职的管理者。主银行和大投资者可以举行秘密会议来决定企业的改组和控制权的转移，这种方式成本较小是因为证券市场的收购发动者通常并不考虑众多利益相关者在收购成功时所付出的代价。

政府对长期经济结构目标的追求，要求和企业保持长期合作关系，必然要弱化证券市场对企业的治理，使企业可以更关注长期的发展战略。但同时企业控制权市场的功能缺失可能产生了严重的内部人控制问题，经理层可能和职员勾结起来共同损害股东的利益。为克服这一问题，要求有另一种制度来提供证券市场的监督、激励功能。一般认为，产品市场为证券市场提供了重要的信息来源，但并不能代替证券市场。在缺乏其他控制机制的条件下，产品市场对企业的治理将是缓慢和极易失控的，通常以破产而告终。破产将企业的控制权从股东手中转移到债权人手中，而债权人可能并不是企业的最佳经营者。

主银行制为解决这一问题提供了新的选择，由一家银行来代表股东相对控制企业。这种控制权的获得可以是银行自身拥有企业的股份，也可以是银行通过代理股东投票，同时这家银行又是企业主要的信贷供给者。主银行制一方面能解决小股东治理企业的"搭便车"行为，另一方面由于主银行拥有企业相对多数的股份，并且是企业的主要信贷供给者，企业的经营绩效直接影响银行的收益，因此主银行有足够的动力来监督企业的经营管理。实际上，内部人控制的内在要求是主银行制与之相配[1]，主银行代替了标准的英美治理制度中对经营者的监督问题，发挥了类似于外部治理机制中的公司控制市场的作用，使两者利益找到平衡点。因此，主银行制被认为是德日企业治理模式的外部治理机制的替代[2]。

德日模式外部治理的另一特点是企业交叉持股。企业之间通过交叉

---

[1] 杨瑞龙、刘江：《企业治理结构模式的国际比较》，《江苏行政学院学报》2001 年第 1 期。

[2] 〔日〕青木昌彦：《经济体制的比较制度分析》，中国发展出版社，1999；〔日〕青木昌彦：《比较制度分析》，上海远东出版社，2001。

持股形成一张网，使得来自外部的收购行为面临巨大的困难。日本在这一点上的表现尤其突出，众多的法人股东为稳定相互利益关系而交叉持股。由于大股东的存在，客观上起到了稳定股权结构的作用。更重要的是，股东的权益行使是由法人企业经理人员来实现的，造成了普遍的经营者主宰公司的现象。到 20 世纪 90 年代后期，随着全球兼并浪潮的兴起，企业间的交叉持股现象有所减少，而且来自各方面的批评认为，日本 20 世纪 90 年代以来的衰退，很大程度上与企业交叉持股导致的企业适应能力很难改变有关。这种法人之间的相互持股使公司的股权结构非常稳定，从而企业兼并或收购很难发生。更重要的是，法人股东发挥主导作用，外部治理机制相对较弱，控制公司股权的主要法人股东的权益行使是由法人企业经理人员来实现的，这就造成了经营者主宰公司的局面。

普遍认为德日模式的企业治理能够实现企业发展所需的长远利益，表现在以下方面。

第一，德日两国公司的核心股东——银行进行的投资是长期投资。这不仅有效地制止了公司合并与收购事件的频繁发生，而且决定了公司经理以及整个公司行为都是一种长期行为。这是因为银行主要关心的是企业的长期收益，而不是通过持股来获取单纯的红利和股票升值的收益。普遍认为，银行持有企业相当部分的股份，这种形式有利于金融机构特别是银行加强对企业经营的监督，同时因持股关系相对固定，也有利于企业的长期投资与稳定发展。

第二，公司法人相互持股不但没有造成垄断和侵犯股东利益，反而形成了相互控制、相互依赖的协调关系，形成促进公司长远稳定发展的强大推动力。一旦有联系的某企业发生困难，则由集团内主要银行出面，予以资金融通，别的成员企业也相应分担困难，如放宽支付条件、收购过剩产品、安排人员就业、派遣高级职员等，从某种程度上避免了企业倒闭。对于整个集团的稳定经营与长期发展起到了极其重要的作用。

第三，为员工积极参与公司治理提供了有效途径，追求稳定的就业及养老保障成为员工致力于企业持续长远发展的动因。特别是日本企业通过实行"年功序列制工资""内部晋升制"和"终身雇佣制"而把员工与企业的命运紧密地联系在一起。对于这样的雇佣制自然就有利于员工之间的相互协调和合作机制的建立，企业的生产率也能够得到极大的提升，这是战后日本企业劳动生产率大幅上升的一个重要原因。德国企业由于工人代表有法定的权利参与企业工资和劳动条件的谈判，对于工人的解雇也很难实行，因此工人和企业同样有长期合作的信念。德日模式的企业都有利于形成与企业紧密相连的劳动者之间的联合劳动，从而产生企业知识和能力。

但德日公司治理模式下的公司随着企业规模的扩大和管理阶层的逐渐官僚化而暴露出其制度性缺陷。这些缺陷主要表现在两个方面：一方面德日企业实际上是一种正常经营状态下的内部人控制机制，主银行充当企业投资和经营的监督者，只有在企业出现相当的困难而且其经营前景又不利于主银行时，主银行才会对当前的经营管理阶层和企业提出解散的请求，大部分情况下，企业出现困难时都是通过主银行组织的救助计划对企业进行救助，这虽促进了企业的长期经营，但可能会产生过度保护的问题，保护了不该保护的企业，而且如果企业倒闭，那将会是一个巨型的企业的倒闭。20 世纪 90 年代日本发生的一系列巨型企业集团的破产事件就说明了这一体制对一国经济的巨大冲击力①。近十几年中的相当一段时间，日本经济发展陷于低迷，有人提出需要重新审视银行在公司治理中的作用，认为在公司治理过程中，银行的介入会使国有企业的公司治理出现"预算软约束"，国有商业银行面对国有企业会出现管理上的贷款监督不力问题。另一方面，企业法人之间的相互环状持股导致外部投资者对企业的投资热情明显降低，通过流动性较强的资本市场发挥资源配置的作用有限，企业在变化性较大、竞争激烈的知识性产业中缺

---

① 从 1991 年开始，资产负债额在 1000 万日元以上的倒闭企业每年达 1 万家以上。1995 年达到 1.51 万家，1996 年虽有所减少，也为 1.48 万家，但到 1997 年又比 1996 年增加 10.8%，达到 1.64 万家。1998 年再创新的纪录，又有 1.92 万家企业破产，比上一年高出 17.1%。与此同时，倒闭企业的负债规模也达到了空前的水平，从战后到 1990 年的 45 年间，倒闭企业负债规模超过 4 万亿日元的仅有一次，即 1985 年的 4.2 万亿日元。然而，在 1991～1996 年的 6 年间，年倒闭企业的负债规模少则 5.6 万亿日元，多则 9.2 万亿日元，到 1998 年则进一步达到 14.38 万亿日元。企业大量倒闭，加之企业实行重建所采取的裁员措施，使日本的失业人员大幅度增加。

乏竞争优势。德日企业治理模式虽对企业的长期性联系和员工利益提供了保护，但由于缺乏对资本流动性的支持体系和员工利益的过分保护，这种治理模式也需要进行改革，以促进生产要素的更好流动。

（三）英美模式公司治理和德日模式公司治理的理念差异

英美公司治理模式和德日公司治理模式存在着明显的差异，这种差异可以从对公司治理术语的理解上可见一斑。Anglo-Saxon 的英美国家对公司治理的认识是：公司治理指的是企业怎样去实现股票持有者的利益；而大陆法系的德日对公司治理的认识是：公司治理通常指企业是否在为一系列的利益相关者服务，这些利益相关者包括雇员、消费者，同样也包括股票所有者。对"公司属于谁"这一问题的回答的调查结果是，德国和日本认为"公司属于所有利益相关者或者是股票持有者"的比例分别是 97：3 和 83：17；而这一比例在美国和英国分别是 24：76 和 29：71。对公司治理的认识是与这两个国家对市场经济的认识息息相关的。英美模式对市场经济认识的基础是斯密的市场哲学，强调"看不见的手"的作用；德日模式则深受黑格尔哲学和儒家哲学的熏陶，强调对"看不见的手"进行一定的修正。对政府和企业之间的关系就存在不同的看法。英美政府采取规制的态度，政府和企业保持较远的距离，主要是为企业创造稳定的宏观经济条件和制定有利的政策，并不干预企业的行为，德日政府主要采取促进的态度，政府的经济目标在经济中占中心地位，政府和企业通常进行亲密的合作。

（四）公司治理的发展趋势

从不同公司治理模式的比较分析可以看出，世界上不存在一种绝对适用于各国的公司治理模式，也不存在一种绝对完美的公司治理模式。美国哈佛大学法学院教授马克·罗伊（Mark J. Roe）在其著作《公司治理的政治维度：政治环境与公司影响》中专门比较了英美模式和德日模式下公司治理结构差异的形成原因以及可能的社会经济影响。马克·罗伊认为，尽管最近一个世纪以来，美国经济在全球经济中处于绝对主导地位，但并不能由此得出英美模式要优于德日模式的结论，因为每一种治理模式都能在各自特殊的历史传统和政治环境中做出最优反应，都能达到各自的适应性效率。显然，一个国家的公司治理要受到企业所在国的历史、文化、政治、法律甚至地缘政治环境的影响，各国应从本国国情出发选择公司治理模式。

在承认不同公司治理模式存在的合理性的同时，也要看到，公司治理的发展和完善还是有着基本的趋势，总的趋势是公司治理模式趋于相同或相互接近，趋于以国际公司治理准则作为共同遵守的准则，趋于美英公司治理模式的基本架构。

一是公司治理立法趋于相同。各国与公司治理相关的立法明显趋同化，普遍加强了对公司的监督和规制。2002 年美国颁布的《2002 年公众公司会计改革和投资者保护法案》（简称《萨班斯法案》），加强了对上市公司的监管。2003 年法国出台了《新经济规制法》，在加强对公司的监督与规制方面作了一系列规定，包括对公司提起诉讼的权利由原来占有股份的 10% 降到 5%，监事会对经营层成员的撤换由原来的只能提议改为可以直接撤换，明确董事长不再具有对外代表公司的地位，强制规定监事会和董事会中需有员工代表，加大代表劳工的"企业委员会"对经营层的监管等。同时，欧洲国家开始强调股东和资本市场的作用，德国立法已经将决策过程的控制权倾向于股东并提高账目的透明度，日本 1993 年修改后的商法首次以立法形式引进美国式的独立董事制度并规定企业可以设置以外部或独立董事为主的审计委员会、提名委员会和薪酬委员会，意大利 1997 年 Draghi 法大大增加了股东的权利，而美英等国家则开始重视银行持股的作用，美国《1987 年银行公平竞争法案》①规定商业银行可以涉足证券投资等非传统银行业务，英国 1986 年立法允许商业银行直接参与证券业务。

二是公司治理结构趋于相同。从芬兰、瑞典、澳大利亚、马来西亚等欧洲和亚洲一些国家完善公司治理结构的趋势看，建立以外部或独立

---

① 1987 年通过《银行公平竞争法案》（*Competitive Equality Banking Act*）进一步明确允许商业银行有条件地涉足证券投资等非传统银行业务。成立金融公司（FICO）注资联邦储贷机构存款保险公司，通过发行债券帮助陷入危机的储贷机构。

董事为主的董事会制度和以外部或独立董事为主的专门委员会已经成为许多国家完善公司治理的共同选择，董事会在公司治理中发挥越来越重要的作用，董事会下设若干以外部或独立董事为主的专门委员会以协助董事会履行职责，董事长越来越多地由外部董事担任，企业的内部监督由以外部或独立董事为主的审计委员会负责以取代监事会。也就是说，越来越多的国家的公司开始采用英美公司的治理结构模式。芬兰、瑞典这些被称为实行"北欧模式"市场经济的国家，按照通常的划分其公司治理结构应归入"日耳曼－拉丁"模式，但近年来，这些国家的公司治理开始向"盎格鲁－萨克森"模式转变。其典型标志为：第一，董事会成员主要由外部董事担任，2006 年底芬兰奥托昆普（Outokmpu）公司的董事会成员为 8 人，其中 6 人为外部董事，2 人为政府代表和工会代表；第二，董事会下普遍设立专门委员会，芬兰、瑞典两国的国有企业在董事会下大多设立了提名和薪酬及审计两个专门委员会；第三，公司内部普遍不设监事会，瑞典的国有企业均没有设立监事会，芬兰的国有企业按照法律可以设立监事会，是否设立由股东大会决定，2006 年底芬兰政府控股的企业为 29 家，都没有设立内部监事会。但从股权结构来看，相对于英美公司分散型的股权结构，芬兰、瑞典两国公司的股权要相对集中。从芬兰国有企业的公司治理看，董事长与 CEO 全部分设。日本 2002 年修改后的商法允许企业放弃传统的"股东会－董事会－监事会"的公司治理模式，转向采用"股东会－独立董事为主的董事会和专业委员会"这一美英公司治理模式。其实，日本的一些企业如著名的索尼公司，早在 1991 年 6 月就引进了外部董事制度，1998 年先后成立了提名委员会、审计委员会和薪酬委员会（见图 3 - 10）。其中，提名委员会共 5 个董事，3 个是外部董事，主席由外部董事担任；审计委员会共 3 个董事，2 个是外部董事，主席由外部董事担任；薪酬委员会共 3 个董事，2 个是外部董事，主席由外部董事担任。同时，索尼公司的股权结构也是以机构投资者为主（见表 3 - 5）。不难看出，索尼公司的治理结构与美英公司的治理结构已经十分相似。

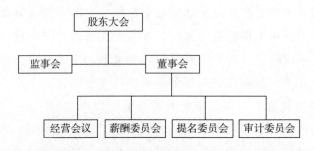

图 3 - 10   索尼公司的治理结构（1997 年 6 月至 2003 年 6 月）

资料来源：李维安教授在国务院国有资产监督管理委员会 2006 年监事会主席培训班上的讲座课件，《国内外公司治理案例分析》。

表 3 - 5   2002 ~ 2004 年索尼公司股权结构及变化情况

年份	国外机构和个人投资者	日本金融机构	日本个人和其他	其他日本公司	日本证券公司
2002	38.7%	28.2%	27.4%	5.2%	0.5%
2003	35.8%	27.0%	30.5%	5.6%	1.1%
2004	39.4%	20.7%	34.0%	4.8%	1.1%

资料来源：李维安教授在国务院国有资产监督管理委员会 2006 年监事会主席培训班上的讲座课件，《国内外公司治理案例分析》。

三是企业会计准则趋于相同。美国证券交易委员会（SEC）已经启动了废除美国会计标准的计划，要求所有美国上市公司在 2014 年放弃沿用了几十年的美国公认会计准则（GAAP），采用国际财务报告准则（IFRS）。同时 SEC 还允许一些大型跨国公司从 2010 年起按照国际准则发布业绩报告。目前，全球有 100 个国家采用国际财务报告准则，美国准备采用国际财务报告准则必然会促进公司治理的趋同，这也是公司治理模式趋同化的一个重要标志。

四是企业审计规则趋于相同。2001 年美国安然、世通等世界级的著名公众公司领导层先后发生舞弊欺诈事件，出现了重大财务报表作假丑闻，严重损害了投资者的利益和大公司的形象，给整个经济运行造成了重大不利影响。为了防止类似事件再次发生，2002 年 7 月美国国会专门颁布《萨班斯法案》，其主要目的是确保企业财务报表的真实性和有效性，该法案对上市公司约束机制和内控度影响最大的是 302 条款和 404 条款。302 条款要求 CEO 和 CFO（首席财务官）向证券交易委员会就公司财务报告的合规性、公允性、完整性按季度发表予以保证的声明。404条款要求公司的 CEO 和 CFO 对公司治理和内控制度承担法律责任，就内部控制和财务报告程序发表年度报告，并且要由外部审计师对该报告的准确性作出鉴证。就内容而言，《萨班斯法案》是美国 70 多年来对证券监管规则作出的最大修改。欧盟为促进企业加强内部控制，防止企业出现重大财务丑闻，借鉴《萨班斯法案》的有关规定于 2006 年 4 月在卢森堡通过了企业审计的新规则，主要内容包括：①对审计机构、审计师的资质提出更高要求，规定只有专业审计机构和审计师才有资格对企业进行审计；②审计机构审计时必须保证公正、独立，不能与被审计企业的重大决策、日常管理有任何关系，同一审计师事务所不能提供影响独立性的业务服务，如不能提供与审计内容有关的财务顾问、财务管理等业务，同一审计师审计同一企业不得连续超过 7 年。③透明性。新规则特别强调，企业财务会计报表必须透露支付审计机构的费用、审计机构或审计师提供的非审计业务等内容。新规则还特别强调，如果没有特别合理的原因，被审计企业不得随意更换审计机构和审计师。这些新规则对非上市公司也适用。欧盟要求各成员国在 2008 年之前必须通过新规则并付诸实施。

　　公司治理相同或相互接近的趋势，在十几年前甚至更早一些时候便已显现。其背景和动因主要在于，一方面，随着经济全球化的不断扩大，跨国界的投资活动和并购重组不断增加，资本市场的一体化加快发展，投资者对制定国际通用的、标准化的财务报表的要求日益强烈，使得各国市场监管当局不得不采用大体相似的指引和规则，要求公司披露对于证券定价至关重要的信息，以保护投资者的利益，这也有利于降低公司的会计成本和提高公司运营绩效，因此，通行的国际财务报告准则逐渐为许多国家所接受；另一方面，美国资本市场作为世界上最富流动性和有效性的市场是世界许多国家公司进行融资的重要场所，为进入美国资本市场进行融资，这些公司必须采取措施满足 SEC 有关信息披露的规则，因此，GAAP 准则也为世界许多国家的公司所接受①。近年来，公司治理

①　高明华：《公司治理模式趋同化潮流在加速》，《上海证券报》2008 年 9 月 9日。

趋于相同的内容已从财务准则扩大到公司立法、治理结构和审计准则等方面。当然，公司治理毕竟植根于一个国家历史、文化、法律和市场之中，所有国家的公司治理模式完全趋同是不可能的。

四 小结

世界上不存在一种绝对适用于各国的公司治理模式，也不存在一种绝对完美的公司治理模式。围绕着公司治理模式，本章首先简要阐述了公司治理的内涵、公司治理与利益相关者的关系、委托代理的问题及公司治理结构的作用，并试图回答如何解决激励和约束公司经营者的问题。在此基础上，本章阐述了公司治理的主要类型及基本特征，详细分析了公司治理模式的三种类型，即英美模式、德日模式和家族模式。至于中国公司治理模式，在表现形式上有英美、德日和家族企业三种公司治理模式的部分特征，且中国现行的公司治理结构主要有两种模式，即内部人控制模式和控股股东模式。本章还探讨了不同类型的公司治理模式的区别，以及在不同的国家和地区，公司治理的不同模式的改革措施。认为英美模式对市场认识的基础是斯密的市场哲学，强调"看不见的手"的作用；德日模式则深受黑格尔哲学和儒家哲学的熏陶，强调对"看不见的手"进行一定的修正。本章对公司治理的发展趋势进行了系统分析，强调一个国家的公司治理受到企业所在国的历史、文化、政治甚至地缘政治环境的影响，各国应从本国国情出发选择公司治理模式。在承认不同公司治理模式存在的合理性的同时，也要看到，公司治理的发展和完善有着基本的趋势，总的趋势是公司治理模式趋于相同或相互接近，趋于以国际公司治理准则作为共同遵守的准则。最后，本章从公司治理立法、公司治理结构、企业会计准则、企业审计规则的角度，分析了欧洲国家公司治理立法，介绍了芬兰、瑞典、澳大利亚、马来西亚等欧洲和亚洲一些国家如何完善公司治理结构，阐述了美国采用国际财务报告准则的作用及美国国会专门颁布《萨班斯法案》的目的。

从本章的论述不难看出，公司治理是联系和协调公司内外部各利益相关主体的正式和非正式关系的一整套制度性安排，建立这套制度的主要目的是保护股东的权利，达到股东以及其他利益相关方之间权利、责任和利益的相互制衡，降低所有权与控制权分离带来的代理成本，提高企业绩效和回报。

第四章　产权结构、公司治理对
企业绩效的影响

　　企业作为营利性的经济组织，经营绩效特别是经济效益的高低是判断企业经营状况和经营成果的重要标志，也是衡量企业产权结构是否合理和公司治理是否有效的一个重要尺度。围绕国有企业的绩效及各种所有制企业绩效的比较，经济学界特别是从事产权和企业问题研究的专家学者从理论和实证两方面进行了广泛深入的研究，但认识并不统一，需要继续进行探索。

一　企业绩效及其影响因素分析

（一）企业绩效的含义

　　我国对企业绩效的认识有一个逐步深化的过程。改革开放初期，我国对企业经济效益的认识还停留在计划经济体制的概念层面，把企业经济效益视为企业经营活动的结果，称之为经济效果。在任维忠、晓亮和贾履让主编的《企业管理小辞典》中，认为经济效果是指物资资料生产和再生产过程中，所耗费的社会劳动和取得的有用成果之间的对比关系，可以用单位劳动消耗所生产的产品来表示，也可以用单位产品的劳动消耗来表示。企业的经济效果是社会整体经济效果的基础，要从使用价值和价值两个方面考察。因此，企业应当以较少的人力、物力和财力，为社会生产更多更好的产品。企业不仅需要注意现有的生产过程各个环节，还要注意试制新产品，完善现有的生产工艺条件。讲求经济效果，必须设置效果指标体系，进行劳动消耗和劳动成果的计量和核算，以及比较分析和评估。

1982年我国在正式文件中使用经济效益的提法后，就不再使用经济效果来描述企业的经营行为。在徐伟力1988年主编的《经济管理学词典》中，经济效益是指在社会生产和再生产过程中，劳动占用和劳动消耗与取得的符合社会需要的劳动成果的比较。少消耗多产出，就是经济效益好的标准。经济效益有多种表示方式，从不同的角度反映了经济效果的大小；并指出在商品经济条件下，经济效益计算应采用价值形式。因此，经济效益表现为费用与收入的比较，如工资利润率、成本利润率、资金利润率等。

在于光远1992年主编的《经济大辞典》中，经济效益被定义为经济活动中投入和产出的关系，即劳动耗费或资金占用与劳动成果相互比较的关系。从产出角度看，以同样数量的劳动耗费或资金占用，创造和实现的劳动成果多、效用大，则经济效益就高；否则，经济效益就低下。考察经济效益的要求和评估经济效益的标准是不同的，投入方面可以选择不同的指标，产出方面也可以选择不同的经济指标。企业的经济效益主要取决于生产经营的好坏，以及取得的直接经济效益在经济组织和社会上的分配。

借鉴国际做法，目前国内评价企业经营状况时，运用较多的是企业绩效的概念及其指标体系。所谓企业绩效，可以理解为企业经营管理的成果或成效，其内涵与外延比经济效益要广。国务院国资委评价中央企业时，采用的是综合绩效评价办法，包括财务绩效定量评价指标和管理绩效定性评价指标两个部分。

从上述概念演变可以看出，我国关于企业经营状况的评价指标，一是随着计划经济体制向市场经济体制转变而改变，二是与企业的定位和职能相适应，三是评价的标准不断改进、不断完善。

（二）企业绩效的财务评价指标

企业的投资人包括机构投资人和社会公众股东、债权人及合作伙伴、经理人、社会中介和政府管理部门等，从各自的需求出发，从不同的角度出发，都需要对企业的绩效进行评价。因此，评价企业绩效的指标很多，形成了一个评价企业绩效的指标体系。国务院国资委评价中央企业的绩效时，采用了 22 个财务绩效定量评价指标（见表 4－1），对中央企业一定期间的赢利能力、资产质量、债务风险和经营增长 4 个方面进行定量对比分析和评判。

表 4－1　中央企业财务绩效定量评价指标

评价内容	基本指标	修正指标
赢利能力状况	净资产收益率 总资产报酬率	销售（营业）利润率 盈余现金保障倍数 成本费用利润率 资本收益率
资产质量状况	总资产周转率 应收账款周转率	不良资产比率 流动资产周转率 资产现金回收率
债务风险状况	资产负债率 已获利息倍数	速动比率 现金流动负债比率 带息负债比率 或有负债比率
经营增长状况	销售（营业）增长率 资本保值增值率	销售（营业）利润增长率 总资产增长率 技术投入比率

资料来源：国务院国资委财务监督与考核评价局编《企业绩效评价标准值 2010》，经济科学出版社，2010。

在评价企业绩效的财务指标中，目前运用较多的主要有净资产收益率、总资产报酬率、成本费用利润率等指标，这些指标主要衡量的是企业的赢利能力状况。

净资产收益率，该指标反映股东权益的收益水平，即股东资本赚取的净收益，指标值越高表明企业自有资本获取收益的能力越强，运营效果越好，对企业投资人、债权人的保证程度越高；该指标是衡量企业总体赢利能力的一个基本指标。

该指标的计算公式为：

净资产收益率＝净利润/平均净资产×100%

其中，

平均净资产＝（年初所有者权益＋年末所有者权益）/2

总资产报酬率，该指标表示企业全部资产获取收益的水平，全面反映企业的获利能力和投入产出的状况，该指标越高表明企业投入产出的水平越高，资产运营能力越有效；该指标也是衡量企业总体赢利能力的一个基本指标。该指标的计算公式为：

总资产报酬率＝（利润总额＋利息支出）/平均资产总额×100%

其中，

平均资产总额＝（年初资产总额＋年末资产总额）/2

成本费用利润率，该指标表示企业为取得利润而付的代价，从企业支出方面补充评价企业的收益能力，表明每付出一元成本费用可获得多少利润，体现了经营耗费所带来的经营成果。该项指标越高，反映企业的经济效益越好。该指标也是衡量企业总体赢利能力的一个基本指标。该指标的计算公式为：

成本费用利润率＝利润总额/成本费用总额×100%

其中，

成本费用总额＝主营业务成本＋主营业务税金及附加＋经营费用（营业费用）＋管理费用＋财务费用

除净资产收益率、总资产报酬率、成本费用利润率等财务指标外，企业的所有者、管理者及社会中介机构等，从自身的不同需要出发，会选择一些财务或技术经济指标对企业的绩效进行评价。国务院国资委为了引导中央企业突出主业，经常采用主营业务利润率的指标考核中央企业。主营业务利润率反映的是公司的主营业务获利水平，表明企业每单位主营业务收入能带来多少主营业务利润。该指标高，说明企业产品或商品定价科学，产品附加值高，营销策略得当，主营业务市场竞争力强，发展潜力大，获利水平高。该指标反映了企业主营业务的获利能力，是评价企业经营效益的重要指标。该指标的计算公式为：

主营业务利润率 = 主营业务利润/主营业务收入 × 100%

基于价值管理的经济增加值（Economic Value Added，EVA）也是考核企业经营绩效常用的一个重要指标。经济增加值是企业经营利润在扣除全部资本成本之后的所得。经济增加值理论诞生于 20 世纪 50 年代末 60 年代初，最先由诺贝尔经济学奖得主弗兰克·默迪利亚尼（Franco Modiliani）和默顿·米勒（Merton H. Miller）提出，1982 年美国思滕思特公司开始付诸实施，在发展目标认定、战略规划评估、财务计划及核算、投资决策、资源分配、薪酬设计等方面得到广泛应用。目前，经济增加值已经发展为一个以价值管理为核心的综合管理体系，即 6M 体系，包括业绩考核（Measurement）、战略管理（Management）、激励制度（Motivation）、文化理念（Mindset）、跨年度计划预算（Multiyear Financial Planning）和市场交流（Market Communication）。经济增加值的计算公式为：

EVA = 税后净营业利润 − 资本成本

其中，

税后净营业利润 = 税后净利润（含少数股东权益）+（利息支出 + 研发费用 − 非经常性收益调整项 × 50%）×（1 − 所得税率）

资本成本 = 调整后资本 × 资本成本率

EVA 考核最大的特点是从股东投入资本能够获得良好和持续性回报的角度来考核企业业绩。以利润最大化为主要权重的传统指标体系存在较大的利润操纵空间，难以实现短期利益与长期发展的平衡以及难以有效控制风险等，导致 EVA 应运而生，成为评价企业业绩的全球化标准并被广泛运用。全球已有数百家大型公司实施 EVA 考核和管理。EVA 通过计算资本回报与资本成本的差值来评价企业的业绩，它与传统的以利润方法评价企业业绩的主要差异在于，EVA 考虑了所有资本的成本，而利润仅考虑了债务资本的成本，或者说，传统的利润方法忽略了权益资本的成本，而 EVA 考虑了权益资本的成本。EVA 为企业绩效评价引入投资资本以及股权资本构成的概念，所谓投资资本也即全资本，是指考核企业绩效不能仅仅关注企业占用的股东投资的数额，而要关注企业占用的包括股东投资与债权投资在内的全部资本的数额。相应的，对企业的利润口径要按照全资本的概念进行调整。所谓股权资本构成，是指对企业的股权投资要计算资本成本，净利润大于零不再是赢利的标准，企业创造价值的标准在于创造了高于资本成本的回报。EVA 率（即企业投资资本回报与资本成本的比值）所体现的便是企业单位投资资本创造价值的效率（见表 4 - 2）。

表 4 - 2　国务院国资委所属上市公司创造价值前 30 名

股票代码	公司名称	ROIC（%）	EVA 率（%）	EVA 率排名	投资资本（百万元）	投资资本排名	EVA（百万元）	行业名称
601857	中国石油	12.3	6.8	275	931035	1	63548	石油开采
600028	中国石化	13.5	8.0	228	538483	2	42893	石油加工
601088	中国神华	14.3	8.8	194	246344	3	21741	煤炭开采
601668	中国建筑	10.7	5.2	339	100970	14	5279	建筑施工
000002	万科	8.1	2.6	505	80472	20	2109	房地产开发
601808	中海油服	10.4	4.9	360	42929	34	2099	建筑施工
601898	中煤能源	7.3	1.8	572	85869	19	1561	煤炭开采
600875	东方电气	26.1	20.6	36	7559	194	1555	电源设备
601186	中国铁建	7.1	1.6	594	87031	18	1395	建筑施工
601618	中国中冶	6.8	1.3	619	100560	15	1351	建筑施工
000069	华侨城 A	12.2	6.7	280	17105	84	1148	房地产开发
000800	一汽轿车	20.5	15.0	77	7009	216	1055	乘用车
600048	保利地产	7.6	2.1	548	48060	31	1028	房地产开发
000625	长安汽车	14.8	9.3	181	9906	151	924	乘用车
600508	上海能源	19.0	13.5	104	5196	279	701	煤炭开采
600582	天地科技	20.0	14.5	83	4584	316	663	冶金矿采设备
002128	露天煤业	24.3	18.8	51	3457	412	649	煤炭开采
000550	江铃汽车	19.1	13.6	101	4669	310	633	商用载货车
600011	华能国际	5.9	0.4	731	165287	5	622	火电
000778	新兴铸管	11.6	6.1	304	9841	156	598	蒲钢
601918	国投新集	12.1	6.6	284	8215	184	545	煤炭开采
601766	中国南车	7.4	1.9	567	26440	52	493	铁路设备
600970	中材国际	14.2	8.7	201	5668	259	491	建筑施工
601989	中国重工	9.3	3.8	435	12460	123	479	船舶制造

143

股票代码	公司名称	ROIC（%）	EVA率（%）	EVA率排名	投资资本（百万元）	投资资本排名	EVA（百万元）	行业名称
000999	华润三九	17.9	12.4	118	3799	377	469	中药
000930	丰原生化	13.8	8.3	212	5447	263	454	粮油加工
600271	航天信息	16.1	10.6	157	4137	346	437	其他计算机应用
600688	S上石化	7.2	1.7	592	25199	56	423	石油加工
600583	海油工程	8.8	3.3	475	11630	133	380	建筑施工
600489	中金黄金	9.1	3.6	448	9589	160	347	黄金

注：2009年EVA率、投资资本排名均指在所有A股上市公司中的排名。

资料来源：赵冰：《垄断性行业创造与周期性行业毁损——2010国资EVA排行榜》，《金融实务》2010年6月7日。

为引导中央企业做强主业，控制风险，提升发展质量，增强价值创造和可持续发展能力，国务院国资委2009年12月28日颁布了新的《中央企业负责人经营业绩考核暂行办法》，并随文下发了《经济增加值考核细则》，决定从2010年起在中央企业全面推行经济增加值考核办法，用EVA指标取代净资产收益率指标，并将EVA作为考核中央企业负责人的核心指标，使其在中央企业负责人年度经营业绩考核综合计分规则中成为权重最大的指标。这标志着中央企业负责人经营业绩考核工作进入价值管理、价值驱动的新阶段。

评价企业的绩效，除了要选择评价企业绩效的财务指标体系外，还要选择评价企业绩效的标准。不同所有制的企业、不同行业的企业、不同产业的企业，具有不同的衡量标准。一般而言，经济效益的评价标准首先是一个以财务指标和技术经济指标为主体的标准体系。其次，经济效益评价标准的适用性和有效性是以特定的时间、环境、条件及企业的业务经营和管理水平为基础的。再次，由于各地区的经济发展不平衡，每个时期的经济态势不一样，每个企业的具体情况不同，同一标准运用于某个企业得出某种结论，而运用于另外一个企业，则可能会得出另一结论，甚至是相反的结论。最后，评价经济效益除了要运用财务方法外，还要运用其他方法。包括运用经济活动分析方法、经济预测方法、现代管理方法等。经济活动分析方法是对企业的经济活动进行定量分析和评价的一种方法，它运用运筹学的原理和方法，分析企业经济活动的数量和质量指标，并透过各项指标及其关系，分析经济活动的各个环节及各环节之间的内在联系，评价企业的经济管理状况，拟定挖掘企业内部潜力和改善经营管理的措施。经济预测方法是运用统计分析的方法，分析预测经济效益的状况。此外，评价经济效益所运用的现代管理方法还有决策管理法和统筹法等。

为了对企业的绩效有一个正确的评价，需要遵循一些公认的评价原则，包括以下几条。

（1）科学性原则，即评价指标体系应能科学地反映企业的经营状况，能比较好地处理经济效益的数量与质量、经营与管理、增产与节约、速度与效益的关系，兼顾企业发展的短期和长远的关系。

（2）有效性原则，即评价指标体系要能发现影响企业经济效益的各种因素，了解和确定企业经济效益增减变化的原则，分析企业管理的效益性。

（3）相关性原则，即要求指标体系及其各项具体指标与所评价的企业经济活动或业务内容之间存在着必然联系。

（4）系统性原则，即要求评价企业经济效益的各项指标之间存在着密切联系，每一个指标都影响着整个指标体系的完整性，又受到其他指标的制约。

衡量企业绩效，需要将定量分析和定性分析有机结合起来，并以定量分析为主，利用统计资料和科学预测的客观关系，对经济效益的变化情况做出判断，在选择数据进行分析时，应当加强数据的可比性以及可得性研究，从而提高经济效益的计算基础可比性。衡量经济效益时，有关指标的连续性以及动态性需要高度统一，以利于不同企业之间和同一个企业在不同时期进行有效的比较分析。

（三）企业绩效的社会责任评价

目前采用的评价企业绩效的定量指标，主要是从经济效益和企业层面评价企业绩效，但随着环境、生态、资源等问题日益突出，社会的可持续发展问题日益受到重视，公众和社会对企业履行社会责任的呼声和要求越来越高，对企业绩效的评价标准发生了重要变化，从社会效益和宏观层面评价企业绩效已日益为社会所广泛关注和普遍认同，企业社会责任（Corporation Social Responsibility，CSR）已为企业界和学术界广泛接受。目前，对 CSR 的内涵还存在不同的理解，但一般认为，CSR 是企业在实现核心社会功能的基础上，全面关注利益相关方和自然环境，通过实施社会责任管理，追求最优的资源配置，实现企业、环境和社会的综合价值最大化，其内涵和核心是追求企业、环境和社会的可持续发展。

企业需要承担的社会责任关系到每一位公民的利益，关系到人类社会的可持续发展，在全球化进程加快和不断深入的趋势下，追求 CSR 已成为世界许多国家企业发展的重要趋势，也成为现代社会对企业的普遍期望和要求。因为企业不是独立于社会的个体，而是社会组织体系中的重要成员，是推动经济社会发展的重要力量。企业在为社会创造财富和提供服务的同时，也会带来劳工权益受损、自然资源破坏、生态环境恶化等社会问题，影响和阻碍人类社会的可持续发展。因此，企业在享有社会权利的同时需要履行相应的社会义务，承担相应的社会责任，成为人类社会一位负责任的"企业公民"。企业在承担提供产品和服务责任的同时承担着不可推卸的社会责任，包括维护员工合法权益、坚守产品服务质量、依法经营诚实守信、保护生态改善环境、支持社会公益事业等。企业要在全球范围内获得成功，要成为具有竞争力的国际化公司或跨国公司，仅仅重视技术研发、降低成本、加强管理等是远远不够的，还必须成为履行国际社会责任、受到普遍尊敬、享有崇高声誉的"国际公民"。进入 21 世纪以来，面对经济全球化引起的南北差距、贫富悬殊、失业、自然资源破坏、生态环境恶化等严重问题，面对人们对企业生存目的和社会价值的思考，企业社会责任发展日趋深入，并呈现一些新特点。

一是企业履行社会责任已经成为全球共识并得到广泛响应。2000 年 7 月，联合国正式启动"全球契约"，号召各国企业在经营和运作中遵循维护劳工权益、尊重人权、环境保护以及反腐败的准则，通过负责的、富有创造性的表率作用，建立一个推动经济可持续发展和提高社会效益的全球机制，使更多的人能够分享全球化的利益。目前，已有 120 个国家的

8300 多家企业和机构参加了"全球契约"。国际标准化组织于 2004 年启动了社会责任国际标准 ISO26000 的制订工作，全球约 120 个国家及国际组织的 400 多名专家参与了该标准的制订工作。越来越多的跨国公司纷纷制订社会责任生产守则，发布社会责任报告或可持续发展报告。

二是企业社会责任更加趋于标准化。联合国正式启动"全球契约"计划之后，继续深入倡议企业将"全球契约"十项原则贯彻于企业战略和管理中，并要求大企业引导供应链中的中小企业实施，实现十项原则的全面覆盖。全球报告倡议组织（GRI）发布的《可持续发展报告指南（第三版）》（G3），从经济、社会、环境等方面提出了一系列社会责任指标，为企业社会责任报告的编制提供了框架，目前正在加紧制定《可持续发展报告指南（第四版）》（G4）。特别值得重视的是，国际标准化组织 2010 年 11 月 1 日发布了社会责任 ISO26000，这是迄今为止最具系统性、最为完整的社会责任体系。不仅对社会责任进行了权威的解释和定义，还为社会责任融入组织提供了框架指南。虽然国际标准化组织强调 ISO26000 是一个不适用于认证的标准，供组织自愿选择使用，但考虑到国际标准化组织的影响力，必须充分估计 ISO26000 可能给全球各类组织的社会责任工作带来的深远影响。

三是企业履行社会责任越来越趋于刚性约束。近年来，社会各利益相关方越来越踊跃参与、影响和推动企业履行社会责任，资本市场出现了评价企业履行社会责任情况的指标体系，投资者中出现了责任投资新潮，行业巨头要求商业伙伴或者产业链企业履行社会责任，社会责任对企业商业活动的约束日趋严格。在各利益相关方推动下，世界银行等组织要求将社会责任标准融入投资活动中，西方一些国家已经或正在准备征收碳关税，有的社会责任标准甚至可能成为新的投资和贸易壁垒。企业社会责任的自愿门槛不断提高，必尽责任的范围越来越大，愿尽责任的范围在缩小，越来越多的软约束变为硬约束，企业社会责任已逐渐成为企业的生存准则。有专家学者甚至提出，当代企业之间的竞争特别是大企业之间的竞争重点，已逐渐从成本－质量－品牌竞争发展到今天的履行社会责任的竞争。

四是评价企业履行社会责任的活动越来越普及。目前，具有国际影响的企业评选活动，既有以营业额为主要标准的美国《财富》杂志开展的世界 500 强评选活动和以市值为主要标准的英国《金融时报》开展的世界 500 强评选活动，又有美国智库伦理道德圈研究所开展的世界最具商业道德企业 100 家评选活动和《财富》杂志开展的全球最受赞赏公司的评选活动。近十多年来，国内一些非政府机构或组织也开展了企业践行社会责任的评价活动，如由北京大学企业管理案例研究中心和《经济观察报》联合开展的"中国最受尊敬企业"评选活动、《21 世纪经济报道》和《21 世纪商业评论》发起并主办的"中国最佳企业公民"评选活动、《WTO 经济导报》杂志社主办的中国企业社会责任"金蜜蜂奖"评选活动、由"胡润中国慈善企业榜"演变而来的"胡润企业社会责任 50 强"评选活动、《中国企业报》主办的"中国企业社会责任榜"评选活动等。这些评选活动大多是参照国际组织或机构的社会责任标准并制定相应的评选指标体系开展的，如《中国企业报》主办的"中国企业社会责任榜"的编制就参考了联合国全球契约组织、美国和加拿大等国家关于企业社会责任的研究成果以及国际标准化组织正在制定的 ISO26000 社会责任国际标准等，主要内容涵盖公司治理和道德价值、就业与员工权益保护、环境保护与节能减排、产品质量管理、消费者权益保护、供应链伙伴关系、推动中国科技进步、税收贡献指数、科学规范的责任管理体系、良好的公众形象，共有 10 大项、44 小项评价指标。

五是利益相关方对企业履行社会责任提出了新的更高要求。当前，经济全球化日益深入发展，环境保护、气候变暖、能源保障、粮食安全、消除贫困、重大灾害救援等全球性社会问题日趋严重，对经济社会可持续发展的压力越来越大。随着经济全球化、市场化的深入，企业作为配置全球资源的主体，地位越来越高，影响越来越大，利益相关方对企业参与解决全球问题、履行全球社会责任寄予厚望。2011 年初日本福岛核泄漏事件发生后，社会各界严重抗议，对环境的关注度进一步提升。美国次贷危机引发的国际金融危机爆发后，美国出现了"占领华尔街运动"，占领者打出"我们是 99%""反对金融企业贪婪"等口号，反映出民众对企业履行社会责任的新的更高的要求。我国人民群众对企业履行社会责任也提出了新的更高的要求。2011 年 8 月大连发生的群众抗议福佳 PX 事件，也反映了一些地方群众宁要环境不要造成污染的项目的呼声。

　　面对日益激烈的市场竞争，经久不衰的声誉是企业宝贵的无形资产、永恒财富和品牌价值，不认真履行社会责任的企业是不可能获得经久不衰的声誉的。企业只有树立全面社会责任意识，切实履行好社会责任，保持与整个社会的和谐相处，才能更好地生存和实现可持续发展。最好和最成功的企业是与相关企业和社会各方合作最好的企业。企业能否履行社会责任，特别是能否坚守产品和服务质量，直接关系到企业的声誉和形象，关系到客户对企业的信任，进而影响到企业的销售收入和市场份额，甚至决定着企业的生存和发展。日本丰田汽车（Toyota Motor）连续多年在美国《财富》杂志评出的世界企业 500 强中名列前茅，2008 年丰田汽车的全球销量一举超过美国通用汽车公司，登上世界汽车销量冠军的宝座。在 2009 年度的世界 500 强评选中，丰田汽车以 2043.52 亿美元营业额位列第 10 名，但在 2010 年 3 月 21 日公布的世界最具商业道德企业的评选活动中落选，主要原因就在于丰田汽车公司在争取更大市场份额、维护全球最大汽车生产厂商地位的过程中，过度注重降低成本，严重忽视产品质量，造成汽车油门踏板存在缺陷而出现车辆自动加速的现象，导致美国汽车消费者的投诉和美国国会举行听证会质询丰田汽车总裁丰田章男。这个被媒体称为"脚踏门"的事件，给丰田汽车带来巨大的经济损失，丰田汽车因汽车油门踏板质量问题而召回的汽车达 990 万辆，比丰田汽车 2009 年全球销量（723 万辆）还多，同时可能还要支付天价罚单及上百亿元的诉讼索赔。更为严重的是，丰田汽车数代人苦心经营而树立的"重质量、重信誉"的形象受到严重损害，诚信受到严重质疑，质量危机变成信任危机并导致丰田汽车的销量急转直下。

　　与 CSR 相关的是，社会责任投资（Socially Responsible Investment, SRI）也成为国际社会特别是机构投资者普遍重视的一种投资理念。所谓SRI，可以理解为投资者把 CSR 作为投资决策的一个参考因素，通过对企业履行社会责任的情况包括经济、环境、社会等方面进行评价，排除在社会责任方面表现不佳的企业，从而作出投资决策。虽然不同国家和地区社会责任投资关注的重点不同，但越来越多的投资者会在投资决策中认真考虑企业的社会责任并出现了一批社会责任投资基金。一般认为，美国 1971 年设立的柏斯全球基金（Pax World Fund）是第一只真正意义上的 SRI 基金，此后不同国家相继出现了一批 SRI 基金。美国、英国、加拿大、澳大利亚等国通过立法或政策鼓励推动 SRI 基金的发展。目前，全世界有社会责任投资相关金融产品的国家已达 30 多个。

在评价企业践行社会责任方面，国际上很多非政府组织和国际机构制定了各种社会责任标准和指标体系，其中，影响力较大的有全球报告倡议组织（Global Reporting Initiative）的《可持续发展报告指南》、经济合作与发展组织的《跨国公司行为准则》、AA1000 系列标准等，国际标准化组织的社会责任国际标准 ISO26000。这些标准和指标体系主要是从社会责任所涵盖的责任管理、经济、社会、环境等方面设置一套指标，用以表明企业运营的透明度和企业负责任程度，用于企业社会责任日常管理、企业与利益相关方的沟通交流、企业社会责任的绩效考核和评价等。

目前，国际公认的可被第三方认证机构审核的社会责任国际标准是 SA8000，即"社会责任标准"。SA8000 是 Social Accountability 8000 的英文简称，是美国非政府组织社会责任国际（Social Accountability International，SAI）根据《国际劳工组织公约》《世界人权宣言》和《联合国儿童权益公约》制定的全球首个道德规范国际标准，于 1997 年 10 月第一次公布，其宗旨是确保供应商所供应的产品符合社会责任标准的要求。SA8000 的内容包括童工、强迫性劳工、健康与安全、组织工会的自由与集体谈判的权利、歧视、惩戒性措施、工作时间、工资、管理体系共九个部分，可以看出，SA8000 主要关注的是企业员工，而不是企业的产品和质量。SA8000 的作用在于减少国外客户对企业的第二方审核，更大程度地符合当地法规要求，建立国际公信力，使消费者对产品建立正面情感，使合作伙伴对企业树立长期信心。SA8000 标准适用于世界各地的不同行业和不同规模的公司。SA8000 与 ISO9000 质量管理体系及 ISO14000 环境管理体系一样，都是可被第三方认证机构审核的国际标准。SA8000 的公布和推行对我国企业的产品出口和对外贸易具有一定的影响。

在我国，虽然评价企业社会责任的指标体系还有待完善，科学性还有待提高，评价的独立性和客观性也有待加强，企业对社会责任的理解和认识还有待深化，但 CSR 在我国已受到政府的高度重视并获得越来越多企业的认同。据《中国企业报》发布的《2010 中国企业社会责任发展报告》，2009 年发布企业社会责任报告的上市公司达 364 家，与 2008 年的 132 家相比，增加了 232 家，增长了 176%。CSR 的推广并被越来越多的国家和企业接受表明，在环境和生态问题日益突出、人类社会可持续发展日益受到重视的当代社会，企业要获得成功，要实现持续发展，要成为受赞赏和受尊敬的企业，在追求经济效益的同时，必须兼顾利益相关者的需求，兼顾社会的要求，具有社会公信力和认可度，具有社会影响力和美誉度，这就要求企业不仅要取得经营成功和显著绩效，而且必须能够主动承担社会责任，推动社会进步，提高社会福祉。

CSR 的推广并被越来越多的国家和企业接受对研究公司治理和企业绩效至少具有两方面重要意义：一方面，广义公司治理的内涵应成为研究企业制度时的理性选择，因为 CSR 本身就是从企业利益相关者的角度甚至更广的社会角度对企业的行为及其绩效进行评估；另一方面，社会责任是研究和分析企业绩效的一个重要指标，也是评价和衡量国有企业的绩效以及进行不同所有制企业绩效的比较时必须考虑的一个重要因素。

二 企业绩效与交易成本

（一）交易成本的含义

人们对交易过程理解的不同，造成了对交易成本认知的不同。"新古典学派"对交易成本的认知是基于狭义的交易过程而形成的。该学派认为：①交易成本是市场经济交换过程中产生的一些成本，亦即所有权的转移是通过市场价格机制的作用而引起的。因此，这种成本是使用价格机制的成本，它包括运输费用、佣金、谈判所花费的时间以及包括关税在内的各种税收。②交易成本是与交换成本紧密联系在一起的，是在既定的制度背景下，个人采取一定的交换形式去获取指定的机会成本。交易成本还涉及交易效率、交易数量、套汇能力、均衡的调解、存在和效率等。有些新古典的文献中还认为，交易成本还涉及中间人作用、交换媒介等产权的决定问题。

于尔格·尼汉斯对交易成本作了较为详细的描述，指出交易成本与生产成本一样，是对异质的各种投入品聚合所需费用的统称，并指出交易成本之所以发生，是因为交易者之间必须相互寻找交易伙伴，传达交易信息，交易双方签订的契约必须对商品进行描述、检查、称重及度量，起草契约，咨询律师，转移所有权并记录在案，或在必要时通过诉讼强制执行合同，防止违约的发生。斯蒂文则进一步指出，一般而言，交易成本在市场经济中无所不在并随着产权的转移而产生。科斯认为，有许多因素涉及交易成本的产生：在市场机制配置资源之间，企业的存在是因为它能减少市场运行的成本。这些成本包括发现价格的成本、谈判成本、签订合同的成本、合同的履行成本。阿罗第一个用"交易成本"描述了"经济体系运行的成本"。他声称，"市场失灵"并不是绝对的；最好能考虑一个更广泛的范畴——交易成本的范畴，交易成本通常妨碍——在特殊情况下阻止——市场的形成。这种成本就是"利用经济制度的成本"，即"交易费用是经济制度的运行费用"。威廉姆森则将交易成本推广到所有经济制度环境中。他认为，交易成本包括事前交易成本和事后交易成本。事前交易成本包括起草、谈判和维护执行一项协议的成本。事后交易成本包括：当交易偏离了所要求的准则而引起的不适应成本、为纠正偏离准则而做出的双方努力及争论不休的成本、伴随建立和运作管理机构而来的成本以及安全保证生效的抵押成本。巴泽尔进一步指出，"运用资产取得收入和让渡资产需要通过交换，交换是权利的相互转让"，因此他把交易成本定义为与转让、获取和保护产权有关的成本。对交易过程的更宽泛的理解，使得一部分产权学派经济学家认为："交易费用是指产权从一个经济主体向另一个经济主体转移过程中所有需要花费的资源的成本。这包括进行一次交易的成本和保护制度结构的成本。"

以张五常为代表的经济学家主张从人类制度的角度来认识交易成本。张五常认为："在最广泛的意义上，交易成本包括所有那些不可能存在于没有产权、没有交易、没有任何一种经济组织的鲁滨逊·克鲁索经济中的成本（交易成本）就可以看作一系列制度成本，包括信息成本、谈判成本、拟定和实施契约的成本、界定和控制产权的成本、监督管理的成本和制度结构变化的成本。简言之，包括一切直接发生在物质生产过程中的成本。"也可以把交易成本视为"看得见的手"的成本。他把交易成本产生的原因归因于人们理性的无知或缺乏信息以及最大化行为的普遍存在。

综上所述，交易成本就是在一定的社会关系中，人们自愿交往、彼此合作达成交易所支付的成本，它与生产成本（人－自然界关系成本）是对应概念，反映的是人与人之间的关系。从本质上说，有人类交往互换活动，就会有交易成本，它是人类社会生活不可分割的组成部分。

（二）企业经济效益与交易成本的内在联系

按照科斯的交易费用假说，企业与市场价格机制是两种不同的协调生产、配置资源的方式：在企业之外，市场通过它的价格机制来配置资源，协调不同个人的经济活动，通过相对价格的变化来指挥生产，改变资源的配置；而在企业中，则依靠一个以企业家为最高领导的等级体系来配置资源。这也就是说，在企业内部消除了市场交易，而由企业家来协调生产，根据他的命令来配置资源，作为协调人的企业家取代了市场的交易功能。这种假说强调，通过企业和市场这两种不同的方式协调生产（"交易"）都会带来交易费用（交易成本）。通过市场价格机制协调生产时要承受"使用价格机制的成本"，这是市场交易的交易费用；而通过企业协调生产则要承受在企业内部"组织交易的成本"。按照这一假说，企业产生的原因在于通过企业而不是通过市场协调生产可以降低交易费用。利用市场价格机制协调生产必然耗费市场交易成本，而形成企业并通过企业家的权威来配置资源则可以节省这笔费用。当然通过企业家来协调生产要耗费"组织交易的成本"，但只要通过企业完成交易所耗费的"组织交易的成本"小于通过市场完成交易所耗费的交易成本，企业就会产生并取代市场来协调生产。科斯运用交易费用假说，解释了企业规模的决定问题。他指出，将市场上的交易变为企业内部组织的交易时，如果增加一单位交易所增加的"组织交易的成本"小于它所节约的市场交易费用，企业的规模就会扩大。但随着企业规模的扩大，两种交易费用之间的关系会发生变化：在企业内部进一步组织交易的边际成本会上升，企业家将越来越不能更好地运用各种生产要素。这样，单个企业的规模会扩大到这样一点：在这一点上企业内部组织交易的边际成本等于在开放市场上进行同样一笔交易的边际成本。

按照科斯对企业产生及规模决定的解释，可以从企业内部交易成本与企业外部交易成本的互动关系中来理解企业经济效益与交易成本的内在联系。通常认为，企业的经济效益是直接与企业的总成本相联系的。在收益不变的情况下，总成本越高，企业的经济效益越差；总成本越低，企业的经济效益越好。一般来讲，企业的总成本包括生产成本和交易成本两部分。所谓生产成本，即企业组织生产要素，将投入转换为产出的过程中所耗费的成本。所谓交易成本，主要包括企业内部沟通信息、进行管理、加强监督，外部谈判、签约、组织运输、销售、服务等所耗费的成本。由于企业组织生产要素同样要涉及谈判、签约等交易过程，所以从这个意义上讲，企业经济效益的好坏主要取决于企业交易成本的高低。

在企业产生的初始阶段，一般规模比较小，这时内部交易成本往往很低，而外部交易成本却非常高。比如小的业主制企业，在内部完全由业主一人配置资源、传达信息、组织生产、加强监督，无需形成专门的管理机构和人员，在一定程度上可以节省大量交易成本。但在外部，为了生产同样数量的产品往往需要多次采购原材料，多次谈判、签约、运输等，相对于大企业，无形中增加了大量外部交易成本。如果这种外部交易成本的增加大大高于内部成本的节约，其总的交易成本就会上升，从而降低整个企业的经济效益。在这种情况下，企业往往具有扩大规模的内在冲动。在企业规模调整的过程中，一般会出现这样几个阶段：一是随着企业规模的扩大，外部交易成本开始下降，内部交易成本逐步上升，但总成本呈下降趋势，这时企业的经济效益会提高；二是随着企业规模的进一步扩大，外部交易成本继续下降，内部由于出现"规模经济""学习效应"等，交易成本也开始下降，这时总的交易成本会大幅度下降，企业经济效益会获得极大的提高；三是随着企业规模的再次扩大，外部交易成本虽然是下降的趋势，但下降得越来越慢，而内部由于信息传达不通畅、管理层出现官僚主义等，逐渐出现"规模不经济"，这时企业总的交易成本就会增加，企业的经济效益相应下降；四是随着企业规模的持续扩大，会出现企业的外部交易成本与内部交易成本同时上升的情况，这时企业的总成本急剧上升，经济效益急剧下降，甚至会出现亏损的局面。

（三）产权结构对企业内部交易成本的影响

不同的产权结构，对交易成本的影响不同。同一种产权结构，其具体的所有制形式不同，影响其内部交易成本的因素也不同。

1. 一元产权结构

对于私有性质的一元化企业，企业经营的好坏都由业主（投资人）一人承担，因此，一般来说，业主有非常强的进取心搞好企业的经营管理，以提高企业的经济效益。如企业不雇用工人，其所有经营活动都由业主自己或家里人承担，那么，这种企业形式从内部讲就不会存在妨碍其绩效提高的因素，交易成本就很低。但是，不雇用工人的企业是很少的，在雇用了工人的情况下，企业面临的一个主要问题是如何对雇员进行监督，减少其偷懒行为，以使其按照业主利益最大化目标努力工作。就如何减少雇员偷懒的问题，阿尔钦和德姆塞茨认为有两种方式：一是市场竞争，二是设立专门人员作为监督者来检查雇员的投入绩效。但是这里有一个问题：如果将监督其他要素成员的努力程度作为自己专业职能的监工只是团队的成员，只是从团队中分离出来的要素所有者，监督的效果就要大打折扣，因为这样的监工也和其他要素所有者一样怀有偷懒的动机。出于这样的考虑，阿尔钦和德姆塞茨指出，产权制度安排必须克服监工与被监视成员在利益和动机上的雷同，要设法使监工的偷懒动机变得对自己不利，从而达到双方的激励相融性。他们认为一种有效的产权制度约束可以充分解决这个监督监工的问题，那就是赋予监工剩余索取权。通过监工的专业化、职业化，加上享有剩余索取权，就可以克服偷懒。这种产权制度安排，内部是有交易成本的。但由于这种企业规模一般比较小，员工比较少，所以相对于大型企业来讲，其内部交易成本比较低。

对于公有性质的一元产权结构企业，其内部代理成本非常高。这种高成本是由委托－代理关系的大规模和复杂性造成的。在传统的公有制企业中，其资产所有权不属于任何个人所有，而属于全体公民所有，也就是说，没有任何个人能对企业的资产提出剩余索取要求。由产权的这一性质所决定，企业的赢利或亏损对其所有者很难形成有效的激励约束效应，因为每一个公民因企业的赢利所获得的利益和因企业的亏损而承担的损失都是微乎其微的，这一微小的利益或损失与他们为获取这点利益或避免这点损失而需要付出的代价相比，差额太大了。因此，公民作为公有制企业的最终所有者，缺乏监督公有制企业提高利润的激励。而政府作为国有产权的代表在监督代理人的过程中，代理链条太长，往往造成监督的弱化和无效，使得各级国有资产代理者的行为越来越偏离所有者的目标，去追求个人利益的最大化。所以，公有制性质的一元化企业，其内部交易成本是非常高昂的。

2. 多元产权结构

企业产权结构的演化，是一种由一元到多元的趋势。由业主制、合伙制到公司制、大的企业集团和跨国公司，实质上就是企业由一元化到多元化的演化过程。在多元化产权结构中，投资主体的个数不同，影响企业内部交易成本的因素也不同。约翰逊和麦克林曾对有较少投资主体的合伙制产权结构做过系统分析。他们认为，保证合伙制具有高效率，需要具备两个基本条件：一是合伙人就分享剩余收入达成彼此满意的协议；二是每个合伙人的监督工作都是认真完成的，并且可以毫无代价地加以观察。在这两个条件下，合伙制的产权结构将是增进企业生产力的理想制度。但是，一旦这两个条件不能满足，比如，一旦合伙人的行为不易观察，或监督合伙人行为的成本太高，就会在合伙人中出现偷懒行为、"搭便车"行为，即都希望对方更积极地去监督以减轻自己的负担。出现偷懒、"搭便车"问题后，合伙制企业的内部交易成本就会上升。特别是当合伙人数增加时，合伙人偷懒的动机会加强，因为每个合伙人的监督努力对他自己报酬份额的影响越来越小。因此，合伙制企业一般不愿扩大合伙范围，多数情况下合伙制以小规模企业居多。

公司制企业与业主制和合伙制企业最主要的差异表现在两个方面：一个是投资主体更加多元化，另一个是企业所有权与控制权的分离。这两个方面的差异既是推动企业快速扩张的机制保障，同时也增加了企业内部的交易成本。在公司制发展早期，企业类似于合伙制企业，只有少数的个人股东，股权结构相对集中。随着企业规模的逐步扩大，也伴随着资本市场的发展，公司的股权结构逐步分散化，大量公司的股票分散到社会公众手中。股权的日益分散化削弱了股东对企业产权以及对管理者的支配能力。因为企业股权越是分散，股东再安排决策控制权的成本就越高，管理者用其他目标来替代财富最大化的目标就越容易。随着公司制企业所有权与控制权的分离，如何协调所有者与经营者之间的关系，确保经营者按所有者的意图实现公司利润最大化目标，成为广泛关注的问题。新制度经济学家认为，这会产生委托－代理问题。所谓委托－代理关系，是指委托人和代理人之间的一种责任、风险分担、收益分享的关系。用约翰逊和麦克林的话说，委托－代理关系是"一种契约，在这种契约下，一个人或更多人（即委托人）聘用另一个人（即代理人）代表他们来履行某些服务，包括把若干决策权托付给代理人"。这种代理问题的出现必然会增加企业的交易成本，因为这会产生代理成本。这可以从约翰逊和麦克林的一段话中得到很好的理解。他们认为，"如果委托代理关系的双方当事人都是效用最大化者，就有充分的理由相信，代理人不会总以委托人的最大利益而行动。委托人通过对代理人进行适当的激励，以及通过承担用来约束代理人越轨活动的监督费用，可以使其利益偏差有限。"

公司制企业中的代理问题、监督问题是造成其内部交易成本上升的主要问题。因此，随着公司制企业的发展，逐步形成了现代公司治理结构。在新制度经济学家看来，减少代理问题和代理成本主要有两条途径：一是激励，即设计一个使代理人和委托人分享剩余的激励性报酬契约，使经理和股东的目标趋于一致；二是约束，即通过各种内外部机制监督、约束代理人的行为。现代公司治理结构，本质上就是为了加强约束，这在一定程度上降低了企业内部的交易成本。

公司制企业在发展过程中，规模不断扩大，经营领域不断拓展，其方式主要是横向联合和纵向一体化。企业集团的形成，在很大程度上可以降低企业内部的交易成本。效率理论认为购并活动能提高企业经营绩效，增加社会福利。通过购并改善企业经营绩效的原因，一是规模经济，二是协同效益。所谓"协同效益"，是指企业合并后所提高的效率超过了其各个组成部分提高效率的总和。协同效益可从互补性活动的联合中产生。如一家拥有强大的研究开发队伍的企业和一家拥有一批优秀管理人员的企业合并，就会产生协同效应。

（四）产权结构对企业外部交易成本的影响

1. 产生企业外部交易成本的主要因素

企业外部交易成本主要包括信息搜集成本、谈判成本、缔约成本、监督成本、履约成本、可能发生的处理违约行为的成本以及救济成本等。其中，缔约成本是指在缺乏必要的法律规则和程序指引的情况下，当事人之间进行谈判并达成合同所支出的费用，即交易双方在获得有关市场信息后，基于对经济资源的不同认识而讨价还价，实现权利交换所支付的成本。当合同关系当事人获得了有关交易信息，并与交易对方经过讨价还价，就合同之主要条款达成"合意"之后，便意味着契约此时已成为"依法必须履行的一种许诺"，即已经成立的合同在当事人之间产生了一定的法律拘束力（合同生效）。履约成本是指合同在实施中当事人彼此实现权利和履行义务所支付的费用和承担的风险。合同履约成本与合同过程中当事人的风险承担密切相关。在合同履行过程中，一方实施欺诈、胁迫、乘人之危等机会主义行为的可能性越大，另一方承担的风险就越大；合同履行期越长，风险系数也越大；合同主体的数量多少、合同价金数额高低等都对合同履行的风险系数产生影响。在我国向市场经济转型的时期，由于市场风险的作用和暴利机会的刺激，大量的交易行为短期化，呈现高违约率和高履约成本的局面。随着经济体制转型的不断深入和市场经济体制的逐步完善，市场相对稳定，暴利机会相应减少，违约率和履约成本会呈下降趋势。救济成本是指人们依法请求恢复自己原有合同利益或获得赔偿时所承受的金钱、时间、精力和精神负担。广义上的救济成本包括各种方式的合同解纷成本，如当事人协商成本、调解成本、公证成本、仲裁成本和诉讼成本等。

2. 产权结构对企业外部交易成本影响分析

不同的产权结构往往会形成规模不等、内部治理结构不同的企业组织形式，这在很大程度上影响着企业外部交易成本的高低。经济理论认为，市场运作的复杂性会导致交易的完成需付出高昂的交易成本，如搜寻信息的成本、谈判成本、缔约成本、监督成本等。但是，通过产权多元化的方式形成利益共享、风险共担的多元投资主体，就可以有效解决企业内部、外部交易成本过高的问题。所谓多元投资主体，既可以是一个企业内部本身的投资主体的多元化，也可以是不同企业为适应经济全球化发展而加速并购、整合形成的投资主体的多元化。多元投资主体的企业，比如股份制企业，之所以有利于降低外部交易成本，主要是因为这类企业能够较为迅速地集中市场上的技术、资金和人才，快速发展成为大的企业集团乃至跨国公司，从而利用规模优势来降低对外交易的成本，或直接将外部交易成本内部化。以当前广泛存在的企业并购为例，其在降低企业外部交易成本方面有以下优势。

一是在市场存在信息不对称和外部性的情况下，知识的市场难以实现，即便得以实现，也需要付出高昂的谈判和监督成本。这时，可通过购并使专门的知识在同一企业内运用，达到节约交易成本的目的。

二是企业的商誉作为无形资产，其运用也会遇到外部性问题。因为某一商标使用者降低其产品质量，可以获得成本下降的大部分好处，而商誉损失则由所有商标使用者共同承担。解决这一问题的办法有两个，即增加监督或通过购并将商标使用者变为企业内部成员。加强监督的外部成本往往很高，而将商标使用者内部化，作为内部成员，降低质量只会承受损失而得不到利益，消除了机会主义动机。

三是有些企业的生产需要大量的专门中间产品投入。而这些中间产品市场常存在供给的不确定性、质量难以控制和机会主义行为等问题。这时，企业常通过合约固定交易条件，但这种合约会约束企业自身的适应能力。当这一矛盾难以解决时，通过购并将合作者变为内部机构，就可以消除上述问题。

四是一些生产企业为开拓市场，需要大量的促销投资，这种投资由于专用于某一企业的某一产品，具有很强的资产专用性。同时销售企业具有显著的规模经济，一定程度上形成进入壁垒，限制竞争者进入，形成市场中的少数问题。当市场中存在少数问题时，一旦投入较强专门性资本，就要承担对方违约造成的巨大损失。为减少这种风险，要付出高额的谈判成本和监督成本，在这种成本高到一定程度时，用购并的办法形成企业集团成为最佳选择。

三 所有制与企业绩效

当代西方主流经济学尤其是西方主流产权理论认为，清晰界定的产权是经济繁荣的先决条件①。因为共有财产所有权边界不清晰，必须通过委托－代理方式进行监管，而私有产权不仅有明确的产权主体，并且通过将剩余收入与控制权转移到私人投资者改进了激励，所以私有化应该是有利的。但是，正如雪莱（Shirley）和沃什（Walsh）指出的，至少在理论上，人们尚未对私有产权与民营化的优势达成共识②。许多发展中国家和转型国家实行大规模私有化的结果是，经济运行与社会稳定方面出现了严重问题，产出显著下降，失业急剧增加，通货膨胀率居高不下。

实际上，私有产权并非产权演进的唯一途径。当今世界，经济运行效率高的发达国家多是以私有产权为主体，但是从较长时期产权制度与经济增长变化的历史看，私有产权虽然在大多数国家都有较长的发展历史，但整个世界经济的快速增长只有100多年的历史。所以正确认识产权结构的演变趋势及其与经济增长的关系，必须从较长的历史时期进行考察。如果单纯用私有制去阐释丰富而绵延的各国经济发展史，那一定是

---

① 清晰界定的产权一般包括三个要素（参见 Demsetz, H., "Towards a Theory of Property Rights," *American Economic Review*,（1967）57, 347 - 359; Furubotn and Svetozar Pejovich, eds., *The Economics of Property Rights*, Bollinger: Cambridge MA, 1974.）：第一，每个财产分配给良好界定的一个或一组所有者，而其他人不具有拥有权；第二，财产所有者可以根据其财产份额享有剩余收入；第三，所有者对财产拥有控制权或决策权、处置权以及出售或租赁权。

② 胡一帆等：《竞争、产权、公司治理三大理论的相对重要性及交互关系》，《经济研究》2005 年第 9 期。

简单化和呆板的。第二次世界大战后东亚国家和地区经济发展模式之所以较成功，极为重要的一点是，日本、韩国、新加坡等大多数国家的政府发挥了比其他私有制国家更多的作用。日本的经济奇迹离不开著名的"行政指导"、产业政策和政府计划；韩国全部工商业资本中，国家资本最高曾占60%，"政府主导"作用极大；巴西20世纪60年代末开始的经济高速增长，就是在国家资本占社会总资本54%的情况下实现的。最近100年左右的时间里，世界经济之所以得以快速增长，不是因为产权本身的私有化程度更高了，而是在分工与专业化、交易的深度与广度，法律制度与市场机制的完善、科技进步尤其是信息技术的发展、知识的积累与劳动者素质的提高等方面与以前的社会经济形态相比，出现了前所未有的进步。而且，单纯从产权结构的演变看，近百年来的经济增长中，产权不仅没有进一步私有化，反而出现了从传统意义上的个人"私有"向股份制、共同基金等具有公有经济性质的混合所有制演变。并且，处于转型期的我国经济各方面制度都不完善，产权的设置自然也不能照搬经济自由化和市场化程度都很高的西方国家。事实上，私人所有权是最优的产权安排这一结论是建立在一系列基本假设条件的基础上的，而这些条件在转型或其他不规范经济中不一定得到满足。

世界银行1986年发表了一份研究报告，根据对13个国家和地区国有企业实绩的考察得出结论，"决定一个企业有无效率的主要因素并不在于公有还是私有，而在于怎样管理"。世界银行1987年的报告又提出，私有化并不能完全解决国有企业效率低下的问题，竞争环境的存在和企业内部良好的管理机制都是不可缺少的①。

2001年诺贝尔经济学奖得主、美国哥伦比亚大学教授约瑟夫·E.斯蒂格利茨认真研究过20世纪80年代原社会主义国家先后开始的经济体制改革和20世纪90代初的苏联解体及东欧剧变，在此基础上他于1994年出版了《社会主义向何处去——经济体制转型的理论和证据》一书，作者在书中提出，"社会主义尝试的失败，其根本原因不仅仅是缺乏明晰的产权关系，激励和竞争的匮乏同样是其重要的原因"（吉林人民出版社，

---

① 世界银行：《1987年世界发展报告》（中文版），第50页。

1998）。

　　近一二十年来，国际上出现多次对国有企业与私有企业的绩效进行对比研究的热潮。麦金森（Megginson）和内特（Netter）（2001）以及詹科夫（Djankov）和缪勒（Murrel）（2002）分析了世界各国不同所有制下企业绩效的实证研究文献，认为在总体上，国有企业比私有企业的效益低下，但并非所有的西方经济学家都认为国有企业相对于私有企业具有天然的绩效劣势。维克斯·亚罗（Vickers Yarrow）（1990）认为，正如国有企业一样，私有企业也存在委托－代理问题，因而，如果私有企业也存在严重的公司治理问题，那么私有企业的运作效率比国有企业的运作效率低就是完全有可能的①。

　　中共中央党校教务部编写的《中共中央党校学员"两带来"问题探析》一书引用了国家统计局1997年公布的一份抽样调查材料，该调查材料分别列出了我国外商投资企业、私营企业、股份制企业和国有企业的人均实现增加值和人均实现利税（见表4－3、图4－1），该书的作者根据调查材料提出，考虑到股份制企业特别是上市公司的70%左右是国有控股的，结论是：从企业效率的角度看，既得不出私有制企业不如公有制企业的结论，也得不出公有制企业不如私有制企业的结论。

表 4 - 3　　我国企业的人均实现增加值与人均实现利税统计

单位：万元

企业类型	人均实现增加值	人均实现利税
外商投资企业	4.53	1.58
私营企业	2.55	1.04
股份制企业	3.11	1.47
国有企业	1.88	0.65

　　资料来源：中共中央党校教务部编《中共中央党校学员"两带来"问题探析》，中共中央党校出版社，2003。

---

　　①　黄新建、严虹：《中国上市公司股权性质对信贷资源配置及其效率的影响——基于投资的视角》，《云南财经大学学报》（社会科学版）2012年第2期。

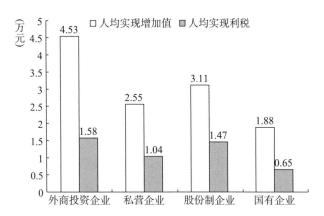

图 4 - 1 我国企业的人均实现增加值和人均实现利税对比

资料来源：根据中共中央党校教务部编《中共中央党校学员"两带来"问题探析》（中共中央党校出版社，2003）绘制。

国内不少专家学者也对国有企业的绩效与私有企业的绩效进行过不同测算和实证分析，由于在我国不同所有制企业之间缺乏具有公信力的可比数据，同时不同所有制企业有很多不可比因素，如国有企业承担更多的政府职能和社会职能，综合税负相对较重，外资企业在相当一段时间内所得税率较低，民营企业在行业准入方面处于不利地位，但相当一部分民营企业在践行劳工权益、环境保护、照章纳税等社会责任方面严重缺失，所以，我国各类所有制企业的绩效难以进行客观比较，也难以真正取得共识。

在我国，研究所有制与企业绩效的关系，特别是比较国有企业与非国有企业的绩效时至少有 5 个因素需要考虑。

一是相当一部分国有企业因历史原因缺乏市场竞争力。现行的国有企业中，有一些是新中国成立后的一段时间特别是 20 世纪 60~70 年代国家为了战略安全而建立的，远离市场和原料产地；有一些是完全靠银行贷款建立的，企业还本付息的压力很大；有一些是按照原有低汇率建立起来的，汇率调整后企业负担沉重；还有一些是靠政府捆绑形成的，集团的控制力和企业的执行力都不行。所以，不少老国有企业的负责人抱怨说，他们就像背着沉重包袱的中年人，民营企业、外资企业就像没有什么负担的年轻人，两者之间竞争很困难。

二是国有企业承担着吸纳社会就业的部分职责。1989 年我国国有企业全年平均职工人数为6229.8万人，1997年国有企业全年平均职工人数增加到6975.6万人，2000年减少到5690.1万人，与1997年相比减少了1285.5万人，相当于欧洲一个中等国家的人口，这在世界企业改革和发展史上都是一个奇迹！2013年底全国国有企业年末从业人数仍然达到3680.8万人（见图4－2）。目前国有企业富余人员仍然偏多，据国务院国资委2004年测算，当年中央企业1100多万名职工中，1/3是富余人员和辅业人员，但大规模裁员涉及社会稳定和支付成本等问题。世界500强我国排名最靠前的中国石油化工集团公司和中国石油天然气集团公司，2014年度的排名分别为第3名和第4名，同样是石油企业的荷兰皇家壳牌石油公司（Royal Dutch Shell）位列第2名，美国的埃克森美孚公司位列第5名（Exxon Mobil），英国石油公司（BP）公司位列第6名，但中国石化2013年底的员工总数达到96.17万人左右，中国石油的员工总数更是高达160.29万人左右（见表4－4），而同期，壳牌公司雇员总数为9.2万人，埃克森美孚为8.48万人，BP公司为8.39万人，中国石化和中国石油年末从业人数分别是壳牌雇员的10.5倍和17.4倍，是埃克森美孚雇员的11.3倍和18.9倍，是BP雇员的11.5倍和19.1倍。虽然这中间有不可比的因素，但我国国有企业承担的就业人员过多从而影响企业的竞

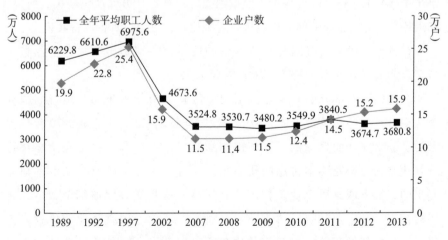

图4－2　1989～2013年全国国有企业户数和职工人数变化情况

资料来源：国务院国资委研究局编《中央企业、全国国有企业基本情况》，2010；国务院国资委评价局编《企业国有资产统计数据资料》（2010、2011、2012、2013）。

争力和经营绩效，这是一个不争的事实。这次国际金融危机给我国不少企业也带来了严重冲击，作为应对金融危机的一项有效措施，不少企业采取了裁员的手段。据全国总工会测算，全国因金融危机下岗职工最多时达 2500 多万人，给社会稳定带来极大的压力，而国有企业特别是中央企业根据国家要求，同时也是履行社会责任，普遍采取了"减薪不减人""歇业不裁员"的做法。不仅如此，据不完全统计，中央企业 2009 年还主动招收应届大学生 20 多万人，比 2008 年增长了 7%，为吸纳社会就业和维护社会稳定做出了重要贡献。

表 4 - 4　中国石化、中国石油与国外同类公司的排名和人数对比

项目	壳牌	埃克森美孚	中国石化	中国石油	BP
2014 年世界 500 强排名	2	5	3	4	6
世界 500 强炼油类公司排名[*]	1	4	2	3	5
员工人数排名	3	5	2	1	4
员工人数（万名）	9.2	8.48	96.17	160.29	8.39

资料来源：根据《财富》世界 500 强企业有关资料整理。

三是国有企业的综合税负远高于其他所有制企业。中国人民大学财政金融学院根据《中国税务年鉴》和《中国统计年鉴》的数据研究了国有企业的税收问题，结果显示，2003 ~ 2008 年间国有企业的税负大大高于其他类型的企业。这 6 年间，国有企业的税负平均值为 27.3%，是私营企业税负综合平均值 5.16% 的 5.29 倍多，是其他企业中税负最高的股份公司的税负平均值的 2 倍。按资产的税收产出效率比较，国有企业也高于其他类型的企业，在占有同样单位的资产量时，国有企业提供的税收额要高于各类企业约 45%；按人力税收产出效率比较，在就业人数相同时，国有企业提供的税收额要高于其他企业约 190%。另据国家统计局的数据，2012 年与 2004 年相比，我国规模以上工业企业中，国有企业资产占全部企业资产的比重为 13.3%，下降了 2.3 个百分点，私营企业资产所占比重为 19.9%，增加了 8.2 个百分点。据国务院国资委和财政部的数据，国有企业上缴的税金，2003 年为 8104.5 亿元，2013 年增加到 3.90 万亿元，年均递增 16.7%，占国家全部税收的比重历年均在 20% 左右（见图 4 - 3）。资产所占比重下降，上缴税收比重不变，这从另一个侧

面说明国有企业的税负高于其他类型的企业。

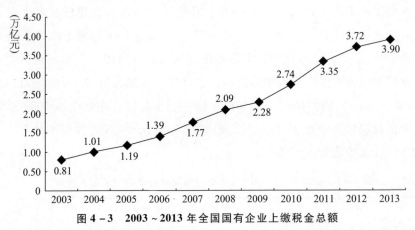

图 4 - 3　2003 ~ 2013 年全国国有企业上缴税金总额

资料来源：国务院国资委编《国务院国资委 2009 年回顾》；国务院国资委评价局编《企业国有资产统计数据资料》（2010、2011、2012、2013）；财政部：《2013 年全国国有企业财务决算情况》。

　　四是国有企业办社会负担沉重。企业办社会是计划经济体制的一个历史产物，也是我国国有企业的一个明显特征，这些为国有企业职工提供了"从摇篮到坟墓"一揽子福利的制度设计，曾经发挥过积极作用，但在市场经济体制下已经成为国有企业参与市场竞争的沉重包袱。2004年 3 月国务院办公厅下发了《关于中央企业分离办社会职能试点工作有关问题的通知》，提出力争用 3 ~ 5 年的时间完成中央企业分离办社会的工作。在各级政府和国家财政的支持下，国有企业办社会的问题有了明显缓解，国有企业所属的学校和直接管理的公检法机构大多交给了地方政府管理，国有企业所属的医院不少也交给了地方政府管理。由于地方政府难以或不愿意承担中央企业分离办社会职能所需的全部改革成本，所以，很多中央企业承担的社会职能还无法真正和完全移交给社会，不少中央企业还承担着管理社区和退休人员等职责，每年需要支付大量的费用。截至 2013 年底，中央企业还有医院、学校和管理的社区等办社会职能机构 8000 多个，对这些机构的费用补贴每年多达几百亿元。从 2004年起，中国石油化工集团借助国家帮助企业分离办社会职能的政策，陆续将 261 所中小学和 90 个公安机构移交给当地政府，但仍然承担着自办社区或矿区服务机构、市政设施、医疗机构等企业办社会的职能。在东北地区以及一些老工业基地，国有企业办社区或矿区的负担普遍较重，整个社区或矿区、职工宿舍都是企业在维持或维护，房屋的维修、水暖电气的改造以及"三供一业"（供水、供气、供电和物业管理），都要由企业承担。2012 年，中国石油化工集团仅用于维持社区日常运营、水电气设施更新改造等的费用就高达 112 亿元。2012 年中国石油天然气集团用于维持矿区正常管理的各种费用则高达 150 亿元。

五是国有企业承担了更多的政府职能。在社会主义市场经济条件下，政府的主要职能是经济调节、市场监管、社会管理和公共服务。在政府履行这些职能受到一定客观条件限制时，能够直接依靠的经济力量主要就是国有企业。从我国国有企业实际承担的职能看，国有企业除具有经济职能外，比其他所有制的企业承担了更多的政府职能，包括：政府对经济运行进行宏观调控的部分职能，应对和处理突发事件的部分职能，维护地区和社会稳定的部分职能，对外交往和维护国家安全的部分职能，确保国家大型活动如 2008 年北京奥运会、2009 年中华人民共和国成立 60 周年庆祝活动等成功举办的部分职能，支援新疆、西藏等地区经济和社会建设的部分职能，等等。除这些本应由国家或社会承担的职能外，国有企业还承担了重要的政治职能。国有企业履行这些职能相应地会增加费用支出，甚至会导致部分业务板块出现严重亏损，拖累国有企业的绩效。2008 年中国石油天然气集团和中国石油化工集团累计实现利润 1551.1 亿元，同比减少 1125.9 亿元，下降 42.1%，其中，炼油业务在获得 632 亿元财政补贴的基础上，仍然亏损 1652 亿元，同比增亏 1186.4 亿元，主要原因就在于为抑制通货膨胀，国家对成品油价格实行了管制。2008 年，中国大唐、中国华能、中国华电、中国国电、中国电力投资五大中央发电集团累计亏损 322.4 亿元，同比减利 641 亿元，主要原因是火电板块亏损 471.8 亿元，造成火电板块严重亏损的主要原因是因为国家的煤电联动政策不到位，全年发电燃料成本上升速度远远高于电价上升幅度，每度电亏损约 3.7 分钱。天然气作为一种清洁能源，一方面，可以满足我国经济快速发展和人民生活水平快速提升对能源需求快速增长的需要；另一方面，可以缓解经济和社会发展对环境和生态的巨大压力。近年来，国内天然气的消费量快速增长，中国石油天然气集团公司承担了保证国内天然气供应的重要职责。进口天然气的到岸价格低于销售价格，致使中国石油天然气集团的进口天然气经营带来巨额亏损。扣除进口环节增值税返还后，2010 年中国石油天然集团进口天然气净亏损 49 亿元，2011 年净亏损 214 亿元，2012 年净亏损 419 亿元，2013 年在非民用气进行调价的情况下仍然净亏损 419 亿元。

综上所述，国有企业在我国社会主义市场经济下，既承担着市场经济国家国有企业承担的一般职能，又承担着建设中国特色社会主义的特殊职能。这既是一种历史必然，也是一种现实需要；既是经济发展的要求，也是政治治理的需要。但承担更多的政府和社会职能势必要增加成本费用，从而影响企业的绩效，这是全面、客观比较国有企业与非国有企业绩效时必须考虑的因素。如果一方面要求国有企业承担未来应该由政府承担的部分职能，承担更多的社会职能，另一方面不加分析地比较国有企业与非国有企业的绩效，得出国有企业绩效低于民营企业的结论，那么这是一种基于双重标准的判断，是有失公允的。但即使国有企业承担了更多的政府职能和社会职能，由于我国民营企业发展历程相对较短，相对来说，国有企业在员工素质、研发能力、公司治理、管理水平、行业地位、经营规模和政策获取等方面更具竞争优势。

一是国有企业职工的整体素质要高于私营企业。企业兴衰，关键在人。从学历来看，据全国第二次经济普查数据，截至 2008 年底，在全部就业人员中，全国大专以上学历从业人员比例为 30.34%。其中，国有单位为 57.43%，私营企业只有 18.36%，不仅远低于国有单位，而且低于全国平均水平（见表 4-5）。从技术等级分组来看，全国技术工人在就业人员中的比重为 16.75%，其中，国有单位为 35.72%，私营企业为 8.9%。私营企业不仅低于国有单位的水平，也低于全国的平均水平（见表 4-6）。近几年来，随着大量新生代农民工进入农民工队伍，私营企业职工的素质有了明显提高。所谓新生代农民工，是指 20 世纪 80 年代以后出生、年龄在 16 岁以上、在异地以非农就业为主的农业籍人口。据全国总工会的调查，目前，全国有新生代农民工约 1 亿人，其中，拥有高中及以上受教育程度的比例为 67.2%，比传统农民工高出 18.2 个百分点，拥有中专（或中技和职高）、大专（或高职）、大学本科及以上受教育程度的比重分别是传统农民工的 1.6 倍、2 倍和 2.3 倍。虽然大量新生代农民工的出现使私营企业职工的素质明显提升，但相对来说，国有企业特别是中央企业的人才比重要更高一些。据国务院国资委的统计，截至 2008 年底，中央企业在岗职工为 906.86 万人，其中，出资人代表 3.75 万人，企业经营管理人才 178.9 万人，党群工作者 14.95 万人，科技人才 106.43 万人，技能人才 517.44 万人，这 5 支人才队伍总量为 821.47 万人，占在岗职工总数的 90.6%。

表 4 - 5　国有企业与私营企业按学历分组的法人单位从业人员数

单位：人，%

登记注册类型	从业人员数	学历分组				
		具有硕士以上学历人员	具有大学本科学历人员	具有大专学历人员	具有高中学历人员	具有初中及以下学历人员
全国总计	271537187	3601268	31036245	47737629	85210107	103951938
学历等级比例	—	1.33	11.43	17.58	31.38	38.28
国有企业	63120633	1756602	15663357	18833065	16137813	10729796
学历等级比例		2.78	24.81	29.84	25.57	17.00
私营企业	92686925	558602	5032355	11424768	29962003	45709197
学历等级比例		0.60	5.43	12.33	32.33	49.32

资料来源：根据中国统计出版社《中国经济普查年鉴 2008》数据计算。

表 4 - 6　国有企业与私营企业按专业技术职称分组的法人单位从业人员数

单位：人，%

登记注册类型	从业人员数	专业技术职称分组		
		具有高级技术职称人员	具有中级技术职称人员	具有初级技术职称人员
全国总计	271537187	5141100	17440690	22896249
专业技术等级比例	—	1.89	6.42	8.43
国有企业	63120633	2890630	9402354	10252166
专业技术等级比例		4.58	14.90	16.24
私营企业	92686925	810219	2847901	4588132
专业技术等级比例		0.87	3.07	4.95

资料来源：根据中国统计出版社《中国经济普查年鉴 2008》数据计算。

二是国有企业的研发能力总体较强。企业的研发能力和研发成果直接决定着企业的核心竞争力。从研发能力看，在"十一五"建设的企业国家重点实验室中，中央企业获批建设 47 家，占全国总数的 49%。在国务院国资委等八部委联合开展的"国家技术创新工程"中，先后有 65 家中央企业成为创新型试点企业，其中 54 家被正式命名为"创新型企业"；56 个产业技术创新战略联盟中，有 24 个由中央企业牵头或参与组建。从研发成果看，截至 2012 年，中央企业累计拥有有效专利 192646 项，比上年增长 33%。其中，有效发明专利 56477 项，占总量的 29.3%。历年国家科技进步特等奖及绝大部分的国家科技发明一等奖均由中央企业获得，中央企业获得国家科技进步一等奖和二等奖的比例均保持在同类奖项的 60% 和 30%。从研发分量看，2006 年召开的全国科技大会发布了《关于实施科技规划纲要，增强自主创新能力的决定》，确立了 11 个国民经济和社会发展的重点领域、68 项优先主题和 16 个科技重大专项。其中，11 个重点领域中央企业全部涉及；68 项优先主题与中央企业相关的有 54 项，涉及面达 79.4%；16 个科技重大专项中，中央企业参与攻关的超过 50%。相对来说，民营企业总体上创新能力不够，导致民营企业从事的主营业务大多处于产业链的低端，投资回报率相对较低。

三是国有企业的公司治理更为规范。公司治理决定着企业的决策水平和执行能力，从而也决定着企业的绩效。董事会在公司治理中处于关键位置。北京师范大学公司治理研究团队按照所有制类型将中国上市公司划分为五类，即国有绝对控股公司、国有强相对控股公司、国有弱相对控股公司、国有参股公司和无国有股份公司；将国有参股公司和无国有股份公司划为非国有上市公司；同时按照董事会结构、独立董事独立性、董事会行为、董事激励和约束四个维度对董事会进行评价，确定不同上市公司的董事会治理指数。根据中国证监会公布的数字，截至 2012 年 12 月 31 日，沪深两市 A 股上市公司共 2494 家。该研究团队选取了其中 2314 家作为有效样本进行了研究，其中，非国有上市公司为 1346 家，占全部上市公司的 58.17%，国有上市公司 968 家，占全部上市公司的 41.83%。根据其研究成果，2012 年中国上市公司总体的董事会治理指数平均值为 51.5190，其中，国有弱相对控股公司平均值最高，为 53.1609；

其次为国有强相对控股公司，为 52.6971；再次为国有参股公司，为 51.5340；其后是国有绝对控股公司，为 51.3430；无国有股份公司治理指数平均值最低，为 51.5027（见表 4 - 7、图 4 - 4）。虽然不同所有制上市公司的董事会治理指数差距不大，但总体上，国有上市公司董事会治理指数要优于非国有上市公司董事会治理指数，特别是在董事会结构分项指数上，国有上市公司表现突出。如果将国有绝对控股公司、国有强相对控股公司和国有弱相对控股公司归类为国有控股公司，将国有参股公司和无国有股份公司归类为非国有控股公司或民营控股公司，则国有控股上市公司董事会治理指数平均值为 52.4424，非国有控股上市公司为 51.5998，前者高于后者 0.8426（见表 4 - 8）。

表 4 - 7 2012 年分所有制上市公司董事会治理指数比较

排序	所有制类型	公司数目	平均值	中位值	最大值	最小值	标准差
1	国有弱相对控股公司	308	53.1609	53.5479	68.1613	31.6191	6.2516
2	国有强相对控股公司	384	52.5190	52.6971	69.2857	30.3001	6.7749
3	国有参股公司	386	51.8411	52.1517	71.4341	32.5711	6.6917
4	国有绝对控股公司	276	51.5340	51.3598	67.5064	34.1488	6.3612
5	无国有股份公司	960	51.5027	51.8483	69.9062	27.6082	6.8929
	总体	2314	51.9522	52.2890	71.4341	27.6082	6.7161

资料来源：高明华主笔《中国上市公司董事会治理指数报告（2013）》，经济科学出版社，2013。

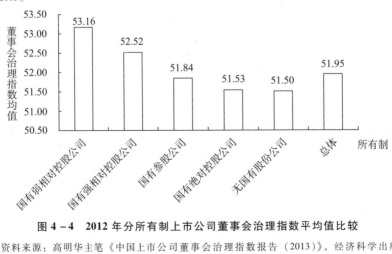

图 4 - 4 2012 年分所有制上市公司董事会治理指数平均值比较

资料来源：高明华主笔《中国上市公司董事会治理指数报告（2013）》，经济科学出版社，2013。

表4－8 2012年国有控股与非国有控股上市公司董事会治理指数比较

控股类型	公司数目（家）	平均值	中位值	最大值	最小值	标准差
国有控股公司	968	52.4424	52.6971	69.2857	30.3001	6.5189
非国有控股公司	1346	51.5998	51.9346	71.4341	27.6082	6.8350
总体	2314	51.9522	52.2890	71.4341	27.6082	6.7161

资料来源：高明华主笔《中国上市公司董事会治理指数报告（2013）》，经济科学出版社，2013。

　　信息披露是衡量公司治理是否规范的一个重要指标。北京师范大学公司治理研究团队根据上市公司信息披露的完整性、真实性和及时性计算出不同所有制类型上市公司的信息披露指数。该团队据此对2011年2033家A股上市公司进行测算，结论是：信息披露指数平均值最高的是国有绝对控股公司，为85.1137；其次为国有强相对控股公司，为84.6084；再次是无国有股份公司，为84.4520；再后是国有参股公司，为84.2173；最低的为国有弱相对控股公司，为83.5599（见表4－9）。如果将国有绝对控股公司、国有强相对控股公司和国有弱相对控股公司合并，视为国有控股公司，则国有控股上市公司总数为945家，信息披露指数平均值为84.4172；如果将无国有股份公司和国有参股公司合并，视为民营控股公司，则民营控股上市公司总数为1088家，信息披露指数平均值为84.3713。不难看出，民营控股上市公司信息披露指数平均值与国有控股上市公司信息披露指数平均值有一定差距，但两者之间的差距较小，为0.0459（见表4－10、图4－5）。

表4－9 2011年分所有制上市公司信息披露指数比较

公司所有制类型	公司数目	占比（%）	信息披露指数平均值	最大值	最小值	标准差
国有绝对控股公司	267	13.13	85.1137	92.5884	69.3076	3.2938
国有强相对控股公司	377	18.54	84.6084	92.4817	67.6642	3.4187
无国有股份公司	714	35.12	84.4520	93.1384	51.7584	4.5474
国有参股公司	374	18.40	84.2173	92.7959	58.0747	4.6622
国有弱相对控股公司	301	14.81	83.5599	93.1384	55.3559	4.6692
总体	2033	100.00	84.3927	93.1384	51.7584	4.2701

资料来源：高明华等：《中国上市公司信息披露指数报告》，经济科学出版社，2012。

表 4 – 10　2011 年国有控股上市公司与民营控股上市公司信息披露指数比较

控股类型	公司数目（个）	占比（％）	信息披露指数平均值	最大值	最小值	标准差
国有控股公司	945	46.48	84.4172	93.1384	55.3559	3.8764
民营控股公司	1088	53.52	84.3713	93.1384	51.7584	4.5864
总体	2033	100.00	84.3927	93.1384	51.7584	4.2701

资料来源：高明华等：《中国上市公司信息披露指数报告》，经济科学出版社，2012。

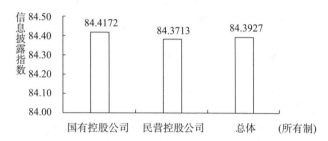

图 4 – 5　2011 年国有控股公司与民营控股公司信息披露指数比较

资料来源：高明华等著《中国上市公司信息披露指数报告》，经济科学出版社，2012。

　　四是国有企业的管理水平相对较高。管理水平的高低直接影响到企业的经营效果和持续发展。1990 年 4 月，国务院企业管理指导委员会、国务院生产委员会决定在全国范围内开展企业管理现代化创新成果申报、推荐、审定和宣传推广工作。截至 2012 年底，22 年来累计审定国家级管理创新成果共 2020 项，其中国有企业占比 80% 以上。由于这项工作 2006 年之前主要在大企业中开展，2006 年以后才覆盖到中小企业，而大企业中国有企业比重比较大，因此，获得国家级管理创新成果奖的国有企业相应要多一些，但这一比例可以从一个方面反映国有企业与民营企业在管理水平和管理效率等方面的差距。文化是企业长盛不衰的灵魂，也是企业管理的基石。推进企业文化建设对企业持续健康发展具有引领和保障作用。2005 年以来，中国企业联合会、中国企业家协会开始推行企业文化示范基地建设，每年确定一批。截至 2013 年底，共确定了 34 家企业文化建设示范基地，其中国有企业 26 家，占 76.5%；民营企业 7 家，占 20.6%；外商独资企业 1 家，占 2.9%（见表 4 – 11、图 4 – 6）。虽然这些基地的选择和确定的并不具有充分的典型性和代表性，但也可以从一个方面反映出国有企业与民营企业在管理水平和管理效率等方面的差距。

表 4 – 11　2005 ~ 2014 年企业文化示范基地名单

年份	企业名称
2005	大庆炼化、辽河油田、山东联通、胜利油田
2006	扬子石化、天津港、潞安集团
2007	上海移动、燕山石化、长庆油田、汾酒集团
2008	远东控股*、四川航空、华天大酒店、北京金隅集团公司
2009	泰德集团*、开滦集团、伊利集团、日照港
2010	阳光保险*、联想集团*、枣庄矿业、邹县发电厂、杭州钢铁集团
2011	海亮集团*、陕鼓动力、潍柴动力
2012	华能国际、太子龙集团*、山推股份
2013	陕西汽车控股集团、德国菲尼克斯**

注：标 * 号的为民营企业，标 ** 号的为外资企业。
资料来源：中国企业联合会、中国企业家协会。

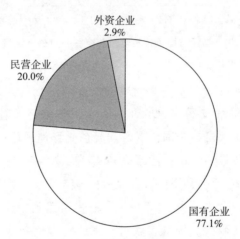

图 4 – 6　获得企业文化示范基地称号的不同所有制企业比重

　　五是国有企业所处的行业更为有利。企业所处的行业对企业的绩效有相当的影响。在一定时期内，不同行业的投资回报率存在显著差异。在我国经济体制还不完善的情况下，不同行业的投资回报率差异往往难以改变。我国正处于工业化的进程之中，国有企业特别是大型国有企业大多处于推进工业化建设中需要发展和提升的行业，包括钢铁、汽车、造船等行业，这就使得国有企业能够较多地获得工业化带来的红利。我国实行的是以公有制为主体、多种所有制经济共同发展的基本经济制度，提高国有经济在关系国家安全和国民经济命脉行业和领域中的控制力和影响力，使得国有企业特别是大型国有企业在这些行业和领域中处于支配地位，而这些行业和领域往往被认为属于垄断行业，如电信、电力、石油化工等。据国务院国资委的数据，截至 2014 年 6 月底，电信行业中，移动用户数 100% 为中央企业所有。其中，中国移动用户数为 83508.4 万户，占 64.73%；中国联通移动用户数为 29447.7 万户，占 22.82%；中国电信移动用户为 16063.6 万户，占 12.45%（见表 4 - 12）。电力行业中，电网 100% 为中央企业所有。据对全国 6000 千瓦及以上装机容量的统计，装机容量的 47.36% 为主业是发电的中央五大电力企业所有，发电量的 46.66% 为中央五大电力企业所有（见表 4 - 13）。石油化工行业中，国内原油产量的 93.8% 和原油加工量的 89.4% 为中央企业所有（见表 4 - 14）。处于市场支配地位的行业和领域中的国有企业，有时会因国家价格管制而出现亏损，但往往是利润总额比较高的行业和领域。

表 4 - 12　中央通信企业 2014 年 6 月底市场份额

单位：万户, %

企业名称	移动用户数	比例
中国移动	83508.4	64.73
中国联通	29447.7	22.82
中国电信	16063.6	12.45

资料来源：据国务院国资委有关数据计算。

表 4 - 13　五大中央发电企业 2014 年 6 月底电力装机容量及发电量

单位名称	装机容量（亿千瓦）	占比（%）	累计发电量（亿千瓦时）	占比（%）
中国华能集团	1.45	11.60	3171.5	12.12
中国国电集团	1.21	9.68	2471.7	9.45
中国大唐集团	1.17	9.36	2381	9.10
中国华电集团	1.17	9.36	2341.1	8.95
中国电力投资集团	0.92	7.36	1842.9	7.04
五大电力小计	5.92	47.36	12208.2	46.66
全国合计	12.5	—	26163	—

注：统计口径为 6000 千万及以上发电设备装机容量。

资料来源：根据公开数据计算。

表 4 - 14 2014 年上半年三大石油石化中央企业原油产量和加工量

单位: 万吨,%

企业	国内原油产量	占比	原油加工量	占比
中国石油	5653.1	54.5	7518.8	33.3
中国石化	2171.1	20.9	11648.1	51.6
中国海油	1909.9	18.4	1010.2	4.5
小计	9734.1	93.8	20177.1	89.4
全国合计	10377.4	100.0	22582.5	100.0

资料来源: 中国石油提供。

六是国有企业普遍具有规模优势。近年来,我国民营企业在数量持续增长的同时,规模也在不断扩大。据国家工商行政总局的数据,截至 2014 年 7 月,我国登记注册的私营企业已达 1406.46 万家,注册资金总额达 49.54 万亿元,户均注册资金达 352.23 万元。但相对而言,国内民营企业的规模普遍不如国有企业的规模。这一点可以从我国企业的 95% 是中小企业、中小企业的 95% 是民营企业得到印证,也可以从 2013 年度中国 500 强企业的前 10 名都是国有企业、2014 年度入选《财富》世界 500 强的中国内地企业的 89.1% 都是国有企业得到印证。国有企业具有规模优势和行业优势,再加上国有企业特别是大型国有企业具有国家信用,同时普遍承担国家的重点项目,总的来看,其贷款相对要容易一些。多年来,经常可以看到或听到一些议论,说民营企业在获得银行贷款等方面不如国有企业,银行贷款的 70% 给了国有企业,造成中小企业普遍融资难。实际上,出现这种现象的主要原因在于大企业特别是特大型企业大多是国有企业,而不在于企业的所有制性质。据全国工商联的报告,我国银行贷款主要投放给大中型企业,大企业覆盖率为 100%,中型企业为 90%,小企业仅为 20%,几乎没有微型企业。银行贷款主要投放给了大中型企业,是因为现行的金融管理体制包括银行评价风险、评价贷款的待遇和标准,都是以大中型企业为主要考虑对象,给大企业发放信贷显然比给小企业发放信贷成本低、风险小。其实,国有的商业银行作为国有金融企业,经过多年改革特别是近几年的公司制股份制改革,管理体制和经营机制也发生了深刻变化,科学决策和风险防范能力明显提高,已经基本成为以利润最大化为主要目标的经济组织，追求信贷资金的安全性、增值性、流动性是它们的本能。商业银行作为营利性机构，不管是国有银行还是股份制银行或是外资银行，在发放贷款方面，效益和安全是它们优先考虑的因素，难免出现"嫌贫爱富""嫌小爱大"的倾向。从现实来看，效益好的大企业不管是国有企业还是民营企业，银行追在后面给贷款，从银行内部普遍设立大项目部即可说明这一点。而效益差的企业以及广大中小企业不管是国有企业还是民营企业，普遍面临贷款难的问题。这是一个世界性的现象和难题。但总的来说，银行信贷的流向和规模，与企业效益和规模有关，与企业的所有制性质没有必然联系。我国长期存在的中小民营企业融资难也从另一方面反映出国有企业总体上规模较大，效益较好。而融资相对容易，也有利于降低国有企业的融资成本和财务成本，提高市场竞争能力。

国有企业除上述竞争优势外，在政策获取方面往往也更具便利条件。在信息时代，政策信息获取的快慢对企业制定发展战略或调整市场竞争策略具有重要影响，从而也会在一定程度上影响企业的绩效。一方面，国有企业特别是中央企业的一部分是由原来主管行业的部委改革而来，还有一部分国有企业的高管人员是由现行国家机关调入企业的，因此，国有企业中高管人员在获取国家政策信息方面往往更为有利，有些国家机关在制定政策的过程中还会征求国有企业负责人或专家学者的意见，这也使国有企业在政策信息的获取方面往往能够先行一步；另一方面，国有企业特别是中央企业承担了更多的国家重大项目，在实施国家"走出去"战略进行海外投资方面，特别是投资重大能源项目时也承担了更多的任务，因此，更容易享受国家的政策鼓励或资金支持，民营企业受经营规模或承担项目等的限制，相对而言，享受国家政策鼓励或资金支持的机会要少一些。

虽然民营企业在体制机制方面往往更具竞争优势，但国有企业在员工素质、研发能力、公司治理、管理水平、行业地位、经营规模、政策获取等方面具有竞争优势，使得国有企业在相当程度上可以抵消体制机制方面的劣势，从而使我国国有企业与民营企业的经营绩效比较更具特殊性和复杂性，也使得我国国有企业的经营绩效并不必然低于民营企业，甚至一段时期可能高于民营企业的经营绩效。

不同所有制企业绩效的比较，不仅是一个理论问题，也是一个实践问题，需要大量真实、准确、科学的数据和事实的证明。在我国，由于对所有企业的绩效进行比较面临采集数据的困难，因此，对我国不同所有制的企业进行绩效比较，普遍采用的做法是对上市公司的财务指标进行比较。田利辉根据 1998～2003 年的上市公司数据对国有股与公司绩效之间的关系进行了分析，发现国有控股或参股企业调整后的市场价值和会计盈利低于相应的非国有控股或参股企业，然而二者相差幅度有限①。

国务院国有资产监督管理委员会所属监事会工作技术研究中心曾采用 12 项财务指标，对中央企业控股的上市公司 2003～2007 年的赢利能力、成长能力、偿债能力和营运能力进行过分析，并将中央企业控股的上市公司与全部上市公司的财务绩效进行了比较，其中，主要反映企业绩效的赢利能力共选取了总资产报酬率、净资产收益率、主营业务利润率和成本费用利润率四项指标。数据显示，中央控股上市公司的整体赢利水平不断提高，其中，总资产报酬率和净资产收益率两项指标均高于全部上市公司的历年平均值，这表明中央企业控股上市公司的资产利用效率和投资收益水平优于全部上市公司的平均水平；但中央控股上市公司的主营业务利润率和成本费用利润率两项指标分别自 2005 年和 2006 年起均低于全部上市公司的平均值，这表明中央企业控股上市公司主营业务获利能力和成本费用控制水平需要提高。综合这四项指标，中央控股上市公司的赢利能力要优于全部上市公司（见表 4-15 至表 4-19）。

表 4-15　中央企业控股上市公司和全部上市公司户数

单位：户,%

类别 / 年份	2003	2004	2005	2006	2007
央企控股上市公司	147	196	200	224	235
全部上市公司	1285	1369	1365	1452	1547
占比	11.4	14.3	14.7	15.4	15.2

资料来源：根据国务院国资委监事会工作技术研究中心数据整理。

---

① 田利辉：《国有股权对上市公司绩效影响的 U 型曲线和政府股东两手论》，《经济研究》2005 年第 10 期。

表4-16 中央企业控股上市公司和全部上市公司赢利能力指标

单位:%

类型 \ 年份		2003	2004	2005	2006	2007
总资产报酬率	央企控股上市公司		7.2	6.4	6.5	12.8
	全部上市公司		4.5	3.9	3.8	4.3
主营业务利润率	央企控股上市公司	20.6	20.4	16.7	15.2	12.0
	全部上市公司	20.4	19.6	17.2	22.6	14.1
净资产收益率	央企控股上市公司		15.3	13.6	17.1	23.2
	全部上市公司		9.5	8.4	12.7	20.6
成本费用利润率	央企控股上市公司	9.4	11.7	9.4	9.3	14.6
	全部上市公司	8.3	8.9	7.3	12.1	16.7

资料来源:国务院国资委监事会工作技术研究中心。

表4-17 中央企业控股上市公司和全部上市公司成长能力指标

单位:%

类型 \ 年份		2004	2005	2006	2007
主营业务收入增长率	央企控股上市公司	26.5	22.7	21.9	43.3
	全部上市公司	25.9	16.8	26.4	39.4
净资产增长率	央企控股上市公司	18.1	14.9	23.8	119.2
	全部上市公司	12.9	7.4	60.5	87.1
净利润增长率	央企控股上市公司	61.7	3.9	29.8	202.2
	全部上市公司	38.2	-2.7	104.8	193.3

资料来源:国务院国资委监事会工作技术研究中心。

表4-18 中央企业控股上市公司和全部上市公司偿债能力指标

类型 \ 年份		2003	2004	2005	2006	2007
资产负债率	央企控股上市公司(%)	63.6	64.3	65.7	67.2	50.4
	全部上市公司(%)	65.0	66.6	68.8	83.4	83.6
流动比率	央企控股上市公司	0.9	0.9	0.8	1.8	1.0
	全部上市公司	1.0	1.0	0.9	0.9	1.1

续表

类 型	年 份	2003	2004	2005	2006	2007
速动比率	央企控股上市公司	0.7	0.8	0.6	1.4	0.6
	全部上市公司	0.8	0.8	0.7	0.9	0.7

资料来源：国务院国资委监事会工作技术研究中心。

表4-19　中央企业控股上市公司和全部上市公司营运能力指标

单位：次

类 型	年 份	2003	2004	2005	2006	2007
总资产周转率	央企控股上市公司		0.7	0.8	0.8	1.0
	全部上市公司		0.6	0.6	0.4	0.3
流动资产周转率	央企控股上市公司	1.4	1.7	1.8	1.7	2.5
	全部上市公司	0.9	1.1	1.2	0.6	1.0

资料来源：国务院国资委监事会工作技术研究中心。

中央企业控股上市公司的赢利能力在一定程度上可以反映整个中央企业的赢利能力。据国务院国有资产监督管理委员会的统计，截至2013年底，中央企业控股的A股上市公司总资产占全部中央企业总资产的54.7%，净资产占全部中央企业净资产的37.6%，利润总额占全部中央企业利润总额的54.3%。这表明，整个中央企业的赢利能力与中央企业控股上市公司的赢利能力差距有限。但并不能由此得出整个国有企业赢利水平高于其他所有制企业赢利水平的结论。

据财政部2013年全国国有企业财务决算数据，截至2013年底，全国国有企业所有者权益37万亿元，其中，中央企业16.6万亿元，占44.9%；地方国有企业20.4万亿元，占55.1%。中央企业中，国资委管理企业所有者权益12.8万亿元，占全部国有企业所有者权益总额的34.6%；中央部门管理企业所有者权益总额3.8万亿元，占10.3%（见图4-7）。2013年，全国国有企业净资产收益率为5.5%，其中，国务院国资委管理的企业净资产收益率为7.7%，中央部门（单位）管理企业净资产收益率为7.3%，地方国有企业净资产收益率为3.6%。由此可见，中央企业与地方国有企业的所有者权益总额占全国国有企业所有者权益总额的比重相差不大，但中央企业的净资产收益率指标要远高于地方国有企业（见表 4 - 20），也就是说，中央企业的经济绩效要远高于地方国有企业的经济绩效。

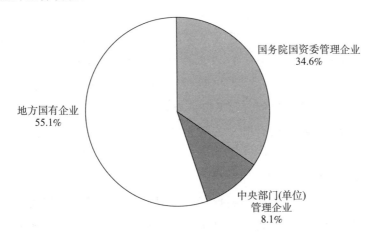

图 4 - 7　不同隶属关系国有企业所有者权益总额占比

资料来源：根据财政部《2013 年全国国有企业财务决算情况》绘制。

表 4 - 20　不同隶属关系国有企业所有者权益和净资产收益率对比

单位：万亿元,%

企业类型	所有者权益总额	占比	净资产收益率
中央企业小计	16.6	44.9	—
国务院国资委管理企业	12.8	34.6	7.7
中央部门（单位）管理企业	3.8	10.3	7.3
地方国有企业小计	20.4	55.1	3.6
全国合计	37.0	100.0	5.5

注：统计时间截至 2013 年 12 月 31 日。

资料来源：根据财政部《2013 年全国国有企业财务决算情况》绘制。

运用 EVA 方法分析国务院国资委的上市公司和地方国资委的上市公司，其结论与此基本相似。北京中能兴业投资咨询公司运用 EVA 方法对 2009 年及以前上市的具有可持续分析价值的 1611 家 A 股非金融类上市公司进行了分析，剔除投资资本小于零的 13 家公司，在剩余的 1598 家公司中，实际控制人为国务院国资委或各地国资委的公司共有 770 家，占样本公司投资总资本总数的 48%；占用的投资资本 78560 亿元，占样本公司的近82%。2009年创造的EVA价值1259亿元，占样本公司的80%。其中，国务院国资委所属的家公司中，有上市公司256家，占国资委所属公司数的33%；占用投资资本51729亿元，占66%；2009年创造的EVA价值947亿元，占75%。分析表明，中央企业上市公司EVA价值创造效率稍高于上市公司平均水平。地方国有企业上市公司EVA价值创造效率低于上市公司平均水平，但从EVA的内部构成看，国务院国资委所属上市公司2009年EVA值大于零的公司为111家，占总数的43%；地方国资委所属上市公司的相应比例与此类似，为44%[1]。

实际上，在我国用上市公司财务指标衡量国有企业与非国有企业的绩效高低也存在一定的局限。中国社会科学院工业经济研究所课题组2005年对1143家上市公司的竞争力进行了研究，将企业竞争力分为规模竞争力和效率竞争力指标两类指标，规模竞争力指标包括销售收入、利润总额和净资产，效率竞争力包括净资产收益率和净资产周转率、总资产收益率和总资产周转率。研究结果显示，我国上市公司竞争力整体弱于非上市公司的竞争力。这一实证研究的结论与通常的理论分析不相符，与外国证券市场的情况不相符，与人们的一般认识也不相符，因此，引起不少专家学者的质疑。课题组负责人金碚教授分析认为，出现这种现象的一个重要原因是中国股市存在盘子小、流动性差等特点，股市没有形成一个有效的更新机制，导致绩效好、成长性好的公司不一定愿意在A股上市或者上不了市，而已经上市的绩效差、成长性差的公司却因为种种原因不能退市，这些因素在很大程度上削弱了上市公司追求业绩的动力[2]。这个研究结果和原因分析从一个侧面也说明，在我国，用上市公司业绩比较不同所有制企业的绩效存在一定的局限性。

从我国国有企业上市的原因和历程看，上市公司竞争力之所以弱于非上市公司，一个体制性原因在于，20世纪90年代初我国建立证券市场以来的相当一段时间，国有控股的上市公司由于受资本市场规模的限制

[1] 赵冰：《垄断性行业创造与周期性行业毁损——2010国资EVA排行榜》，《金融实务》2010年6月7日。
[2] 中国社会科学院工业经济研究所：《中国企业竞争力报告（2005）》，社会科学文献出版社，2005。

以及将上市作为国有企业摆脱亏损的手段等因素的影响，相当一部分优质资产并没有注入上市公司，一些企业甚至将赢利能力差的资产经"包装"后到证券市场上市，导致上市公司资产的赢利能力整体上低于非上市公司资产的赢利能力。以上海汽车（证券代码600104）为例，1997年11月7日在上海证券交易所上市的上海汽车（600104）是由上海汽车工业集团独家发起，以上海汽车齿轮总厂的资产为主体，采用社会募集的方式设立的，受当时资本市场规模的限制，赢利能力更强、资产规模更大的主业资产没有上市。2004年上海汽车工业集团实施改制重组，将与汽车主业有关的资产作为出资发起设立上海汽车集团股份有限公司，上海汽车（600104）股权的70%变更为上海汽车集团股份有限公司持有。由于注入赢利能力更强的主业资产，公司的股价也随之大幅上涨。因此，采用上市公司财务指标比较不同所有制企业的绩效时，要进行历史分析和具体研究。

如果单纯将企业经济效益指标进行比较，公认的总资产报酬率和净资产收益率是判断企业经营绩效的两个重要指标。目前，国内缺少不同所有制企业总资产报酬率和净资产收益率的准确统计分析，但从国务院国资委的统计看，中央企业的总资产报酬率和净资产收益率2002年以来一直保持较高的水平。2002年全国国有企业总资产报酬率为4.9%，净资产收益率为5.4%，此后几年逐年上升，2007年达到最高值——总资产报酬率为8.6%，净资产收益率为12.3%，净资产收益率比我国证券管理部门规定的上市公司净资产收益率不得低于6%的要求高出6.3个百分点。2008~2009年受国际金融危机影响，总资产报酬率和净资产收益率都大幅下降，总资产报酬率分别为5.6%和5.3%，净资产收益率分别为7.2%和7.6%，但净资产收益率仍然高于我国证券管理部门规定的上市公司的净资产收益率的最低标准（见图4-8）。

可见，在我国特定的转型时期和制度环境下，对国有企业和私有企业的绩效进行对比分析时，其实证分析存在相当的不完全性。这既反映了转型时期制度比较的难度，也说明在我国特定的制度环境下用企业的所有制判断企业绩效的局限。

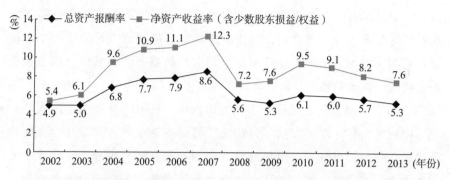

图4-8　2002～2013年中央企业总资产报酬率和净资产收益率变化情况

资料来源：国务院国资委研究局编《中央企业、全国国有企业基本情况》，2010年8月；国务院国资委财务监督与考核评价局编《中央企业决算数据资料》（2010、2011、2012、2013）。

四　产权结构、公司治理与企业绩效关系的理论假说

西方经济学在分析产权结构、公司治理与企业绩效的关系时，运用和涉及的理论主要有公地悲剧理论、委托－代理理论、剩余索取和控制理论、不完全合同理论和所有者缺位理论等。

（一）公地悲剧理论

对公共资源的过度使用是多年困扰经济学家和社会学家的一个问题，个人使用者对自身利益的追求会造成集体利益的受损，或者说个体理性导致集体的非理性。美国生物学教授盖勒特·哈丁（Hardin）发现，在世界范围内普遍存在着公共资源被过度使用的问题，并把这一现象称为"公地悲剧"。1968年盖勒特·哈丁在《科学》杂志上发表了题为《公地的悲剧》的文章，文中引用了这样一个例子：有一片公共牧场，无偿向所有牧羊人开放，每个牧羊人从追求自身最大利益出发，在这片牧场上放养尽可能多的羊。终于有一天，牧场的容量达到了极限，最终牧场被过多的羊群摧毁了，这就是"公地悲剧"。在"公地悲剧"产生的过程中，每个牧羊人作为理性人，追求自身的最大利益，增加一头羊的收入完全归个人所有，而过度放牧对公地造成的损失则由所有牧羊人分摊，

增加一头羊给每个牧羊人带来的收益要大于给每个牧羊人带来的损失，正因为公地的损失由每个牧羊人分摊，所以不受约束的自由放牧最终带来了公地的毁灭。

经济学家认为，解决"公地悲剧"问题一般有两种方式：一种方式是将公共产品私有化。自由市场学派更倾向于私有化，他们坚持亚当·斯密提出的"个人的逐利行为可以产生公共福利"的观点，认为如果政府不干预，让个体自由地去做自私自利的事情，会产生最大的福利。美国经济学家德姆塞茨提出，公有产权边界模糊是许多外部性产生的原因，公有产权的非排他性导致公有土地要被滥用。德姆塞茨认为，在私有产权条件下，过度放牧或过度劳作造成的后果要全部由私有土地所有者一个人承担，为此他必须考虑未来的成本和收益并确定适当的土地集约化使用程度，这样，外部性随着产权的私有化就被内部化了，当然，私有化可以减少外部性但并不能完全解决外部性的问题。另一种方式是政府拥有资源并向使用者征税。这一方式是由庇古（Pigou）最先提出的，他认为这一方式可以制止侵犯公共资源的行为。科斯认为，庇古模式在理论上比较完美，但没有充分考虑交易成本。在不存在交易成本的情况下，征税是解决"公地悲剧"问题的一种完美的方式。而不存在交易成本，私人之间同样可以达成有效率的协议。事实上，现实社会中所有的治理都是存在成本的，因此，真正的困难在于把交易成本考虑进去之后，政府、市场和企业如何才能找到最佳的治理机制。在这两种治理模式之外，2009 年诺贝尔经济学奖得主埃莉诺·奥斯特罗姆（Elinor Ostrom）提出了第三种模式，即保持资源的公共属性并由使用者自主治理。奥斯特罗姆在她的经典著作《公共事物的治理之道》中颠覆了传统的"公地悲剧"理论，她通过大量的实地调查发现，使用者本身能够达成一定的规则和执行机制，并有效地管理公共资源。奥斯特罗姆认为，历史上和现实生活中有大量如"公地悲剧"这样的集体行动困境的案例，这些困境不是由更强的政府管制或者私有化解决，而是通过自我约束解决，这意味着个体的利他行为会导致对公共物品的保护，很多群体通过有公益心的个体、民间团体和非政府组织来解决集体问题。

（二）委托－代理理论（Principal-Agent Theory）

随着第二次产业革命的发展，所有者与经营者统一的古典资本主义企业被所有者与经营者相分离的"现代商业企业"（Modern Business Firm）所取代（Chandler，1977，1990）①，所有者和经营者之间的委托－代理关系成为企业中最重要的合同关系。减少代理成本，实现委托人利益最大化成为经济学家集中研究的一个问题。

委托人面临着多种代理风险：①在签约时代理人利用私人信息进行"逆向选择"（Adverse Selection）；②合同执行过程中代理人拥有自然状态的私人信息所引起的"隐藏信息"（Hidden Knowledge）；③与代理人事后行动的不可观察性相关的"道德风险"（Moral Hazard）。也就是说，代理问题的根源是当事人之间的信息不对称。但是处于信息劣势的委托人并没有太多的担心，因为他们得到了无数优秀的经济学家的同情与帮助。在经济学家的"帮助"下，委托人变得具有足够的理性，不仅可以预测到未来或然事件（contingencies），而且还可以识别当事人之间的风险偏好差异，从而设计出恰当的合同，并且这些合同即使不能够自我实施，也可以在第三方（尤其是法院）的帮助下得到很好的执行，因此在多数情况下并不需要再谈判。通过这些带有特定人格特征的合同，委托人不仅可以实现与代理人之间的最佳风险分担，而且也最大限度地获得了激励代理人的好处。因此，我们称该理论为最优合同设计或机制设计与执行理论②。

在正式的委托－代理理论的分析框架中，虽然委托人的合同设计受到信息不对称等条件的约束，因而不同于阿罗－德布罗模型中的非人格化的完美合同（Perfect Contracts），但是仍可算是"完全合同"（Complete Contract）。鉴于此，正式的委托－代理理论被称为"完全合同理论"，实际上

① 杨其静：《从完全合同理论到不完全合同理论》，《教学与研究》2003年第7期。

② Hart Oliver, B. Hlmstrrom, *Theory of Contracts in Advances in Economic Theory*: *Fifth World Congress*, edited by T. Bewley, Cambridge University Press, 1987, (5)：96－124.

称为"最佳完全合同"（optimal complete contract）（Tirole，1999）①可能更为准确，因为它们毕竟只是"在关于他们未来偏好和未来可选择集合等给定的有限知识条件下当事人所签订的最佳合同"（Tirole，2001）②。

委托－代理关系是指委托人授权代理人在一定范围内以自己的名义从事相应活动、处理有关事务而形成的委托人和代理人之间的权能与收益分享关系。在股份公司中，委托人为股东、董事会，代理人为经理人员。股东在利润的驱动下从经理市场选择有经营才能的经理人员来管理企业，从而能比自己经营企业产生更多的收益，但委托代理制自身存在着弊端。一是委托人和代理人之间存在着严重的信息不对称。委托人既不能准确获知代理人的素质、条件禀赋等自然条件，也不能对代理人的工作行为如努力程度、机会主义做法的有无进行全面的观察。二是委托人和代理人责任不对称。代理人自然地掌握着企业的生产经营管理权，却对企业的盈亏不负责任，而委托人失去了对企业的生产经营管理权，却最终要对企业的盈亏负责任。这种责任上的不对称，极大地弱化了对代理人的制约，使代理人可能不认真决策和努力工作。三是委托人和代理人的目标函数不同。资本所有者作为委托人拥有剩余索取权，所追求的目标就是资本增值和资本收益的最大化，最终表现为对利润最大化的追求。而拥有公司控制权的经理人员作为代理人，一方面追求更高的薪金、奖金、津贴等货币效用；另一方面还力图获得更高的非货币效用，如舒适的办公条件、气派的商业应酬，以及为了晋升和获得更高的未来收入盲目扩大经营规模等。比较代理成本和代理经营收入的增加是选择企业形式的关键，而国有企业产权的特殊性表现在其所有权的权能天然就是靠委托－代理实现的，也正是这种经营形式的不可选择性导致代理问题成为国有企业低效的根本原因。

国内一些学者提出，西方国家的企业委托－代理关系一般为单级委托－代理模式，而我国国有企业的委托－代理模式是由国家（政府）到

① 杨其静：《从完全合同理论到不完全合同理论》，《教学与研究》2003 年第 7 期。

② 杨其静：《从完全合同理论到不完全合同理论》，《教学与研究》2003 年第 7 期。

企业经营者的层层委托、层层代理的过程，是一种多级委托－代理关系，因此，国有资产委托－代理关系会产生 6 个方面的问题。

一是初始委托人缺位。从名义上讲，全体人民是国有资产的所有者，也是国有资产管理的初始委托人。但是，在资产的运作过程中间，没有人能够真正享有国有资产所有者的权利和义务，实际管理和支配这些资产的是各级政府机构及其官员，这就使得在国有资产的管理上，出现了多个部门都在管而又都不管的局面。这就造成了国有资产管理的严重缺位。

二是委托－代理链冗长。外国企业的委托代理关系往往是单级或者两三级，而中国国有企业则不同，从最初的委托代理人到具体企业经营者有多个层次，与此相对应也就形成了多级委托－代理关系。这种多级委托－代理关系，使得国家对企业经营者的监督和约束逐渐递减，每经过一个委托－代理的过程就会削弱一次，最后越来越弱。

三是代理关系非市场化。我国国有资产代理人的选择，不是根据市场经济中自由契约的方式产生的，而是通过行政手段聘任的。因此，国有资产代理人在行使职权的过程中，虽然处于代表国家（委托人）利益的代理人地位，但他们不是国有财产的所有者，因此，他们既不具备私人股东追求利润最大化的内在动机，又无自主支配资产转让的实际权力。这种股东与经营者之间的委托－代理关系非市场化的现象，造成了二者权力界定的困难和委托关系的不规范。

四是国有资产代理人缺乏风险责任能力。西方股份公司的委托－代理大多是法人之间的委托－代理关系，并且大股东也能通过董事会控制企业的重大决策，尤其是风险决策。而国有企业的所有者，由于缺乏承担企业决策风险责任的物质基础和企业风险责任连带机制，在存在着大量不确定性的市场竞争中，国有企业产权代理人的决策行为有时难以理性化。

五是公司治理结构难以有效。在国有企业或国有控股企业中，股东大会、董事会和监事会的实际运作，与规范的国外公司治理机构有较大的区别。国有企业的股东大会并不是由真正意义上的股东组成；董事会也往往不是由股东会选举产生的，大多是由上级单位指派产生；监事会也不全是选举产生的，而且没有真正发挥监督作用。这种体制不仅难以发挥法人治理结构的权力制衡作用，还可能出现一些不良的倾向：一是委托人不了解企业的经营情况盲目决策，致使企业的利益受到损害，不利于企业的长远发展和国有资产的保值增值；二是代理人不仅掌握着企业资产的经营控制权，而且掌握着一定程度的剩余控制权，偏离了委托人利益最大化的目标，造成国有资产的流失。

六是激励机制难以完善。在非国有企业的场合，委托人不仅承担着委托－代理的风险，而且承担着企业经营的收益。因此，非国有企业的出资人必然会加强对代理的监督和约束，防止出现"内部人控制"行为，保证自身利益的最大化。与此同时，也会采取灵活多样的激励措施，使其为委托人创造出更大的价值。而国有企业由于自身的特征，没有一定的利益驱动机制来激发委托人的监督和激励的动机，在激励约束制度上，与非国有企业相比也存在较大差距，难以保证各层委托人（代理人）工作积极性和报酬满意度。这样容易造成他们心理的不平衡，一定程度上促使了腐败行为的发生。

作为股份企业，资本所有权和经营权的分离，使委托－代理关系成为必然。委托人将资本管理权授予代理人，因此委托人要对代理人的行为进行约束。按照权责对称原则，代理人（经营者）要对所有者承担义务，为所有者赚取利润。然而在实际经营中，委托人不可能掌握代理人经营的全部信息，同时委托－代理合约中既不能包括所有可能发生的情况，也不能规定各种情况下双方的责任。正是信息的不对称和契约的不完整性，使代理人有可能利用信息优势来逃避监督，追求自身利益的最大化，于是代理成本便提高了。代理成本是内部人控制问题的集中反映和结果。从委托人角度来看，代理成本包括信息评价成本、激励成本和（代理人与委托人）目标偏离成本。我国国有企业目前存在的内部人控制问题主要表现为：①成本外溢，如过分的在职消费；②短期行为，盲目的投资和耗用资产；③收益内化，如大幅提高奖金、工资、集体福利，侵占利润；④转移国有资产等。尽管内部人控制问题并不是中国国有企业所特有，但由于国有股权的所有者缺位，加之资本市场和经理人市场不完全，缺乏信息评价机制和激励约束机制，所以中国国有企业的代理问题比西方发达国家严重得多。

（三）剩余索取（收益）和控制权理论

现代企业理论的一个基本命题是，企业是不同的资产所有者通过契约形式组成组合资产，并把组合资产的索取权（收益权）与控制权在所有者之间进行分配的组织。企业是一系列合同（契约）的组合，是个人之间交易产权的一种形式。企业的资产包括资本、企业家才能和劳动，分别归资本所有者、经营者和劳动者所有。索取权是组合资产收益最大化的动力，控制权是收益最大化的技术实现条件。

由于市场的不确定性和信息不对称性，组合资产的收益是不确定的，这就导致企业契约是不完备契约，索取权和控制权的配置无法在契约中一一明确，也就是说必须有人分得不确定性造成的企业"剩余"；而企业的"剩余"也可能表现为收益，也可能表现为亏损，这意味着分得"剩余"者也就是风险承担者。因此，剩余索取权必须由"亏得起"的人来享有。由于人力资本及其所有者的不可分性，没有物质资本的经营者和工人没有"赌注"可以抵押，因此就没有资格进行游戏，而资本所有者由于拥有可以抵押的资本而自然地成为企业的剩余索取者。控制权是指在契约中没有加以明确的活动的决策权。剩余索取者也是剩余控制者，即剩余索取权与剩余控制权应该对应。古典式企业制度就是满足这种产权安排的最有效的企业制度。在古典式企业中，资本和企业家才能属于同一主体。由于企业主享有剩余索取权和控制权，既可以满足激励兼容又可以消除信息不对称的影响，因而，只要存在偷懒和道德风险问题，只要假定企业主是风险中性者而工人是风险逃避者，那么企业主制集权式的产权配置就是最有效的制度安排。

在市场充分竞争和生产专业化和标准化的条件下，通过企业的竞争可以形成一种平均利润和平均成本，通过平均利润和平均成本使资本和劳动要素的边际收益变得较易观察和衡量，从而可以认为资本和劳动是同质的。而企业家才能由于人的能力、技术和素养的不同而具有较大的异质性，并由于信息不对称而较难观察和衡量。资本和劳动只有和企业家结合才能产生企业的异质性差异，因而企业家才能是企业收益差异的关键因素。从专业化管理的角度来看，拥有企业家才能的人应该享有企业的剩余索取权和控制权，而现代产权制度可以促进这种产权结构安排。专业化管理、大规模投资以及分散风险的需要导致了"两权"分离的现代企业制度——股份制公司的产生。在股份制公司中资本和企业家才能属于不同的主体，由拥有企业家才能的经营者经营企业，享有控制权，资本所有者享有剩余索取权。控制权往往是由经营者和所有者共享的，因为信息不对称的存在使经营者的监督和激励变得困难，通过剩余索取权和控制权在资本所有者和经营者之间的恰当分配可以有效地激励和约束经营者，既发挥专业化管理的优势又可以防止经营者的不良行为。

　　经济学界一般把剩余索取权和控制权理解为"企业所有权"，并认为"企业所有权"是一种"状态依存的所有权"，即在不同的状态下由不同的主体拥有剩余索取权和控制权。企业的经营可以分为四种：①能满足股东的"满意利润"；②不能满足股东的"满意利润"，但能保证对债权人的合同支付；③不能保证对债权人的合同支付，但能保证对工人的合同支付；④连工资的合同支付也不能保证。从边际上讲，在四种状态中依次是经营者、股东、债权人及工人承担风险并成为实际的剩余索取者和剩余控制者。现实中，①④两种状态极少存在，在破产和兼并机制较为完善的经济中，③也极少见，只有②才是企业的常态。常态下由股东拥有企业的剩余索取权和控制权，经营者通过对企业的"自然"控制为股东创造财富，对股东负责。但经营者可以通过增加企业总价值的方式，也可以通过降低债务资本价值和损害工人福利的方式履行这一责任，表现为高风险投资、解雇工人以及降低工资等行为。在产权受到侵害的可能性存在的情况下，债权人和工人也要求分享一部分控制权来保护自己的产权。因而现实中企业的剩余索取权和控制权的分配方式是复杂多样的，往往由股东、债权人、经营者甚至工人共同拥有剩余索取权和控制权，而这种分配形式的实现是靠各种替代性约束机制来保证的。

　　对于古典式企业，由于其所有者和经营者是同一主体，因而不需要替代性约束机制，而对于所有权和经营权相对分离和所有权的多元化，所有者需要通过替代性约束机制对经营者进行约束，并将企业所有权在所有者之间进行分配。现代企业的替代性约束机制主要有三种：公司治理结构、资本市场和经理市场。

公司治理结构是有关剩余索取权和控制权在时间和空间上分配形式的一整套的法律、文化和制度安排,这种安排决定了企业内部不同所有者之间的关系,决定在不同状态由谁及如何控制企业,风险和收益如何在不同所有者之间分配,公司治理结构是企业所有权安排的具体化,投资者通过治理结构直接对经营者进行监督和控制的方式被称为"用手投票"。

资本市场是剩余索取权和控制权分配的市场实现方式,包括股票市场和债券市场。有效的资本市场一方面为投资者提供经营管理的有效信息,另一方面也是投资者对经营者进行控制的一个渠道,当投资者不能通过公司治理结构有效行使自己的权利时可以通过资本市场转让产权(剩余索取权和控制权),这种方式被称为"用脚投票"。同时,经营管理的无效率反映在股票价格的下降上,企业管理层面临"敌意接管"的威胁,这就迫使经营者努力提高管理效率以免遭受被接管或被替代的厄运。

经理市场归根结底是公司治理结构和资本市场机制作用的结果。有效的经理市场使低能的和不负责任的经理只能获得低的职位和薪水并且很难找到如意的工作,而有才能的经理得到提拔和较高的薪水。同时,经理市场还使经营者为了避免被具有更高才能的经理人员替代而努力工作。

有效的替代性约束机制是所有者行使剩余索取权和控制权的低成本渠道,现代企业制度实际上是以上三种约束机制相结合的一个最优化选择。

目前,我国学术界对于国有企业剩余索取权的安排,主要有三种观点:其一,归物质资本所有者;其二,归人为资本所有者;其三,归二者共同享有。在社会主义市场经济下的国有企业中,究竟哪一种安排合理?这一问题的解决,涉及国有企业的活力、按劳分配原则的贯彻以及社会主义制度的完善与巩固等一系列重大问题。

传统的并且占主流的一种观点认为,国有企业的主导者是资本所有者,企业剩余索取权归属于代表资本所有者的国家,其主要理论根据如下。

一是"生产资料归谁所有,劳动产品也归谁所有"这一所谓的马克思主义的定律。对于生产资料所有制与劳动产品的分配与归属关系,马克思认为，"一定的分配形式是以生产条件的一定的社会性质和生产当事人之间的一定的社会关系为前提的。因此一定的分配关系只是历史观念规定的生产关系的表现。"①在未来的"自由人联合体"中，由于生产资料为公共所有，所以劳动产品也归社会所有，由联合体共同消费。从这些论述与分析看，应该说生产资料归谁所有，劳动产品也归谁所有，是体现了马克思经典论述与分析的本义的。在社会主义条件下，既然生产资料归国家所有，那么，顺理成章，劳动产品（尤其是剩余产品）也应归国家所有。表面看来，这一结论很有说服力。但是，我们知道，马克思对任何一个经济命题，都是置之于一定的历史背景下进行唯物辩证分析的。

从生产力水平看，马克思的分析是以工业革命为历史背景的。那时的生产力水平是以机器化为特征的第二代生产力。作为生产力中的主体因素，劳动者属于"体力型"，并且资本的原始积累造成了大量的"产业后备军"，由此决定劳动力市场属于买方市场。而生产资料的价值形态——货币资本十分短缺与重要，这样的生产力水平，表明生产力中的物因素是生产力中的决定性因素，物质资本成了社会产出的主要因素。谁掌握了物质资本，谁就掌握了从政治到经济的一切权力，当然企业剩余权也就归物质资本所有者。在资本主义制度下，生产资料作为资本归资本家私人所有，劳动力作为商品归工人所有，决定了资本与劳动的结合必然采取资本雇佣劳动的社会形式。由此产生了劳动产品归资本家所有的产权安排。

科学技术的不断革命，改变了生产力诸因素在生产力系统中的地位与作用。劳动者由体力型进化成文化型与科技型，科学技术成为越来越重要的生产力，人力资本已成为最难获得或最难替代的稀缺生产要素，物质资本积累与集聚到一定程度，其重要性与稀缺程度相对减弱。由此必然导致物质资本所有者与人力资本所有者地位的变化。

二是认为由于物质资本与其所有者可以分离，它具有抵押功能，因而物质资本所有者将成为企业风险的承担者。同时，物质资本所有者能够为企业其他要素所有者提供利益保险，做出值得信赖的利益承担。相反，人力资本与其所有者具有不可分离性，这一属性导致人力资本所有者在企业

---

① 马克思：《资本论》（第三卷），人民出版社，1986，第997页。

经营中可以通过"偷懒"来提高自己的效用，而且可以通过"虐待"非人力资本使自己收益。由此决定，只有资本所有者才能对企业的效率表现出更高的积极性和更大程度的关心，也由此决定了企业的主导者只能是资本所有者①。因此，资本所有者必然要占有企业剩余索取权与控制权②。

与国家所有论者相反，有人认为，在社会主义条件下的国有企业中，劳动者是主导者，资本与劳动应采用劳动雇佣资本的形式，由此决定了企业剩余索取权应归劳动者所有③。

劳动者所有论的主要根据之一，是认为产品的所有权不是以生产资料为基础，而是以劳动为基础的，他们认为国有企业的产品是企业的劳动者创造的，不是生产资料带来的。所以劳动产品既不能为国家所有，也不应归国家与企业共有，只能归企业劳动者所有。但是，从一个开放系统上讲，在国有企业产品的生产、销售过程中，国家给予政策上的照顾、财政信贷上的优惠以及原材料供应上的便利等其他所有制企业所得不到的国家"父爱"资源，所以这种独立经营是相对的。正因如此，国有企业的劳动产品的所有权不可能完全归企业劳动者所有。

劳动者所有论者的主要根据之二，是认为劳动雇佣资本，企业剩余索取权归劳动者所有可以兼顾调动劳动积极性和发展国有制。但是，沿着其逻辑思路，我们将得出如下推论：这种剩余索取权安排不仅不能发展国有制，反而会削弱国有制。因为马克思主义经济学认为，以所有制关系为核心的生产关系的发展要在扩大再生产中得以实现，扩大再生产是以剩余价值的资本化即资本积累为物质基础的。因此，一种所有制形式要得以发展，一定要以资本积累为物质基础。资本家之所以能再生产出资本主义生产关系，是因为资本家控制了剩余索取权。如果国家只领取资本利息，不参与企业剩余的分配，企业剩余只归劳动者所有，在这种产权安排下，

---

① 张维迎：《所有制、治理结构及委托 – 代理关系》，《经济研究》1996 年第 9 期。

② 夏振坤、初玉岗：《论国家的主导地位与国有企业改革》，《经济研究》1995 年第 12 期。

③ 刘恒中：《国有资本雇佣制度与国有资产保值增值》，《经济研究》1995 年第 9 期。

要发展国有制，显然与马克思主义经济学的基本原理相悖。但从长期而言，这种产权安排完全可能导致企业短期化行为，使企业丧失技术改造和资本积累能力，减弱企业的市场竞争力与发展后劲，结果必然会减少企业利润，从而减少劳动者收入，由此又会降低劳动积极性。

三是企业剩余索取权归国家和劳动者共享。社会主义市场经济条件下，国有企业剩余索取权（收益权）的安排，要考虑国有企业的一般企业属性与一般企业经营目标的要求。在市场经济条件下，既然是市场主体的企业，它就是一个以赢利最大化为目标的经营实体，就要遵循价值规律的作用。这是国有企业的自然属性。另外，作为社会主义的国有企业，它还要体现国有制与社会主义制度的特殊联系，还应承担巩固社会主义制度、消除私有制下的异化劳动等特殊任务。这是国有企业的特殊社会属性。如果国有企业剩余索取权的安排有利于国有企业这双重目标与任务的实现，则这种产权安排就是较优的。国有企业剩余索取权归国家所有论者，也许其初衷是想通过这种产权安排来提高国有资产运营效率，以实现赢利最大化的目标。结果说明，这可能既会弱化国有企业在弥补市场缺陷方面的特殊功能，因得不到有效保护而使其流失不可避免，还会因企业产权难以独立化而使提高运营效率的初衷难以实现。国有企业剩余索取权归劳动者所有的本意，也许是认为通过这种产权安排来解放劳动，体现社会主义制度的优越性。然而，这种产权安排限制了国有企业自我积累与发展的能力。因此，解放劳动，巩固社会主义制度则丧失了物质基础。如果国有企业剩余索取权归国家与劳动者共有，则可以：第一，启动国有企业动力源泉，提高国有企业资产运营效率。从企业产权制度的变迁可以看到，物质资本所有权逐渐受"约束"与"限制"，而人力资本所有权逐渐"发展"与"完善"，企业剩余权的配置由物质资本所有者的单一垄断，走向物质资本所有者与人力资本所有者通过博弈达成均衡。而且双方在行使其产权时，都要受到一定的限制，都要考虑对方的利益。企业产权制度的这种变迁刺激了企业生产力的发展与运营效率的提高。从中我们可以得到启示，要启动国有企业活力源泉，提高企业资产效率，国有企业剩余索取权的有效安排形式应该是在代表物质资本所有者的国家与人力资本所有者的劳动者之间依据一定比例实行共享制。第二，可以协调物质资本所有者与人力资本所有者的利益关系，兼顾国有制经济的发展与劳动积极性的提高。现实与历史表明，经济利益关系主要表现为产权关系。因此，国有企业的产权改革主要是合理调整国家与劳动者的利益关系，并使双方利益得到最大程度的实现。在市场经济条件下，国家追求资产效益最大化，企业追求利润最大化，劳动者追求收入最大化，这是市场经济下的理性行为。在以市场取向为目标的改革过程中，非国有企业实行了市场化的分配制度，构建了"激励性企业合约"制度，使非国有企业劳动者收入明显高于国有企业的劳动者收入，并较好地解决了人力资本的产权要求，调动了劳动者的积极性。

企业制度要解决的主要是两个问题：一是激励机制问题，二是经营者选择机制问题。企业制度是通过剩余索取权和控制权的安排来解决这两个问题的。剩余索取权和控制权可以理解为所有权（或委托权）。就中国国有企业改革而言，现代企业理论的以下几个观点是非常重要的。

第一，现代企业理论强调企业的控制权与剩余索取权应尽可能匹配，即权力与责任（风险）的分布应尽可能对称，否则，控制权就会变成一种"廉价投票权"①，拥有控制权的人并不对使用权力的后果负责，从而不可能真正负责任地使用权力。当然，完全的匹配是不可能的，否则，就不会有所谓的"代理问题"。

第二，现代企业理论强调，剩余索取权应尽可能分配给企业中最重要的成员，因为他们的积极性对企业成败最为关键②。

第三，现代企业理论认为，剩余索取权应尽可能分配给企业中最具信息优势、最难以监督的成员，因为对他们最有效的监督办法是让他们自己监督自己③。对诸如经营者这样的既重要又难以监督的成员，不让他们拥有相当的剩余索取权是不可能真正调动他们的积极性的。事实上，即使不给他们正式的剩余索取权，他们拥有的信息优势也会使他们成为

---

① 周建伟：《国有企业 MBO 方案悖论》，《陕西广播电视大学学报》2003 年第 4 期。

② 周建伟：《国有企业 MBO 方案悖论》，《陕西广播电视大学学报》2003 年第 4 期。

③ 胡少华：《国企改革两种思路的比较与整合》，《经济学家》2000 年第 6 期。

实际上的剩余索取者，而实际上但非正式的权利会导致资源分配的扭曲。

第四，让真正敢于和能够承担风险的资本所有者拥有成为企业家的优先权或选择经营者的权威，对保证真正具有经营才能的人占据经营者岗位是非常重要的，没有真正的资本所有者，就不可能有真正的企业家。

现代企业理论认为企业的控制权和剩余索取权应尽可能地匹配，或者说是权利与责任应尽可能对称。在国有企业中，经理人员在很大程度上拥有对企业的实际控制权，但并不是剩余索取者和风险承担者，这就决定了他们不大可能对企业尽职尽责。因此，有些经济学者提出产权问题的解决，其核心就是私有化。私有化改革首先遇到的问题是意识形态的障碍难以跨越，尽管我们已经在向市场经济转轨，但是我国的社会主义制度决定了经济改革必须是在公有制基础之上进行的制度创新，即使先不考虑社会性质问题，在国内也难以找到合法的财产所有者来购买国有企业，当然也不能将国有资产全部出售给外国投资者①，否则经济主权就会丧失。于是就只有仿照东欧和俄罗斯发放认股权证或者允许银行向某些人发放购买国有资产的贷款的方法，将国有资产分给或卖给个人，然而这种极度分散的产权更需要委托代理。所以，依旧存在着经营者是否对企业负责任的问题。在产权改革遇到重重困难的情况下，对国有企业进行公司制改革逐渐获得了社会的认同，企业迅速翻牌成为公司，但效果也不甚明显。不管是明晰产权还是公司制改革，最终的根本问题都是解决委托－代理关系。

（四）不完全合同理论

人们的经济活动，从根本上讲，都是借助合同进行协调和激励的。委托－代理理论实际上是建立在完全合同的基础之上，虽然考虑了不对称信息和激励问题，但该理论认为一切都可以事前预期和约定好，所以，不论在什么产权结构下，不论交易发生在何处，都能设计出最佳合同，都能解决好激励问题和降低交易成本。20 世纪 80 年代后期，交易成本理

---

① 张屹山、王广亮：《论国有企业改革的根本问题是解决委托代理关系》，《中国工业经济》2001 年第 11 期。

论的一个重要突破是 Crossman-Hart-Moor 的不完全合同理论。这一理论认为，在实际的交易中，制定和执行的合同往往是不完全的，交易双方达成的合同，不可能将未来可能发生的事件都包罗无遗，不可能将所有这些事件出现时缔约人必须采取的行动、应有的权利和应尽的责任都包罗无遗，不可能用准确的语言在有限的条款中将这些内容描述得包罗无遗，也不可能通过法院等第三方将这些合同条款执行得包罗无遗，因此，合同总是有遗漏的，总是需要不断加以协商和修正的。在现代产权理论看来，不完全合同是解释企业基本问题的钥匙。

产权安排的重要性来自合同的不完全性。因为合同的不完全会影响激励的一致性和承诺的有效性，产生多种事后成本和事前成本。当合同不完全而出现合同未预料到的情况时，产权就是最重要的了，因为对合同未进行规定的事情所有者即剩余控制权的所有者才有权做出决定。这时，产权如何分配，对效率就有重要影响了。

经济学家霍姆斯特姆（Holmstrom）和杨小凯认为，Crossman－Hart－Moor 的理论与其说是有关企业所有权的理论，不如说是有关财产所有权的理论，而企业所有权是比财产所有权更为复杂的一个概念，由于不完全合同理论集中于"套牢"问题，将资产所有权作为唯一的激励手段，忽略了企业内部使用的更为丰富的激励机制，从而也就难以对所能观察到的现实的企业制度提供合理的解释。张维迎认为，不完全合同理论也无法解释经营者的选择问题。

（五）所有者缺位论

从法律和理论上讲，国有资产归全体人民所有，全体人民通过委托－代理关系将国有资产委托给各级政府管理，因此全体人民也是国有资产的初始委托人。但是，全国人民是一个集合体，是虚拟的国有产权代表，在国有资产的实际运作过程中，没有人能够真正享有国有资产所有者的权利和义务，实际管理和支配国有资产的是各级政府机构及其官员，这就使得在国有资产的管理上出现了多个政府部门都在管而又都不管的局面，造成国有产权的人格化代表缺位。在国有或国有控股企业内部担任董事长、总经理或其他高级经营管理人员也不能真正享有国有资产所有者的权利，也是虚拟的国有产权代表，国有企业内部国有资产所有者实际上是缺位的。

应该承认，现行国内外专家学者分析和论证有关产权结构与企业绩效关系时所依据的主要理论无论是"公地悲剧"理论、委托－代理理论、剩余索取和控制理论，还是不完全合同理论、所有者缺位论等，都有很多优秀的研究成果，其分析研究问题的方法也有很多可取之处，其理论和分析问题的方法也根据实际在不断发展、不断完善，如从完全合同理论演进到不完全合同理论，但西方产权理论为了便于分析问题和运用数学模型进行推导和论证，不得不设置一系列的假设和前提，对十分复杂的产权结构与企业绩效的关系进行抽象，强调产权结构对企业绩效作用的决定性甚至是唯一性，这样就容易出现绝对化和片面性等倾向。

五　现行经济理论假说的局限性分析

（一）现行产权理论分析企业绩效的理论缺陷

国内外学者围绕产权结构与企业绩效的关系进行了大量理论分析和实证研究，归纳其基本观点主要有三种。

一种是产权决定论，持这种观点的学者认为，私有制是市场经济的基础，产权清晰是现代企业制度的一个重要特征，国有制或公有制就其定义本身来看就是不清晰的，只有将产权落实到个人的私有制才是清晰的产权，所以国有企业的绩效必然低下[1]。

另一种是产权有关论，持这种观点的学者认为，表现为一定产权安排的产权制度对企业绩效起基础性、最终决定性作用，但它要通过管理活动即在产权运行过程中才能发挥作用[2]。

还有一种是产权无关论，持这种观点的学者认为，产权制度与效率没有必然联系，充分竞争的市场环境才是影响效率的真正原因[3]；产权安

---

[1]　张维迎观点。

[2]　冯巨章观点。

[3]　林毅夫观点。

排与效率没有直接联系，产权安排只是改变治理机制的一种手段，而企业效率主要与市场竞争程度有关①。

这些观点从不同侧面对产权结构与企业绩效的关系进行了探讨，都对正确认识和理解产权结构与企业绩效的关系做出了相应贡献，但这些观点要么过分强调产权结构对企业绩效的作用，要么全盘否定产权结构对企业绩效的作用，要么缺少对产权结构影响企业绩效的途径和机制的系统论述，都不同程度地存在一些理论假设和分析方法方面的局限。

局限之一：现行产权理论分析企业绩效时缺少对于国有控股或参股的多元产权结构的国有企业的深入研究，分析的对象主要是纯而又纯的国有企业，实际上是以一元产权结构的国有企业即国有独资企业为假设前提。

现行西方经济理论的主要流派在分析产权结构与企业绩效的关系时，基本上都是以某一属性的产权如私有产权或国有产权为分析对象，"公地悲剧"理论的假设前提就是产权完全是公有的。实际上，不同属性产权之间相互融合、相互渗透形成的混合所有制的迅速发展已经成为近几十年来市场经济国家的一个重要现象和发展趋势，也已经成为我国改革开放以来所有制结构调整和国有企业改革的一种历史必然和重要特征。虽然对混合所有制的内涵还存在不同理解和认识，但普遍认为，股份制是一种典型的混合所有制，它在本质上是由社会公众投资、按股共有而形成的一种财产组织形式和企业制度②。显然，多元产权结构的股份制企业特别是上市公司属于混合所有制企业。而随着国有企业股份制改革特别是大量国有企业通过重组改制到境内外上市，国有控股或参股的混合所有制企业已经成为国有企业的主要组织形式或经营性国有资产的主要资本形式，国有企业与私有企业的界线已经变得越来越模糊。在市场经济条件下，不同所有制的投资主体出于自身利益的诉求，必然产生权益的差异和矛盾；同一所有制内部不同投资主体出于自身利益的诉求，也会产生权益的差异和矛盾。混合所有制企业的大量出现使产权结构与企业绩效的关系变得十分复杂，使现行经济理论包括产权理论在分析产权结

① 刘芍佳观点。
② 曹立：《混合所有制研究》，广东人民出版社，2004。

构与企业绩效的关系时难以进行抽象假设，简单地依据单一产权的属性，运用私有产权、共有产权和国有产权的三分法分析产权结构与企业绩效的关系，容易偏离正确的结论。

总结国内外企业改革和发展的成功实践，投资主体多元化已经成为我国国有企业改革的制度选择和普遍共识。投资主体是指投资活动中具有一定资金来源、拥有投资决策自主权、享有投资带来的利益并承担投资风险的法人和自然人。投资主体多元化的目的在于塑造一个在公有条件下具有资本人格的出资者，构成真正具有独立法人权利的市场竞争主体，利用非公有资本投资者所具有的资本品格，弥补政府作为投资者的非资本经营倾向欠缺，使国有控股企业体现出多种投资者特征。国有控股企业可以根据企业内外部的制度环境和市场因素等情况，在机构投资者、国内私人资本和境外资本之间做出环境适应性的选择，创建一个共生共赢的投资主体结构或多元股权结构。

局限之二：现行产权理论分析企业绩效时缺少对机构投资者的深入研究，分析的对象主要是作为最终财产所有者的出资人。

持产权决定论观点的专家学者之所以对国有企业绩效持负面观点，其根本原因是他们认为，只有产权明晰化和归属于个人，才能避免"公地悲剧"的发生，企业才可能富有效率，而国有产权从法律上讲归国家所有，但国家是一个模糊的集合体，国有产权无法像私有产权那样明晰化到个人，也就是说国有产权的代表是虚拟的，由所有权衍生出来的占有权、使用权、分配权、处置权等产权权利也不清晰，造成国有产权的效率低下。实际上，在一些资本市场高度发达的国家，企业产权结构有一个越来越明显的特点，就是以机构投资者为主体，其表现形式主要是各种类型的基金、券商、投资公司、保险公司等。基金持仓量一般都占市场流通市值的40%左右甚至更多，证券市场通过基金的形式实现了分散投资资金的集中化，最终在市场上表现出来的投资行为主体就是机构投资者。在许多发达国家，大型机构投资者的权益持有比重在近几十年内有了极大的提高。在美国，大型机构投资者的权益持有比重从1980年的24.2%上升到1994年底的50%左右；在英国，机构投资者的投资比例从1963年的30.3%上升到1993年的61.8%，而当年个人持股比例不足

18%；在澳大利亚，1991年底机构投资者持股比例也达到了36%；在德国，1996年金融机构持有上市公司32%的权益，非金融机构持有42%；在日本，金融机构持有的权益为42%，非金融机构持有27%。作为独立法人的机构投资者，从资本所有来看，既有私人投资，也有法人投资；从产权属性来看，既有私人财产，也有公有财产。各种机构投资者的管理者本身已经不是资本所有者，而是代公众理财的经营人员。至于这些公众是个人还是法人，代理的财产是私产还是公产，对这些代理人来说没有任何区别，他们往往是按照自己管理基金的规模以法定的比例提取他们的管理费和报酬。正是这些代理人成为当今大公司的所有者代表和最终控制权的持有人①。从代公众理财的角度讲，各种机构投资者也是一种虚拟化的出资人。

局限之三：现行产权理论分析企业绩效时缺少对国有资产出资人机构的深刻研究，实际上采用的是"政府－国有企业"分析范式，是以虚拟化的国有资产委托人为假设前提的。

国有企业的绩效之所以经常受到质疑，所有者缺位是其主要原因。根据所有者缺位论，国有产权代表缺位或虚置必然造成国有资产的保值增值无人负责。现代市场经济中机构投资者的发展及作用说明，通过资产的信托责任管理，可以实现资产受托机构的拟人化、实体化、利益化。信托作为资产委托方与资产受托方之间的一项制度安排是市场经济体制有效运转的一个重要基础。通过国有资产管理体制创新，改进和完善国有资产管理体制和制度，建立专门履行国有资产出资人职责的机构，明确国有资产保值增值的行为主体、职责主体、责任主体及相关职责，实现国有资产经营机构的专门化、独立化、市场化，进而实现国有资产产权代表的拟人化、实体化、利益化，可以在很大程度上解决国有产权人格化主体缺位的问题和国有资产保值增值无人负责的现象。同时，通过国有资产的信托责任，即通过明确国有资产的委托方和受托方各自应该承担的责任和义务，形成和建立明晰的责任体系，可以在很大程度上解

---

① 华生：《从资产经营到资本管理》，季晓南主编《国有资产经营管理理论与实践》，中国经济出版社，2003。

决长期以来国有资产无人负责的现象，使国有资产保值增值的责任层层得到落实，国有资产权益受损可以追究责任，可以从体制上和制度上较好解决长期以来国有资产管理中存在的职责不清、责权脱节等问题。国有资产出资人机构对所出资企业的管理与政府行政机关对国有企业的管理有很大的不同：前者体现的是出资人的管理，反映的是经授权确立的所有者与经营者的关系；后者体现的是政府的行政管理，反映的是政府与国有企业的关系。改革国有资产管理体制，建立专门履行国有资产出资人职责的机构，还可以较好地解决国有企业内部国有产权代表缺位的问题。长期以来，政府与国有企业之间存在着错位的现象，一方面政企不分，一些政府部门直接干预企业的生产经营活动；另一方面国有企业的董事长、总经理普遍存在越位现象，既行使经营者的权力，又行使出资人的部分权力，内部人控制的现象比较普遍。通常认为出资人的权力主要包括三方面，即重大事项决策权、收益分配权和选择经营管理者的权力。经营者的分配方式和分配水平应由出资人决定，但现在不少企业负责人自己给自己定分配方式和分配水平，一些企业的重大事项如投资、担保、抵押甚至资产处置等，都由企业董事长或总经理说了算，还有一些企业负责人千方百计谋取私利，挖空国有资产等，造成这些现象的体制性原因就是企业中的国有产权代表缺位或"虚置"。国有资产出资人机构选择企业经营者与过去政府行政部门任命企业经营者的一个重要区别，就在于国有资产出资人机构与企业经营者都要对国有资产保值增值负责，共同承担经济责任，显然，这有利于解决内部人控制的问题，使企业经营者的角色归位。2002年以来，中国的国有企业能够取得良好的经营业绩，能够经受住国际金融危机的严峻考验，其制度性原因就在于通过国有资产管理体制改革和创新，使国有资产保值增值的责任得到有效落实，初步形成了责任落实和压力传递相统一的机制，调动了国有企业经营管理者和职工的积极性和潜力。

局限之四：现行产权理论分析企业绩效时是以国有企业缺乏追逐利润的动机为假设前提的，隐含着国有企业仍然是政企不分的行政机关附属物的假设前提。

现行产权理论分析产权结构与企业绩效关系时，实际上隐含着国有企业不是以利润最大化为主要目标的假设前提。理论分析可以说明，国有企业在谋求利润方面与私有企业存在一定差异，但并不能得出国有企业不是以利润最大化为主要目标的结论。实证分析显示，这一假设与实际情况是不完全相符的。有关部门和专家20世纪90年代初的调查结果就显示，早在1992年已经有45.4%的国有企业把谋求利润作为第一目标（见表4-21）。经过多年市场取向的改革，应该说，在竞争性的市场、独立性的利益和分离式的政企关系的制度环境下，竞争性领域的国有企业绝大多数已经基本上把利润最大化或价值最大化作为企业追求的第一目标。从我国的实践看，虽然国有企业要承担经济责任、政治责任和社会责任三种责任，但通常情况下，国有企业无论是从自身利益出发还是从完成国有资产出资人机构的经营业绩考核出发，通常都是将经济责任摆在首位的，也就是说，将利润最大化摆在首要位置。这一点，无论是从国务院国资委的工作报告还是从中央企业的年度工作报告中都不难看出，在陈述年度工作完成情况时，国务院国资委和所有中央企业都是将营业收入和实现利润摆在最重要的位置。

表4-21 国有企业的目标选择

目标选择	第一目标（%）	第二目标（%）	第三目标（%）	目标重要性（%）	排序
追求利润	45.4	28.7	12.1	34.28	1
企业成长	24.7	29.7	20.2	25.62	2
增加职工收入	2.6	18.2	51.0	15.87	3
计划	17.5	7.8	6.0	12.35	4
提高市场份额	9.8	15.6	10.7	11.88	5

资料来源：马建堂：《我国国有企业行为目标的实证分析》，《经济研究》1992年第7期。

局限之五：现行产权理论分析企业绩效时缺少对公司治理的足够重视，采用的是"产权结构-企业绩效"的分析范式，分析的方法主要是产权结构对企业绩效的直接影响，没有对产权结构影响企业绩效的途径和机制进行深入分析。分析的对象实际上大多是狭义的公司治理，对广义公司治理的企业绩效研究不够。

伴随着所有权与经营权的分离而产生的委托-代理问题是公司制企业面临的共性问题，无论是中国企业还是外国企业，无论是国有企业还是私有企业，只要采用公司制特别是股份制都会遇到代理成本和内部人控制问题，公司治理由此而产生，解决委托－代理问题的出路就在于不断完善公司治理。正因为如此，现代企业理论普遍认为，公司治理是现代企业制度的核心和关键。因为有效、良好的公司治理是公司制度发挥作用的基础，是现代企业制度建设中最为重要的环节。良好的公司治理提供了出资人有效监督的体制框架，能够在所有权与经营权分离时较好地保障出资人的权益；可以使出资人、经营者各司其职，从制度安排上为创造良好业绩奠定基础；有利于吸引长期稳定的股东资本，形成混合所有制企业，使企业将追求的目标集中于经济效益；有利于提高公司的评级水平，降低公司融资的成本，因为投资者愿意为良好的公司治理支付更多的溢价（见图4－9）。

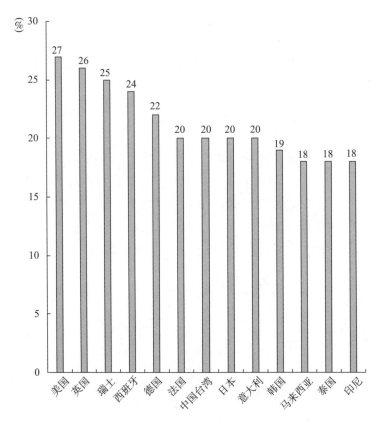

图4－9　投资者愿意为良好的公司治理所支付的平均溢价

资料来源：麦肯锡公司。

20世纪90年代中后期，拉波塔（La Porta）、洛配兹·西拉内斯（Lopez de silanes）、安德烈·施莱弗（Andrei Shleifer）和罗伯特·维什尼（Robert W. Vishny）四位学者（学界简称LLSV组合）通过整理多国的政治、法律、宗教、文化和经济等方方面面的量化数据深入研究了法律与金融学的问题，他们的逻辑思路可以概括为：投资者保护程度直接影响到一个国家金融体系的模式，融资模式和所有权结构又决定公司治理的水平，公司治理水平影响公司价值，影响公司绩效和经济发展。LLSV组合的研究成果说明，在影响资源配置和人的行为从而影响企业绩效的诸多制度因素中，产权及产权结构是一个基础性、根本性的因素，但不是全部因素，决定企业绩效的直接的和决定性的因素是公司治理。公司治理之所以成为影响企业绩效的一个直接的、决定性因素，是因为从管理学的角度看，企业的决策和执行决定企业的效率进而决定企业的绩效，而企业的决策是否正确，执行是否有力，主要取决于公司治理是否有效。不仅如此，激励约束机制、经理人市场、控制权转移、市场竞争等企业内部和外部机制主要也是通过公司治理影响企业经营管理者的行为进而影响企业的绩效，因而，公司治理成为影响企业绩效的直接的、决定性的因素。反之，企业绩效的变化会引发公司控制权的转移，最终导致产权结构和公司治理的变动。显然，随着公司治理的出现和形成，"产权结构 – 企业绩效"的分析范式已经不能完全揭示产权结构与企业绩效之间的逻辑关系和本质属性，而"产权结构 – 公司治理 – 企业绩效"的分析范式更能说明问题的本质和要害（见图4 – 10）。

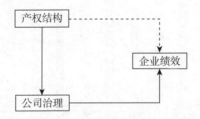

图4 – 10　产权结构、公司治理与企业绩效的关系

公司治理对企业绩效的直接的、决定性的影响，可以从公司治理问题日益引起高度重视和发达国家不少大公司因重大财务丑闻或债务危机等原因陷于困境甚至破产这两方面得到证明。

一方面，近二三十年来，公司治理日益成为一个世界性的重要问题和研究对象。从 20 世纪 90 年代初期开始，市场经济发达国家的证券会、证券监管机构、证券交易所等先后发布了加强上市公司治理工作的准则和指引，经济合作和发展组织（OECD）、世界银行等组织也加强了对成员国家公司治理的指导和引导。1997 年亚洲金融危机爆发，引起世界范围内对公司治理问题的关注，1998 年 4 月 27～28 日，OECD 召开部长级会议，呼吁 OECD 与各国政府、有关的国际组织及私人部门共同制定一套公司治理的标准和指导方针。为了实现这一目标，OECD 成立了公司治理专门筹划小组，于 1999 年出台了《OECD 公司治理原则》。针对近几年公司治理领域的新情况、新发展，特别是针对接连出现的一些骇人听闻的大公司丑闻事件，OECD 根据其成员国政府的要求，结合公司治理领域的最新发展情况，宣扬公司治理的理念，于 2004 年 1 月公布了最新的《公司治理原则》修订版的征求意见稿。

从 1999 年面世起，《OECD 公司治理原则》（以下简称《原则》）即为经合组织和非经合组织的广大国家所接受，金融稳定论坛（Financial Stability Forum）还把《原则》作为衡量金融体系健全与否的 12 个主要标准之一，同时《原则》还成为世界银行和国际货币基金组织制定的《标准与准则报告》（Reports on Standards and Codes）的公司治理部分的基础。2002 年，OECD 部长级会议一致同意对 OECD 国家的最新发展进行重新考察，以便根据最新的公司治理发展状况对《原则》进行审查，这项任务由 OECD 公司治理筹划小组承担，该小组的成员包括所有的 OECD 成员国，还包括世界银行、国际清算银行、国际货币基金组织等观察员，为了更好地对《原则》进行评估，筹划小组还邀请了金融稳定论坛、巴塞尔委员会，以及国际证监会组织（IOSCO）等特邀观察员。

另一方面，在发达市场经济国家，财务丑闻或债务风险导致公司陷于困境或倒闭的事件频频发生。2001～2002 年，在自认为公司治理问题解决得比较好的美国，先后发生了安然、世界通讯等大公司的财务丑闻（见表 4 - 22），安然公司被迫申请破产保护。2008～2009 年，由美国次贷危机引发的国际金融危机使许多大公司陷于困境或破产，具有 158 年历史的雷曼兄弟公司破产倒闭，具有近 90 年历史的全球最大保险公司——

美国国际公司（AIG）濒临破产，被美国联邦政府接管。这些大公司或倒闭或陷于困境充分说明，在既定的产权结构前提下，公司治理对企业绩效进而对企业生存和发展具有直接和决定性的作用，同时也说明公司治理问题的复杂性和改善公司治理的长期性和艰巨性。

表 4 - 22　2002 年上半年美国暴露出的公司治理事件

时　　间	事 件 内 容
2001 年 12 月 2 日	安然公司申请破产保护
2002 年 3 月 14 日	安达信销毁安然案件的相关文件，被控告妨碍司法，罪名成立，安达信濒临破产
2002 年 4 月 1 日	施乐公司因会计问题被调查后，同意支付 1000 万美元罚款，与美国证监会和解
2002 年 4 月 30 日	世界通讯公司董事长个人借款事件被披露，被迫辞职
2002 年 5 月 21 日	美林证券公司与检察官就分析师利益冲突调查问题达成和解，并同意支付 1 亿美元和解金
2002 年 5 月 23 日	Adelphia 公司的创始人家族成员挪用公司资金事件被披露后，辞去董事职务
2002 年 6 月 12 日	英克隆公司首席执行官涉嫌内幕交易、欺诈和作伪证而被捕，涉及玛莎史都华等公司
2002 年 6 月 25 日	世界通讯 40 亿美元的假账丑闻曝光，财务总监因此被公司开除
2002 年 6 月 28 日	施乐公司承认过去 5 年虚报营业收入达 64 亿美元，引发股市大跌

资料来源：宁向东著《公司治理理论》，中国发展出版社，2006，第 2 版。

就公司制企业而言，虽然国有公司与非国有公司的治理机制存在差异，但本质上国有公司与非国有公司的治理结构均以委托 - 代理关系为主要特征，终极所有者与公司经营者之间均存在委托 - 代理关系，均存在着效用函数的不一致和信息的非对称性，存在着合同的不完全性，因此，国有公司与非国有公司在结构机制方面必然存在很多相似之处。根据普遍接受的现代企业理论，公司治理不仅要解决所有权与经营权分离而产生的内部人控制等问题，而且要解决一系列利益相关者的问题，因此公司治理是一个涉及多方面因素的综合性问题。与公司治理相联系的众多利益相关者在国有公司与非国有公司中的行为具有共同的特征、目标和偏好，并且环境因素对不同所有制企业的公司治理具有类似的作用机理，因而国有公司与非国有公司的治理机制必然也有相似之处。不同所有制企业在公司治理方面日益趋同，使产权属性的不同对企业绩效的影响明显减弱，使公司治理的不同对企业绩效的影响明显增强。公司治理是迄今为止解决所有权与经营权分离后产生的委托－代理问题最有效和最广泛的社会组织协调机制和方式。因此，规范、有效的公司治理就成为现代企业制度和企业持续发展的核心和关键。近二三十年来公司治理在全球受到高度关注和广泛重视，这是因为公司治理是否有效已经成为决定企业绩效的核心和关键因素。竞争性领域之所以也出现一批具有相当竞争力的国有企业，是因为其核心和关键因素是有效的公司治理。由于公司治理作为企业绩效的决定性影响因素的地位日益突出，因此国有企业在改进产权结构的同时，可以通过完善公司治理来提高企业绩效，我国国有企业近年来绩效的大幅提升也证明了这一点。

现行产权理论在分析企业绩效时，不仅对公司治理与企业绩效的关系重视不够，而且缺乏对广义公司治理下企业绩效的深入研究。持产权决定论的学者实际上是从狭义公司治理的角度出发分析问题和得出结论的，而没有考虑目前被普遍接受的广义公司治理即引入公司内部治理和外部治理机制来分析影响企业绩效的因素。持产权无关论的学者实际上是假设不同属性的产权及产权结构对企业绩效的影响也是一样的。

局限之六：现行产权理论在分析企业绩效时，实际上是以公司的经营管理者如果没有本公司的股权就不可能发挥经营潜能和具有经营绩效为假设前提的，对由独立董事和外部董事构成的董事会在企业经营管理中的作用估计不足。

董事会是委托－代理关系的集合部。一方面，董事会是股东利益的忠实代表，是保护股东合法权益、体现股东意志的制度依托，是出资人职责到位的最终体现；另一方面，董事会负责企业的重大决策，对企业进行战略性监控，并负责企业经理人员的选聘、评价、考核和激励，是企业绩效的重要保证，是企业竞争力的制度基础。董事会能否充分发挥作用，在很大程度上决定着公司治理的有效性，决定着大型企业现代企业制度建设的成败，也影响着企业的绩效。南开大学公司治理研究中心用净资产收益率和综合绩效衡量公司绩效，研究发现，董事会治理指数与公司当期绩效不存在显著相关关系，但与公司绩效的改善之间存在显著相关关系，即董事会治理对公司绩效的影响存在累积效应。北京师范大学公司治理与企业发展研究中心的研究发现，董事会治理对公司绩效具有正向显著影响①。正因为如此，投资者在寻求潜在投资目标时，十分关注董事会绩效的重要性评估（见图4－11）。因此，建立健全有效的董事会就成为完善公司治理的关键，成为大型国有企业建立现代企业制度的关键。作为英美国家公司治理的一个重要特征，董事会成员中独立非执行董事或外部董事占大多数，而能够成为独立董事或外部董事的一个重要标准就是与所任职的公司没有产权关系。如果按剩余索取权和剩余控制权理论，这样的企业是不可创造更高的经营绩效的。实际上，以独立董事或外部董事为主组成董事会已成为许多国家改善公司治理的重要选择——不论是采用英美公司治理模式的国家还是采用德日公司治理模式的国家，亚洲不少国家的大型企业也越来越多地推进以独立董事或外部董事为主的董事会建设。

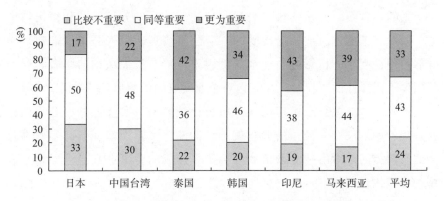

图4－11　投资者在亚洲寻求潜在投资时关注的因素：
董事会绩效与财务数据的重要性评估

资料来源：麦肯锡公司。

局限之七：现行产权理论在分析企业绩效时缺少对产权权利的细致分析，往往是从财产归谁所有出发分析产权结构对企业绩效的影响，忽视了不同产权权利的作用。

---

① 高明华、苏然、方芳等：《中国上市公司董事会治理指数报告》，经济科学出版社，2013。

经济学家普遍承认，产权是包括财产所有权在内的一束权利，包括所有权、占有权、使用权、收益权、分配权、处置权等（见图 4 - 12）。由所有权延伸出来的各种产权权利是可以分割和让渡的，是可以归属于不同的主体实际所有和行使的。产权权利可以分割和让渡，才使得所有权与经营权分开的大型企业得以形成和发展，通过经济契约来管理他人财产的现代企业制度就成为大型企业的必然选择和发展趋势，通过公司内部治理对各种产权权利进行合理配置和组合可以改善企业绩效。正是由于产权权利可以分割和让渡，所有权对企业绩效的直接影响明显弱化，公司治理对企业绩效的直接影响明显增强，而机构投资者的作用增强和混合所有制经济的快速发展则进一步放大了这一效应。世界各国具有较强竞争力的国有企业基本上都是所有权与经营权分开的大型企业，其原因就在于此。

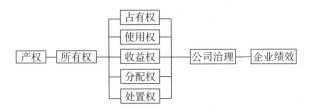

图 4 - 12　产权权利与企业绩效关系

局限之八：现行产权理论分析企业绩效时大多对人力资本影响企业绩效的重视不够，而过于注重财产性产权对企业绩效的影响，假设的前提是人都是经济人并追求自身利益最大化，企业中的产权只有明晰界定到个人，剩余索取权和剩余控制权归企业家，企业才能有效率。

在现代社会，与财产性产权一样，作为独立人格的人力资本也是一种产权。人力资本天然属于个人所有，个人拥有的体力，掌握的知识、技能，以及努力、负责、创新、冒险、对潜在市场机会的敏感和把握能力等，总是依附在个人身上，并且只归本人支配和使用。知识经济使人类进入了全新的人力资本时代，知识已成为生产力发展的主导要素。诺贝尔经济学奖得主舒尔茨在 1960 年美国经济学会年会上作了题为"人力资本投资"的演讲，他明确提出，促进现代经济增长的主要因素是人力资本。美国芝加哥大学经济学教授 K. 墨菲基于经验实证提出，"当今社会，决定人们之间贫富差距的第一位原因，是由知识积累所形成的人力资本，而不是对物质资本的占有。"知识经济和经济全球化使决定企业竞争力的主要因素发生了根本性变化，创新能力已成为决定企业持续竞争能力进而决定企业绩效的主要因素。企业只有真正具备自主创新能力，才能真正形成持续的竞争优势，才能不断取得良好经营业绩。在一定意义上讲，自主创新能力比自主创新产品更为重要。只有形成和增强自主创新能力，才能持续不断地创造出具有自主知识产权的产品，形成著名品牌，形成竞争优势。现代人力资本理论认为，人力资本是所有资本中最重要、最具活力的资本，主导着创新和效率。在知识经济时代，作为知识载体和具有高回报特征的人力资本已成为企业难以复制的核心竞争力，对企业的创新和效率起到了至关重要的作用，而经理阶层则在人力资本中处于最关键、最核心的地位。随着产权变革的不断深入和股份公司的广泛发展，法人财产权的运作和处置越来越重要。在现代企业制度中，财产的终极产权虽属于投资人或持股人，但有效的操作、行使则有赖于处于第一线的经理阶层，这就决定了经理阶层地位和作用日益重要。企业家素质的高低、成就的大小，往往决定了企业的成败。美国著名经济学家熊彼特指出：企业家是市场"创新"和生产要素"新组合"的"灵魂"，是生产力发展的排头兵。企业家能够发现一般人所无法发现的机会，能够运用一般人所不能运用的资源，找到一般人所无法想象的办法，并将这些办法转变为全体员工的坚定行动和企业战胜困难的成功业绩。面对日益激烈的市场竞争，企业家精神越来越受到重视，甚至被认为是一种最稀缺的企业资源。世界著名的管理咨询公司埃森哲曾在26个国家和地区对几十万名企业家进行访谈，其中79%的企业领导认为，企业家精神对于企业的成功非常重要。埃森哲的研究报告也指出，在全球高级主管心目中，企业家精神是组织健康长寿的基因和要穴。作为企业家重要组成部分的经理阶层主要是依靠人力资本获取报酬。而人力资本产权对企业绩效的影响，既取决于人力资本的素质和能力，也取决于人力资本的能力的发挥；而人力资本能力的发挥既取决于人力资源的优化配置，也取决于企业有效的激励和约束机制。企业的激励机制既可以包括股权、期权等激励方式（见表4-23），也可以包括薪酬、资金等激励方式，还可以包括精神方面的激励方式。美国社会心理学家亚伯拉罕·马斯洛（Abraham Harold Maslow）提出了著名的被普遍认同的需求层次理论，他认为人都潜藏着五种不同层次的需求，由低到高依次为生理上的需求、安全上的需求、感情上的需求、尊重的需求和自我实现的需求。美国著名管理学家彼得·德鲁克针对过分看重物质激励作用的倾向指出："一种有效的药物定是会有副作用的，而且剂量越大，则副作用越大。物质刺激和物质报酬的确是非常有效的一种药物，并且力量是越来越大，因此，它也必然会有强大的副作用，"他强调，"对物质报酬日益增长的要求的结果是：它作为一种刺激和管理工具的作用正迅速地遭到破坏。管理人员必须努力去降低物质报酬的作用。"①如果分析产权结构对企业绩效的影响时，只考虑财产性产权的影响而忽视人力资本这一现代社会发展最主要的因素，只考虑人们的生理需求而不考虑人们的精神需求，得出的结论就难免会产生偏差。

表4-23 可供选择的激励手段

划分尺度	细 分	具体方式
按激励内容划分	物质激励	奖金
		分红
		年薪制
		股份
	精神激励	在职消费
		提升
		荣誉称号
		资格、职称和证书
		度假、进修
按激励时间划分	长期激励	年薪制
		股份、股票期权
	短期激励	在职消费
		提成、奖金

资料来源：荆林波著《经营者股票期权——长期激励的调和术》，中国经济出版社，2000。

———

① 彼得·德鲁克《管理：使命、责任、实务》，机械工业出版社，2008。

局限之九：现行产权理论在分析企业绩效时运用的往往是单维度、直线性的思维方式和逻辑推理，陷于简单的因果关系分析，缺少对复杂系统的多维度和非线性的动态分析和理论推导。

近代科学思维方式的一个明显不足是只注意局部而忽视整体，并把复杂问题简单化，随着人们对客观世界认识的加深，普遍联系和深化的特征逐步被提示，以注重联系和发展、整体和层次、结构和功能等为特征的辩证思维方式应运而生。特别是 20 世纪中叶以来，系统思想和理论逐步兴起，被有关学者称为复杂系统科学的理论日益受到重视①。复杂系统科学的特点主要可以归纳为两个方面：一个方面是研究对象具有复杂性。过去科学研究是以机构运动为代表的运动规律，而且所研究对象的内部组成也相对简单。而复杂系统科学应用的主要领域是以生物和社会现象为代表的多种元素组成的系统，这种系统最重要的特征是不可分割性或整体性，也就是说，整体大于部分之和，系统与其组成部分相比具有各部分线性叠加之后不具备的新属性。另一个方面是研究方法具有动态性。简单系统与复杂系统的最大区别就在于，前者的作用方式是线性的，后者的作用方式是非线性的、动态的，从相互作用的系统看内在机制，提示了系统内部和外部的相互作用。正是有了复杂系统内部的非线性相互作用，系统才可能在相同的外部环境条件下实现可能的状态，从而使世界变得更加丰富多彩。复杂系统理论提示了简单因果还原的局限性。传统科学最核心的方法论原则之一是简单的线性因果决定论原则，但因果关系是极其复杂的，通常人们将产生某些现象的各种原因分为直接原因和间接原因、主要原因和次要原因、内部原因和外部原因等，多种因果关系是共存的，人们很早就注意到一因多果、一果多因、多因多果等复杂局面的存在，这意味着单一线性分析方法的风险。无论是产权决定论还是产权无关论，从方法论上看，其思维方式都是更多地停留在近代科学思维的方式，存在的不足是只注意局部而不注意整体并且把复杂的问题简单化。现代产权理论在分析企业绩效时，往往过分依赖各种

---

① 董春雨：《复杂系统科学改变了我们的思维方式》，《人民日报》2010 年 6 月 11 日。

数学工具的运用和处理方法，而这些数学方法最终大多又归结为线性方法，这样，系统的不可分割性或整体性就被忽略或庸俗化了。根据复杂系统科学理论，一个大系统中的若干子系统之间是相互联系、相互作用的，子系统中的若干元素之间也是相互联系、相互作用的，子系统能够存在并发挥作用既依赖、受限于大系统，也依赖、受限于其他子系统，元素能够存在并发挥作用既依赖、受限于子系统，也依赖、受限于其他元素。实际上，社会现象作为一种系统，最重要的特征是它的不可分割性或整体性。企业作为市场经济的细胞和微观基础不是孤立存在的，而是处在一个大的经济和社会系统之中，其运营必然受到经济和社会大系统及大系统中的很多子系统的影响和制约。因此，企业绩效作为企业运营的结果，作为一种经济现象，受到多种因素和多个环节的影响，简单地把公司价值归结为股权结构的函数①，既没有充分考虑产权权利是可以分割和让渡的，也没有充分考虑影响企业绩效因素的系统性和多元性。公司治理作为影响企业绩效的直接的、决定性的因素，有赖以存在和发挥作用的环境和条件，也受到多种因素和多个环节的影响，不能简单地运用产权结构的函数来解释，不考虑公司治理的初始条件、内生状况、外部约束和形成路径，简单地以产权的最终所有权作为判断企业绩效的唯一依据，难免陷入简单的因果关系推论之中。产权结构、治理结构、激励约束机制等公司内部治理和竞争环境、资本市场、经理人市场等公司外部治理构成了公司治理是否有效的必要和充分条件。因此，分析企业绩效必须运用系统理论，多维度、非线性地进行分析，孤立、片面地运用其中一个因素进行线性分析和理论推导，其理论很容易落后于现实，其结论很容易偏离实际。现行产权理论在分析企业绩效时之所以存在一些偏差和不足，之所以难以诠释全部国有企业，主要原因就在于理论上和方法上忽视了这些因素和环节的共同影响和相互作用（见图4-13）。

---

① 孙永祥：《公司治理结构：理论与实证研究》，上海三联书店、上海人民出版社，2002。

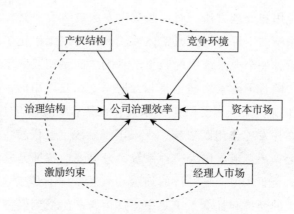

图 4 - 13   影响公司治理有效性的因素

企业绩效作为企业经营的结果其高低取决于经营的状况，企业经营的状况则取决于企业治理结构是否有效，而企业治理结构是否有效取决于企业的产权结构、内部治理、外部治理和竞争环境等因素。

设 Y = 企业绩效，X = 公司治理，A = 内部治理，B = 外部治理，C = 竞争环境，D = 产权结构，则企业绩效为公司治理的函数，即

$$Y = F (X)$$

而公司治理的效率则为企业内部治理、外部治理、环境竞争和产权结构等的函数，则

$$X = G (A + B + C + D)$$

因此，企业绩效为产权结构等因素的复合函数，则

$$Y = F [G (A + B + C + D)]$$

现行产权理论研究和分析企业绩效时的种种局限，反映在实证方面就是缺少能够涵盖各国和各类国有企业的令人信服的统计数据和案例，分析的结果不能说明为什么竞争性领域会出现一批具有较强竞争力、经营比较成功的国有企业。

从国际上看，国有企业具备相当的市场竞争力和良好经营业绩的国家不多，这说明在市场竞争条件下国有产权结构影响企业的竞争力，也说明一元产权结构和国有控股的产权结构对企业绩效确实具有极为重大的影响。但许多实行市场经济的国家在竞争性领域拥有具备较强竞争力

的国有企业,这说明在市场经济条件下采用国有或国有控股产权结构的企业也可以具备相当的市场竞争力和经营业绩,关键是国有企业的体制和机制必须与市场经济相适应,必须充满活力和具有竞争力。

公认的经营比较成功的是新加坡国有的淡马锡控股有限公司(Temasek Holding)。成立于 1974 年的淡马锡控股公司是新加坡财政部全资拥有的国有大型控股公司,其主要任务是负责新加坡政府对企业的投资,管理新加坡所有的政府关联公司。截至 2012 年底,淡马锡控股公司在亚洲和拉丁美洲拥有 10 家子公司和办事处。40 年来,淡马锡控股公司管理的国有企业无一亏损,普遍经营良好。淡马锡控股公司成立时的资产约为 3.54 亿新元,截至 2013 年 3 月 31 日,拥有总值 2150 亿新元的投资组合,按当时的新元兑人民币的汇率,约为 10680 多亿元人民币,创造了年均股东复合回报率 16% 的显著业绩,并拥有标准普尔和穆迪授予的 AAA/Aaa 整体企业信用评级,被誉为"淡马锡模式"。

芬兰、瑞典的国有企业从经营绩效来看,总的也是比较成功的,两国国有企业经营状况普遍较好,芬兰国有上市公司不少已成为股市追逐的"蓝筹股",瑞典国有上市公司在国家出售了一部分股权的情况下,2003~2006 年市值翻了一番,公共财富和政府收入都得到了增加。

马来西亚国有企业总体经营状况也不错。马来西亚国库控股公司管理的 27 家上市公司中的 20 家编制成 G-20 指数,2004 年 9 月 14 日至 2007 年 9 月 14 日 G-20 指数的复合年增长率达到 21.3%,超过吉隆坡综合指数 0.7 个百分点;市场资本值增加了 71%,绝对值增加了 1030 亿令吉。

从国内来看,随着改革开放的推进和市场竞争的加剧,国有企业长期积累的一些深层次矛盾和问题集中暴露出来,一段时间内相当一部分国有企业生产经营极为困难,经济效益大幅下降,许多企业处于停产半停产状态。1998~2008 年的 10 年间,国有企业从 30 万家减少到 6.14 万家,减少了近 4/5,其中绝大多数是通过企业改制和关闭破产退出市场的,市(地)级政府管理的 80% 左右的国有中小企业、县级政府管理的 90% 左右的国有中小企业都进行了改制,其中绝大多数改制为非国有企业。1986 年,江苏盐城市建湖县有全民所有制企业 36 个,集体企业 395 个,其中,乡镇企业 249 个,城镇街道办企业 60 个,县属企业 86 个;工业总产值中，全民所有制工业企业的产值占 32.4%，集体工业企业占 67.6%，其中，乡镇办企业占 32.7%，街道办企业占 7.2%，县属企业占 27.7%。到 2008 年底，全县 330 个规模以上工业企业中，有地方国有企业 1 个，集体企业 5 个，股份合作企业 3 个，股份制企业 234 个，外商及港澳台商投资企业 12 个，其他类型企业 75 个；在规模以上工业企业总产值中，地方国有企业占 0.03%，集体企业占 0.22%，股份合作企业占 1.01%，股份制企业占 79.46%，外商及港澳台商投资企业占 7.44%，其他类型企业占 11.84%。而股份制企业的股权大多集中在企业经营者手中①。可以说，建湖县工业企业和工业产值都已形成以民营经济为主的格局。这说明，中小型国有企业和一元产权结构的国有企业绝大多数在市场竞争中不具有竞争优势，在激烈的市场竞争中难以生存和发展。但近年来国有企业的经济效益和竞争能力得到明显提升，在竞争性领域也涌现出不少具有相当竞争力的大型国有企业，1998 ~ 2013 年国有及国有控股企业户数从 23.82 万户减少到 15.5 万户，实现利润总额从 213.7 亿元增加到 2.6 万亿元，资产总额从 14.87 万亿元增加到 104.1 万亿元（见图 4 - 14）。

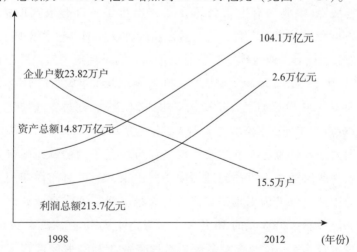

图 4 - 14　1998 ~ 2013 年国有及国有控股企业户数、资产总额和实现利润变动情况

资料来源：根据国务院国资委研究局编《中央企业、全国国有企业基本情况》（2010）、财政部《2013 年全国国有企业财务决算情况》有关数据绘制。

①　《建湖县志（1986 ~ 2008）》，方志出版社，2009。

2003～2013 年，国有资产保值增值率逐年提高，2007 年达到
109.5%（见图4－15）。2008 年以来面对复杂多变的国内外经济环境，
国有资产总量持续增长，国有资本仍然实现了保值增值。2013 年末全国
合并国有资产总量达到 118.1 万亿元，比上年增长 18.1%。2013 年全国
国有企业平均国有资本保值增值率为 104.5%，比上年下降 1.8 个百分
点，其中：中央企业平均国有资本保值增值率为 106.9%，比上年下降
1.1 个百分点；中央部门管理企业平均国有资本保值增值率为 108.2%，
比上年上升 0.5 个百分点；地方国有企业平均国有资本保值增值率为
103.0%，比上年下降 1.6 个百分点。

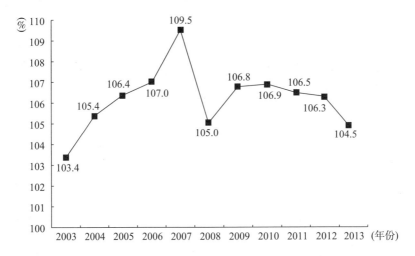

图 4 - 15　2003～2013 年国有资产保值增值率变化曲线

资料来源：《国资年鉴》编委会编《中国国有资产监督管理年鉴 2009》，中国经济出版社，
2009；国务院国资委财务监督与考核评价局：《企业国有资产统计数据资料》（2010、2011、
2012、2013）。

在国有企业户数大幅减少的同时，国有企业的经济效益大幅提升，
国有资产的保值增值成效明显，这是多种因素共同作用的结果，但不可
否认，国有企业体制创新和机制转换也发挥了极为重要的作用，因为
1998～2008 年的 10 年正是国有企业产权制度改革和公司治理建设取得突
破性进展的 10 年。这说明，大型国有企业通过制度创新建立起适应市场
经济要求的充满活力和具有竞争力的体制和机制，在激烈的市场竞争中
也可以不断发展壮大。

产权结构、公司治理与企业绩效关系的理论分析和大量实例说明，产权结构是影响企业绩效的一个基础性和根本性因素，但不是唯一决定性因素。正确结论应是，产权结构是企业绩效的必要条件，但不是充分必要条件。

（二）实际案例的验证和说明

企业绩效作为企业经营的结果，其好坏取决于经营的状况，企业经营的状况则取决于企业治理结构是否有效，而企业治理结构是否有效取决于企业的产权结构、内部治理、外部治理和竞争环境等因素。产权结构是影响企业绩效的一个基础性和根本性因素，但不是唯一决定性因素。现有的关于产权结构、公司治理与企业绩效关系的经济理论假说具有一定的局限性，这一点也可以通过实际案例得以印证。新加坡淡马锡控股公司和芬兰奥托昆普公司具有一定的代表性。

（1）案例：新加坡淡马锡控股公司的产权结构和公司治理

淡马锡控股公司的产权结构是一个多层次、宝塔形的体系，通过产权关系控股或参股的大大小小的企业达 2000 多家，员工达 14 万多人。淡马锡控股公司主要控股或参股的企业有新加坡航空公司、新加坡电信集团、新加坡科技集团、新加坡能源公司、新加坡地铁公司、新加坡发展银行、海皇东方轮船公司、港务局集团、胜宝旺企业集团等。

有政府背景的国有企业如何实现商业化、专业化和独立化的市场运作，是各国政府面临的一个难题。1974 年新加坡政府成立淡马锡控股公司，目的就是以较为彻底的市场化模式经营国有企业。面对一元产权结构的集团公司，淡马锡控股公司引进了独立董事制度以改进和完善公司治理。按照新加坡有关法律的规定，淡马锡控股公司的公司治理为董事会下的总经理负责制。淡马锡控股公司的董事会由股东董事、独立董事和执行董事三部分人员组成。股东董事由来自作为出资人的财政部和政府其他部门的高级公务员出任，独立董事大部分为商业经验丰富的民营企业或跨国公司的优秀企业家，执行董事来自公司的管理层。股东董事和独立董事都称为非执行董事或外部董事。淡马锡控股公司所属企业的董事长基本上都由非执行董事担任。淡马锡控股公司 10 名董事会成员中有 8 名是股东董事，即由政府公务员担任。近年来，随着市场化经营水平的提高，淡马锡控股公司的董事会增加了独立董事的比例，形成了以独立董事为主、股东董事为辅的董事会架构。淡马锡控股公司董事会下设 7 个专门委员会，专门委员会的主任及组成人员大部分由独立董事担任。

淡马锡控股公司的重大投资决策由董事会决定，在投资方面实行积极而审慎的原则。进入 21 世纪以来，淡马锡的投资大体为"三分天下"：1/3 在国内，1/3 在新加坡以外的亚太地区国家，1/3 在经合组织国家。

（2）案例：芬兰奥托昆普公司的产权结构、公司治理和企业绩效

成立于 1910 年的芬兰奥托昆普公司是一家国际不锈钢生产商，其客户集中在加工业、机械制造业、建筑业、电器工业、运输业、电子信息技术、餐饮业、家用金属器具等行业，运营地遍布 30 多个国家。2007年，该公司销售额总计 69 亿欧元，不锈钢产量位居世界第三。奥托昆普公司是一家国有相对控股企业，芬兰政府持有 37.76% 的股权，为第一大股东，国际战略投资机构持有 30.43% 的股权，芬兰国内其他投资机构持有 15.1% 的股权，社保基金持有 9.51% 的股权，社会公众持有 7.2% 的股权（见图 4 - 16）。

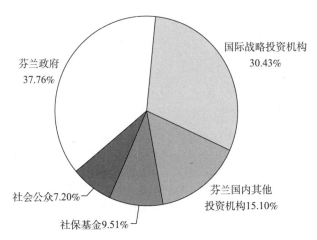

图 4 - 16　芬兰奥托昆普公司股权结构

奥托昆普公司的公司治理结构由股东大会、董事会、总经理构成。董事会现有 8 名成员，除政府代表和工会代表外，其他 6 人均为外部董

事，政府代表由贸工部现任能源司司长出任，董事长由 StoraEnso 股份公司董事、CEO 担任。董事会下设审计委员会、提名和薪酬委员会。审计委员会成员由三名外部董事担任，提名和薪酬委员会成员由董事长和另外两名外部董事担任。总经理领导下的执行委员会现有 6 名成员（包括总经理），均为非董事会成员。

奥托昆普公司近几年发展较快，经营状况良好。2007 年与 2003 年相比，各项经营业绩均有大幅增长，营业收入增长了 16.74%，利润总额增长了 638.89%，每股收益增长了 441.54%，每股红利增长了 500%，资本收益率增长了 178%（见表 4-24）。

表 4-24　2003~2007 年奥托昆普公司主要经营业绩指标

指标	2003 年	2007 年	增长率
营业收入	59.22 亿欧元	69.13 亿欧元	16.74%
利润总额	1.08 亿欧元	7.98 亿欧元	638.89%
每股收益	0.65 欧元	3.52 欧元	441.54%
每股红利	0.2 欧元	1.2 欧元	500%
资本收益率	5.0%	13.9%	178%

资料来源：根据芬兰奥托昆普公司提供的数据计算。

（3）案例：中国建筑材料集团有限公司的产权结构和企业绩效

水泥行业是公认的充分竞争行业，在我国也是一个被普遍认为属于产能严重过剩且竞争十分激烈的行业。以水泥生产和销售为主业的中国建筑材料集团成立于 1984 年，2003 年成为国务院国资委直接监督管理的中央企业。截至 2013 年底，中国建筑材料集团所属企业共有 1113 家。其中，二级企业即中国建材股份公司是香港上市公司，目前，国有股占比为 46.67%，公众投资者持股比例为 53.33%；三级企业共 117 家，其中混合所有制企业共 38 家，在三级企业中占比为 32.5%；四级企业有 383 家，属于混合所有制企业的有 316 家，在四级企业中占比为 82.5%。

近十多年来，中国建材结合兼并收购积极发展混合所有制经济，相应地建立职业经理人制度，进行了一系列市场化运作，迅速发展壮大，已经成为以水泥业务为主业的综合性建筑材料产业集团，水泥产能达

4.5亿吨，成为毫无争议的世界水泥大王。2013年，面对世界经济缓慢复苏、中国经济下行加剧的困难局面，中国建材实现营业收入2570亿元，同比增长18%；实现利润总额123亿元，同比增长10%。在世界500强企业中的排名由2012年的第365位上升到第319位，提升了46位。

六　小结

本章首先简要阐述了企业绩效的含义、企业的生产成本及企业生产总值的内容，并从企业经济效益的评价入手，分析了企业经济效益的评价标准、评价原则、评价方法及应重视的问题。在此基础上，本章阐述了企业经济效益与交易成本的内在联系，详细分析了产权结构对企业内部交易的影响及产权结构对企业外部交易的影响：私有性质的一元产权结构企业相对于大型企业和公有性质的一元产权结构企业，其内部交易成本比较低；企业集团的形成，在很大程度上可以降低企业内部的交易成本；当前广泛存在的企业并购，在降低企业外部交易成本方面有四项优势。本章还探讨了国有企业与非国有企业绩效比较时的5个因素，以及产权结构、公司治理与企业绩效关系的多种理论假说，例如"公地悲剧"理论、委托-代理理论、剩余索取和控制理论、不完全合同理论和所有者缺位理论。本章分析了现行经济理论分析产权结构与企业绩效关系时存在的局限和不足，指出现行经济理论缺少对于国有控股或参股的多元产权结构的国有企业的深入研究，缺少对机构投资者的深入研究，缺少对公司治理的足够的重视，缺少对产权权利的细致分析，缺少对人力资本影响企业绩效的重视，往往陷入单一线性的思维方式和逻辑推理。本章最后针对产权结构、公司治理与企业绩效的关系，分析了新加坡淡马锡控股公司和芬兰奥托昆普公司的案例，介绍了淡马锡公司多层次、宝塔形的产权结构带来的显著业绩和奥托昆普公司由股东大会、董事会、总经理组成的国有相对控股公司结构带来的巨大利润。

通过本章的论述，可以看出，企业作为市场经济的营利性组织，经济效益的高低是判断企业经营状况和经营成果的重要标准，是衡量企业产权结构是否合理和公司治理是否有效的一个重要尺度。产权结构、公司治理与企业绩效之间有着非常紧密的联系。产权结构是影响企业绩效的一个基础性和根本性因素，但不是唯一决定性因素。产权结构是企业绩效的必要条件，但不是充分必要条件。适合本国本地区具体情况的公司治理结构将给企业带来意想不到的显著绩效。

第五章　我国国有企业绩效增长的产权制度选择

产权结构对企业绩效的基础性、根本性作用决定了我国国有企业要提高经营绩效，在市场经济中要具有竞争力，必然的选择就在于改革产权制度，优化产权结构，形成与现代企业制度相适应的现代产权制度。

一　我国国有企业产权制度变革的历程

国内学术界对改革开放以来国有企业是否触及产权制度改革曾有不同看法：一种意见认为，改革开放以来一段时间内，国有企业改革并不触及产权制度改革；另一种意见认为，国有企业改革从一开始就涉及产权制度改革。实际上，如果将产权理解为以财产所有权为主体的一束权利，从这个意义上讲，改革开放以来我国的国有企业改革就是围绕产权这一主线展开的。从制度变迁的角度看，改革开放以来伴随国有企业改革的国有产权制度变革大体可以划分为三个阶段。

（一）第一阶段：所有权与经营权逐步分离的阶段（1979～1992 年）

这一阶段国有产权制度改革的主要内容是所有权与经营权的逐步分离。传统的国有企业是政府垄断了企业几乎全部的剩余权利，企业没有创造剩余产品的积极性。针对原有计划经济体制下政企不分、权力过于集中、企业缺乏经营管理自主权的弊端，国家先后颁布了一系列扩大企业自主权的文件，采取了"简政放权""减税让利"等一系列改革措施，将企业日常经营决策权、国家计划外产品销售权等权力下放给了企业，并通过利润留成、利改税，使企业由国家统负盈亏向一定程度上的自负盈亏迈出了第一步。1984年召开的党的十二届三中全会明确了企业的所有权与经营权适当分离的改革思路，突破了把全民所有制企业与国家机构直接经营混为一谈的传统观念，以"两权分离"和"政企分开"为特征的多种经营方式，如承包经营责任制、租赁经营责任制、资产经营责任制等纷纷涌现。1992年7月国务院颁布的《工业企业经营管理暂行条例》明确将生产自主权、原料选购权、劳动用工权和产品销售权等14项经营权下放给企业。经营权的让渡使企业的经营者具有了一定程度的剩余控制权和剩余索取权，企业经营者和生产者的积极性明显提高。但这一阶段的改革主要是在原有经济体制内进行的改革，是政府与国有企业之间经营管理权限的调整，属于经营权层面的改革，没有从根本上触及原有的所有制结构和产权结构。

（二）第二阶段：探索建立现代企业制度的阶段（1992～2002年）

这一阶段国有产权制度改革的主要内容是探索建立现代企业制度。建立现代企业制度，前提是进行公司制改革，基础是建立现代产权制度，核心是完善公司治理结构。1992年10月召开的党的十四大明确了我国经济体制改革的目标是建立社会主义市场经济体制。1993年11月召开的党的十四届三中全会通过了《关于建立社会主义市场经济体制若干问题的决定》，第一次引入了"出资者所有权与企业法人财产权"分离的概念，并明确提出国有企业改革的方向是建立"产权清晰、权责明确、政企分开、管理科学"的现代企业制度。这表明经过十多年的改革探索，国有企业改革要求突破原有的企业财产制度和变革财产关系，由经营权层面的改革转向所有权层面的改革。这一阶段已经提出并开始推进国有企业的公司制股份制改革，一些国有企业通过规范上市、中外合资、相互参股、兼并收购等多种途径进行了股份制改革，并按照《公司法》的要求设立了股东会、董事会、监事会和经理层，公司法人治理结构的框架初步形成，资本市场在此期间也得到了较快发展，但由于市场经济体制不完善和相应的制度改革不配套，国有企业特别是国有大型企业所有权层面的改革并没有取得突破性进展，突出表现在绝大多数国有大型企业的组织形式仍然是国有独资公司甚至是国有独资企业，已经进行股份制改革的国有企业的股权结构普遍存在股权比重过高的现象，在此基础上形成的公司治理大多流于形式。

（三）第三阶段：国有资产出资人制度建立和公司制股份制改革阶段（2002～2013年）

这一阶段国有产权制度改革的主要内容是加快国有资产出资人制度的建立和国有大型企业集团层面的公司制股份制改革步伐。2002年11月召开的党的十六大提出，建立中央政府和地方政府分别代表国家履行出资人职责，享有所有者权益，权利、义务和责任相统一，管资产和管人、管事相结合的国有资产管理体制。2003年10月召开的党的十六届三中全会首次提出使股份制成为公有制的主要实现形式，提出要建立现代产权制度，并强调这是构建现代企业制度的重要基础。理论上的突破和创新为国有企业的产权制度改革提供了强大动力。据国务院国资委的数据，截至2012年底，国务院国资委管理的中央企业及其子企业控股的上市公司共有378家，地方国有企业控股的上市公司有618家。宝钢集团公司、武钢集团公司、中国交通建设集团公司、上海汽车集团公司等一批大型国有企业实现了整体上市或主营业务资产整体上市。

（四）第四阶段：积极发展混合所有制经济阶段（2013年至今）

2013年11月召开的党的十八届三中全会做出的《关于全面深化改革若干重大问题的决定》强调，"积极发展混合所有制经济。"与此相适应，《决定》还强调，"完善国有资产管理体制，以管资本为主加强国有资产监管，改革国有资本授权经营体制。"发展混合所有制经济的实质，就是通过不同所有制资本的交叉持股和相互融合，深化国有企业的产权制度改革，相应的，实现以管国有资产为主转向以管国有资本为主，同时，促进各种所有制经济共同发展。这标志着国有企业改革进入一个新的阶段，国有资产监管也进入一个新的阶段。

从改革开放以来国有企业产权制度改革的历程至少可以看出：国有企业的产权制度改革是一个不断深化的过程，采取了先易后难、逐步递进的方式，从所有权与经营权的分离演进到要求明晰产权，再演进到所有制结构和产权结构的变革；从国有中小企业突破，演进到大型国有企业，再演进到特大型国有企业；从国有企业公司制股份制改革，演进到积极发展混合所有制经济；相应的，从以国有资产监督为主，演进到以国有资本监督为主。这与我国整个经济体制改革采用渐进式的模式是一致的，应该说，这是一个现实的、行之有效的改革路径选择。但国有企业产权制度的渐进式改革和重点、难点问题的延后，既增加了国有企业后期改革的成本，又增加了大型国有企业建立规范的现代企业制度的难度。

二 股份制：国有企业产权制度改革的重要选择

基于产权结构对企业绩效的基础性、根本性作用，进一步推进国有企业改革的逻辑思路应是：一方面，继续调整国有经济布局和结构，使国有企业从不具备竞争优势的行业和领域退出，更多地集中于关系国家安全和国民经济命脉的重要领域和关键行业；另一方面，继续优化国有企业的产权结构，将一元产权结构占主体的国有企业转为多元产权结构占主体的国有企业，使国有企业的产权制度能够与社会化大生产和市场经济的要求相适应。

（一）股份制：大型企业的重要资本组织形式

股份制是适应社会化大生产和市场经济要求的一种资本组织形式，是适应现代企业制度要求的一种产权结构。分析世界500强企业，基本上都是股份制的上市公司。世界级大企业之所以大多采用股份制的资本组织形式，是因为股份制有利于所有权与经营权的分离，使企业的组织形式与社会化大生产和市场经济相适应；有利于把分散的社会资本迅速集中起来，提高企业和资本的运营效率；有利于企业资本的流转，在更大范围进入资本回报更高的行业和领域。马克思高度肯定了股份制的进步意义，认为股份制企业是发展现代社会生产力的强大杠杆，对国民经济的迅速增长的影响恐怕估计再高也不为过①。股份制也是国有企业进行产权制度改革的必然选择和国有资本的主要组织形式，原因主要在于以下方面。

第一，股份制有利于改善国有企业的资本结构和组织形式，建立规范的现代企业制度。国有企业进行股份制改革可以改变国有企业的产权结构，实现投资主体多元化，发展混合所有制经济，克服单一所有制国有企业缺乏活力的弊端。产权的排他性特征决定了不同所有制的产权主体都有自己的利益诉求，即使在不同的国有产权主体之间，虽然有利益相一致的方面，但也存在着不同的利益诉求，存在着整体利益与局部利益、地方利益与中央利益、部门与部门之间利益的矛盾。国有企业进行股份制改革，不仅能够筹集大量的社会资金，而且能够改变单一的产权结构，形成多元产权结构的国有企业，从而使国有企业建立在现代产权制度的基础之上；不仅能够在国有产权的结合之上形成多元产权结构，而且能够在国有产权与非国有产权的结合上形成多元产权结构，实现投资主体多元化，用多元投资主体的国有企业取代单一国家所有制的国有企业，从而改变国有企业的资本结构和组织形式；不仅有利于产权明晰和所有者到位，而且有利于形成企业内部相互制衡的机制，在此基础上建立起现代企业制度。

第二，股份制有利于国有企业转换经营机制，为企业持续发展提供机制保障。

在一定意义上讲，体制制约机制，机制影响效率，效率决定效益。国有企业通过股份制改革特别是通过引进不同所有制的产权主体作为战略投资者进行母公司层面的股份制改革，原有的管理体制必须做出相应调整，从而促进经营机制发生重大变化。这些年的大量案例表明，母公司进行了股份制改造的国有企业，经营机制大多发生了脱胎换骨的变化，获得了良好的经济效益，实现了快速发展。2002 年进行母公司改制的南

---

① 《马克思恩格斯全集》（第 12 卷），人民出版社，1985，第 609 ~ 610 页。

京汽轮电机（集团）有限责任公司（简称南汽轮）可以说是这方面的一个成功案例。南汽轮原是一家大型国有企业，其前身是 1956 年组成的公私合营南京电机制造厂，1958 年与国营南京汽轮机厂合并为南京汽轮电机厂，1995 年改制为国有独资公司。1984 年以来南汽轮也进行了用工制度、分配制度等一系列的内部改革，并产生了积极的效应。其实，改制前的发展势头也不错，行业发展空间也很大，但在母公司仍然是国有独资公司的这一企业形态下，企业的用工制度改革、分配制度改革等内部改革的成效难以深化和持久，企业缺乏持续发展的动力和制度安排。以 2002 年 4 月南京市开始全面启动以产权制度改革为突破口的国有企业改革为契机，南汽轮的母公司进行了股份制改制，其方式是以外资股权并购的方式进行的。改制后的南汽轮由一元产权结构的国有独资公司变为多元产权结构的国有参股公司。其中，港资占 50%，国有股占 10%，内部职工股占 40%。国有资本的出资人是南京电机产业集团公司，内部职工股由国联信托有限公司代持（见图 5 - 1）。通过母公司的股份制改制，南汽轮的公司治理结构得到改善，改制后南汽轮的董事会由 8 人组成，其中，国有股董事 1 人，港资股董事 4 人，内部董事 3 人，还有 1 个董事席位为能够给公司带来技术或资金的企业保留着。通过母公司的股份制改制，南汽轮的经营机制更为灵活，原有国有独资公司的职工身份全部置换，企业中层以上管理人员的薪酬采取年薪制，技术人员采取项目制，销售人员采取分成制。除利润分红外，企业还设立了利润超额奖励，企业当年利润超过上一年度 30% 以上的部分按一定比例对企业管理层及骨干进行分红权奖励。2002 年南汽轮改制以来，主要经营业绩连创新高，资产质量不断提升。2002 年南汽轮改制当年的产销规模为 5 亿元，改制后 2004 年公司产销规模跃升到 16 亿元，2005 年又跃升到 23 亿元，2006 年进一步跃升到 30 亿元，3 年的现价产值、销售收入和实现利润合计数均超过了公司改制前 48 年的累计总和。2002 年改制时每股净资产为 1 元，2009 年增加到每股净资产 3.31 元。国际金融危机爆发以来，在市场需求严重不足的情况下，2009 年南汽轮的产销规模仍然达到 25 亿元，表现出较强的抵御市场风险的能力。

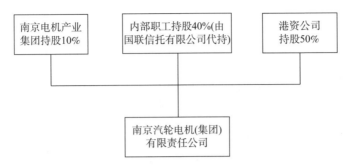

图5－1　改制后的南京汽轮电机（集团）有限责任公司股权结构

　　第三，股份制有利于促进政府职能转变，规范政府的行政行为。法人财产制度是现代产权制度的一个重要特征。长期以来，国有企业政企不分的问题一直难以从根本上解决，其根源就在于政资不分的管理体制，即政府的公共管理职能与国有资产出资人的职能不分，国有企业难以形成独立的法人财产制度。股份制作为法人治理结构的一种制度安排，有利于规范政府与国有企业的关系，排除政府对国有企业的随意行政干预和控制，实现政企分开，政资分开，使国有企业真正享有法人财产权，成为独立的法人实体和市场竞争主体。因为国有企业通过股份制改革特别是通过实行混合所有制，实现了投资主体多元化，以多个出资者的所有权为基础的股份制企业必然要求建立自己的权力机构和执行机构，并有自己的利益诉求和职能行使的要求，这就为消除长期存在的政企不分和政资不分的弊端、真正实现所有权和经营权的分开提供了制度基础和保障。建立现代企业制度是国有企业改革的方向。但在单一国有产权的情况下，国有独资企业很难达到所有权与经营权相分离的目标。这是因为政府承担了产权主体的职能，行政管理权与资产所有权合二为一，就必然会运用行政命令的办法管理企业。政企分开难以实现的根本原因正是这种政资不分的体制。股份制作为一种混合所有制形式，实现了产权多元化，以多个出资者的所有权为基础，特别是公众参股的股份制企业的股东成千上万，不可能由一方单独决策，必然要由股东大会选举产生董事会，再选聘具有专门知识和经验的经理人员来行使具体的经营管理职能。突破单纯国有企业的政企不分、政资不分的局面，摆脱企业与政府之间的依附和隶属关系，把企业真正建设成为独立运作、自主经营、自负盈亏、自我发展的市场经济活动主体。由此，就可以真正实现所有权和经营管理权的分开，有利于现代企业制度的建立及不断创新。

第四，股份制有利于国有资本流动重组，实现国有资产保值增值。流转顺畅也是现代产权制度的一个重要特征。股份制可以为国有企业提供一种明晰的财产组织形式，促进国有资本在不同所有制、不同地区、不同行业、不同企业之间的流动重组，提高资源的配置和利用效率。国有资本既可以通过股权转让退出市场前景暗淡、资本回报率低的行业和经营管理不善的企业，避免国有资产闲置和损失，也可以通过在资本市场上购买股票或通过兼并、联合、资产重组等方式进入市场前景看好、资本回报率高的行业和经营管理较好的企业，从而实现保值增值。

第五，股份制有利于实现公有制经济与市场经济的有效结合，有利于国有经济主导作用的有效发挥。公有制为主体、多种所有制经济共同发展是我国在社会主义初级阶段的一项基本经济制度。在多种所有制经济并存和竞争的社会主义市场经济条件下，坚持公有制的主体地位必须找到公有制的有效实现形式，实现公有制经济与市场经济的有效结合。在市场经济条件下，不同所有制的企业之间客观上存在着密切的联系，它们之间不仅要通过市场发生交易联系，还需要通过资本的不断组合进行资源的再配置。股份制是一种生产资料社会化的所有制实现形式，是公有制和私有制都可以采用的一种所有制实现形式。国有企业通过股份制改革特别是实行混合所有制经济，形成企业法人财产；各种所有制经济通过股份制这种资本组织形式有机地组合在一起，既能发挥各自的优势，又能发挥整体功能。这样，国有企业既可以通过股权持有的方式体现公有制的主体地位，又可以通过多种所有制企业的利益协调实现多种所有制经济的共同发展，这就较好地解决了公有制与市场经济的有机结合问题。

国有经济在国民经济中发挥主导作用是中国特色社会主义的内在要求，也是公有制为主体的重要体现。国有经济的主导作用主要体现在控制力上。通过发展股份制，不仅国有企业由于体制和机制的变化能够增强活力和竞争力，国有资本也可以通过吸引和组织更多的社会资本，扩大其支配范围，放大其功能，体现国有经济的控制力和影响力。无论是国有绝对控股还是国有相对控股，国家实际上可以运用部分国有资本控制企业的全部资本，从而较好地体现和实现国家的战略意图和政策取向。

正因为如此，1997年9月召开的党的十五大就提出，股份制是现代企业的一种资本组织形式，资本主义可以用，社会主义也可以用。党的十五届四中全会明确提出，国有大中型企业尤其是优势企业，宜于实行股份制的，要通过规范上市、中外合资和企业相互参股等改为股份制企业，发展混合所有制经济。党的十六大提出，除极少数必须由国家独资经营的企业外，要积极推行股份制，发展混合所有制经济。党的十六届三中全会进一步提出，要适应经济市场化不断发展的趋势，进一步增强公有制经济的活力，大力发展国有资本、集体资本和非公有资本等参股的混合所有制经济，实现投资主体多元化，使股份制成为公有制的主要实现形式，并强调建立健全现代产权制度是构建现代企业制度的重要基础。党的十七大再次强调，以现代产权制度为基础，发展混合所有制经济。应该说，这是多年来国有企业改革探索的宝贵经验，是国有企业改革路径的正确选择。

总之，由于通过股份制改革能够使国有企业形成现代产权制度，在此基础之上建立现代企业制度，进而为国有绝对控股或相对控股企业的持续发展提供制度保障，因此将股份制确立为我国国有企业产权制度改革的路径选择。作为国有企业的重要资本组织形式，股份制也成为国有大型企业产权制度改革的理论和逻辑结果。

（二）股份制的有效与无效

股份制作为现代企业的一种资本组织形式，其本性即资本的逐利性决定了它既可以促进国有企业的产权制度变革，也可能成为损害国有权益的手段和工具。同时，股份制作为适应社会化大生产的一种企业组织形式，只是企业绩效增长的一个必要条件，但不是充分必要条件。因此，对国有企业股份制改革或者说国有产权制度改革来说，存在着股份制改革失效的问题，或者说，存在着"有效的股份制"与"失效的股份制"的区别。从经济学的意义来讲，判断一种产权结构是否有效率，主要看它是否能为在它支配下的人们提供将外部性较大地内在化的激励①。

美国安然公司因财务丑闻而倒闭可以视为股份制失效的一个典型。20世纪90年代中期以后，安然通过资本重组建立起复杂的公司体系和组织结构，其各类子公司和合伙公司数量超过3000多个。这3000多家企业形成错综复杂的关联链条，共同组成一个典型的"金字塔"式的关联企业集团。安然通过资本重组形成复杂关联链条的做法是，利用"金字塔"式多层控股链，来实现以最少的资金控制最多的公司的目标。安然通过建立关联企业大量融资，边融资边建立新的关联企业，这样，关联企业越来越多，从事关联交易的空间越来越大，融资的杠杆效应越来越大，融资的数量也就越来越大。越是下层的关联企业离总公司的距离越远，其负债在总公司的财务报表上根本反映不出来。

安然编织关联企业网的具体做法，一是纵向持股，二是横向持股。纵向持股的做法是，安然在做关联交易和融资的时候，当一个子公司的融资能力到了某种极限时，就把类似的这样几家企业组成一个新的控股公司，然后再以新公司的名义去融资，如此往复。例如，作为起点的安然公司（A公司）以51%的持股比例控股了B公司，B公司再以同样的方式控股C公司，尽管A公司实际只拥有C公司25.5%的股份，但仍能完全控制C公司。C公司再以同样的方式控股D公司，如此不断循环，控股链层越来越多，实现控股所需的资金越来越少。到了H公司时，由于A持有H的权益只有几个百分点，合并报表时，H公司的财务状况不会反映到A公司的报表上来，但A实际上完全控制着H的行为，可以通过它举债融资，也可以通过它做关联交易转移利润。横向持股的做法是，从B公司到H公司的多个层次上相互交叉持股，编制出一个有无数个节点、结构复杂的公司网络。通过这样纵横交错的排列组合，最后发展出3000多家关联企业，就像迷宫一样，一般人根本无法弄清其中的奥妙，即使是它的策划者和控制者也不容易搞清楚。不过，有一点是清楚的，安然公司通过层层控股的方式，以比较少的资本控制着庞大的企业网络，

---

① 〔美〕科斯、阿尔钦、诺斯：《财产权利与制度变迁》，刘守英等译，上海三联书店、上海人民出版社，1991。

那些层级较低的公司实际上成了处于最高端的安然上市公司的财务处理工具，所有的利润都集中地表现在上市公司的财务报表上，而所有的债务则通过不同层次和渠道化整为零，分散隐藏到被其控制的各层级的公司上，环环相扣，滴水不漏，但只要一个环节出现问题，整个安然大厦就有崩塌的危险。

美国企业组织形式种类繁多，不同的组织形式税收负担是不一样的。由于安然控股的子公司非常多，公司之间的关联交易也非常多，为减轻税收负担，安然必须考虑其子公司的组织形式问题。美国普通公司需缴纳个人和公司双重所得税，但独资公司、合伙企业、有限责任公司（Limited Liability Company，LLC）无需缴纳双重所得税，只需股东缴纳个人所得税。由于独资企业和合伙企业法律要求非常严格，股份流动能力小，流通成本高，所以安然的控股公司最后选择了有限责任公司形式。美国的有限责任公司与中国的不同，美国的有限责任公司若满足一定的条件，可以不缴纳公司所得税。

采取复杂的公司结构，在美国并不少见。问题是，安然公司的一些高级管理人员在下属的子公司中兼职，子公司之间的管理人员也相互兼职，这使得公司的关联交易与个人利益交织在一起，如安然公司的财务总监法斯托在几个下属公司兼职，从这些公司得到的"好处"达3000多万美元。由于有了个人利益，作假的动机会更加强烈。

从我国国有企业股份制改革的实践来看，所谓失效的股份制主要表现为两个方面，一方面是国有产权制度改革的过程不够规范，存在着借用股份制改革之机损害所有者或债权人或企业职工的合法权益的现象；另一方面是企业股份制改革后绩效不仅没有明显提升，反而陷于困境甚至破产。

所谓股份制改革的过程不够规范，从制度设计上讲，就是改革的程序缺乏制度保证。主要表现为，有些企业改制过程中财务审计不严，资产评估不实，存在国有资产被低估的现象；有些企业改制过程的透明度不高，国有产权没有进场交易，存在暗箱操作的现象；有些企业的改制造成债务悬空，损害债权人和职工的合法利益；还有些企业改制中原企业经营层隐匿、转移国有资产，存在侵占私吞国有资产的违法违规行为；等等。

　　作为损害国有权益的主体，既有国有企业的"外部人"通过恶意收购控股国有企业的现象，也有国有企业的"内部人"内外联手损害国有权益的现象。前者通过资金转移、利润输送等途径损害国有权益或法人权益，顾雏军控制的格林科尔有限公司及其关联企业收购科龙电器公司可以说是这方面的典型案例。后者既有国有企业经营管理者通过多种途径贱卖国有企业，也有国有企业管理人员和职工通过持股或者投资本企业或关联企业侵占国有权益，这些关联企业涉及范围很广，包括为本企业提供燃料、原材料、辅料、设备及配件，和提供设计、施工、维修、包装、销售、物流、中介服务，或有其他关联业务的企业。

　　在我国，管理层收购（Management Buy-Out，MBO）的做法被政府制止可以视为股份制失效的一个重要现象。作为一种杠杆收购方式，MBO出现于20世纪70年代的美、英等西方国家，并在80年代逐渐发展完善。MBO在我国的出现可以追溯到20世纪80年代后期，当时国内曾经激烈讨论过四通集团等一些民营企业的产权归属问题，倾向性的解决方案是创业者个人或者公司核心层控股，这与西方国家的MBO有些类似。进入21世纪以来，随着国有企业产权制度改革的不断深化和国有产权交易市场的逐步发育，管理层收购成为国有产权制度改革或股份制改革一个受到普遍重视的形式，国内一些学者和媒体将这种改制形式称为MBO。还有学者和媒体将以减持国有股和激励上市公司管理层为目的、上市公司管理层收购本公司股票的做法也称为MBO。其实，由于管理层没有取得公司的实际控制权，从严格意义上讲，这种行为不能称为MBO。至于把激励公司管理层的股票期权也称为MBO，更是与MBO的内涵相去甚远。分析我国MBO的实际内容和做法，不难看出，我国所称的MBO与西方发达国家的MBO有所区别，有专家称之为MBO在我国的变异[①]。

　　一是实施动机不同。在成熟市场经济国家，MBO是管理层为维护自身利益而采取的变更公司控制权和所有权结构的并购方式，其目的主要是实现公司价值的最大化从而实现自身利益的最大化，并不是让公司退市、控制公司或驱逐所有者。成熟市场经济国家的MBO一般在三种情况

---

①　窦晴身：《MBO在我国的变异及危害》，《经济参考报》2003年6月11日。

下实施：一种情况是当管理层与股东利益严重不一致时，管理层便会以股东利益为代价追求自身利益最大化，从而引发这种收购行为；另一种情况是当公司面临外部敌意收购或恶意收购风险、被收购后管理层可能面临被解雇的危险时，这种收购方式也会发生，主要目的是反接管收购；还有一种情况是公司高层所有者出现重大变故，导致公司可能出现毁灭性危机时，少数管理者在没有足够资本进行收购的情况下，为了保住公司并保护自身利益，便会采用外部融资方式收购公司，这就是通常所说的杠杆收购。在我国一些地方出现的 MBO，或成为许多地方政府对中小国有企业进行产权制度改革从而使陷于困境的国有企业摆脱困境的一种重要措施，也就是国内通常所说的地方政府"甩包袱"，或成为激励国有企业经营层的一种重要手段。

二是收购内容不同。成熟市场经济国家的 MBO 是指上市公司的股份回购，通过收购上市公司的全部或大部分的所有者权益以取得公司的控制权，由于这一收购方式通常需要管理层大量融资，因此，MBO 又成为杠杆收购（LBOs）的重要方式之一。国内所说的 MBO 是指原国有企业管理层通过自有资金或社会融资等方式收购企业的全部或部分国有产权，实现对企业的控股或参股。

三是目标公司不同。成熟市场经济国家的 MBO 的目标公司一般是中小型上市公司，而我国的 MBO 的目标公司主要是非上市的中小型企业、包括资不抵债面临倒闭的中小型企业，具有投资价值但政府没有资金支持的中小型企业、社会负担重并且处于产业链条低端的中小型企业，以及经济效益不错但为了激励管理层而实行股票期权的股份制中小企业。

四是推进主体不同。成熟市场经济国家的 MBO 主要是由公司管理层发动，我国的 MBO 普遍存在着企业管理层自买自卖的现象，但推动的主体主要是各级地方政府。

五是实施机制不同。在成熟的市场经济国家，无论是恶意的 MBO 还是善意的 MBO，收购价格一般都是市场交易的结果，管理层有时为了尽快控制公司，甚至采取溢价回购的方式进行，实施机制主要有三种：一种是交换发盘收购，即以债权或优先股交换普通股票；另一种是股票回购，一般采取要约收购的方式进行；还有一种是转为非上市公司，即公司管理层取得上市公司全部权益，公司退市从而也脱离了证券交易监督机构的监管。采取退市形式的 MBO 由于涉及收购资金较大，基本上都是杠杆收购。我国 MBO 的市场化程度较低，通常的做法是，政府对企业的净资产进行评估，而无形资产、公司成长性等因素则考虑较少，同时对公司管理层的工龄、贡献、级别等因素进行综合评估，折算成现金（购买力），再把所购买的资产折算为现金（出售价格），扣除管理层的购买力后，剩余的就是管理层应该支付的购买成本。

我国的 MBO 是在国有资产改革不到位、国有资产出资人代表普遍缺位和国有资产监管制度普遍缺失的情况下由各级地方政府推动进行的，并且采用的是非市场化的方式，这种被有些专家学者称为"缺少管理的管理层收购"必然会产生种种弊端。

一是引发收购市场的秩序混乱。MBO 交易的双方绝大多数是地方政府和企业经营者，交易的过程往往缺乏公正、透明和监督，其他具备交易资格的主体以及企业职工、债权人等利益相关者往往不能参与交易，这样的交易方式显然是不公平的，也冲击了国有产权交易的正常市场秩序。

二是造成国有资产流失。我国的 MBO 是在各级国有资产出资人机构普遍成立之前进行的，一方面管理层作为国有股东代表出售国有股权，另一方面又作为管理层收购国有股权，即存在自卖自买的现象，并且目标企业的资产既没有经过社会中介评估机构的评估，也没有通过产权市场进行交易，涉及资产重组等重大事项的信息披露不及时、不真实、不充分，普遍存在暗箱操作等不公正交易行为，使国有产权制度改革成为管理层"寻租"的机会。

三是带来新的金融风险。受国有企业薪酬水平的限制，管理层一般无力一次支付所需的购买成本，因此通常采取一次买断、分次付款的方式，并且普遍出现了以购买的国有企业资产作抵押以获得收购资金的做法，将企业经营的风险转移给了金融机构。同时，从一些地方实施 MBO 的情况看，普遍出现了把企业欠银行的债务搁置甚至抹去的现象。

四是导致社会稳定局面的破坏。MBO 完成后，企业的产权性质发生了根本变化，经营者受利润的驱动，往往会采取大规模裁员的措施以减少原国有企业的冗员。在我国社会保障体系严重缺失的情况下，MBO

的大面积推广极容易引发群体性事件，削弱企业所在地区社会稳定的基础。

针对 MBO 以及国有企业改革中存在的其他不规范行为，2003 年 12 月 16 日国务院国资委出台了《关于规范国有企业改革工作的意见》，对国有企业改制涉及的批准制度、清产核资、财务审计、资产评估、交易管理等主要环节进行了规范，并对资产定价、经营管理层收购等作了专门规定，使国有企业改革包括 MBO 实施中的不规范造成制度失效的现象得到了制止。

股份制要真正起到促进国有企业产权制度改革的作用，就必须做到规范、有效。所谓规范的股份制，就是要形成多元产权结构的资本组织形式，并按照《公司法》的要求建立股份制企业和规范运行，不得损害出资人及利益相关者的合法权益。所谓有效的股份制，就是股份制改革能够真正促进国有企业产权制度创新，形成完善的现代企业制度，提高企业的经营效率和经济效益。

（三）规范有效股份制的实现条件

股份制作为我国大型国有企业产权制度改革的制度选择，要做到规范、有效，至少要具备四个前提条件。

一是要做到产权归属清晰。所谓产权归属清晰，是指企业中的国有资产的具体所有者由法律法规清晰界定，这是建立现代产权制度的基础环节和基本前提。从我国的实际来看，要做到产权归属清晰，首先，要对模糊不清的产权予以明确界定。由于多年来我国对产权重视和保护不够，国有企业中一些产权归属不清。要根据谁投资、谁所有的原则，依法依规、合情合理地进行清产合资，理清产权属性。其次，要明确界定出资人所有权与企业的法人财产权，在此基础上完善企业法人制度。企业依法拥有包括国家在内的出资者投资形成的全部法人财产权，成为享有民事权利、承担民事责任的经济实体和独立法人，独立核算，自主经营、自负盈亏、照章纳税，并以其法人财产承担有限责任，对出资者承担资产保值增值的责任。国家作为企业中国有资产的出资人，享有国有资产的终极所有权，国家和其他出资人都不能干预企业独立行使法人权利。企业不再按所有制形式而是按财产组织形式和承担责任形式划分，不再套用行政级别。再次，要明确行使国有资产出资人权利的权利主体和责任主体，解决国有资产产权主体缺位和虚拟化的问题。党的十六大以后，各级国有资产监督管理机构相继建立，标志着政府的社会经济管理者的职能与国有资产所有者的职能在机构设置上已经分开，也标志着专门履行国有资产出资人职责的机构已经建立，长期以来国有资产产权主体缺位和虚拟化的问题基本得到解决。需要进一步解决的是，对金融国有资产和游离于国有资产监督管理机构之外的经营性国有资产要明确权利主体和责任主体，同时要解决企业内部国有资产的权利主体和责任主体缺位的问题，使国有资产保值增值的责任得到层层落实。

二是要完善国有资产出资人制度。所谓国有资产出资人制度，是指围绕履行国有资产出资人职责的机构的一整套制度安排和规定。国有企业和私有企业相比，最主要的区别在于委托人的不同。私有企业中，委托人是最终所有者，本能地具有维护和增值资产的能动性，他们会尽可能地去激励和监督代理人的行为。在国有企业里，不仅代理人可能产生"机会主义"和"偷懒"，而且由于委托人（所有权的人格化代表）不是财产的最终所有者，没有剩余索取权，他们同样有可能做出类似的行为，甚至和代理人勾结起来，造成更严重的"内部人控制"。

完善国有资产出资人制度，首先，应明确各类国有资产的受托主体和受托职责。所谓国有资产的受托主体是指受全国人民的委托对国有资产履行出资人职责的机构。只有明确各类国有资产的受托主体，才有机构对国有资产的保值增值和防止流失负责，才能够真正建立起国有资产保值增值和防止流失的责任体系。2003年3月国务院国资委的组建以及此后各省和地级市人民政府国资委的相继组建表明，经营性国有资产中的非金融类国有资产大部分已明确了受托主体。2007年国务院先后颁布了《行政单位国有资产管理暂行办法》和《事业单位国有资产管理暂行办法》，明确了财政部是行政单位、事业单位国有资产的管理部门。目前，国有银行、保险、证券、基金等金融类国有资产还没有明确的国有资产受托主体，银监会、保监会和证监会分别作为承担银行、保险、证券和基金行业监管职责的事业单位，并不是金融类国有资产的出资人机构。根据银监会提供的资料，截至 2014 年 6 月末，我国银行业金融机构资产总额为162.95 万亿元。其中，国有商业银行资产总额为 67.25 万亿元，占 41.3%；股份制商业银行资产总额为 30.18 万亿元，占 18.5%，这其中也包含国有金融资产。鉴于金融在市场经济条件下的特殊重要性，应尽快明确金融类国有资产的受托主体和受托职责。要探索没有纳入国资委监督管理体系的非金融类经营性国有资产的监督管理方式。根据财政部《2013 年全国国有企业财务决算情况》，2013 年，全国独立核算的国有法人企业有 15.5 万户，其中，中央企业有 5.2 万户，占 33.5%；地方国有企业有 10.4 万户，占66.5%。中央企业中，国务院国资委管理的企业有 3.8 万户，占全部国有企业户数的 24.5%，中央部门（单位）管理的企业有 1.4 万户，占 9.0%（见图5 - 2）。

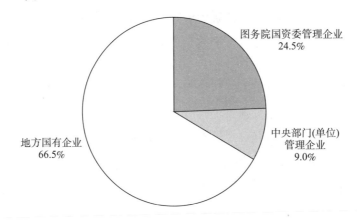

图 5 - 2　不同隶属关系国有企业占比

资料来源：根据财政部《2013 年全国国有企业财务决算情况》绘制。

截至 2013 年底，全国国有企业资产总额为 104.1 万亿元，其中，中央企业为 48.6 万亿元，占 46.7%；地方国有企业为 55.5 万亿元，占 53.3%。中央企业中，国资委监管企业资产总额达 34.9 万亿元，占国有企业资产总额的 33.5%；中央部门（单位）管理企业资产总额达 13.6 万亿元，占13.1%（见图 5 - 3）。

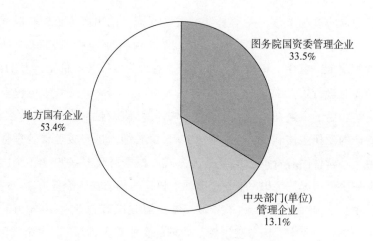

图 5-3　不同隶属关系国有企业资产总额占比

资料来源：根据财政部《2013 年全国国有企业财务决算情况》绘制。

地方国有企业中，各级国资委管理的国有企业也仅是一部分，仍然有为数不少的国有企业和企业国有资产游离于国资委的监管之外。目前，分散在其他部门与机构的国有企业和企业国有资产的管理体制大多仍沿袭政企不分、政资不分、政事不分的模式，国有资产出资人不到位的现象还相当普遍，国有资产的流失现象仍时有发生。应通过不断探索尽快明确游离于国资委之外的企业国有资产的有效监管方式，具备条件时可以将这类国有资产授权国资委进行管理。

其次，国有资产管理机构要依法履行好出资人职能，维护所有者权益，维护企业作为市场主体依法享有的各项权利，督促企业实现国有资产保值增值，防止国有资产流失。要探索国有资产监管和经营的有效形式，促进国有资本的优化配置。国有资产出资人机构本身的运作模式其方向选择也应当是市场化和商业化的，而且，其组成人员要有较高的专业化水平。要通过进一步建立健全有效的国有资产管理制度，来促使国有资产代表切实履行职责，以高度的责任心代表国家行使所有者的权利。

再次，要做到国有产权代表在企业内部层层到位，从根本上解决国有资产无人负责的问题，要努力使国有企业产权主体明晰化、人格化，做到权责明确，对国有资产的保值增值负责。

三是要合理确定国有企业的产权结构。国有企业在把多元产权结构

242

作为产权制度改革的路径选择之后，还有一个合理确定产权结构的问题，即选择股权分散模式还是选择股权集中模式的问题。一些专家学者对不同股权结构对公司治理机制作用的发挥进而对企业绩效的影响进行过细致研究，认为股权有一定集中度、有相对控股股东并有其他大股东存在的股权结构，对公司治理机制作用的发挥较为有利，该类股权结构比其他类型的股权结构更能使公司的绩效最大化（见表5－1）①。

表5－1　不同股权结构对公司治理机制作用的影响

治理机制 ＼ 股权结构	股权很集中，有绝对控股股东	股权很分散	股权有一定集中度，有相对控股股东，并有其他大股东存在
经营激励	好	差	一般
收购兼并	差	好	一般
代理权竞争	差	差	好
监督机制	一般	差	好

资料来源：孙永祥著《公司治理结构：理论与实证研究》，上海三联书店、上海人民出版社，2002。

北京师范大学公司治理与企业发展研究中心计算了2012年度我国沪深两市全部2314家上市公司的董事会治理指数，研究发现，虽然董事会治理对公司绩效具有正向显著影响，但国有控股对董事会治理与公司绩效之间的正向关系具有负向调节作用，即在国有控股公司中，董事会治理对公司绩效的影响会减弱（见图5－4）。

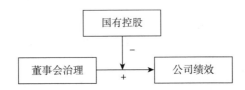

图5－4　国有控股、董事会治理、公司绩效三者的关系

根据实证研究结果和我国我国国有控股企业产权结构存在的主要问题，一方面，要改变我国股份公司包括上市公司普遍存在的国有股权比

---

① 孙永祥：《公司治理结构：理论与实证研究》，上海三联书店、上海人民出版社，2002。

重过大的问题，即解决国有股"一股独大"的问题，防止大股东侵犯中小股东的合法权益；另一方面，要根据不同行业和领域确定国有股的比重，要坚持有进有退、有所为有所不为的方针，结合国有经济的战略性调整优化国有企业的产权结构，对关系国家安全和国民经济命脉的重要行业和关键领域，可以区别不同情况实行绝对控股和相对控股两种形式，尽可能地实行相对控股，但要保证国家对这类企业重大决策的控制权。可以借鉴芬兰等国的做法，国家对部分行业和领域规定国有控股的最低比例，如果国有控股比例低于最低比例，要经国家有关机构或部门审查批准，防止国内国外一些企业恶意收购以损害国有资产和企业法人的合法权益。对其他行业和领域的企业，则要鼓励和引导非公有资本进行投资，形成国有资本、集体资本和私有资本等多元投资的混合所有制企业。对一些支柱产业和高新技术产业中的重要骨干企业，国家可以控股或参股，也可以借鉴国际经验，通过"黄金股"这种特别股权的安排保证国家对这类企业的掌控。"黄金股"最早起源于英国，是英国在 20 世纪 80 年代国有企业私有化过程中采用的一种制度安排，即政府将原国有企业私有化后，保留在该企业持有决定权的部分股份，确保政府在公司收购兼并等重大决策时拥有特殊的股东权利，拥有其他股东没有的特别控制权，拥有一票否决权。

四是要切实转变政府职能，真正实现政府的社会管理职能与国有资产出资人职能分离。首先，真正实现政企分开和政资分开。各级政府作为公共社会事务的管理者，主要职责是经济调节、市场监管、社会管理和公共服务，为各类企业平等参与市场竞争创造条件，政府不能超越作为国有企业产权的实际最终所有者的身份去干预国有企业的经营活动；作为国有企业产权的实际最终所有者，各级政府可以通过国有资产出资人机构行使权利，依法行使股东（所有者）的权益，即资产受益、重大决策和选择管理者等权利。作为国有企业产权的实际最终所有者，各级政府应加强对履行国有资产出资人职责机构的监督，加强对国有资产的监督，防止国有资产流失。其次，保证国有资产出资人机构依法行使权利。要对国有企业实行分类管理。借鉴国际经验，可以按追求目标和设立宗旨将国有企业分为两类，一类是以利润最大化为主要目标、完全按市场化运作的企业，另一类是以为社会提供特定的公共服务为主要任务、不完全按市场化运作的企业。对以利润最大化为主要目标的国有企业，要使其真正走向市场，把商业化作为企业的目标函数，这类企业如承担国家和社会的部分公共职责，应按合理的评价体系进行评估和考核。承担特殊职责、为社会提供重要公共服务的国有企业，主要是创造最大的社会效益，同时也要尽可能降低成本，提高效益。这类企业的利润可能不高，甚至亏损，但这类企业是政府履行公共服务职能、弥补市场经济缺陷的重要工具，发挥的作用是市场经济正常运转不可缺少的。

三　混合所有制：国有企业产权制度
改革的主要方向

党的十八届三中全会做出的《关于全面深化改革若干重大问题的决定》提出，"国有资本、集体资本、非公有资本等交叉持股、相互融合的混合所有制经济，是基本经济制度的重要实现形式，有利于国有资本放大功能、保值增值、提高竞争力，有利于各种所有制资本取长补短、相互促进、共同发展。"《决定》关于发展混合所有制经济的论断和阐述，既表明了发展混合所有制经济的意义和作用，也指明了深化国有企业产权制度改革的方向和路径。

（一）混合所有制与股份制

从党的十六届三中全会强调股份制是公有制的主要实现形式到党的十八届三中全会强调混合所有制经济是基本经济制度的重要实现形式，一方面，表明发展混合所有制企业已成为深化国有企业改革的主要取向；另一方面，也引出一个理论和实践问题，即混合所有制经济与股份制有何联系和区别。

混合所有制作为一种经济和社会现象，引起广泛重视并写入我们党的文件已有二十多年的历史。早在1993年11月召开的党的十四届三中全会就提出了混合所有制经济的思想，全会做出的《中共中央关于建立社会主义市场经济体制若干重大问题的决定》指出，"随着产权的流动和重组，财产混合所有的经济单位越来越多，将会形成新的财产所有结构。"1997 年 9 月召开的党的十五大第一次正式使用了混合所有制经济的提法，十五大报告指出，"要全面认识公有制经济的含义。公有制经济不仅包括国有经济和集体经济，还包括混合所有制经济中的国有成分和集体成分"。同时，十五大还强调，"股份制是现代企业的一种资本组织形式，有利于所有权和经营权的分离，有利于提高企业和资本的运作效率，资本主义可以用，社会主义也可以用。"1999 年 9 月召开的党的十五届四中全会第一次将发展混合所有制经济正式写入我们党的文件，这次全会做出的《中共中央关于国有企业改革和发展若干重大问题的决定》指出，"国有大中型企业尤其是优势企业，宜于实行股份制的，要通过规范上市、中外合资和企业相互参股等形式，改为股份制企业，发展混合所有制经济。"党的十六大提出，"除极少数必须由国家独资经营的企业外，积极推行股份制，发展混合所有制经济。"党的十六届三中全会第一次提出，"大力发展国有资本、集体资本和非公有资本等参股的混合所有制经济，实现投资主体多元化，使股份制成为公有制的主要实现形式。"党的十七大提出，"深化国有企业公司制股份制改革。"同时强调，"以现代产权制度为基础，发展混合所有制经济。"党的十八届三中全会第一次提出，"国有资本、集体资本、非公有资本等交叉持股、相互融合的混合所有制经济，是基本经济制度的重要实现形式。"从中央这些重要论述可以看出，第一，中央十分重视国有企业的股份制改革和发展混合所有制经济；第二，党的十五大以来中央代表大会和专门研究改革的全会大多是将国有企业股份制改革与发展混合所有制经济相提并论；第三，发展混合所有制的重点是国有资本、集体资本与非公有资本等混合的股份制。但对什么是混合所有制经济以及混合所有制经济与股份制的关系等基本问题，国内存在不同的理解和解读。

根据中央关于坚持和完善基本经济制度的论述，将混合所有制经济界定为公有资本与非公有资本的融合更符合基本经济制度的本质规定和内在要求。因为坚持和完善基本经济制度，必须坚持两个"毫不动摇"，即毫不动摇巩固和发展公有制经济，毫不动摇地鼓励、支持和引导非公有制经济发展。显然，将混合所有制经济界定为公有资本与非公有资本的融合，更符合公有制经济与非公有制经济共同发展的要求和目的。根据这一界定，基于产权理论，可以做出这样的判断：股份制是混合所有制经济的主要实现形式，但混合所有制经济不等于股份制。

从产权结构来分析，混合所有制企业与股份制企业都属于多元产权结构的企业组织形式。区别之处在于，混合所有制企业体现为不同所有制资本融合形成的多元投资主体企业，股份制企业既可以是不同所有制资本融合形成的多元投资主体企业，也可以是同一所有制资本融合形成的多元投资主体企业。判别是否属于混合所有制企业，关键是要把握两个内在规定和本质特性：一个是多元投资主体，另一个是不同所有制资本的融合，只有同时具备这两个特性的企业才属于混合所有制企业。股份制企业属于多元投资主体的企业，但如果是同一属性资本相互持股形成的股份制企业，如国有资本与国有资本或民营资本与民营资本交叉持股，则不属于混合所有制企业。由此可见，混合所有制企业与股份制企业既相互交叠，又相互区别，混合所有制包括公有资本与非公有资本交叉持股形成的企业，但不包括公有资本与公有资本相互持股形成的企业。现实中，国有资本与国有资本相互持股的股份制企业为数不少。

不仅如此，如果国有企业进行股份制改革，必须能够回报股东并且具有较好的投资回报；如果改制上市，必须符合上市条件；如果连续亏损将要摘牌退市，还存在控制权转移的压力等。实际情况是，并非所有国有企业都具有投资价值，更不是都符合上市条件，特别是承担公益性功能或主要承担保障性功能的国有企业，由于赢利能力不强，可能出现亏损甚至严重亏损，无法实现良好回报，无法吸引其他股东，也无法满足上市要求。因此，国有企业发展混合所有制不可能都采取股份制特别是改制上市的模式。

从中国国有企业目前的实际情况看，股份制企业特别是上市公司在各种组织形式的企业中占少数。据国家统计局的《2013年中国统计年鉴》，截至2012年底，全国企业单位数为828654家，其中，股份有限公司有138698家，占全部企业的16.7%。实际上，股份制企业在全部企业中占少数这种现象在市场经济国家具有普遍性。这也从一个侧面说明，发展混合所有制不等于也不可能将国有企业都改为股份制企业。

（二）混合所有制与公司制

如果将混合所有制界定为公有资本与非公有资本的融合，公司制企业也可以成为混合所有制的重要实现形式。公司制与股份制企业是有明确法律界定和法律区别的两种企业组织形式，虽然都属于公司这个大范畴，都属于《公司法》的调节对象，但公司制企业与股份制企业在设立、组织机构、股权转让三个方面存在明显区别和差异。

有限责任公司和股份有限公司是两种形式的公司。通常讲的公司是相对于个人业主制企业、合伙制企业等而言的一种企业组织形式。根据资本形式和承担责任的不同，公司又分为有限责任公司和股份有限公司两种，股份有限公司又分为上市公司和非上市公司两种，上市公司是指其股票在证券交易所上市交易的股份有限公司。

在设立方面，第一，资本划分方式不同。公司制企业的资本不必等额划分；股份制企业的资本必须划分为等额股份，每股金额相等。这是公司制企业有别于股份制企业最重要的一点。第二，资本名称不同。公司制企业股东所出资本称为出资额；股份制企业所出资本称为所持股份，股份制企业的股份采取股票的形式。相应的，股权证明形式也不同，公司制企业向股东签发的是出资证明书，股份制企业是股票。第三，资本募集方式不同。公司制企业只能在股东范围之内募集资金，不得向社会公开招股集资；股份制企业可以采取发起设立或者募集设立的方式。发起设立是指发起人认购公司应发行的全部股份而设立公司；募集设立是指发起人认购公司应当发行股份的一部分，其余部分向社会特定对象募集而设立公司。第四，出资方式不同。公司制企业的股东应当按照其发起人协议和公司章程中认购的出资数额足额缴付出资，如不按期缴付所认缴的出资，应当向已出资的其他出资人承担违约责任。股份制企业发起设立时，公司章程中载明的公司全部资本必须在公司设立时全部发行，并由发起人全部认购；募集设立的，发起人认购的股份不得少于公司股份总数的35%，其余股份应向社会公开募集。第五，股东人数限制不同。公司制企业由50个以下股东出资设立，而股份制企业应当有2人以上、200人以下发起人，成立后股东没有上限。

在组织机构方面，公司制企业董事会成员为 3 ~ 13 人，股东人数较少或者规模较小的可以不设董事会和监事会，不设董事会的设一名执行董事，不设监事会的设 1 ~ 2 名监事。股份制企业需要设立股东会、董事会、监事会，董事会成员为 5 ~ 19 人。公司制企业的股东会会议由股东按照出资比例行使表决权，股份制企业股东出席股东大会所持每一股份有一个表决权，但是，公司持有的本公司股份没有表决权。公司制企业的股东以其出资额为限对公司承担责任，股份制企业的股东以其所持股份为限对公司承担责任。此外，公司制企业与股份制企业在重要议题的表决、责任的追究等方面也有所不同，有所区别。

在股权转让方面，公司制企业的股东之间可以相互转让其全部或者部分股权。股东向股东以外的人转让股权，应当经其他半数以上股东同意，同等条件下其他股东有优先购买权。股份制企业的发起人持有的本公司股份，自公司成立之日起一年内不得转让；公司公开发行股票前已发行的股份，自公司股票在证券交易所上市交易之日起一年内不得转让。公司董事、监事、高级管理人员在任职期间每年转让的股份不得超过其所持本公司股份总数的 25%，所持本公司股份自公司股票上市交易之日起一年内不得转让，离职后半年内不得转让其所持有的本公司的股份。记名股票由股东以背书方式或者法律、行政法规规定的其他方式转让，无记名股票的转让由股东将该股票交付给受让人即发生转让的效力。

由于公司制与股份制是两种企业组织形式，并且公司制企业可以是多元投资主体企业，因此，公司制也应该并且可以成为混合所有制的重要实现形式，成为发展混合所有制的一个重要途径。公司制企业中，除《公司法》分别做了特别规定的一人有限责任公司和国有独资公司外，其他公司制企业的股东按法律规定必须在 2 人以上、50 人以下，如果股东所出资本中既包括公有资本，又包括非公有资本，从混合所有制经济的内涵和要求来看，应该属于多元投资主体的混合所有制。由此可见，采用公司制企业的组织形式，也可以实现发展混合所有制所要求的公有资本与非公有资本等交叉持股、相互融合，可以实现国有资本的放大功能，达到保值增值、提高竞争力的目的。因此，公司制应该成为发展混合所有制的一个重要途径，成为深化国有企业改革的一个重要方向。正因为如此，国内理论界和企业界通常将公司制企业和股份制企业都归为现代企业制度，并将现代企业制度确定为国有企业改革的方向。因此，积极发展混合所有制经济，既要继续推进国有企业的股份制改革，允许更多国有经济和其他所有制经济发展成为混合所有制经济，鼓励发展私营资本控股的混合所有制企业，也要继续深化国有企业的公司制改革，发展公有资本与私营资本等多元投资主体的公司制企业，以拓展混合所有制的发展途径，推进混合所有制更快发展。

（三）混合所有制与企业绩效提升

混合所有制作为基本经济制度的重要实现形式，作为深化国有企业改革的主要产权制度选择，对提升国有企业的绩效具有重要意义和作用。

一方面，发展混合所有制企业有利于增强国有企业的活力和竞争力。产权制度改革被普遍认为是提升国有企业绩效的关键和前提。理论和实践都证明，国有企业只有积极推进产权制度改革，才有可能真正健全公司治理结构，才有可能真正转换经营机制，才有可能更好地成为市场竞争主体和独立法人。发展混合所有制企业的实质就是产权制度改革，通过国有资本与民营资本两种不同所有制资本的交叉持股、相互融合，可以有力地促进国有企业完善现代企业制度、转换经营机制，增进国有企业的活力和竞争力，进而为国有企业持续提升绩效提供制度保证和强劲动力。

另一方面，发展混合所有制企业有利于各种所有制资本取长补短、相互促进、共同发展。各种所有制的资本产权属性不同，在市场经济中具有不同的功能和作用。一般而言，国有资本在体现国家意图、实现公共目标等方面更具优势，私营资本在适应市场竞争、激发企业活力等方面更胜一筹。从我国的实际情况看，总体上，国有资本在综合实力、依法经营等方面更具优势，私营资本在进取创新、灵活经营等方面更具优势。混合所有制兼有国有资本与私营资本两种资本的特点，能够更好地适应现代市场经济的发展要求，能够更好地适应现代化大生产的发展要求，通过国有资本与私营资本的交叉持股、相互融合，可以实现国有资本与私营资本的优势互补，相互促进，不仅对提升国有企业的绩效，而且对提升我国企业的整体竞争能力进而提高整个国民经济的竞争能力，都会起到强有力的助推作用。

实际上，混合经济对经济社会发展的积极作用并非我国学者最先发现，混合经济的思想也并非我国学者首次提出。美国著名经济学家、诺贝尔经济学奖获得者保罗·萨缪尔森较早提出了混合经济的概念。第二次世界大战后，由于多种因素的作用，资本主义世界的经济危机发生的程度有所缓和，生产下降的幅度也较战前发生危机时要小。在 20 世纪 50～70 年代，西欧、北美等主要资本主义国家还曾出现过经济迅速发展的时期。这种"奇迹"的出现，萨缪尔森认为是实行所谓"混合经济"制度的结果。他指出，西欧、北美等许多国家"从混合经济制度中找到一条能迅速而持续发展的道路"。由此可见，作为配置资源的方式，不同经济成分的"混合"，无论是在企业层面还是在宏观经济层面，都具有促进发展和提高效率的作用。

（四）混合所有制与股份制的改革模式比较

虽然混合所有制与股份制都属于多元产权结构企业，都是国有企业改革的产权制度选择，但混合所有制是由国有资本与民营资本交叉持股、相互融合而成，属于不同所有制资本的混合，更容易形成不同利益主体的相互制衡，在基础上更容易形成相互制衡的公司治理结构，也更容易实现国有企业的机制转换。因而，应将发展混合所有制作为国有企业产权制度改革的制度选择和主要方向，国有企业应积极发展成为国有资本与民营资本交叉持股、相互融合的混合所有制企业，具备条件的国有企业应尽可能在集团层面或母公司层面成为混合所有制企业。

但发展混合所有制作为一项重大产权制度改革，必然涉及一系列深层次的矛盾和问题，必然涉及一系列配套制度改革，重点和难点是国有资本与民营资本混合过程中遇到的各种体制和政策障碍，包括国有资本与民营资本进行混合的积极性问题、民营资本投资能力与巨量国有资本的匹配问题、国有资本与民营资本在经营管理方面的差异问题、国有企业员工持股的问题、国有企业员工对职位可能失去的担心问题、国有企业用人制度和分配制度与混合所有制适应的问题。现行国有资产监管体

制与混合所有制经济适应的问题等。此外，资本市场如何支持混合所有
制发展的问题、如何有效防止推进混合所有制改革中出现国有资产流失
的问题等，都是发展混合所有制企业将会遇到和必须解决的障碍和困难。
这些问题能否较好解决，直接关系到混合所有制的发展进度，关系到混
合所有制改革的成败。

相对而言，发展混合所有制对深化国有企业改革和完善基本经济制
度更具重要意义，但发展混合所有制是一个复杂的渐进过程。一方面，
要抓紧搞好顶层设计，积极进行试点，为解决发展混合所有制的重点和
难点问题探索路子；另一方面，要积极拓展发展混合所有制的途径，选
择易于突破的领域和环节先行推开。同时，要继续深化国有企业股份制
改革。虽然混合所有制不等于股份制，并且股份制在全部企业中也不占
多数，但国有企业特别是国有大型企业适宜采用股份制的应尽可能采用
股份制的组织形式，具备条件的可以改制为上市公司，成为公众公司。
因为企业进行股份制改制，不仅产权结构可以由单一产权变为多元产权，
而且有利于筹集发展资金、分散投资风险和实现资本流转顺畅，如果改
制上市成为公众公司，必须做到信息公开，必须接受社会监督，能够为
国有企业建立现代企业制度、完善法人治理结构提供有效的制度保障。
因此，股份制就成为公有制的主要实现形式，国有企业进行股份制改革
特别是整体上市就成为主要取向和改革模式。也正因为如此，推进股份
制改革特别是实现整体上市应成为国有大型企业发展混合所有制的制度
重点和主要途径。

四　企业整体改制上市

股份制作为企业的一种产权制度和组织形式，与一个国家的历史、
文化和发展阶段密切相关，由于我国与西方发达国家在历史发展阶段、
文化和经济体制等方面的差异，我国国有企业的股份化改革既要吸收和
借鉴西方发达国家国有企业股份化改革的经验和教训，又要结合中国的
实际国情和具体的产业政策与环境，因地制宜地推进改革进程和选择改
革的途径。

(一) 国有企业整体上市的内涵

企业整体上市是我国资本市场发展和国有企业改革进程中的一个特有现象和专业术语，是我国国有企业股份制改革的一个重要形式，也是建立与现代企业制度相适应的国有产权制度的一个重要措施。所谓整体上市，是指国有企业的集团公司或母公司通过股份制改革，在集团层面或母公司层面形成多元投资主体或产权多元化，集团公司或母公司的资产全部注入上市公司或整体改制上市。从产权结构分析，整体上市就是集团公司或母公司是多元产权结构的国有控股公司，非整体上市就是集团公司或母公司是一元产权结构的国有独资公司或国有独资企业（见图5－5）。我国还经常出现企业主营业务资产整体上市的概念，这是指与集团公司或母公司的主营业务相关的资产全部注入上市公司，通常非主营业务资产进入存续企业，同时保留一个集团公司，习惯上把这种类型也称为整体上市。

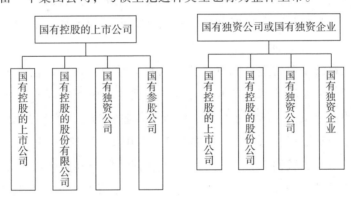

图 5－5 整体上市与非整体上市的国有企业组织结构比较

整体上市是相对于分拆上市而言的。所谓分拆上市，即将企业部分资产剥离出来，通过重组改制到资本市场上市，也可称为部分上市。严格来讲，主营业务资产整体上市也属于分拆上市。在我国证券市场不长的发展历史上，从1990年底上海证券交易所开业到1994年，由于发行审核采用的是股份配额制，上市公司基本上都是由集团公司的资产分拆而来，因此大都属于分拆上市。1995～2000年，由于从股份配额改为家数配额，开始出现分拆与捆绑相结合的股份改制方式，但其实质仍然属于分拆上市或部分上市。2001年以来，随着证券市场发行体制市场化改革的不断深化，尤其是伴随着股权分置改革和发行保荐人制度的建立，证监会和包括国资委在内的其他政府部门开始大力宣传和推动企业整体上市。

在我国证券市场成立之初，企业改制上市大量采用分拆方式有其历史必然性和现实选择性。

一是当时企业的资产质量和赢利能力不高。企业资产质量和赢利能力是企业整体上市的基础和决定性因素。中国证监会对企业公开发行上市有一系列的规定和要求，而当时大部分国有企业的持续赢利能力、资产负债率、净资产收益率、不良资产率等指标与公司上市的要求差距较大，而且短期内难以整体达标，因此将集团内部部分资产剥离出来单独上市是当时国有企业发行上市的唯一可行办法。

二是当时证券市场的容量有限。企业整体上市需要证券市场大量的新增资金支撑，特别是大型企业整体上市募集的资金量一般很大，动辄上百亿元甚至数百亿元，2005 年宝钢为整体上市进行增发，规模达到 280 亿元。而在相当长的一段时间内，我国证券市场的容量有限，无法承受企业整体上市带来的资金压力。

三是存续企业的生存和分立比较困难。对绝大多数企业来讲，整体上市涉及剥离非经营性资产和不良资产的问题。由于主营业务和优良资产大多改制上市，存续企业自我发展能力普遍较弱，生产经营较为困难，不少企业处于亏损状态。如中国铝业公司 2001 年重组改制到境外上市时，其下属的中国长城铝业公司一分为二，经营性资产和赢利能力强的资产进入中铝股份上市部分，存续部分重组改制为新的中国长城铝业公司，2003 年资产为 20 亿元，其中经营性资产只有 5 亿元，仅占全部资产的 1/4，难以实现自我生存和自我发展。

四是机构投资者发育不足。成熟资本市场近一二十年的一个重要趋势是机构投资者越来越重要，被称为"蓝色巨人"的美国国际商用机器公司（IBM）全部股份除少部分被散户持有外，其余主要是由各种基金机构持有。在美国等发达国家资本市场上，投资基金是一支重要力量。截至 2005 年 1 月，美国投资基金的资产规模达 7.5 万亿美元，其中股票基金占近 60%。而在相当长一段时间内，我国机构投资数量有限，规模不大。2001 年我国推出第一只开放式证券投资基金，2002 年开始成立中外合资基金管理公司和实行 QFII 制度，但开始阶段规模都不大，根本无法满足大型企业整体上市的要求。

此外，股权分置的存在也是阻碍企业整体上市的一个重要因素。在股权分置问题和形成股权分置的政策性因素未能解决的情况下，推进企业整体上市势必会放大市场上非流通股的数量和比重，给实现股市全流通增加了难度和复杂程度。

从当时我国资本市场和企业的实际情况出发，同时也为了平衡各地区、各部门纷纷上市的要求，证券市场监管部门采用了上市额度管理办法来控制上市公司的规模，即根据资本市场的容量确定上市公司的指标和发行规模，按地区和部门下达指标，确定规模。受发行规模和流通数量的限制，拿到上市指标的公司大多采用了分拆上市的办法。同时，受当时认识的限制，一些地区和部门将企业上市作为帮助国有企业脱困的途径，将符合条件的企业与困难企业"捆绑"上市，这也迫使企业只能采用分拆上市的做法。

分拆上市作为一种现实的选择对于推动国有企业改革和证券市场发展起过积极作用，但也确实存在不少弊端：一是不公正的关联交易盛行，二是上市公司违规为控股股东提供担保或抵押，三是控股股东损害上市公司和中小股东的利益，普遍存在着控股股东违规占用上市公司资金的现象。在公布的侵占上市公司资金数额最大的企业中，前几位都是国有企业，其中名列第一的三九企业集团及其关联方违规占用其控股的上市公司三九医药资金达 37.4 亿元。本来企业上市的一个重要目的是筹集资金促进企业发展，同时回报出资人和股民，但我国不少企业上市的目的就是圈钱，根本没有考虑过向股民分红，现在一些控股股东又把上市公司视为"提款机"，随意占用上市公司的资金。这是股权分置改革前我国上市公司业绩总体呈下降趋势的一个重要原因，也是我国股市难以健康发展的一个体制性原因。分析这些问题的根源，一方面在于资本市场对上市公司的外部约束不力，另一方面在于上市公司的母公司的自我约束不够。

（二）国有企业整体上市的背景

要从根本上解决分拆上市带来的种种弊端，必须进行制度创新。可供选择的制度改革方案就是整体上市。国有大型企业的产权制度改革应尽可能选择整体上市的制度安排。具备条件的国有企业母公司应积极实现整体改制上市或主营业务整体上市，不具备整体上市条件的国有企业应把优良主营业务资产逐步注入上市公司，有条件的大型国有企业应积极吸引战略投资者，实现国有大型企业集团层面的投资主体多元化。

总结我国国有企业改革的经验教训，国务院国资委组建不久就提出了整体上市的思想。2003年12月15日，国务院国资委在成立以后召开的第一次中央企业负责人年度工作会议上就提出，"具备条件的中央企业要加快重组上市步伐，集团一级能够上市的应积极上市，提高整体竞争力。"2004年8月13日，国资委在年中召开的中央企业负责人会议上正式提出了"整体上市"的概念，国资委提出要"加快中央企业股份制改革步伐，可以借助于上市公司平台，使一部分具备上市条件的中央企业做到主营业务整体上市"。2006年12月国务院办公厅转发了国资委制定的《关于推进国有资本调整和国有企业重组的指导意见》，文件明确提出，"积极推进具备条件的中央企业母公司整体改制上市或主营业务整体上市，鼓励支持不具备整体上市条件的中央企业把优良主营业务资产逐步注入上市公司，做优做强上市公司。"在2007年1月召开的中央企业负责人会议上，国资委再次强调，"中央企业要加快股份制改革的步伐，有条件的要积极吸引战略投资者，实现母公司整体改制和上市。"此后，国资委多次提出要推进具备条件的中央企业整体上市或主营业务资产整体上市。可以说，整体上市已成为国资委组建以来推进大型国有企业股份制改革的主要基调和政策取向。

证监会对企业整体上市也十分重视和支持。2003年9月证监会发布了《关于进一步规范股票首次发行上市有关工作的通知》，文件规定，自2004年1月1日起新发行人申请首次公开发行股票，应当自设立股份有限公司起，不得少于三年。但国有企业整体改革涉及的股份有限公司，或者有限责任公司依法整体变更设立的股份有限公司不受这条规定限制。2005年8月证监会、国资委、财政部、中国人民银行和商务部5部委发布了《关于上市公司股权分置改革的指导意见》，文件指出，"在解决股权分置问题后，支持绩优大型企业通过其控股的上市公司定向发行股份实现整体上市。"2005年11月证监会发布了《关于提高上市公司质量意见》，文件表示，支持"具备条件的优质大型企业实现整体上市"。

不难看出，负有指导国有企业改革和发展职责的国资委和负责资本市场监管的证监会都把整体上市作为国有企业股份制改革的政策取向和产权模式选择。其原因，除可以避免分拆上市模式带来的难以克服的弊端外，以下六个方面也是选择整体上市模式的重要原因。

一是股份制是公有制的主要实现形式。实现公有制与市场经济的有效结合，是建立中国特色社会主义必须解决的一个重大基本问题。实现公有制与市场经济有效结合的一个重要途径就是发展股份制，走混合所有的道路。1997年9月召开的党的十五大肯定了股份制对国有企业改革和发展的重要性和必要性。2003年10月召开的党的十六届三中全会提出，要大力发展混合所有制经济，实现投资主体多元化，使股份制成为公有制的主要实现形式。2009年的中央经济工作会议则明确提出，加快大型国有企业特别是中央企业母公司的公司制改革，实现产权多元化，完善法人治理结构。推进大型国有企业母公司的股份制改革，实现产权多元化，整体上市就成为必然选择。

二是分拆上市无法为大型国有企业完善公司治理提供制度保障。2003年3月国务院国资委组建时，监管的196家企业中，集团层面实现投资主体多元化的只有9家，国有独资公司有12家，其他都是按照《企业法》注册登记的国有独资企业。由于集团层面是单一产权结构，没有形成多元投资主体，难以建立现代企业制度。分拆上市加快了国有企业母公司旗下二级、三级公司甚至四级公司的股份制改革步伐，据证监会有关部门统计，截至2012年底，国有控股上市公司共有953家，占我国A股上市公司总数的38.5%，市值合计13.71万亿元，占A股上市公司总市值的51.4%。但对照建立比较完善的现代企业制度的要求，都存在相当差距。其根源之一就在于国有企业的母公司仍然是国有独资公司甚至是国有独资企业，现代企业制度的建立和公司治理的完善缺乏产权制度做保证。

三是借助资本市场的作用和力量促进国有企业建立比较规范的公司治理。国内外的经验都证明，公司治理要有效发挥作用，竞争性市场的作用不可或缺。从企业的外部市场来看，国有企业整体上市实质上也是为了进一步提高国有企业的证券化水平，进而进一步提高国有企业的市场化水平，在各种市场特别是资本市场各种监管力量和约束机制能够有效发挥作用的情况下，可以促使大型国有企业在集团层面建立起比较规范和完善的公司治理结构，形成一种倒逼机制。因为国有企业的母公司只有整体上市，成为公众公司，并且股权结构适当，才可能隔绝政府对企业不必要的行政干预，才可能使国有企业真正走向市场成为独立法人，才可能真正构建起符合市场竞争要求的公司治理。不对母公司进行股份制改造，使母公司成为公众公司，即使母公司旗下二级、三级公司拥有多个上市公司，国有企业还是难以真正建立现代企业制度，企业的持续发展和做强做优都会缺乏有效的产权制度保障。

四是整体上市有利于解决母公司与上市公司治理结构重叠的矛盾。大型国有企业主营业务资产整体上市后，上市公司按要求必须建立董事会。与此同时，近年来，国务院国资委选择了一批国有独资公司开展了建设规范董事会的试点。这样，就出现了"双层董事会"的问题，即母公司董事会与主营业务资产上市公司董事会决策的事项和内容重合，母公司董事会和上市公司董事会的人员重叠。截至 2011 年 6 月 30 日，近 40 家中央企业的资产主要集中于一家上市公司，进入上市公司的资产占全部企业资产的比重超过 50%，这其中有近 20 家中央企业进行了建设规范董事会的工作，由于同时实施这两项改革，普遍出现了"双层董事会"的现象。由于母公司建立董事会的范围继续扩大和主营业务资产上市的公司继续增加，这一现象势必继续增加。要解决"双层董事会"带来的体制重叠，其重要途径之一就是实现母公司整体上市。

五是整体上市是世界上大多数大型公司的资本组织形式。从世界 500 强企业的资本组织形式看，绝大多数都是上市公司。据国务院国有资产监督管理委员会改革局的统计分析，2011 年《财富》杂志评选的世界 500 强企业中，上市公司有 408 家，占世界 500 强的 82%；多元投资主体的有限责任公司有 35 家，占世界 500 强的 7%；独资公司有 57 家，占世界 500 强的 11%（见图 5 - 6）。世界 500 强的前 100 家企业中，上市公司有 90 家，占 90%；多元投资主体的有限责任公司有 2 家，占 2%；独资公司有 8 家，占 8%（见图 5 - 7）。世界 500 强企业的母公司大多选择股份制的形式，主要是股份制有利于企业迅速筹集资金，有利于分散投资风险，有利于进入新的领域。

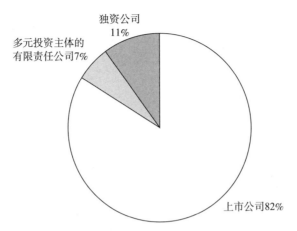

图 5 - 6　世界 500 强企业分类

资料来源：根据国务院国资委改革局分析数据绘制。

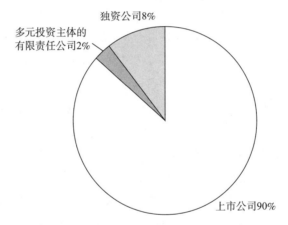

图 5 - 7　世界 500 强前 100 家企业分类

资料来源：根据国务院国资委改革局分析数据绘制。

六是整体上市是大型国有企业母公司股份制改革的现实选择。推进中央企业母公司股权多元化的改革途径主要有整体上市、中外合资、非公有资本参股等。但根据中央企业的内外部环境，母公司整体上市将是中央企业股份制改革的一条现实有效的途径选择。第一，经过不断改革、发展和重组等，中央企业已经具有相当规模，截至 2013 年底，中央企业的户均资产规模已达到 3086.97 亿元，部分大型国有企业的资产规模达到上万亿甚至数万亿元，如中国石油天然气集团公司，2013 年底的资产总额为 3.76 万亿元，净资产为 2.06 万亿元。随着中央企业的继续发展特别是布局和结构的继续调整，户均规模还将继续扩大。第二，中央企业80%以上的国有资本聚集在军工、石油石化、电力、电信、矿产、民航、海运等重要行业和关键领域，这些行业和领域的中央企业都要求保持绝对控股或相对控股，这使得外国资本和民营资本参与中央企业改制重组的动机受到很大影响。第三，经过30多年的不断发展，国内民营资本也取得了重大发展，但总体上资本和技术实力还较弱，不少民营企业的决策体制尚处于家族企业发展阶段，并且民营企业与国有企业在文化和理念等方面存在较大差距，中央企业母公司难以或不太适合引入民营资本进行整体改制。第四，以跨国公司为代表的境外战略投资者尽管资本、技术等实力雄厚，但为实现其全球战略，控制中国市场，其合资并转让核心技术的前提是要求控股，而根据国家产业政策，为维护国家经济安全、国防安全和产业安全，处于重要行业、关键领域的中央企业引进外资的底线为国有控股，中外合资这条路也难以行得通。第五，经过多年发展，中央企业主营业务整体上市越来越得到境内外资本市场的认可，同时，境内资本市场的容量也大幅提升，监管日趋规范，主营业务整体上市的中央企业因其运作更加规范、资本回报更高而受到市场青睐。第六，为适应中央企业母公司整体改制上市的需要，国务院国资委决定开展中央企业母公司上市后直接持有上市公司股权的试点工作。可以相信，随着试点工作的展开，中央企业母公司股份制改革的步伐将会加快，将有越来越多的中央企业实现母公司整体改制上市。面对这些情况，推进大型国有企业母公司的股份制改革，现阶段唯一可行的办法就是通过整体上市实现国有企业母公司的股份制改革，提升国有资产的证券化和资本化水平。

（三）国有企业整体上市的意义和作用

整体上市对大型国有企业深化股份制改革和建立现代产权制度具有重要意义，是大型国有企业产权制度改革的方向选择，对国有企业建立现代企业制度也具有重要意义和积极作用。

一是整体上市要求国有企业的集团层面首先必须进行股份制改革，实现投资主体多元化。国有企业要实现整体上市，集团层面必须进行股份制改革，吸引境内外战略投资者，形成多元投资主体制衡，并形成多元利益主体制衡，进而形成企业内部制衡，在此基础上产生的公司治理结构既有利于保证所有者对经营者实施有效监督和自身利益不受损害，又有利于保证经营者拥有充分的经营自主权。

二是整体上市有利于政企分开和政资分开，规范政府与国有企业的关系。政企分开和政资分开是搞好国有企业必须坚持的原则，政企不分和政资不分的问题不解决，国有企业就不可能真正成为独立法人，就不可能真正按市场规律办事。改革开放以来，解决政企不分的问题讲了多年，但一直没有真正解决，其中的体制性原因，一个是政资不分，各级政府既行使公共管理职能又行使国有资产出资人职能；另一个是国有企业集团层面大多是国有独资企业，没有实现投资主体多元化。党的十六大以后，中央和省级政府都建立了国资委，地级市大多也建立了国资委，政资分开取得了很大进展，但由于国有企业集团层面的股份制改革进展不快，公司治理特别是董事会不完善，政企不分的问题并没有从根本上解决，人们普遍担心的"婆婆加老板"的问题也难以从根本上避免。国有企业整体上市实现了投资主体多元化，政企不分和政资不分的体制基础发生了根本变化，企业真正成为独立法人和市场竞争主体。整体上市也提高了国有资产的证券化程度，实现了从国有资产管理向国有资本经营的转变。

三是整体上市要求国有企业在集团层面建立健全股东会、董事会、监事会和经理层，完善公司治理结构。完善、有效的公司治理结构是现代企业制度的核心和关键，但大型国有企业集团层面真正建立现代企业制度的并不多。其重要原因就在于国有企业集团公司或母公司大多是国有独资公司甚至是国有独资企业。国有企业整体上市后，就要按照《公司法》《证券法》等法律法规的要求，规范公司股东会、董事会、监事会和经营管理层的权责，形成权力机构、决策机构、监督机构和经营管理者之间的制衡机制。无疑，这将促进国有大型企业加快建立现代企业制度。

四是企业整体上市有利于完善国有企业的激励和约束机制，增强国有企业的活力和发展动力。一方面，国有企业只有真正建立起与现代企业制度相适应的用人制度和分配制度，才能形成较为有效的激励和约束机制。年薪制是大型上市公司普遍实行的分配方式。根据《福布斯》（中文版）发布的 2014 年中国上市公司首席执行官薪酬榜，A 股上市公司

CEO 人均年薪 189 万元，中资港股上市公司 CEO 人均年薪 549 万元。中集集团总裁麦佰良以 870 万元年薪居 A 股 CEO 薪酬榜的首位，联想集团 CEO 杨元庆以 1.3 亿元年薪居中资港股上市公司 CEO 薪酬榜的首位。上市公司特别是非国有上市公司高管人员的薪酬远高于国有企业高管人员的薪酬，但受到社会的非议相对要少，其根本原因之一就在于上市公司特别是非国有上市公司的用人制度和分配制度更加与市场接轨。国有企业的体制机制不转变，用人制度不能按照市场经济要求进行改革，实行年薪制很容易受到各方面的非议和批评。股权期权是市场经济国家中企业普遍采用的一种激励方式，是完善国有企业激励约束机制的一项重要措施。实施股权期权激励也要与国有企业的改革进程相适应，与企业法人治理结构的完善相同步，否则，很难为社会所接受。另一方面，按规定，上市公司必须建立严格的信息披露制度，整个企业都要置于证券监管机构、会计师事务所、机构投资者和广大股民等资本市场参与者的直接监督之下。企业一旦上市就必须遵守资本市场的运行规则，如果经营管理不善，股价就会下跌，市值就会缩水，连续亏损还会被摘牌，公司控制权可能会转移，经营管理者可能会更换。资本市场的这种功能对董事会成员和经营管理者都会形成极大压力。

经过不断改革和发展，国有企业上市的主导方式从分拆上市转向整体上市的制度条件已经具备。

一是股权分置改革后，控股股东、大股东与上市公司的利益一致了，上市公司的市值与控股股东、大股东的利益密切相关，这使企业有了整体上市的内在动力。

二是资本市场的容量大幅提高。一批大型国有企业在 A 股市场整体上市，一批在境外上市的大型国有企业到 A 股市场上市，新股上市节奏加快，都没有对股市产生重大冲击。目前 A 股市场的市值已具相当规模，同时，社会资金十分充足，可以源源不断地进入股市。

三是机构投资者有了长足的发展。截至 2012 年 9 月底，各类机构投资者持有沪深两市上市公司股票市值达 10.42 万亿元，占两市总市值的 42.37%。据深圳证券交易所发布的《深圳证券交易所股票市场绩效报告 (2012)》，2012 年机构投资者持有深市股票整体市值达 57.2%，比 2010

年和 2012 年（分别为 55.3% 和 56.4%）有一定幅度增长。

　　四是国有企业经过多年的改革调整和加强管理，加上推进主辅分离、辅业改制、清产核资、分离办社会职能、政策性关闭破产等，其资产质量大幅提高。到 2012 年底，全国国有企业的净资产收益率（含少数股东权益）为 6.0%，国务院国资委管理的中央企业的净资产收益率（含少数股东权益）为 8.2%，从整体上看，达到了中国证监会规定的企业首次公开上市（IPO）的标准和要求。可以说，一批大型国有企业整体上市的条件基本具备，时机已经成熟。

　　正因为整体上市对国有企业的改革和发展具有多方面的重要意义，整体上市也就成为国务院国资委推进中央企业股份制改革的必然选择和政策取向。但整体上市作为大型国有企业股份制改革的一项制度创新，需要相应的配套制度改革，需要解决许多历史遗留的复杂问题，需要有一个过程。否则，整体上市作为国有企业的一项产权制度创新，不仅无法达到预定目标，而且会产生新的问题。因此，在整体上市能够有效发挥作用的条件和前提没有具备之前，现实的选择是主营业务资产整体上市。截至 2013 年底，国务院国资委履行出资人职责的中央企业实现主营业务资产整体上市的有 39 家企业（见表 5-2）。目前，中央企业实现真正意义上的整体上市的没有一家，多元股东的有限责任公司有 8 家，其他都是独资企业或独资公司。

表 5-2　主营业务整体上市的中央企业名单

序号	公司名称	序号	公司名称
1	中国石油天然气集团公司	12	鞍钢集团公司
2	中国石油化工集团公司	13	中国铝业公司
3	中国海洋石油总公司	14	中国航空集团公司
4	神华集团有限责任公司	15	中国东方航空集团公司
5	中国电信集团公司	16	中国南方航空集团公司
6	中国联合网络通信集团有限公司	17	中国建筑工程总公司
7	中国移动通信集团公司	18	中国中煤能源集团公司
8	东风汽车公司	19	中国冶金科工集团有限公司
9	中国第一重型机械集团公司	20	中国化学工程集团公司
10	哈尔滨电气集团公司	21	中国中材集团有限公司
11	中国东方电气集团有限公司	22	中国南车集团公司

序号	公司名称	序号	公司名称
23	中国铁路工程总公司	32	中国保利集团公司
24	中国铁道建筑总公司	33	新兴际华集团有限公司
25	中国交通建设集团有限公司	34	武汉邮电科学研究院
26	中国国旅集团有限公司	35	中国建筑材料集团有限公司
27	中国民航信息集团公司	36	中国北方机车车辆工业集团公司
28	华侨城集团公司	37	中国大唐集团公司
29	中国西电集团公司	38	中国国电集团公司
30	招商局集团有限公司	39	中国农业发展集团总公司
31	华润（集团）有限公司		

资料来源：根据国务院国资委改革局提供的资料制作。

  大型国有企业通过整体改制上市特别是通过引进境外战略投资者在境内外上市可以提升其持续发展能力，不仅可以从理论上加以证明，而且已为国内越来越多企业的成功实践所证明。我国国有商业银行曾被境外一些学者、媒体称为"技术上已濒临破产"，但2003年以来，中国工商银行、中国建设银行、中国银行和交通银行等国有大型商业银行先后通过股份制改革、引进战略投资者和重组上市等产权制度改革，发展成为具有广泛国际认知度的大型商业银行。截至2013年底，中国银行业实现税后净利润1.42万亿元，同比增长14.5%；资本收益率为19.2%。其中，国有的中国工商银行实现利润2629.65亿元，同比增长10.2%；中国建设银行实现利润2151.22亿元，同比增长11.1%；中国农业银行实现净利润1662.11亿元，同比增长14.5%；中国银行实现净利润1637.41亿元，同比增长12.5%；交通银行实现净利润622.95亿元，同比增长6.7%。通过股份制改革，国有大型商业银行的主要财务指标已经达到国际较高水平。经济学家普遍认为，无论是资产规模、资产质量、赢利能力，还是资本充足率、流动性比例，我国银行业的整体实力正处在历史最好时期。可以说，如果没有6年来的股份制改革，国有商业银行很难有这样的稳定性和安全性。面对国际金融危机的严重冲击，我国大型商业银行能够保持健康稳定发展，不仅有利于其自身应对国际金融危机，而且为我国经济抵御国际金融危机的冲击提供了坚实基础（见表5-3、表5-4）。

表 5 - 3　2013 年上市商业银行股权结构和集中度

单位：元，%

上市银行	总股本	国有股	占比	人民币普通股	占比	国有股以外的内资	占比	外资股	占比	前 10 大股东持股占比	第一大股东	第一大股东持股比例
工商银行	35138867.29	—	—	26459462.84	75.30	—	—	8679404.46	24.70	97.12	中央汇金投资有限责任公司	35.33
建设银行	25001097.75	—	—	959365.76	3.84	—	—	24041731.99	96.16	97.48	中央汇金投资有限责任公司	57.26
农业银行	32479411.70	989176.47	0.03	28416352.92	87.49	—	—	3073882.31	9.46	94.70	汇金公司	40.28
中国银行	27936455.24	—	—	19574227.60	70.07	—	—	8362227.64	29.93	97.42	中央汇金投资有限责任公司	67.72
交通银行	7426272.66	583642.57	0.08	3270905.33	44.05	70538.50	0.01	3501186.26	47.15	75.99	财政部	26.53
平安银行	952074.57	—	—	557590.19	58.57	394484.38	0.41	—	—	64.35	中国平安保险（集团）股份有限公司	50.20
浦发银行	1865347.14	—	—	1492277.71	80.00	373069.43	0.20	—	—	49.47	中国移动通信集团广东有限公司	20.00
民生银行	2836585227.00	—	—	22587602387.00	79.63	—	—	5777982840.00	20.37	48.13	香港中央结算（代理人）有限公司	20.24
招商银行	2521984.56	—	—	2062894.44	81.80	—	—	459090.12	18.20	58.26	香港中央结算（代理人）有限公司	17.97

续表

上市银行	总股本	国有股	占比	人民币普通股	占比	国有股以外的内资	占比	外资股	占比	前10大股东持股占比	第一大股东	第一大股东持股比例
华夏银行	890464.35	174786.40	0.20	648768.68	72.86	—	—	66909.27	7.51	70.66	首钢总公司	20.28
兴业银行	1905233.68	61353.75	0.03	1617961.67	84.92	—	—	225918.26	11.86	47.87	福建省财政厅	17.86
中信银行	4678732.70	—	—	3190516.41	68.19	—	—	1488216.30	31.81	94.18	中国中信集团公司	66.95
宁波银行	288382.05	—	—	287127.85	99.57	1254.20	—	—	—	67.41	新加坡华侨银行有限公司	13.74
南京银行	296893.32	—	—	296893.32	100.00	—	—	—	—	67.64	南京紫金投资集团有限责任公司	12.73
北京银行	880015.95	31490.16	0.04	747307.43	84.92	101218.37	0.12	—	—	45.50	ING BANK N.V.	13.64
光大银行	4627679.00	—	—	3985059.00	86.11	—	—	642620.00	13.89	71.81	中央汇金投资有限责任公司	41.66

资料来源：根据巨潮咨询网站（www.cninfo.com.cn）各家银行相关材料整理。

表5－4　2013年上市商业银行董事会、监事会构成

单位：人,%

银行	董事会人数	独董人数	独董占董事会比重	监事会人数	职工监事人数	外部监事人数	外部监事占监事会比重
工商银行	17	7	41.2	6	2	2	33.3
建设银行	13	5	38.5	6	2	2	33.3
农业银行	15	5	33.3	7	4	1	14.3
中国银行	14	5	35.7	8	3	3	37.5
交通银行	18	6	33.3	13	4	2	15.4
平安银行	15	5	33.3	7	2	3	42.9
浦发银行	17	6	35.3	7	2	0	0.0
民生银行	18	6	33.3	9	3	2	22.2
招商银行	18	7	38.9	8	2	2	25.0
华夏银行	18	7	38.9	11	3	4	36.4
兴业银行	15	5	33.3	9	2	3	33.3
中信银行	13	5	38.5	6	2	2	33.3
宁波银行	18	6	33.3	7	2	3	42.9
南京银行	11	4	36.4	6	1	2	33.3
北京银行	19	7	36.8	10	2	3	30.0
光大银行	14	5	35.7	10	3	2	20.0

资料来源：根据巨潮咨询网站（www.cninfo.com.cn）各家银行相关材料整理。

　　把整体上市作为有大型国有企业股份制改革的制度选择，已成为大型国有企业母公司层面产权制度改革和产权结构调整的主要目标，但这一目标的实现，有许多理论和实践问题需要研究解决，如整体上市后谁代表国有资本出资人直接持有上市公司的股份？有专家提出，国务院国资委直接持股成为中央企业的股东，一是会导致国有资产所有者和监管者又合二为一，国资委直接渗透到整体上市公司做大股东，变成一种新的政企不分；二是会使中央企业之间的交易都成为关联交易，也容易引起国际上质疑国家操纵和政府补贴；三是容易产生法律诉讼，使国资委成为民事诉讼对象，也难以保证中小股东的利益；四是国资委如果热衷于与国有独资集团公司和国有资本经营公司争夺国有出资企业出资人地位，却使全国国有资产处于无人监管的境地。此外，国有企业整体上市

后，其股权结构如何既能够保持必要的控股权又能够避免"一股独大"等问题也都需要深入研究。这些问题的解决，涉及国有资产的监管体制和监管架构、国有经济在重要领域和关键行业的控制力、国资委的定位和职责、企业的融资和持续发展能力等一系列国有资产管理体制改革和国有企业改革与发展的重要问题，需要在理论上和实践中不断探索研究。

当然，企业整体改制上市作为大型企业的重要资本组织形式，并非企业发展的唯一资本组织模式。无论国际经验还是国内经验都说明，在充分竞争的市场环境下，一些企业在母公司实行独资或一元产权结构的情况下，采用适应市场竞争要求的公司治理和经营机制，也可以获得良好的经营业绩和持续发展。根据国务院国资委改革局的分析，2011年世界500强企业中，其母公司采用独资形式或一元产权结构的占到11%。在个体、私营企业占绝大多数的中国浙江省，国有的浙江物产集团居浙江省综合100强企业排行榜首位，并且成为首家进入世界500强的浙江企业，位列2014年世界500强第345位。

浙江物产集团以生产资料现代流通业为主业，经营范围涉及国内外贸易、实业加工、现代物流、金融投资四个领域。浙江物产集团从事的业务都属于完全竞争的领域，浙江物产集团的成功不是靠垄断而是靠市场竞争取得的，是在充分竞争的市场中发展壮大的。截至2013年底，浙江物产集团拥有员工1.86万人，资产总额为107.93亿美元，营业收入为345亿美元，连续多年蝉联浙江省100强企业首位。

浙江物产集团是浙江省国资委所属企业，集团公司是一元产权结构的国有独资公司，采用的是战略管控型的母子公司管理模式，集团公司拥有全资和直接控股的企业10家（见图5-8）。

浙江物产集团设有董事会和经理层（见图5-9）。董事会是浙江省政府授权范围内的国有资产代表主体和经营决策主体，对被授权范围内的国有资产保值增值负责。董事会现有成员5人，全部由政府委派。设董事长1人，副董事长1人，由浙江省政府在董事会成员中指定。董事每届任期3年，任期届满连派可以连任。董事长是公司的法定代表人。浙江物产集团设总经理、副总经理若干人，由董事会聘任。目前，总经理、副总经理均由浙江省国资委考核、推荐和任免。浙江物产集团暂不设监事会，由浙江省国资委委派专职监事履行监督职能。

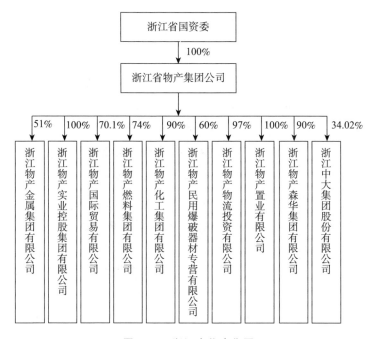

图 5-8 浙江省物产集团

资料来源：《浙江省物产集团公司 2010 年度第一期短期融资券募集说明书》。

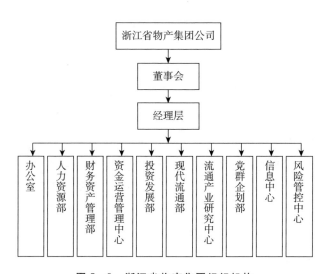

图 5-9 浙江省物产集团组织机构

资料来源：《浙江省物产集团公司 2010 年度第一期短期融资券募集说明书》。

企业整体上市也并非大型国有企业整体改制唯一的产权制度选择，企业整体改制也可以选择私募的方式，南汽轮整体改制选择的就是私募的方式，并取得了良好的经营业绩。有专家认为，作为实现产权多元化的选择，企业整体改制上市和企业通过私募改制两种模式各有利弊。整体改制上市的益处是，可以迅速从资本市场以放大倍率募集资金，企业运营情况公开、透明，市场监管明确、有序；不利之处是，股东的流动性、变动性、投机性增加，企业的稳定性减弱，内部人易于控制企业，公司治理的有效性下降，企业始终受到来自投资者持续增长的压力。企业通过私募改制的益处是，股东稳定，公司治理有效，有利于承受长期投资压力；不利之处在于，难以及时募集大量资金，透明度低，不利于外部监管。企业选择整体改制方式时，应进行利弊分析和风险评估[1]。实际上，大型国有企业整体改制上市的益处不仅在于可以及时募集大量发展所需资金和强化外部监管，而且有利于国有资本的流动和重组，实现国有资本的优化配置，推动混合所有制经济的发展。正因为如此，符合条件的大型国有企业应尽可能将整体改制上市作为产权制度改革的首要选择。

五　小结

围绕我国国有企业建立现代企业制度的路径选择问题，本章首先简要阐述了我国国有企业产权制度变革的历程。其历程分为三个阶段：第一阶段是 1979 ~ 1992 年，所有权与经营权逐步分离；第二阶段是 1992 ~ 2002 年，探索建立现代企业制度；第三阶段是 2002 ~ 2013 年，积极推进股份制改革；第四阶段是 2013 年至今，加快发展混合所有制经济。在此基础上，本章重点论述了在深化国有企业产权制度改革的基础上如何选择国有大型企业产权制度改革的路径，认为股份制有利于改善国有企业的资本结构和组织形式、转换经营机制、促进政府职能转变和国有资本

---

[1]　周放生、赵攀：《南汽轮改制——国企母公司改制范例》，《上海国资》2010年第 7 期。

流动重组等，强调推进国有企业混合所有制改革是国有企业产权制度改革的主要方向，对增强国有企业活力和竞争力具有重要意义。最后，本章对整体上市的内涵、企业整体上市的背景和历程、国有企业整体上市的意义和作用进行了系统分析，论述了整体上市对国有企业的重大意义和积极作用，并提出了整体上市需要研究解决的一些重要理论和实践问题。

第六章 我国国有企业的公司治理 及制度创新

国有企业进行产权制度改革，实行股份制，使企业持续提高绩效具有了坚实、有效的产权结构和制度条件，但理论和实践都说明，增强国有企业的活力和竞争力不可能"一股就灵"。根据对产权结构、公司治理与企业绩效之间关系的理论研究和实证分析，基于公司治理对企业绩效的直接性和决定性作用，在积极推进国有企业产权制度改革的同时，必须在完善公司治理方面取得明显进展，不断提高治理效率，在现代产权制度的基础上重新构建具有活力和竞争力的国有企业管理体制和经营机制，为持续提高大型国有企业的绩效提供治理保证。

一 我国国有企业的公司治理及产权结构分析

我国国有企业的公司治理，既具有一般市场经济国家公司治理的普遍特征，又具有社会主义市场经济的特殊特征，由此决定了完善我国国有企业的公司治理，既要学习借鉴发达市场经济国家在完善公司治理方面的成功做法和经验，又要着眼于国有企业的产权属性，针对当前国有企业公司治理中存在的主要问题，从中国实际出发，积极探索和完善具有中国特色的国有企业公司治理。

（一）我国国有企业公司治理的主要问题

经过 30 多年的改革和探索，我国国有企业的公司治理结构发生了制度性的变革，与计划经济体制相适应的厂长负责制已废除，与市场经济体制相适应的公司治理的架构已经形成。特别是近年来，在国有资产出资人机构和证券市场监管机构的共同作用下，国有企业在完善公司治理方面取得了明显进展。国资委监事会工作技术研究中心与南开大学公司治理研究中心合作开展了《中央企业控股上市公司公司治理评价研究》，从股东治理、董事会治理、监事会治理、经理层治理、信息披露和利益相关者治理 6 个维度，采用 19 个二级指标和 80 多个方面的基本内容对中央企业控股上市公司的治理状况进行了全面评价（见表 6 - 1）。这次合作研究共选取了 2007 年的 174 家中央企业控股上市公司作为基本分析样本，同时选取了 584 家非中央企业控股上市公司和 317 家民营控股上市公司作为对照分析样本。从研究的结果看，中央企业控股上市公司的公司治理总体状况较好。在公司治理评价的 6 个维度中，中央企业控股上市公司在股东治理、监事会治理、经理层治理、信息披露和利益相关者治理五个治理维度上优于非中央企业控股的上市公司和民营控股的上市公司（见表 6 - 2）。与 2006 年相比，2007 年中央企业控股上市公司治理总体状况有显著提升，在公司治理评价 6 个维度中股东治理、董事会治理、监事会治理、信息披露和利益相关者治理 5 个维度的指数明显高于 2006 年（见表 6 - 3）。但中央企业控股上市公司尚存在一些容易引发公司治理风险的共性问题，主要表现为公司治理结构不合规的现象依然存在、公司治理机制建设滞后等。

表 6 - 1　中央企业控股上市公司治理评价指标体系

评价维度	评价指标	指标简要说明
股东治理	独立性	主要评价上市公司与控股股东的独立程度
	中小股东权益保护	主要评价中小股东权益保护的程度以及控股股东滥用权力的程度
	关联交易	主要评价上市公司与股东公司关联交易的规模与合理性

续表

评价维度	评价指标	指标简要说明
董事会治理	董事权利与义务	主要评价董事履行权力与义务的能力与程度
	董事会运作	主要评价董事会运作机制及其效率
	董事会组织结构	主要评价董事会专门委员会建设的状况
	董事薪酬	主要评价董事薪酬结构及其激励效果
	独立董事制度	主要评价独立董事制度建设状况及其发挥作用的程度
经理层治理	任免制度	主要评价经理人员选聘制度的公开性、科学性和透明性
	执行保障	主要评价经理层决策支持、约束和执行机制的完善程度以及执行的胜任能力
	激励机制	主要评价经理层薪酬激励结构与机制的科学性
监事会治理	监事胜任能力	主要评价监事会主席及监事是否具备履行监事职责的能力
	监事会规模与结构	主要评价监事会规模与结构的有效程度
	监事会运行状况	主要评价监事会运行制度的完备性及职责履行情况
信息披露	可靠性	主要评价年报披露的信息是否真实、可靠
	相关性	主要评价年报披露信息的完整性、合规性
	及时性	主要评价年报披露信息的及时性
利益相关者治理	利益相关者参与	主要评价利益相关者参与公司治理的程度和能力
	利益相关者协调	主要评价公司与由各利益相关者构成的企业生存和成长环境的关系状况和协调程度

表 6 - 2　2007 年中央企业控股上市公司与其他类型上市公司治理指数比较

指数类型	央企控股	非央企国有控股	民营控股
公司治理指数	58. 63	56. 33	57. 83
股东治理指数	59. 52	55. 17	57. 57
董事会治理指数	57. 07	57. 28	57. 16
监事会治理指数	55. 88	53. 25	55. 19
经理层治理指数	58. 00	56. 67	57. 50
信息披露指数	63. 53	60. 57	63. 34
利益相关者治理指数	56. 04	51. 99	53. 56

资料来源：国务院国资委监事会工作技术研究中心。

表 6－3　2006 年与 2007 年中央企业控股上市公司治理指数比较

指数类型	2006 年					2007 年				
	平均值	中位数	标准差	最小值	最大值	平均值	中位数	标准差	最小值	最大值
公司治理指数	57.84	57.74	3.56	47.86	70.55	58.77	58.96	3.14	51.33	67.06
股东治理指数	58.43	59.24	9.66	28.40	77.21	59.62	58.90	7.25	41.00	83.84
董事会治理指数	55.81	55.68	4.77	45.31	67.41	57.04	57.05	1.96	52.36	62.75
监事会治理指数	53.99	54.14	6.88	34.17	69.76	56.15	57.23	7.07	31.66	72.62
经理层治理指数	58.71	59.03	5.72	43.97	72.30	58.18	57.95	5.08	45.19	72.56
信息披露指数	63.06	63.58	8.55	36.49	80.71	63.72	65.07	7.81	43.88	82.28
利益相关者治理指数	54.96	55.46	10.00	30.29	87.46	56.21	56.03	9.89	30.04	87.49

　　按照我国《公司法》关于公司治理的规定和经济合作与发展组织（OECD）在《公司治理原则》中提出的公司治理评价标准，我国国有企业的公司治理还存在一些需要改进的制度性缺陷。从公司的内部治理来看，现有国有企业的公司治理不够完善、不够规范主要表现在四个方面。

　　一是规范的委托－代理关系没有形成。虽然普遍建立了专门履行国有资产出资人职责的机构，但政企不分和国有产权代表虚拟化的状况还没有从根本上改变，有效的问责制度还没有真正建立，权力与责任不对称的现象仍然较为普遍。一方面，政企不分、政资不分的现象仍然存在，企业的经营难以从根本上摆脱政府的行政干预；另一方面，国有资产出资人机构和国有企业并没有真正享有作为独立法人应享有的权力，突出表现为国有资产出资人机构在用人和投资决策方面的权力缺失和董事会在重大投资决策和选聘、奖励经营管理者方面的权力缺失。

　　二是公司治理不完善。大部分国有企业特别是大型国有企业在集团层面还没有建立起符合现代企业制度要求的公司治理体系，国务院国资委管理的国有企业集团层面大部分仍是国有独资公司甚至是国有独资企业，不少没有建立董事会，实行的是总经理负责制，公司的决策职能与执行职能合一，缺乏内部的权力制衡。中小股东参与公司治理的程度低，中小股东的权益保护制度缺乏，中小股东参与股东大会的机制尚不完善。职工监事制度需要进一步完善，尚存在部分公司未建立职工监事制度的情况。

三是公司治理运作不规范。已经建立股东会、董事会、监事会和经理层的国有企业并没有真正形成权责明确、各司其职、相互制衡、运转协调的机制。很多公司的董事会不能独立履行职责，形同虚设，董事会与经理层的职责不明确，董事长干预总经理履职的现象十分普遍。许多国有企业特别是上市公司虽然引入了独立董事制度，但部分上市公司独立董事的比例尚未达到法定要求，一些企业的独立董事难以做到独立履行职责，不能有效维护中小股东的权益。

四是激励和约束机制不健全。对国有企业高管人员是有效激励不足和约束不够同时存在。据北京师范大学公司治理与企业发展研究中心对2012年度沪深两地上市公司的实证研究，尽管个别国有垄断企业高管薪酬过高，但不论从总体还是从地区和行业角度比较，国有控股公司的高管薪酬系数均值都低于非国有控股公司，存在较多的薪酬激励不足问题。近年来，各级国资委对其监管的国有企业普遍实行了经营业绩考核，同时引入外部董事制度和外部监事制度，但企业高级管理人员的薪酬与经营业绩之间仍然缺乏紧密和合理的联系，董事薪酬激励形式单一，缺乏长期的薪酬激励机制，同时部分企业经营管理者违规补贴、福利或资金，一些企业高级管理人员的报酬增长过快。企业内部的监督机制普遍不是十分有效，企业内设监事会大多不能对董事会和公司高级管理人员进行有效约束，"成本外溢"和"收益内化"等"内部人控制"现象在国有企业还不同程度地存在。

（二）国有企业公司治理缺陷的产权原因

国有企业公司治理中存在这些问题的原因是多方面的，有外部治理因素的影响，如对经理人的约束弱化，更重要的原因在于资本市场的不完善和竞争性的经理人市场尚未形成，使经理人员所面临的可能被替代的压力大为减弱，同时还有内部治理因素的影响，而产权结构不合理则是造成国有企业公司治理缺陷的基础性和根本性因素。

一是集团层面大多没有进行股份制改革，仍然是一元产权结构。2003 年国务院国资委组建时，监管的 196 家企业中，集团层面实现投资主体多元化的只有 11 家，占 5.6%；国有独资公司有 12 家，占 6.1%；按照《企业法》注册登记的国有独资企业有 173 家，占 88.3%。近年来，中央企业的股份制改革步伐加快。据国务院国资委的数据，截至 2013 年底，113 家中央企业共有境内外控股上市公司 385 家，其中境内控股上市公司 295 家（含 32 家 A + H 公司），占境内上市公司总数的 11.95%。

应该说，中央企业控股的上市公司数量并不少，但集团层面或母公司层面进行股份制改革的并不多。由于国有企业集团层面大多没有形成多元产权结构，而已经形成多元产权结构的有不少持股比例偏大，也就难以形成有效的相互制衡的公司运作机制，因而也就难以形成规范的现代企业制度。国有企业包括国有控股的上市公司治理结构存在的问题，其制度性原因之一就在于国有企业集团层面大多数仍然是国有独资公司甚至是国有独资企业。

二是股权结构不合理，国有股权比重过大的现象比较普遍。以上市公司为例，据统计，2003 年全国上市公司中国家绝对控股的公司有 518 家，占全部上市公司的 40.3%，如果再加上国有法人股超过 50% 的公司，则国有股超过 50% 的国有绝对控股的上市公司所占比例为 70% 左右。这种被不少学者和媒体称为"一股独大"的股权结构使大股东掌握了股东大会的主导权，往往会损害或漠视中小股东的权益，国有控股股东与上市公司之间往往存在转移利益或资金支持的行为。经过多年调整，这种状况有了明显改变。据北京师范大学一个课题组对 2012 年沪深两市 2314 家上市公司的研究，其中国有控股 50% 以上的上市公司有 276 家，占比为 11.9%；国有控股 30% ~ 50% 的有 384 家，占比为 16.6%；国有控股小于 30% 的有 308 家，占比为 13.3%。但国有控股的大型上市公司往往国有股权比较大。从理论上讲，国有企业实行股份制改造以后，形成了独立的法人财产权，拥有了独立法人应有的经营自主权，应该能够有效避免政府行政管理权对企业经营权的干预，实现自主经营、自负盈亏。但在实践中，国有股权比重过大，股权构成不合理并造成产权的权利分配不合理，最终所有权侵占其他产权主体的权利，给国有控股的股份制企业的公司治理带来消极影响。

三是所有权与控制权不对称，大股东享有超额权利。2007 年上海证券交易所研究中心曾对上市公司进行过一次董事会运行情况调研。结果表明，样本公司第一大股东平均持股比例为 46.6%，而其在董事会中所占席位的比例达到 56.9%，即控制权比所有权平均高出约 10 个百分点。虽然这次调研是针对整个上市公司的，但考虑到现有 1500 多家上市公司中含有国有股份的达 1100 家，应该说，这种状况在国有控股的上市公司中具有普遍性。

四是产权流转不顺畅，相当一部分国有股权不能自由交易和流动。典型的股份制企业是以股本流通为基础的，而我国不能流通的股本包括国家股和法人股，一度占到总股本的 2/3。不能流通的股本虽有现代公司的外壳，但其实质相去甚远。由于绝大部分国有股本不能通过证券市场流通，因此，一方面，市场对企业无法形成有效的评价机制，投资者和市场无法根据真实的企业绩效对不同股票作出正确的选择；另一方面，外部接管和"用脚投票"等市场约束机制失去了有效发挥作用的基础，证券市场和中小股东无法通过收购方式达到监督国有上市公司的大股东和经营管理者的目的，经理人员所面临的被替代的压力明显弱化。在政府的行政管理职能和国有资产监管职能没有真正分开的情况下，国有股控制了股权的绝大部分且不能流动，国有控股的股份制企业难免会出现政府职能部门的"外部人控制"和企业经理人员的"内部人控制"同时存在的现象。

五是国有产权的主体尚未完全明确，国有产权代表缺位的问题没有彻底解决。专门履行国有资产出资人职责的各级国有资产管理机构的建立，使长期以来国有资产出资人缺位的现象得到了较好解决，但一方面，金融类国有资产仍然没有明确出资人代表，还有不少游离于国有资产管理机构之外的国有资产也没有明确出资人代表；另一方面，国有企业内部代表国有资产的出资人没有层层到位，致使国有资产保值增值的责任无法得到层层落实。

从上述分析可以看出，现阶段我国国有企业的公司治理存在的主要问题及原因，既有公司制股份制企业的公司治理面临的普遍问题，也有转型国家公司制股份制企业的公司治理面临的共性问题，还有中国国情所产生的特殊问题。因此，建立规范、有效的国有企业公司治理，既要解决市场经济国家公司治理面临的普遍问题，又要解决我国国有企业在经济体制转型过程中产生的特殊问题。

（三）国有企业公司治理失效的学术争论

国内学术界普遍认为国有企业的公司治理是低效的，并对失效的原因做了很多研究和分析，其论点基本上可以分为三大类，即产权论、市场论和经理人约束论。

1. 产权论

产权论的基本观点可以归纳为中国国有企业的关键问题在于产权模糊。产权论将国有企业公司治理失效的根源归结于产权不清以及在产权不清的状况下因所有权和控制权分离而产生的代理问题。按照产权论者的观点，政府作为国有企业的所有者实际上是无法对企业的管理层进行有效监督的，因为严重的信息不对称使得监督成本过高，而无效的监督使得企业的管理层有机会以企业的利润为代价去寻求个人的私利。而且政府控制企业的动机往往不是利润驱动，这也会使以责任合同为基础、以激励为目标的局部改革受到严重制约。因此，为解决效率问题，应该推行股份制，使得企业可以将股份出售给企业员工或其他个人投资者，因为新的股东将会具有很强的所有者意识，也更关心企业的利润。当然，就国有企业而言，对于产权清晰问题也存在不同的看法。张维迎（1995）认为国有制或公有制就其定义本身来看就是不清晰的，因为只有将产权落实到个人的私有制才是清晰的产权。吴敬琏（1998）则认为现代企业制度并不必然需要以私有产权为基础，而是在国有企业中没有人代表作为企业所有者的国家的利益。他们认为"放权让利"的改革固然有助于中国的经济转型，但内部人控制导致的国有资产流失也反映了改革的负面效果，说明在这些"自主的国有企业"中国家作为所有者的利益并没有得到保护。很多企业通过少提折旧等方法增加企业的当期会计利润，从而为自己谋求更大的利益，因为上缴国家的利润指标是固定的。当然，更有各种明目张胆的窃取国有资产的行为。因此，现代企业制度被用来作为对此问题的解决方案：通过公司化对国有资产进行评估，在此基础上将其转化为国有股；由于股份可以代表明确的产权，企业的董事会就可以保护国有股权的利益免受经理人私利交易（self-dealing）行为的侵害。因此，现代企业制度的核心是股份制或公司制。而且，在这些学者看来，将国有企业改造成股份有限公司还可以终止政府对国有企业亏损的无限责任，因为股份有限公司的股东只承担有限责任。同时，只要国家在改制后的企业中保持控股地位，就相当于国家以较少的国有资产控制了更多的社会资产，因为除国有股东，还有社会法人股东和个人股东。政府显然将这一理论融入了其政策中。从实践来看，尤其是从上市公司的案例来看，很难说这个政策解决了内部人控制问题，而且，如何保护小股东的利益不受大股东的侵害又成为一个新的问题。如果大股东控制企业的经理层，并和企业经理人联手剥夺少数股东的利益，则会对整个经济的运行和市场经济制度的建立造成极大的危害。

2. 市场论

市场论认为国有企业的国有产权是清晰的，真正的问题在于有效管理的缺乏以及僵硬的、过时的产业结构。市场论对产权论的国有企业产权关系不清的说法表示反对。市场论者认为，国有企业的资产属于国家，而国家代表全体人民持有国有资产，国有企业的产权就法律归属而言是清晰的，因此，真正的问题不在于产权界定，而在于国有制实行中的问题，在于国家无力纠正政府官员的错误，保护全民利益。当然这可能会牵涉到政治上更敏感的政府结构改革。市场论者认为，对于提高国企的效率而言，私有化既非必要条件也非充分条件，因为世界上有很多低效率的私人企业，也不乏许多高效率的国有企业。林毅夫等（1997）认为在提高国有企业的效率方面，建立一个功能完善的市场要比改革产权结构更重要，因为国有企业公司治理失效的原因在于缺乏竞争性的市场环境，而非产权关系不清。对于企业的两权分离问题，林毅夫认为这并不是国有企业公司治理失效的真正原因，因为两权分离的现象自现代公司制企业产生以来就一直存在。他认为国有企业的问题在于软预算约束、政策性负担（包括退休金和社会福利成本、企业富余职工以及价格扭曲）以及对企业管理层进行监督的高成本，而这些问题的产生是市场体系不成熟的结果。因此，在缺乏公平和竞争性的市场环境下，单纯推行股份制并不能完全改变企业的绩效。

3. 经理人约束论

经理人约束论认为经理人在委托－代理关系下剩余权利增大，由于缺乏有效的内外约束机制，侵蚀国有资产及道德观念方面的原因会给公司治理造成失效。经理人约束论将国有企业治理失效的主要原因归为经理人的监督约束机制不完善，委托－代理成本过高。按照委托－代理理论，内部人控制问题主要表现在这样几个方面：第一，国有企业中严重的代理问题。尽管扩大企业自主权的改革没有改变国家名义上对国企的所有权，但实际上相当部分的契约性质的控制权和剩余控制权已经转移到了企业经理人的手中，使得企业经理人得以有效行使控制权，尤其是使用资产和分配收入的权力。这种控制权从政府向企业经理人的转移一方面提高了经理人当期生产的积极性，但也为他们提供了侵吞国有资产等"寻租"机会，因为他们并不或很少拥有企业的股份。第二，一般来说，他们有着不同于委托人的利益和目标。因为利益是属于股东的，而为获取利润所做出努力的成本却是代理人的，所以只要可能，经理人更多追求的是规模收入和在职消费等。第三，他们对自己的知识和才能、对掌握的机遇和做出的努力拥有私人信息，这些是委托人不花成本不能得到的。由于代理人被假定为具有机会主义的行为，即在不受罚的情况下，会不惜损害他人利益而谋取自己的利益，所以，他们既可能在合同前谎报自己的才能，又可能在合同后偷懒，或不提供只有他们才知道的重要信息。

从整体公司治理的角度看，我国国有企业在治理结构上存在两方面的问题：一方面是内部性控制和约束问题，也就是企业的内部激励机制的设置和运行问题；另一方面是外部性约束问题，也就是要解决产品市场、资本市场、经理人市场和法律依据体系等问题。归纳国内学术界对国有企业公司治理存在问题的理论剖析，可以看出，实际上产权论和经理人约束论主要针对的是前一个方面的问题，即内部性控制和约束问题，市场论主要针对的是后一个方面的问题，即外部性约束问题。这些观点从不同方面剖析了我国国有企业在转型时期的公司治理中存在问题的主要原因，对这些问题的解决具有启迪作用，但要提高国有企业的整体治理效率，就必须内外兼顾，双管齐下，构建完善、有效的国有企业内部治理和外部治理机制。

二　完善国有企业的内部治理机制

企业的内部治理机制是公司治理的一个核心内容，也是决定企业核心竞争力的一个关键因素。在相似的外部环境下，正是内部治理机制的不同决定了企业效率的不同和竞争力的不同。企业的内部治理机制主要包括权力配置机制、决策机制、激励机制、监督约束机制等。从我国的实际出发，完善国有企业的内部治理机制，提高国有企业公司治理的有效性，应该包括两个层面的工作，一个层面是完善国有企业的内部治理机制，另一个层面是完善国有资本出资人和出资人机构对国有企业的激励和监督机制。

一是完善各司其职、各负其责、运转协调、相互制衡的公司机制。首先，要明确界定股东会、董事会、监事会及经理层的各自权限，做到权责分明。其次，要健全各项制度，保证股东会、董事会、监事会和经营管理者的权力得到有效行使。从我国国有企业公司治理的实际情况看，既要解决股东会与董事会职责的合理划分问题，又要解决董事长与总经理的权限划分和行使问题，还要解决党管干部原则与市场化选聘企业经营管理者的关系问题，同时合理界定各级国资委即国有资产出资人机构与所出资企业董事会的权限也是国有企业内部治理机制需要解决的问题。再次，要尽量减少董事会与经理层人员的互相交叉兼职和机构的重叠与职责不清。

二是探索和健全有效的激励和约束机制。激励和约束机制（mechanism）属于制度（institution）的范畴，它是引导人的行为方向，即引导人应当干什么和不应当干什么的措施和制度。激励机制和约束机制是所有制度安排中最基本的制度安排。实行激励机制和约束机制的关键在于两种机制的对称，即"激励＝约束"。如果"激励＞约束"，则可能促使企业家不负责任；如果"激励＜约束"，则可能促使企业家贪污腐败，搞灰色和黑色收入。就我国目前的实际情况来说，两种机制都存在不足，既有激励不足的问题，也有约束不够的问题。我国垮掉了一些知名的甚至有过重大贡献的企业家，这对企业家的成长和自律起到了促进作用，但同时也产生了一些负面影响。当某个企业家垮台时，在企业家群体中往往不是引起警醒，而是产生"兔死狐悲"之感。因而，加强、加快两种机制的建设是完善国有公司内部治理的当务之急。

首先，要建立有利于完善激励和约束机制的股权结构。要尽可能实现股权多元化，逐步改变国有股权所占比重过高即"一股独大"的局面。在我国，市场机制发育还不健全，如果建立高度分散的股权结构，存在大量"搭便车"的现象，股东的利益难以最大化，而且相关者的利益也没有保障。所以应该建立相对集中的、比较稳定的股权结构，将国有股转移给一些法人团体，让它们持大股，直接参与公司内部治理。各法人追求自身集团的利益，从而形成激励约束机制，使公司的内部治理更有效。

其次，建立有效的经理人行为激励机制。在现代企业中明确了委托－代理关系，并且建立了监督机制和约束机制后，企业经营效益的、资产保值增值的幅度就取决于对企业的经营管理层的激励制度。南开大学公司治理研究中心的研究表明，董事会治理对公司绩效改善的影响主要来源于董事会组织结构建设和董事薪酬激励的作用。北京师范大学公司治理与企业发展研究中心的研究结果表明，董事会行为和董事激励与约束对公司绩效具有正向显著影响，董事会结构和独立董事的独立性对公司绩效的影响正向但不显著。波兰在由计划经济向市场经济转轨的过程中选择了私有化方式，企业所有者要求管理者用心经营企业，所有者的约束力度很强，但由于激励机制的不健全，在已实行私有化的企业中，经济效益并没有明显改善，甚至还低于改革前的平均水平。激励就是运用经济的和非经济的方式，充分调动生产经营主体的积极性，并发挥其最大潜能。比如采用年薪制，董事长和总经理年薪收入由基本工资和效益工资组成，其中效益工资与企业当年净资产增长率和利润率相挂钩。对于效益工资也可采取股份期权或类似的方式，让管理者掌握一部分剩余索取权并限制他们在职期间不得转让，这部分股权的价值实际上是不确定的，它取决于若干年后企业的赢利情况，这样既能避免经营者的违法乱纪行为，也能树立对企业长期经营的思想，制止短期行为，还能提高经理们的收入，防止心态失衡。作为对经理人员的激励手段，名誉也非常有效。所有权与控制权的分离之所以可行的原因是经理市场的存在并有效，有效性表现在经营者的长期收入（不考虑后期收入的贴现损失）等于他的边际产品，而有效性有赖于委托者通过经理市场提供的信息——经理名誉的高低，也就是说名誉直接影响了经营者的后期收入。所以，提高成功企业经理人员的名誉也就是间接地提高了经理人员未来的可能收入。要尽快强化对企业家的激励机制，在公司内部对经理人可以实行年薪制、股票期权制、报酬和业绩从长期和短期两方面紧密挂钩等，以充分调动经理人的积极性，提高公司治理的效率。

再次，完善内部监督机制。所谓内部监督机制，主要是指现代企业内部的制衡机制，即经营管理企业的各个权力组织之间的权力分配和监督。企业中的董事会、总经理、监事会之间的相互制衡机制主要表现在董事会对经理层的监督以及监事会对董事会和经理的监督。完善国有企业的内部监督机制，最根本的是要从制度上保证国有资产的产权代表层层到位，解决国有资产产权代表"缺位"的问题，使国有资产保值增值责任层层到位，真正实现有人对国有资产保值增值负责。同时，要完善公司治理结构，解决企业内部权力合理配置和相互制衡的问题，防止经营管理者随意越权或滥用权力。要重视和发挥董事会在企业内部的监督作用。完善董事会是国有企业建立现代企业制度的核心和关键，是深化国有企业公司制股份制改革的一个重要内容，也是加强国有资产监管和防止国有资产流失的一项重要措施。

我国理论界通常将股东会、董事会、经营层和监事会定位为决策机构、执行机构和监督机构，并将这些机构各司其职、相互制衡、运转协调的情况视为建立现代企业制度的重要标志。实际上，董事会作为出资人代表，有责任、有义务对资产的保值增值负责，有责任、有义务承担部分监督职责。从英国、美国、芬兰、瑞典、澳大利亚、马来西亚等国家完善公司治理的趋势可以看出，董事会在公司治理中不仅行使决策职责，同时也发挥内部监督的作用。董事会中外部董事或独立董事占大多数，并且这些董事的独立性比较强；董事会下设的审计委员会也以外部董事或独立董事为主，并且专司监督职责。因此，董事会在一定程度上可以保证企业内部监督的独立性、权威性、专业性和有效性，对解决所有权与经营权分离后的委托－代理问题具有重要的积极作用。

三是通过派出或推荐董事和监事的方式加强政府对国有企业的监督。政府作为国有资本的最终所有者，承担和履行监督国有企业的职能是其应有的权力和责任。从一定意义上讲，这也是企业内部监督机制的一个重要组成部分。长期以来，制度供给不足，无法形成有效的国有资产监督机制，使得政府对国有企业的监督成本过高，无法进行有效的监督，而不受制约的企业经理人必然使委托－代理问题蔓延，导致国有企业公司治理失效。根据国有企业产权结构的不同，政府可以通过派出或推荐董事和监事的方式进行监督。对一元产权结构的国有独资企业或国有独资公司，政府可以派出董事和监事，并与外部董事一起组成董事会和监事会，建设规范董事会的国有企业可以建立以外部董事为主的审计委员会，承担和履行内部监督的职责；对多元产权结构的国有控股企业或国有参股企业，可以根据出资额推荐董事和监事，依法进入公司董事会和监事会，由董事会和监事会承担和履行内部监督的职责。

四是建立健全国有企业信息披露公开制度。从国有资产属于全体人民所有的意义上讲，国有企业不论是上市公司还是非上市公司，都属于一种特殊的公众公司，理应自觉接受公众的监督。为了防止信息不对称可能导致的国有企业内部人控制的问题，国有企业无论上市与否，在不涉及国家安全和企业商业秘密的情况下，其经营活动的有关信息应尽可能全面、准确、及时地向社会公开。芬兰、瑞典的国有企业股东大会对公众开放，股东大会年会（AGM）公众都可以参加。瑞典还规定，国家持股50%以上、员工超过50人的国有企业，议会议员有权参加企业年度股东会，董事会有义务在股东大会召开前4～6周通知议会。董事会成员代表所有者参加股东大会，媒体记者可以列席会议，所有列席会议的人员有发言权，但无表决权。为更好地接受社会监督，芬兰、瑞典两国的国有企业都要在自己的网站上公布财务会计报表和重大变动事项，审计报告还要在媒体上公布，以提高企业信息的透明度。1999年瑞典政府规定，国有企业特别是大企业要像上市公司那样，除公布年报外，还要公布季报。工业部每年5月将国有企业的财务会计报表汇总分析后向议会报告。工业部每年还要搞一次国有企业有关情况的新闻发布会，部长亲自出席发布会。此外，如果公众需要了解国有企业的有关数据，可以专门向公司索取。新加坡的国有企业每年也要公布相关信息并接受公众的查询。我国可以借鉴芬兰、瑞典、新加坡等国的做法，建立健全国有企业信息公开披露制度，提高国有企业的公开性，可以要求国有企业每年定期公布有关信息，并且允许公众进行查询，以保证公众对国有企业的知情权、参与权和监督权。

五是建立"用脚投票"的机制。对上市公司来说，所有者的监督主要是运用投票机制，当上市公司经营管理不善导致企业价值下降时，股东可以抛售股票即"用脚投票"来选择经营者。随着越来越多的国有企业改制上市，各级国有资本出资人机构应学会运用并善于运用抛售股票的方式来选择企业，监督和约束经营者，成为国有资本的出资人。

六是强化权力机构的监督。全国人民代表大会作为我国的最高立法和执法监督机关，有权要求各级国有资本出资人机构汇报国有资本经营情况，各级国有资本出资人机构也有义务定期汇报本机构的工作和国有资本经营状况，逐步形成国有资本出资人向全国人民代表大会定期报告的制度。

三 改进国有企业的外部治理机制

企业的外部治理机制与企业的内部治理机制共同构成了公司治理有效运作的条件和基础。公司的外部治理机制包括：充分竞争的产品市场、资本市场、职业经理人市场，企业明确的法律责任界定，政府、中介机构、社会和公众的有效监管，健全和及时的破产机制，等等。健全的公司外部治理是有效的公司治理的重要组成部分，也是提高企业绩效的重要制度保证。同时，加强公司外部治理还要推进宏观管理体制、市场体系、分配制度、社会保障制度、法律制度等相关的配套改革，为现代企业制度的有效运行创造良好的外部条件。

　　一是继续完善有利于充分和公平竞争的市场经济环境。产权归属清晰为产权的市场交易奠定了基础，也为代理权竞争提供了条件，但是，如果产权交易受到非经济因素的阻碍，归属清晰的产权难以有效行使，控制权也难以进行转移，从而难以形成对经理人的制约。在市场经济条件下，市场是资源配置的基础性力量。企业的成败，取决于竞争力的大小，取决于对市场的占领程度以及拥有的市场份额，而市场的萎缩和丢失，则标志着企业的失败。市场决定论将企业的绩效高低归结为市场竞争，这显然是不全面的，但缺乏市场竞争不仅使企业的内涵难以清晰界定，而且也使企业失去了不断提高绩效的外部动力。

　　首先，要进一步消除行业垄断，引入竞争机制。不合理的市场进入限制，实际上是对从事市场交易活动的限制。在我国，市场准入是当前私人资本最关注的问题，也是完善市场竞争环境首先要解决的问题。我国法律上明确排斥私人投资产业的规定并不多，除了规定必须垄断的少数行业禁止民间资本进入和对少部分行业有100多项管制审批限制之外，没有其他的特殊歧视性规定。对私营企业的市场准入限制主要来源于既有的体制和政策约束，以及由实际存在着的既得利益所导致的行业垄断、部门与地方保护主义。例如，据有关方面调查，在广东省东莞市的80个行业中，对外资企业开放的有62个，而对国内民营企业开放的只有42个。这个问题在一些低风险、高收益的服务产业领域表现得尤其突出。目前，国内私人资本只能通过民生银行以及必须由财政资金控股的城市合作银行进入金融业，而完全不能进入电信、航空、城市基础设施管网建设和保险、证券服务等行业。这种现状客观上阻碍了我国混合所有制经济的发展。

　　鉴于我国市场竞争机制的不完善，为了发挥市场对企业经理的约束作用，应建立平等竞争的外部环境，尽可能使国有企业与非国有企业包括民营企业、外资企业、合资企业、乡镇企业等各种所有制企业处于平等竞争的位置。一方面，要着力解决国有企业遗留的一些问题，如离退休职工养老金不足和沉重的债务负担等；另一方面，也要解决部分国有企业凭借垄断地位获取高额利润的问题。现实中，国有企业存在着从强调特殊性入手，要求政府赋予特殊权利，进而获得制度租金的倾向，这种倾向既不利于公平竞争，也不利于技术进步。

其次，要加快生产要素的市场化，推进要素股权化。要素的股权化是对公司治理结构模式的有力补充和完善，能减少这种模式目标的多样性导致的损失。要加快建立要素价格的形成转换机制，大力发展和完善要素市场，主要是资本市场、技术市场和经理人市场，鼓励和促进各种要素资本化。

再次，推进企业内部要素股权化，特别要注意提高技术、管理等无形资产在产权中的地位和作用，它们作为要素投入企业后应该在股权中得到体现，即体现为技术股、经营股等。为了便于股权分割，这些要素效应还原为资本股权。这种含有要素股权的结构可以为技术进步和企业家进入管理结构提供产权制度的保障。

最后，建立健全有利于国有产权交易和流转的制度安排。在市场经济条件下，国有产权作为一种资源，只有通过市场进行交易和流转，在市场中找到买主，公开询价，发现价格，确定价格，才能发挥市场的择优功能，才能发挥控制权转移的约束功能，如果国有资本缺乏市场交易性，必然会阻碍本来可以更大规模与之订约的其他资本的进入，市场收购企业的功能基本缺失，其他资本虽然还可以"用脚投票"，但却无法通过控制权转移对公司管理层产生根本性的影响。国有产权作为一种资源，也只有通过市场进行交易和流转，在市场中不断融合，进行重组，才能更快地进入更有前景的行业和领域，实现国有资本的优化配置。因此，股份制企业和公司治理要有效运转，国有产权必须能够交易和流转，国有资本必须能够流动和重组。

在我国，考虑到上市公司与非上市公司的区别，可以通过两个市场化的流转平台实现国有产权的交易和流转，一个是通过证券市场进行交易的上市公司国有股权流转平台，另一个是通过产权交易市场进行交易的非上市公司国有产权流转平台。产权交易市场是我国国有企业改革的特定产物，20 世纪 80 年中期，为推进国有资产交易和防止国有产权转让过程中的资产流失，在各级政府的推动下，产权交易机构应运而生，并逐步形成了由大量地方产权交易市场和部分区域性产权交易共同市场构成的中国产权交易市场。产权交易市场最初的主要功能就是为国有企业产权改革提供交易平台，2006 年 2 月国务院颁布的《国家中长期科学和技术发展规划纲要（2006～2020 年）》和《关于实施国家中长期科学和技术规划纲要（2006～2020 年）若干配套政策的通知》以及科技部发布的《关于加快发展技术市场的意见》将非上市股份公司股权转让的职能赋予产权交易市场，扩大了产权交易市场的服务对象，增加了产权交易市场的服务内容。在国际金融市场上，通常将服务于上市公司股权交易的平台称为场内市场，将服务于非上市公司股权交易的市场称为场外市场，产权交易是在融入场外市场中完成的。由此可见，我国的产权交易市场，既承担着国有企业产权交易的特殊功能，又承担着国外场外市场的部分职能。

　　我国的产权交易市场作为多层次资本市场的重要组成部分，在促进国有产权的市场化、资本化方面具有重要作用，但在确保国有产权能够顺利进行交易和流转时，必须健全国有产权的交易规则和监管制度，推动国有产权的规范、有序流转，防止国有产权交易中的"寻租"现象，保证国有产权流转不流失。为从制度上保证国有资本在交易和流转中权益不受损害，2004 年以来，国务院国资委相继授权上海联合产权交易所、北京产权交易所、天津产权交易中心和重庆联合产权交易所为中央非上市企业的国有产权转让的场所，规定中央非上市企业的国有产权交易必须进入这四个场所进行公开拍卖，竞价转让。省、市（地）级人民政府国有资产出资人机构大多也在辖区内指定了一批产权交易机构作为本地国有产权交易的平台。截至 2007 年底，国务院国资委和各省国资委认定的从事国有产权交易的产权交易机构已有 65 家。为保证国有产权交易的规范、有效，国务院国资委定期对认定的这四家产权交易机构进行综合评审，建立了企业国有产权交易信息监测系统，加强对这四家产权交易机构的监测，并逐步将全国产权交易机构全部纳入监测范围。为实现产权在更大范围内的流动和流转，更好地实现产权市场发现价格和促成各类资源有效配置的功能，国务院国资委积极推进中国产权交易报价网（www.ma-china.org）建设。截至 2011 年 6 月 30 日，这个具有联合报价功能的产权交易平台已经覆盖上海、江苏、江西、福建等 10 多个省市的 43 个产权交易机构，一个基于网络平台的区域性产权交易市场初步形成。

企业国有产权进场交易制度的建立和推行，对防止和减少国有产权流转和交易中的"寻租"现象，降低国有产权交易的成本，提高国有产权交易的效率，实现国有资产的增值等，都起到了积极作用。2010年，全国26个省区市通过产权交易市场公开挂牌转让国有产权921亿元，比评估结果增值143亿元，平均增值率为18.4%。2013年，国务院国资委监管的中央企业通过产权交易市场公开挂牌转让国有产权412亿元，比评估结果增值75亿元，增值率为22.3%。

当然，由于我国产权交易的市场化进程还比较短，市场化程度还不够高，在保证国有产权交易的廉洁从业、公开透明、依法经营等方面，还需要继续推进制度创新和制度规范。同时，我国产权交易市场还存在着各自为政、条块分割的现象，许多中小产权交易机构随着地方国有企业改制任务的基本完成，业务呈现萎缩趋势，作为改革方向选择和正式制度安排，应在统一的产权信息市场的基础上，逐步推进不同地区产权交易机构的整合和重组，并形成统一的全国性的产权交易市场。随着我国国有企业改革任务的基本完成和资本市场的不断发展，现行产权交易市场的定位和功能也需要不断调整和界定，作为一种制度选择和安排，现有以国有产权交易为主的产权交易市场应向社会公共资本市场逐步转变，最终融入统一的社会资本市场体系。

二是充分发挥资本市场的功能。一般认为，资本市场具有筹集长期资金、促进要素流动、优化资源配置、分散投资风险等基本功能。近二三十年来，证券市场促进上市公司完善公司治理的功能日益凸显。国有企业的股份制改革与资本市场的发展密切相关。国有企业的股份制改革为资本市场的发展拓宽了基础，资本市场的发展又为国有企业的股份制改革提供了平台，不仅如此，资本市场在完善国有企业的公司治理方面也发挥着越来越重要作用。企业实际控制权的转移是促使企业家充分发挥作用的重要机制，控制权的替代性对企业家始终是一种巨大的压力。大力发展资本市场，在资本市场上通过股权转让和收购兼并活动来实现企业的产权多元化，从而为企业的股份制改革奠定基础。在大力发展股份制的同时，要规范股票市场，让股市及时、客观地显示股份公司的业绩，以促进股份制企业的健康发展。随着国有企业股份制改革的推进，特别是随着国有企业整体上市步伐的加快，国有资本证券化的程度越来越高，经营性国有资产大多集中于上市公司，因此，国有企业的并购重组要越来越多地通过资本市场来完成，国有产权的顺畅流转、各类资源的有效配置，越来越取决于资本市场的完善和发展程度。但我国资本市场发展时间还不太长，还不够成熟，重大欺诈案件时有发生，影响了资本市场作用的充分发挥（见表6-4）。如何实现资本市场的持续健康发展，更好地发挥资本市场在国有企业产权改革和并购重组中的功能和作用，是需要解决好的一个重要课题。推进国有企业股份制改革，建立与市场经济体制相适应的国有产权制度，完善国有企业的公司治理结构，促进国有资本的流转，都要求资本市场发挥应有的功能。一方面，要发挥证券市场在国有企业股份制改革中的平台作用，进一步实现国有企业的产权多元化，促进国有企业形成规范的法人治理结构，使投资者除了用手进行投票外还可以"用脚投票"；另一方面，要发挥证券市场在资源配置方面的优化功能，进一步完善国有经济的布局和结构，促进国有企业的重组和整合，提高国有经济的配置效率，使国有资本更多地向关系国家安全和国民经济命脉的关键行业和重要领域集中。

表6-4　1996~2013年证券市场重大欺诈案例

案例名称	案发年份	案情
琼民源案	1996	公司虚构收入和虚增资本公积金共计十几亿元
红光实业案	1996	编造虚假利润、少报亏损、隐瞒重大事实不予披露
蓝田股份案	1999	伪造股票发行申报材料，业绩造假
大庆联谊案	1999	虚构收入、固定资产、成本和利润，编制严重失实的上市申请报告欺骗中国证监会
郑百文案	1999	制作虚假上市申报材料，欺诈上市；股本金不实，上市公告中有重大遗漏，年报信息中存在虚假陈述
中科创业	1999	利用联合控股、虚假重组、多头抵押融资等多种手段操纵股票交易价格
亿安科技	2000	通过控制不同股票账户，进行不转移所有权的自买自卖，来影响证券交易价格和交易量，联手操纵股票价格，大肆谋利
通海高科案	2000	虚开发票、虚增销售收入、欺诈发行，虚构利润骗取上市资格
麦科特案	2001	联合中介机构虚假上市，并在上市后连续三年虚构利润
银广夏案	2001	虚构销售收入10亿元、虚增利润7.7亿元，对投资者信心造成极其恶劣的影响

案例名称	案发年份	案情
德隆案	2004	大量自买自卖，操纵证券市场交易价格
江苏琼花案	2004	隐瞒重大信息，虚假陈述
杭萧钢构案	2007	泄露内幕信息与内幕交易，虚假陈述
九发股份案	2008	虚假记载、虚假陈述，信息披露重大遗漏
五粮液案	2009	虚假陈述
黄光裕案	2010	内幕交易罪
粤高速案	2011	财务顾问利用掌握的重大重组信息使用别人账户购入股票
德赛电池案	2012	泄露重大重组信息，内幕交易罪
*ST 大地案	2013	欺诈发行股票罪，伪造金融票证

资料来源：根据网络等资料自行整理。

三是继续培育机构投资者。机构投资者是多元产权结构公司治理的股东之一，也是证券市场的主体之一，在我国国有企业的产权制度改革和并购重组上市中都能够起到重要作用。国有企业上市之前一定要进行股份制改造，根据我国《公司法》《证券法》《股票发行与交易管理暂行规定》等法律、行政法规的规定，企业改组为股份有限公司并上市要经过提出改制申请，选聘中介机构，制定并实施企业改制、重组方案，提出股票发行及上市申请，发行及上市辅导，发行股票，召开创立大会，申请设立登记，上市交易9个步骤。其中选聘中介机构中的主承销商就是机构投资者中的证券公司，制定并实施企业改制、重组方案、发行及上市辅导、发行股票等步骤也必须要有证券公司参加。机构投资者在证券市场扩容中也起到了积极作用。随着经济发展对证券市场依赖程度的加深，证券市场将不断扩大，股市能否在扩容中保持平稳发展，关键在于资金扩容能否跟上股市扩容的步伐。长期以来，市场流动资金不足一直是困扰我国股市二级市场走势的一个难题，随着股市扩容速度的加快，尤其是大量股本庞大的国有企业改制上市以后，扩容速度慢与资金相对不足的问题显得越来越突出。面对市场的快速发展，如果没有新的增量资金进场，股市将难以长期维持在当前的位置并且继续走高。机构投资者通过专家理财和规模效应，可以吸引部分潜在投资资金进入股市，有效地扩大股市资金的供给渠道，促进市场的活跃和规模的扩大。机构投资者的出现将给中国证券市场带来根本性的改变，能够促进二级市场扩容，从而使一级市场的发行工作得以顺利进行，有了一级市场的顺利发行，国有企业的大规模改制才能够顺利进行。机构投资者在国有企业建立现代企业制度和实现资源合理配置方面也具有重要作用。机构投资者可以通过运用自己在管理和人才方面的优势，帮助企业进行现代企业制度的建设，也可以通过兼并重组等方式取得公司的控制权，从而对企业进行再次的改组，使企业成为符合市场经济要求的具有活力的现代企业，在内部组织方面建成一个比较适合中国特点的结构模式。机构投资者在资源配置方面起的作用更加明显，机构投资者通过自己在信息获取和信息分析方面的优势，发现市场上有价值的企业进行投资，可以使该类企业股价上扬，从而为该类企业进行扩大再生产提供条件。另外，机构投资者通过在证券市场上收购亏损企业，然后注入优质资产，使企业进行起死回生的重组兼并活动，也起到了实现资源优化配置的作用而且还活跃了市场。这两种行为充分体现了机构投资者在市场资金配置和壳资源再利用方面的作用。2001年美国安然公司丑闻的曝光，不是源自公司经理层的内讧，也不是始于证券监管机构的查处，更不是个别小股东的行为所致，而是通过作为机构投资者代言人的买方分析师的不断质疑、追问而逐渐公开的。可见，机构投资者的行为已经渗透到公司的日常管理中，客观上起到了参与公司治理的作用，而且其作用不可忽视，有时可以影响到整个公司的命运。可以说，机构持股者或投资者已经成为发达国家公司股权多元化中的重要角色。

　　早在20世纪60年代，美国的证券市场机构化现象就已经十分明显，机构投资者被认为可以解决所有权和经营权分离而产生的问题。20世纪70年代后，美国各种退休计划出现，促进了养老基金、退休基金等机构投资者的发展，这些机构投资者对共同基金的投资需求极大地改善了共同基金的投资者结构，促进了共同基金资产规模的扩大。20世纪80年代以前，以养老基金、保险基金等为主的机构投资者遵循着华尔街法则，普遍对所投资公司的治理结构保持低调，主要是通过财务评价以及考察公司的成长业绩等方式来确定投资方案，"用脚投票"。20世纪80年代后，美国市场掀起了一场并购热潮，机构投资者开始尝试利用代理投票机制来行使股东权利，争取一定的发言权，由此开始了机构投资者参与公司治理的过程。在美国，机构投资者大致可以包括私人养老金、州（地方）养老金、投资公司、保险公司、银行信托和基金会等。20世纪90年代初期，美国的机构投资者已经达到13000多家。在美国规模名列前25位的公司中，平均每家公司有500余家机构投资者持股。机构投资者的持股比例达到50%以上，不同类型的机构投资者之间存在着较大差异，特别是在参与公司治理方面。在美国，真正在公司治理中发挥积极作用的主要是养老基金特别是公共养老基金。公共养老基金是美国20世纪90年代迅速增长的基金，1994年的时候共掌管着价值约5000亿美元的公司股票，相当于美国全部上市公司股票的8.4%。近年来，公共养老基金在其所投资的公司的治理中发挥着积极的作用，例如1990年加州公务员退休基金（CalPERS）联合其他几个较大的公共养老基金共同致信通用汽车董事会，要求该公司董事会对董事会主席继任候选人的程序进行解释。美国教师退休基金会（TIAA-CREF）也曾于1993年号召20家大型养老基金，怂恿它们在投票选举中反对柯达公司的3名董事；1995年它又作为一支主要力量强迫Grace公司解除其董事会主席的职务，并重组其董事会；它还是企图迫使K-mart总经理辞职的几个机构投资者之一。养老基金在公司治理中发挥作用的方式主要是提交股东议案。股东议案是由美国证券交易委员会根据《1934年证券交易法案》（*the Securities and Exchange Act of 1934*）第14条设置的一种治理机制，最早出现在1942年。股东议案是由股东提交的要求管理者采取某些特定行动的简明报告。议案几乎都是建议性的，即使得到多数票通过，管理层也可以不采取任何行动。直到20世纪80年代末大型机构投资者出现之前，股东议案几乎都是由个人或社会团体提交的，在这一时期很少获得10%以上的赞成票。到了1987年机构投资者开始提交有关公司治理的议案，此时尽管管理层反对，但有关公司治理的股东议案开始获得显著的支持。

在加州公务员退休基金（CalPERS）等机构投资者的要求下，1992年美国证券交易委员会在代理表决规则方面放松了有关股东之间沟通信息披露的规定，这显著地降低了股东积极活动的成本和潜在的法律责任。这项规则的修改被认为是近40年来代理表决规则的最重要变化。从此机构投资者尤其是养老基金在公司治理活动中表现得更为积极。依据美国投资者责任研究中心（Investor Responsibility Research Center）的报告，从1987 年到1994 年公共养老基金提出了463 项代理表决权提议书以期改变公司的治理。根据吉兰（Gillan）和斯塔克斯（Starks）（2001）的研究，这463 项议案占了所有股东议案的23%，而在这463 项由机构投资者提出的议案中，纽约市养老基金、加州养老基金（包括 CalPERS 和 Cal-STRS）、大学退休权益基金（CREF）分别占了 36%、19% 和 13% ①。

机构投资者所提交议案的内容主要集中于管理者和股东的潜在冲突问题。为解决这些问题，机构投资者主要采用三种途径：第一，阻止反收购措施，机构投资者强烈反对绿色邮件（greenmail）、毒丸计划（poison pill）等可能影响股东利益的反收购措施。第二，投票规则的更改，例如股东匿名投票、投票采用累积投票制等。第三，提高董事会以及下属各委员会（例如提名委员会、薪酬委员会）的独立性，例如总经理与董事长两职分离以及设置完全独立于董事会的提名委员会和薪酬委员会等。此外，机构投资者通常使用的方法还包括发布所谓的"黑名单"，通过媒体的力量来惩戒那些被认为表现不好的公司管理者。

当然，对机构投资者的投资行为也要作具体、客观的分析。一度被视为成功典范的摩根士丹利、高盛、美林、雷曼兄弟等投资银行，其掌握着的大量资金本应用来支持实体经济的成长，保证就业和经济的增长等，但这些资金被这些机构投资者通过高额杠杆赚取差价。这些机构投资者从事的自营交易、券商直投等投资行为，被一些专家学者视为更像对冲基金的投资行为，交易员用公司和客户的资金进行风险交易。由于相信承担的风险不会带来相应的惩罚，就是交易蚀本最多也只是交易员丢失职位，而个人已经赚得盆满钵盈甚至还能另谋高就，在这种激励机制下，机构投资者更愿意承担巨额的短期风险，交易员更倾向于风险更大的投资选择，因此大量投资资金变成了投机资金。这是华尔街金融泡沫大量堆积的一个制度原因，也是美国次贷危机后投资银行首当其冲的一个重要原因。

---

① 封丽萍：《机构投资者的积极股东行为分析——从希尔斯百货董事会之争看机构投资者的作用》，《商业经济与管理》2006 年第 4 期。

　　长期以来，我国资本市场一直以中小投资者为主。近年来，机构投资者获得快速和很大发展，初步形成了以证券投资基金为主体的机构投资者队伍，其在市场上的作用不断增强，证券市场的投资者结构有所改善。但是，相对于发达市场经济国家的股票市场，我国保险资金、养老金等在股票市场上的投资规模仍然较小（见图6-1），个人投资者尤其是中小个人投资者比例偏高。据中国证券监督管理委员会提供的数据，2007年1~3月，在上海证券交易所市场上，现金及持股市值在100万元以下的个人投资者持股账户数量占该交易所全部账户数量的98.8%，持股市值占总市值的40.9%。2007年1~8月，在深圳证券交易市场上，现金及持股市值在100万元以下的个人投资者的持股账户数量占实际持有股票账户数量的99.3%，参与交易的账户数量占总数的99.3%，交易金额占总交易额的73.6%，持股市值占总市值的45.9%，分布情况与上海证券交易所市场基本相同。总体而言，中国资本市场的投资者结构不尽合理，机构投资者整体规模偏小，发展不平衡。

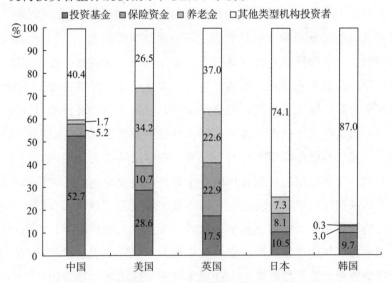

图6-1　股票市场上主要机构投资者相对规模的国际比较

　　注：中国数据为各类机构投资者持股市值占全部机构投资者持股市值的比例，数据截至2007年底；美国、韩国数据截至2006年底，英国、日本数据截至2005年底。

　　资料来源：中国证券监督管理委员会：《中国资本市场发展报告》，中国金融出版社，2008。

　　四是继续培育和发展劳动力市场。所谓劳动力市场，就是承认经理人员、技术专家和员工的人力资本产权并且用法律保护其交易的制度安排。首先，要加快经理的职业化建设。在推进国有企业产权制度改革的同时，必须配套建立与现代产权制度相适应的企业用人制度，继续改革国有企业特别是国有独资公司的用人机制。经理人员选择机制的形成依赖于企业法人财产权的落实和我国现行干部人事制度的改革，形成企业家阶层的一个有效途径就是经理职业化。要确立竞争性的、商业性的经理人选择机制。要真正取消国有企业的行政级别，不再是国家公务人员管理国有企业的经营管理者，改变目前仍然存在的组织部门直接任命和管理部分国有企业经理人员的现象，按《公司法》的要求真正将选择总经理的权力交给董事会。2003～2009年的连续6年时间内，国务院国资委管理的中央企业先后多次面向全球招聘集团高层管理人员，共招聘了111名高管人员，包括总经理。同时，建立了2000多人的中央企业高级经营管理人才库，为中央企业市场化选聘经营管理者提供了人才后备军。截至2009年底，中央企业总部和所属企业通过公开招聘、竞争上岗等市场化方式选拔聘用了52.1万名各级经营管理人员。面向全球公开招聘高级经营管理人员，标志着国有企业高管人员的市场化配置迈出了重要步伐，但离真正实现经理人的职业化、市场化还有差距。其次，要在全国范围内加快培育和完善开放型的经理人市场。通过经理人市场的竞争来识别和评价经理的价值，比通过政府行政评价经理更客观，而且经理市场可以约束经理行为，经理虽不承担资产风险，但至少要付出"信誉资本"。在现代企业制度下，对公司经理的经营行为具有很强的行为约束力，是降低现代公司的代理成本和控制代理风险的主要手段。如果经理出现经营劣迹，或导致企业破产，他们在经理市场上就会臭名昭著，他的职业生涯就可能由此断送；相反，有能力和对出资者负责的经理人员，在经理人市场上就会被高薪聘用。要发挥经理人市场选聘、评价经理人的作用。但我国目前缺乏客观评价经理人员的市场机制，经理人员仍主要由上级组织部门直接任命，导致竞争性经理人才市场的发育迟缓和经理人才市场的缺乏，使经理面临的竞争威胁和约束受到严重限制。再次，完善科学的考核和评价体系，准确评估经理人员的经营业绩，为董事会选聘、奖惩经理人员提供依据。最后，要完善能进能出的市场机制。根据企业发展的要求确定员工的数量，这是企业参与市场竞争的基本规律和要求。由于种种原因国有企业普遍冗员过多，虽然经过多种形式的减员，但国有企业富余人员仍然过多，许多国有企业与生产同类或相似产品的民营企业相比，用人往往多出 50%～100%，人均工资、补贴和福利等往往高出 50%～100%。富余人员多，人工成本高，企业的竞争力势必严重受损，同时，不少国有企业还背着沉重的社会包袱。国有企业如果经营机制不转换，人员能进不能出的问题不能真正解决，是无法适应市场竞争的要求的。即使通过产权制度改革，使国有控股公司具有更合理的产权结构和更有效的公司治理，国有企业整体上也难以有优于其他类型企业的持久绩效。

五是提高外部监管制度的有效性。这次美国次贷危机的爆发和蔓延，原因是多方面的，政府监管不力、宏观经济政策不当、经营者诚信度差、信用评级机构缺乏自律等，都对次贷危机的形成起到了催化作用。但这次美国次贷危机至少也告诉我们，在政府放松监管的情况下，经营者的集体贪婪导致的道德风险会使美英公司治理模式无法进行有效的自我约束，以外部董事为主的董事会和审计委员会也不能对经营风险进行有效的自我防范。应深入研究这次美国次贷危机的微观原因，重新审视美英公司治理模式的长处与不足，不能以企业制度和市场约束代替政府监管。这次美国次贷危机的一个重要启示就是，不管采用什么样的公司治理模式，如果放松企业的外部监管，其公司治理也会失效，因此，必须提高企业外部监管制度的有效性。

相对而言，我国与国有企业监管直接相关的部门、机构是比较多的，既有政府作为国有产权最终所有者的监督，也有国有资产出资人机构的监督；既有执政党的监督，还有社会的监督；等等。应该说，国有资产监管的成本也是比较高的，但国有资产监管的效率并不高。如何整合各种监督机构和部门的职能，提高监管的有效性，是制度建设要解决的突出问题。

借鉴国外企业监管的成功做法和经验教训，总结我国改革开放以来加强国有资产监管的探索历程，在推进国有资产监管的制度建设方面至少应把握好 4 点：一是不管国有企业的资本组织形式如何变化，政府作为国有资产终极所有者的有效监管都是不可或缺的，任何国有企业都不能例外；二是企业的制衡机制和内控制度是否奏效，不仅取决于企业内部的制度设计和安排是否科学合理，也取决于外部监管制度是否有效；三是在企业内部制衡机制没有建立或不够健全有效的情况下，尤其要加强对企业的外部监管，在条件不具备时放松外部监管只会增加国有资产流失的可能；四是企业内部制衡机制与企业外部监管制度是相互作用、相互补充的关系，在构建国有企业反腐倡廉的体制和机制时要统筹考虑企业的内部和外部制度安排。

对企业特别是上市公司的外部监督和约束主要来自 5 个方面，这些监督和约束是使企业经营管理走向规范化、合法化的重要途径和制度保障。

第一，来自外部市场的监督与约束。市场竞争机制是竞争性企业最主要的压力，也是竞争性企业最大的动力。公司控制权可能被潜在的外部力量剥夺，这一压力迫使经理人员不致背离企业价值最大化原则。产品市场的竞争会通过产品市场的价格向委托人提供有关企业成本的信息，使委托人可以有效地控制代理人的生产经营行为，促使代理人努力降低产品成本。在资本市场上，如果代理人经营效益不佳，公司股票价格就会下跌，于是有能力的企业家或其他公司就能用低价买进足够的股份，从而接管该公司，赶走代理人，重新组织经营。如果存在经理人市场，代理人之间也会有竞争，委托人可以通过重新选择手段对代理人的行为进行约束。经理层的经营行为和经营成果最终也要接受市场的评判，投资人会根据自己的评判进行投票，公司业绩的下滑会引发股价的下跌，股价的下跌则可能引发公司被收购兼并的危险，公司的经理层也有被取而代之的职业风险。这是对经理层滥用职权、实行内部人控制的有效的外部制约。加强外部市场监督和约束的一个重要方面是要为控制权转移提供制度保障，使国有企业的经营者切实感受到被取代的风险，增强责任感和紧迫感。

第二，来自国家和政府的监督和约束。国家作为国有企业的终极所有者，加强对国有企业的监督是应尽的职责，国有企业作为以国有资本为主体的经济集合体，理应更多地自觉接受国家和政府的监督。国家和政府的监督主要来自审计部门和证券监管部门的监督等。

审计部门的审计是政府对国有企业实施监督的重要手段。芬兰审计署隶属于议会，瑞典审计署为政府组成部门。审计署可以根据需要决定是否向国有企业派出审计人员。审计署的审计侧重于从国有资产终极所有者的角度，评估国有企业运营国有资产的水平和效率，检查重大投资、资产转让、薪酬政策等重要事项。芬兰审计署的审计结果以备忘录形式征求企业意见，最终报告提交议会并抄送政府相关部门。瑞典审计署的审计结果要报送政府。政府派出的董事会董事需将其了解和掌握的企业即将发生的重大变动情况及时向国有企业管理局报告。如果需要，国有企业管理局要向贸工部或工业部报告，以决定是否同意公司的变化。此外，国有企业要聘用专业会计师事务所进行审计，审计结果向股东大会报告。芬兰、瑞典国有企业聘用的大多是国际上著名的会计师事务所，奥托昆普公司聘用的是毕马威会计师事务所，瑞典能源公司聘用的是普华永道会计师事务所。

证券监管机构的监督是政府加强对国有控股上市公司监督最重要的方式。证券机构监督的一个重要方式就是要求上市公司及时、准确地披露信息，而健全的信息披露制度本身就是对经理层的一种约束手段，也是对公司进行市场监督的基础，是股东正确行使表决权的关键。美国证券立法对上市公司的信息披露做了较详细的规定，公司必须披露的重大信息包括：公司总的经营成果及财务状况，公司的发展战略和计划，公司股权结构及变化，董事和主要执行官员的资历、信誉和报酬，一些可预见的重要风险因素，与雇员及其他利益相关者有关的重大事件，等等。近年来，中央企业控股上市公司在信息披露方面取得了积极进展。根据北京师范大学发布的《中国上市公司信息披露指数报告（2012）》，2011年，中国上市公司信息披露指数平均值为84.3927，国有控股上市公司信息披露指数为84.4172，高于平均值；民营控股上市公司信息披露指数为84.3713，低于平均值。但国有控股上市公司信息披露指数最大值为93.1384，最小值为55.3559，极差达37.7825。这说明，部分国有控股上市公司存在信息披露内容不规范的问题，信息披露的相关性有待提高，同时也说明，国有控股上市公司信息披露指数还有继续提高的空间。要进一步加强对上市公司的信息披露监管，保证信息披露的可靠性、相关性和及时性。

第三，来自各类中介组织的监督和约束。市场经济的发展需要各种中介组织包括各种投资分析机构、会计师事务所、律师事务所等对经营主体的资产进行评估、认定，对经营情况进行审计、监督，这些中介组织的存在使经营者不仅要按照企业法人赋予的权限进行经营、运作，而且还要使其经营的全过程符合各类中介组织的规范和要求，从而构成了对企业经营者的有力约束。

会计师事务所的监督和约束是加强国有企业监督和约束的一个重要方面。会计师事务所的监督和约束是企业财务报告真实、公允的制度保证。美国的大公司一般均聘请著名的会计师事务所负责公司财务报告的审计，但实践证明，受利益驱动和竞争所迫，会计师事务所有时也会与接受审计的企业串通起来，共谋作假。为防止企业出现重大财务丑闻，欧盟借鉴美国的做法，通过了企业审计的新规则，主要内容包括：一是对审计机构、审计师的资质提出更高要求，规定只有专业审计机构和审计师才有资格对企业进行审计。二是审计机构审计时必须保证公正、独立，不能与被审计企业的重大决策、日常管理有任何关系；同一审计师事务所不能提供影响独立性的业务服务，如不能提供与审计内容有关的财务顾问、财务管理等业务，同一审计师审计同一企业连续不得超过七年。三是新规则特别强调透明性，企业财务会计报表必须透露支付审计机构的费用和审计机构或审计师提供的非审计业务等内容。新规则还特别强调，如果没有特别合理的原因，被审计企业不得随意更换审计机构和审计师。这些新规则对非上市公司也适用。欧盟要求各成员国在2008年之前必须通过新规则并付诸实施。

总结国内外的经验，国务院国资委选聘了数十家有实力、讲诚信的会计师事务所作为中央企业财务报告的社会审计机构，中央企业的年度财务审计原则上只能由这些选聘的会计师事务所进行，如果发现中央企业与这些选聘的会计师事务所在财务报告中共谋作假，在给予中央企业必要惩罚的同时，还会将共谋作假的会计师事务所列入国资委的"黑名单",并宣布这些会计师事务所永远不能再承担中央企业财务报告的审计事项。几年的实践证明,这一制度安排对提高中央企业财务报告的真实性和公允性具有明显作用。

第四,来自金融机构的监督和约束。在现代市场经济中,商业银行、投资银行、投资基金等金融机构已经逐步成为企业的最大投资者和债权人,它们为了自身的利益必然要加强对企业的约束,充分发挥金融机构的约束作用,是约束经理行为的有效途径。据有关专家的研究,我国企业融资结构中,30%左右来自证券、债券发行等直接融资,70%左右来自银行信贷等间接融资,银行信贷的80%左右贷给了国有企业特别是大中型国有企业。资产负债率是企业普遍关注的一个指标,财务费用也是企业努力减少的一项支出,但从我国目前的情况看,金融机构更多的是从信贷资金的安全和偿还的角度关注企业的生产经营,对企业的规范和有效经营有一定作用,但金融机构在有效监督和约束企业方面,还缺乏相应的制度和机制保障。

第五,来自法律的监督和约束。法律的公正和严明保证了市场的公平竞争和有效性,要不断加强法制建设,健全经济法规,更重要的是加大执法力度,强化法律对国有企业的监督和约束,使国有企业的经营者和员工牢固树立法制意识,依法进行经营管理和参与市场竞争。为推动国有企业更好地依法经营,同时也为了使国有企业更好地依法维护自己的合法权益,借鉴美英公司治理的做法,中央企业普遍建立了总法律顾问制度。应更好发挥和不断完善总法律顾问制度,进一步提高中央企业依法经营的能力和水平。

第六,来自社会舆论的监督和约束。舆论监督是社会民众对企业的监督,社会民众其实也是国有企业的所有者,所以舆论监督是所有者监督的另一种形式。舆论监督的优点就是公开性和公正性,众多媒体对企业突如其来的曝光使经营者防不胜防,公开性更使得有关部门在处理问题时必须考虑公众的意见。同时,对竞争领域的企业来说,当今社会企业的社会形象和公众形象对企业的生存和发展具有越来越重要的影响,而新闻媒体对引导和树立企业的社会形象和公众形象具有极为重要的作用,并且新闻媒体的监督和约束相对来说,成本要更低。因此,要充分发挥中介机构和新闻媒体的监督作用，将国有企业经营者的经营行为尽可能置于新闻媒体等社会舆论的监督和约束之下，使国有企业经营者任何违法违规的冒险行为都将付出很高的成本和代价。

提高外部监管制度的有效性，一个重要方面是要认真分析和全面评估美国《萨班斯法案》的实施情况，加快出台和推广中国版的《萨班斯法案》。美国的《萨班斯法案》对公司治理和内控制度做了严格的规定，对财务审计也做出了严格的规定。《萨班斯法案》刚实施时，虽然总体上认为该法案的出台是必要的，但由于《萨班斯法案》要求 CEO 和 CFO 对公司的内控制度和财务报告负法律责任，因此，在美国企业界和学术界引起一些议论，不少美国企业高管人员和专家认为《萨班斯法案》过于严格和执行成本太高。据了解，有些大型上市公司初次执行《萨班斯法案》的成本高达数百万美元。从雪佛龙公司实施《萨班斯法案》的情况看，该法案开始实施时，确实十分烦琐，工作量极大，但总体上说，该法案的实施效果是好的，法案的主要规定是正确的。其突出效果是帮助企业改进了内控绩效，避免了公司在规划、实施、控制、变革等方面的随意性，使公司管理层更加关注风险。按《萨班斯法案》来严格规范经营管理行为，为防止公司领导层的舞弊、欺诈行为提供了制度保障，起到了极为重要的作用。雪佛龙公司实施《萨班斯法案》的体会是，初次实施《萨班斯法案》尽管工作量很大，费用也很高，但随着实施效率的提高，花费时间和所需费用会大大减少，企业完全可以承受。总结这次国际金融危机的教训，极为重要的一点就是对企业的监督和约束绝对不能放松。目前，《萨班斯法案》颁布和实施已经有 12 年时间，有必要结合这次国际金融危机对《萨班斯法案》实施的情况进行认真分析和全面评估，在此基础上进一步改进和完善我国企业的监管体制和约束机制，切实提高监管机制的有效性。

四　以外部董事为主的董事会建设

公司治理作为市场经济国家企业制度的一项重要安排，与一个国家的政治、经济、法律、文化、历史等基本要素紧密相连。我国实行的是社会主义市场经济，这一本质属性决定了我国国有企业的公司治理既要符合市场经济的要求又要体现中国特色。我国国有企业的公司治理既要具有竞争效率，又要能够提高企业绩效，在制度设计和安排上必须符合这一根本要求，同时，这也是一个需要进行长期探索和深入研究的重大问题。国务院国资委组建以来，总结我国国有企业改革的经验，借鉴国外完善公司治理的成功做法，在完善中央企业的公司治理方面进行了积极探索，建设规范董事会是完善中央企业公司治理的一项重大措施和重要制度安排。

（一）建设规范董事会的内涵

建设规范董事会是完善中央企业公司治理的一个重要措施，也是我国国有企业改革的一个专业术语。所谓建设规范董事会，可以理解为在国有独资公司中引进外部董事制度，建立以外部董事为主的董事会和若干专门委员会，并相应地建立一套规范的董事会与经营层的运作制度和监管制度。

外部董事的概念和制度源自英美法系国家。在美国，董事分为内部董事和外部董事，外部董事又分为有关联的外部董事和无关联的外部董事，无关联的外部董事称为独立董事。一般认为，外部董事是指非本公司员工或权益方的董事会成员，与外部董事相对应的是内部董事或执行董事。独立董事是指独立于公司股东、不在所聘用公司内部任职、与公司或公司经营管理者没有重要的业务联系或专业联系、对公司事务进行独立判断的董事。外部董事与独立董事既有联系又有区别，外部董事与独立董事都不能是公司的员工，都不能负责所聘用公司的执行性事务，都不能在所聘用公司的经营管理层担任职务，因此，外部董事和独立董事都是非执行董事。但外部董事可以是与股东或公司经营活动有利益关系的人员，如与公司有投资关系的银行家或为公司提供法律咨询服务的律师，而独立董事与公司及其主要股东不能存在可能妨碍其独立客观判断的实质性利益关系。根据纽约证券交易所关于公司治理的规定，董事是否独立是根据与上市公司之间是否有"实质联系"来判断。由此可见，外部董事不一定是独立董事，但独立董事一定是外部董事。

外部董事制度或独立董事制度是美英公司治理模式的重要组成部分，也是美英公司治理模式的重要制度特征。根据纽约证券交易所关于公司治理的规定，上市公司董事会必须拥有多数的独立董事。引进外部董事或独立董事并规定外部董事或独立董事在董事会中必须占有多数或处于主导地位，这一制度安排的本意在于避免董事成员与经理人员的身份重叠和角色冲突，保证董事会独立于管理层进行公司决策和价值判断，更好地维护股东和公司的利益。最早引入独立董事制度的是美国1940年颁布的《投资公司法》，当时的适用范围仅限于投资公司。目前，英美法系国家的大型公司包括公众公司普遍采用了外部或独立董事制度，不仅如此，芬兰、瑞典等北欧国家以及新加坡、马来西亚等东南亚国家的大型企业也普遍采用了外部董事或独立董事制度。

雪佛龙公司的15位董事中目前有2人是油气行业的专家，担任独立董事的人员不一定是企业所处行业的专家，但都是有相当资历、名望的专家。美国雪佛龙公司的独立董事有过信息产业、汽车方面的专家，目前有生物科技、国防方面的专家。雪佛龙公司的独立董事还有一部分是前国会议员和政府官员，包括美国原贸易副代表等。雪佛龙公司的独立董事之所以选择广泛多样的背景，主要是便于公司全球化，以及与其他行业和领域更易接近。独立董事也可以进入政府担任要职，美国前国务卿赖斯及现总统安全事务助理琼斯在进入政界前都是雪佛龙公司的独立董事。

从实行外部董事或独立董事制度国家的实践看，由于外部董事或独立董事来自社会各界，经过精心选择，并且综合素质较好，既具有专业技能，又有经营企业的履历背景，同时外部董事不在企业任职，不领企业薪水，独立性较强，在外部董事或独立董事占董事会成员大多数的情况下，可以保证董事会决策的独立性和科学性。以外部董事或独立董事为主组成的董事会在一定程度上可以保证企业内部监督的独立性、权威性、专业性和有效性，对解决所有权与经营权分离后的委托－代理问题具有重要的积极作用。

我国最早引入独立董事制度的是上市公司。1997年12月中国证监会发布的《上市公司章程指引》第112条规定，"公司根据需要，可以设独立董事",该条款特别注明"此条为选择条款",也就是说并非强制性规定。1999 年 3 月国家经济贸易委员会、中国证监会发布《关于进一步促进境外上市公司规范运作和深化改革的意见》,其中第六项规定,"公司应增加外部董事的比重。董事会换届时,外部董事应占董事会人数的 1/2 以上,并应有 2 名以上的独立董事。"2000 年 11 月上海证券交易所发布的《上市公司治理指引》(草案)提出,将来上市公司"应至少拥有两名独立董事",且独立董事至少应占董事总人数的 20%"。此后,独立董事作为公司治理的一项制度安排在境内上市公司逐步开始实行。由于独立董事制度有效发挥作用的内外部环境不够完善,独立董事制度建立以来的一段时间内,独立董事发挥的作用有限,被普遍认为是"花瓶董事"。据 2007 年的一个调查,独立董事参加董事会的出席率达到 97.56%,但在对董事会议案进行表决时,独立董事反对的只占全部表决议案总数的 0.36%,弃权的占 1.11%,这表明独立董事附和董事会的状况十分突出。这中间可能是独立董事了解议案的真实内容并且如实表达了自己对议案的观点,可能是独立董事了解议案的内容但受各种外界因素影响并未表达自己的真实想法,也不排除独立董事根本不了解议案的真实内容无法表达自己的想法。分析其原因:一是独立董事不独立,不排除一些公司独立董事被公司高管控制或与公司存在潜在利益关系等,丧失了独立监督的作用;二是独立董事本身实施监督作用的能力和水平有限;三是上市公司不配合,影响了独立董事发挥作用,如不提供必要的条件和资料,给独立董事履职人为制造障碍等①。

随着公司治理内外部环境的逐步完善和上市公司监督管理的不断加强,独立董事制度在我国上市公司治理中的作用逐渐得到加强,独立董事在督促公司合规经营和内部监督方面的作用逐步发挥。2010 年上海证券交易所对上市公司进行的一项专题调查显示,99.5% 的沪市上市公司认为独立董事基本履行了职责。但作为上市公司治理结构的重要构成部分,我国的独立董事制度距离制度设计的目标还有相当的差距。我国引

---

① 简俊东:《深交所调研"花瓶"独董:不同意见几乎绝迹》,《二十一世纪经济导报》2008 年 6 月 4 日。

进独立董事制度的初衷主要是监督执行董事和管理层，维护中小股东的合法权益，但目前我国独立董事在监督公司控股股东或内部董事方面以及在防止或抑制侵害公司整体利益或中小股东利益的行为方面，其作用发挥仍然有限。从普遍理念看，无论是聘用独立董事的上市公司，还是被聘用的独立董事都认为独立董事应当主要为上市公司提供专业知识和技术支持，这反映出独立董事更多的不是作为监督者发挥作用，而是作为咨询专家发挥作用。从实际运作看，2008～2010 年的 3 年间，独立董事就重大事项提出异议的公司数占已披露年报公司总数的比重均在 4% 以下，独立董事对重大事项提出异议的人数占独立董事总数的比重也较低。我国独立董事的作用制约了上市公司董事会运作的独立性和有效性。

（二）建设规范董事会的背景

国资委之所以十分重视和积极推进建设规范董事会的工作，至少基于四个方面的考虑。

一是董事会在公司治理中处于关键和核心位置。企业的决策、执行、监督"三位一体"，缺一不可，企业只有做到决策科学，执行高效，监督有力，才可能做大做强，才可能持续发展。决策事关企业的发展方向和发展战略，因此，科学决策至关重要。但科学的决策要通过高效的执行来实施、来实现。再科学的决策，再好的发展战略，如果不能得到很好的贯彻实施，或者执行效率不高，那么最终的效果、效率、效益都会受到很大影响。这些年"执行力"这一概念在企业界、管理界十分流行，也说明了执行的重要性。执行要高效，就必须加强监督，改进管理。董事会在公司治理中处于极为重要的位置，既承担重大事项决策的职责，又负有监督经营层执行董事会决策的职责。改进和完善公司治理结构，最重要的就是要建立健全董事会。

二是解决国资委的定位问题。围绕国资委的组建和国资委组建后的运作，国内有关"婆婆加老板"的议论不绝于耳，即担心国资委既是国家行政机关又是国有资本出资人，造成新的政企不分，干预国有企业作为市场经济主体和独立法人依法享有的经营管理自主权。2004 年国资委在中央企业进行公开招聘高级管理人员的试点，作为国有企业选人用人制度市场化改革的一项重要探索，受到国内外的好评。但也有研究企业的专家提出，招聘企业高管人员属于董事会的职权，国资委"越俎代庖"替中央企业招聘高管人员，属于"越位"行为。对此，国资委的解释说，国资委只负责高管人员招聘的资格及标准设定和监督等工作，具体招聘工作由中央企业组织实施，不存在"越位"现象，同时表示，中央企业普遍没有建立董事会，等将来中央企业建立了董事会，招聘高管人员的工作可以都交由董事会负责。理顺国资委与所出资企业的关系，解决国资委的"越位"的问题，也要求加快中央企业的董事会建设步伐。

三是探索国有独资企业和国有独资公司完善公司治理的途径和方式。作为国有企业建立现代企业制度的方向，具备条件的国有企业应加快推进整体上市，在股权多元化的基础上完善公司治理结构，这应是大型国有企业母公司层面的一个改革目标。但实现这一目标，需要大量配套改革，解决许多历史遗留的复杂问题，需要有一个过程。在这种情况下，需要探索和研究的是，对母公司一时难以实现股权多元化的大型国有独资企业如何完善公司治理结构。为了解决这一问题，2003年3月国资委组建后不久即开始研究探索在国有独资企业和国有独资公司建立健全董事会的问题。而此后中央企业发生的一系列"内部人控制"事件，如2004年中国航油新加坡公司董事长违规从事石油金融衍生品投资造成巨额亏损，2007年中国石化总经理因违法违纪被"双规"，等等，都使国资委认识到，没有董事会的制度制约，国有企业传统的"一把手"负责的体制可能带来的损失将难以衡量，必须加快建设和不断完善国有企业的公司治理。

四是学习和借鉴新加坡淡马锡控股公司在完善公司治理方面的成功做法。淡马锡控股公司的持续成功发展证明其公司治理是有效的，其公司治理为国有独资公司的治理模式提供了启示，树立了典范。国务院国资委十分注重淡马锡控股公司的成功经验和公司治理，多次组织人员考察淡马锡控股公司。截至2011年6月，国资委先后组织了13期淡马锡董事会运作实务考察交流，参加考察培训人员达615人次。2010年9月，还举办了"国资委-淡马锡董事会建设论坛"，由此可见国资委对淡马锡模式的重视和肯定。

（三）建设规范董事会的进程和成效

借鉴国外不少企业的制度安排，同时从我国一些企业需要实行国家控股的实际出发，从 2004 年开始国务院国资委对母公司难以或没有进行股份制改革、其产权构成仍然为一元产权结构的中央企业开展了建设规范董事会的试点工作，以改进和健全国有独资公司的治理结构。2004 年 6 月，国资委下发了《关于中央企业建立和完善国有独资公司董事会试点工作的通知》，标志着中央企业建立和完善董事会的试点工作正式启动。国资委先后选择了宝钢集团、神华集团等企业进行试点，试点的主要内容包括：引入外部董事制度，建立以外部董事为主的董事会，部分试点企业的董事长也由外部董事担任，在董事会下设主要以外部董事为主的若干专门委员会，通常包括战略规划委员会、薪酬与考核委员会、审计委员会，有的还设立了由内部董事和外部董事组成的执行委员会。2010 年建立和完善董事会的工作正式统一为建设规范董事会工作，建立和完善董事会试点工作步入全面建设规范董事会工作的阶段。

截至 2014 年 6 月底，建设规范董事会的中央企业已有 58 家（见表 6-5），外部董事已到任的企业 46 家，这 46 家企业中外部董事占董事会成员半数以上。外部董事已到任的 46 家企业共选聘外部董事 194 人，有 3 家试行了由外部董事担任董事长。

表 6-5　中央企业建设规范董事会企业名单

序号	企业	序号	企业
1	神华集团有限责任公司	10	中国农业发展集团总公司
2	宝钢集团有限公司	11	中国外运长航集团有限公司
3	中国诚通控股集团有限公司	12	新兴际华集团有限公司
4	中国医药集团总公司	13	中国铁路工程总公司
5	中国国旅集团有限公司	14	中国中煤能源集团公司
6	中国电子信息产业集团有限公司	15	中国冶金科工集团有限公司
7	中国恒天集团公司	16	中国钢研科技集团公司
8	中国建筑材料集团有限公司	17	中国东方电气集团有限公司
9	中国铁道建筑总公司	18	中国中材集团公司

序号	企业	序号	企业
19	中国机械工业集团有限公司	39	中国电信集团公司
20	东风汽车公司	40	中国远洋运输（集团）总公司
21	国家开发投资公司	41	中国海运（集团）总公司
22	中国大唐集团公司	42	中国航空油料集团公司
23	中国长江三峡集团公司	43	中国核工业集团公司
24	中国移动通信集团公司	44	中国航空工业集团公司
25	中粮集团有限责任公司	45	中国储备粮管理总公司
26	中国节能环保集团公司	46	中国港中旅集团公司
27	中国煤炭科工集团有限公司	47	中国化工集团公司
28	中国保利集团公司	48	中国盐业总公司
29	中国广东核电集团有限公司	49	中国有色矿业集团有限公司
30	中国兵器装备集团公司	50	中国黄金集团公司
31	中国石油化工集团公司	51	鞍钢集团公司
32	中国海洋石油总公司	52	中国通用技术（集团）控股有限责任公司
33	中国第一汽车集团公司	53	中国兵器工业集团公司
34	中国交通建设集团	54	中国国电集团公司
35	中国中纺集团公司	55	武汉钢铁（集团）公司
36	中国铁路物资总公司	56	中国铝业公司
37	中国国新控股有限责任公司	57	中国轻工集团公司
38	中国石油天然气集团公司	58	武汉邮电科学研究院

资料来源：根据国务院国资委有关资料制作。

在国有独资公司建立以外部董事为主的董事会，目的是在所有权与经营权分离的基础上，改进和完善公司治理机制，提高委托－代理关系的可靠性和有效性，其要点主要体现在 5 个方面，即决策更加科学、职责更加明确、流程更加清晰、管控更加有力、监督更加有效。从建设规范董事会企业的实际运行和各方面的反映看，应该说，建设规范董事会在改进和完善公司治理、提高委托－代理的可靠性和有效性方面取得了积极效果，对实现国有资产保值增值和加强国有资产监管起到了积极作用。

一是实现了企业决策组织与执行组织的分离。建设规范董事会，引进外部董事制度是关键性制度安排。由于外部董事占多数，甚至董事长也由外部董事担任，并且建立了比较规范的决策程序，避免了董事与经理人员的高度重合，实现了决策权与执行权的分权制衡，初步形成了董事会、经理层、党组织、监事会等权责分明、有效制衡、协调运转的中国特色国有企业公司治理，由此克服了国有企业长期存在的决策层与经营层不分和决策权与执行权不分的弊端，使国有企业的公司治理更加规范，重大决策更加科学。

二是突出了董事会的战略管理和决策把关作用。战略决策和管理、经营风险防范和避免，是衡量董事会有效性的重要参考指标。建设规范董事会企业由于董事不负责企业的执行性事务，同时，选聘具有较高水准的专业人才担任外部董事，有效解决了国有企业长期和实际存在的重大问题"一把手"说了算的问题，使企业决策的科学性和战略性明显提高，战略决策的执行有了更好保证，风险防范意识和能力也得到增强。

三是初步实现了国有资本出资人机构对企业的管理方式的转变和董事会对经理层的个性化管理。对所出资企业进行科学和严格的考核，是国有资本出资人机构履行职责的重要措施和方法。建设规范董事会后，国有资本出资人机构的考核对象由考核经营层逐步转向考核董事会，将考核经营层的责任移交给董事会，这一管理方式的转变既使国有资本出资人机构能够更好地进行角色定位，也使董事会能够更好地发挥监督经营层的作用。在此基础上，董事会根据企业特色对经营层进行考核，设置考核指标，确定考核办法，更好地体现了企业的特色和经营层的个性化特点。

四是增强了企业的内部监督和自我约束。建设规范董事会企业由于外部董事由国有资本出资人机构选聘，并且外部董事不负责企业的执行性事务，因此有利于国有企业董事会更好地代表和维护出资人的利益。同时，由于建立了以外部董事为主的审计委员会，并且审计委员会对以外部董事为主的董事会负责，内控体系建设得到加强，促进了国有企业内部监督和约束机制的完善。

五是促进了企业经营管理水平的提高。建设规范董事会企业实现了决策层与执行层的分离，经营层专注于企业的经营管理，经营层和职能部门的责任明显加大，这种制度安排有利于提升企业的内部管理。同时，建设规范董事会普遍进行了内部资源的整合，压缩管理层级，提高了集团的管控能力。

（四）外部董事制度与独立董事制度的比较

比较国务院国资委建设规范董事会企业的外部董事制度与上市公司的独立董事制度，可以看出，其公司治理的架构相似，董事会成员中都有外部董事或独立董事，董事会下都要设立若干专门委员会，但由于外部董事制度与独立董事制度在体制和机制的选择方面有所不同，因此运行效果存在明显差异。

第一，建设规范董事会企业的外部董事由监管出资企业的国资委聘用，外部董事主要对履行国有资产出资人职责的机构负责，不需要对聘用的公司负责，这样，从制度上可以保证外部董事的相对独立性和公正性。而上市公司的独立董事是由公司的大股东或实际控制人聘用的，独立董事要对公司的大股东或实际控制人负责，中小股东在选择独立董事方面缺乏有效的保障机制，这样，就很难保证独立董事的独立性和对中小股东负责。上海证券交易所的调查显示，董事会提名独立董事的比例达到77%，大股东提名独立董事的比例为40%，这种提名方式导致的结果是独立董事主要对企业的大股东或实际控制人负责，难以切实承担起监督企业经营管理者和维护中小股东权益的职责。

第二，建设规范董事会企业的外部董事大多数超过董事会成员的半数甚至达到2/3，外部董事的投票权超过内部董事的投票权，这种制度安排可以避免董事与经理人员的高度重合，实现决策权与执行权的分权制衡。而上市公司董事会中的独立董事按照要求通常只有2人，处于少数地位。在我国上市公司往往存在"一股独大"的情况下，独立董事难以对大股东起到有效的制衡作用。

第三，建设规范董事会企业的外部董事大多是境内外大企业在职或刚退职的高级经营管理者，他们具有丰富的实践经验，经过长期的考验和慎重的选拔。截至2014年2月底，董事会试点企业共选聘外部董事194名，其中：中央企业原负责人111人，占全部外部董事的57.2%；中央企业现职人员2人，占全部外部董事的1.0%；国家部委退休人员35人，占全部外部董事的18.0%；地方企业或外资企业5人，占全部外部董事的 2.6%；金融机构 4 人，占全部外部董事的 2.1%；境外企业人员 16 人，占全部外部董事的 8.2%；学者或中介机构人员 21 人，占全部外部董事的 10.8%（见图 6 - 2）。据调查，上市公司的独立董事以高校和科研单位的专家学者为主，上市公司独立董事的 43.5% 来自高校或科研院所，26.1% 来自会计师事务所、律师事务所等中介机构，26.1% 来自企业经营管理层。担任独立董事的高校和科研院所的人员大多是某一领域的专家学者，但由于缺乏担任企业高级经营管理人员的经历，被不少人称为"董事"不"懂事"。

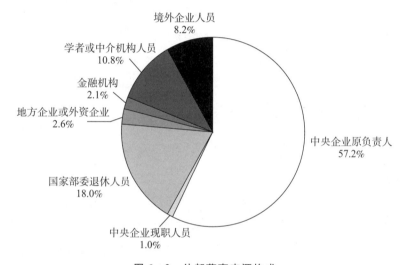

图 6 - 2　外部董事来源构成

资料来源：根据国务院国资委有关材料绘制。

2013 年 10 月 19 日，中共中央组织部下发了《关于进一步规范党政领导干部在企业兼职（任职）问题的意见》（中组发〔2013〕18 号），对退休党政领导干部在企业兼职提出明确要求，实行从严掌握、从严把关、严格审批。通知下发后，国务院国资委等有关部委及时对退休党政领导干部在企业兼职情况进行清理规范，各地也纷纷开展清理规范工作。近期，中央组织部有关负责人公布，在集中规范清理期内，全国共清理党政领导干部在企业兼职 40700 多人次，其中省部级干部 229 人次。随着这项工作的进一步深入，外部董事中党政领导干部的数量可能会进一步减少。

第四，建设规范董事会工作初步形成了一套比较规范的制度体系。国资委和中组部围绕董事会规范运作、外部董事管理、董事行为规范、董事评价与薪酬、专职外部董事管理、职工董事管理等制定出台了 16 个规范性文件，为董事会的规范运作提供了一系列的制度规范。建设规范董事会企业结合自身特点也制定了规范董事会运作的相关制度。不仅如此，建设规范董事会企业的决策程序、工作规则及在公司治理中的权限划分等都要报国资委审查和备案。上市公司虽然按《公司法》和中国证监会有关上市公司规范运作的要求设计了内部权限划分及工作程序，但不够完善系统，大多也没有得到有效实施。

第五，建设规范董事会企业要将董事会运作情况和外部董事的履职情况定期向国资委汇报，国资委负责企业高级管理人员任免的机构和派驻企业的外部监事会定期对企业的董事会及外部董事履职情况进行评估和报告，国资委根据评估情况决定外部董事是否续聘。上市公司董事会的运作虽然也要接受中国证监会的监督，但上市公司的年报对独立董事的履职情况缺乏详尽的披露，证券会对独立董事如何行使职权缺乏细致、有效的监督。

由于建设规范董事会企业的外部董事制度与上市公司独立董事制度的体制和机制有所不同，因此，以外部董事为主的董事会能够比较规范地运作，外部董事能够独立、自主地作出判断和决策，这样，就保证了董事会的决策比较客观和科学。

当然，作为国有企业管理体制改革的重要探索，作为大型国有独资公司完善公司治理的一项制度创新，建设规范董事会在实践中也存在一些需要探索和研究的问题，如：建设规范董事会与整体上市的关系，除上市公司和合资企业外大型国有企业的其他二级子公司特别是重要的二级子公司是否需要建立规范董事会，作为国有资产出资人的国务院国资委与董事会的职权如何划分和界定，如何形成有效的激励和约束外部董事的一整套制度以保证外部董事的独立性和认真履行职责，国有企业董事会如何既能形成有效的内部制衡机制又能做到精简高效，等等，都需要从理论上加以回答和在实践中加以解决，在此基础上，不断改进和完善大型国有企业的公司治理。

在肯定外部董事积极作用的同时，国有产权制度改革应借鉴国内外国有企业改革的成功做法，加快大型国有企业集团公司的股份制改革，有条件的企业尽可能实现整体上市。在此基础上，引入独立董事制度，形成以独立董事为主的董事会并在董事会下设若干专门委员会。世界许多国家的企业实践证明，这是国有企业能够在市场竞争中取得良好业绩的制度基础。

五　完善国有企业外派监事会的制度

加强对公司制企业的监管，解决所有权与经营权分离而产生的"内部人控制"等问题，是世界各国监管部门面临的一个共同课题。从国有资产的角度讲，国有企业既涉及公司制企业的法人财产权问题，又涉及国有财产权的问题。从法律上和理论上讲，国有企业的产权归国家和全体人民所有是清楚的，但实际上普遍存在财产占有权、财产使用权、收益分配权、财产处置权等由谁行使并不清楚的现象。在法制不健全的情况下，加强国有资产监管、防止"寻租"现象发生的任务就显得更繁重、更艰巨，完善国有资产监管体制和机制、探索国有资产监管的有效形式的任务就显得更紧迫、更重要。结合我国国情，探索建立有效的国有企业监管制度，也是完善社会主义市场经济体制的一个重要任务。

（一）外派监事会制度的内涵

在我国，并不存在外派监事会制度的专门法律术语。我国所称的外派监事会制度是指国家作为国有资本的所有者对国有独资企业和国有独资公司派出监事会。现行的外派监事会制度的前身是1998年设立的稽查特派员制度，1999年党的十五届四中全会之后过渡为监事会制度。

外派监事会制度是相对于《企业国有资产法》和《公司法》规定的作为公司内部治理组成部分的监事会制度而言的。根据《企业国有资产法》第三十九条，企业改制包括国有独资企业改为国有独资公司，国有独资企业、国有独资公司改为国有资本控股公司、国有资本参股公司等组织形式。根据《公司法》规定，国有资本控股公司、国有资本参股公司设立监事会。为区别于外派监事会，通常将国有资本控股公司和国有资本参股公司依据《公司法》设立的监事会称为内设监事会。

实际上，外派监事会的监事并不都是外派。从中央企业的实际运作看，目前，向国有企业派出的监事会成员由监事会主席、专职监事、兼职监事和工作人员四部分组成。其中，监事会主席和专职监事都属于国家公职人员；兼职监事也被称作职工监事，是派出企业的职工经所在企业推荐、监事会认可产生；工作人员由监事会从会计师事务所聘用，定期更换。但外派监事会成员的主体是监事会主席和专职监事。内设监事会的成员也并不都是从企业内部产生，也有股东推荐的派出监事，但内设监事会的成员主要来自企业内部。

外派监事会制度是中国国有资产监管体制的一个重要组成部分，也是中国大型国有企业公司治理的一个重要特征。目前，除国务院外，省级人民政府也普遍建立了向国有企业外派监事会的制度，一些副省级城市和中心城市也建立了这一制度。

（二）外派监事会制度产生的背景

对国有企业实行外派监事会制度，是深化国有企业改革和加强国有企业监管的一项重大措施。外派监事会制度产生于20世纪90年代末，有其制度设计和安排的背景。

一是为了解决长期存在的政府的所有者职能与国有企业的经营者职能不分及政府公共管理职能与国有资产管理职能不分的制度制约，政府管理体制和机构设置进行了改革。1998年的政府机构改革将长期存在的机械工业部、冶金工业部等经济管理部门改为国家经济贸易委员会管理的国家局，并取消了这些国家局直接管理和监督企业的职能，而新的国有企业监督和管理体制又没有形成。

二是国有企业改革全面启动以来的一段时间，针对计划经济体制下政企不分、权力过于集中、企业缺乏经营管理自主权的弊端，改革的思路主要是"放权让利"，即将属于国有企业的经营自主权赋予国有企业，其实质就是将企业的经营管理自主权从政府转移给企业，调动企业经营者和职工的积极性，使国有企业逐步成为自主经营、自负盈亏的经营实体和独立法人。国有企业经过多年的不断改革，伴随着放权让利而产生的"内部人控制"已成为普遍现象，国有资产流失的问题比较突出。

三是由于产权制度改革和投融资体制改革以及经营者选择机制等的滞后，起步于1993年的现代企业制度试点并没有形成人们所期待的各司其职、相互制衡的公司治理结构。国有企业虽经过多年改革探索，但大多仍然是国有独资企业或国有独资公司。由于缺乏配套改革，已建立的董事会也难以发挥作用，绝大多数并没有真正建立现代企业制度。

四是社会主义市场经济体制正在建立之中。由于要素市场和资本市场特别是证券市场等正在建立和形成之中，使得国有企业监管的外部机制包括企业控制权的转移等无法形成，社会中介机构和监督力量包括会计师事务所、律师事务所等正在培育和发展之中，已经建立也难以规范运作。

总之，在从计划经济体制向市场经济体制转变的特殊时期，国有企业的经营管理者拥有了相当的剩余索取权和剩余收益权而新的国有资产监管体制又没有形成，国有企业没有形成有效的内部制衡而新的外部治理机制又没有建立，这种制度缺失强化了"内部人控制"，产生的必然结果就是国有资产流失成为普遍现象。在这种制度转换时期，建立新的国有资产监管制度，有效防止国有资产流失，确保国有资产保值增值，促进国有企业健康发展，就成为一项紧迫而重大的任务。为了解决这一制度缺失带来的问题，作为国有资本最终出资人的各级政府向国有企业派出监事会就成为一种必然选择和制度安排。

从监事会履行职责来讲，是以企业财务监督为主要内容，以企业重大决策的合法性、合规性和重要经营管理活动为监督重点，以维护国有资产安全为主要目的，以查账为主要方式，依据国家的有关法律、行政法规和国有资产监督管理的有关规定，对企业的财务活动以及企业主要负责人的经营管理行为进行监督。主要任务是了解企业财务会计报表是否真实、公允，企业主要负责人和管理人员是否存在违法违纪行为，企业的经营状况、经营业绩、改革发展如何。监事会不干预企业的生产经营活动。

（三）外派监事会制度面临的困境

外派监事会制度建立以来，在维护国有资产安全、促进企业改善经营管理等方面发挥了积极、重要的作用，企业重大违法违纪行为特别是集团层面的违法违纪行为明显减少。实践证明，监事会制度是符合我国国情和发展阶段的行之有效的国有企业监督制度，是我国现阶段国有资本出资人监督的一种较好形式，是国有资产有效监管的一种制度安排。但经过10多年的不断改革，外派监事会制度存在和发挥作用的环境和条件都发生了重大变化，外派监事会制度面临着法律依据和实际操作两方面的严重冲击，生存基础和作用发挥面临着严重挑战。

一方面，《公司法》《企业国有资产法》等法律法规关于公司制企业监事会的相关规定，给外派监事会制度的适用范围带来很大冲击。依法监管是外派监事会必须坚持和遵循的原则，但根据目前我国的有关法律法规，外派监事会制度只适用于国有独资企业和国有独资公司，因此，现行外派监事会制度如何与现行法律法规相适应，就成为一个必须解决的紧迫课题。

另一方面，国有企业股份制改革特别是越来越多的中央企业整体改制上市，对外派监事会制度的生存基础和实际操作产生了重大冲击。近年来，整体上市或主营业务资产整体上市已成为国有大型企业股份制改革的重要制度选择，中央企业主营业务资产整体上市的步伐加快。截至2013年底，中央企业主营业务资产整体上市的已有39家。大部分业务和资产进入上市公司的中央企业则更多，如石油石化领域的三家中央企业——中国石油天然气集团、中国石油化工集团的大部分业务、资产都进入一家上市公司，中国海洋石油总公司的大部分主营业务、资产分板块进入上市公司。

外派监事会制度与内设监事会制度相比，在独立性、专业性、权威性、时效性和履职能力等方面具有独特的体制优势和实践效果，为克服内部人监督的局限性特别是对高管人员监督的失灵和出资人的管理决策与企业信息的不对称等奠定了体制基础。但目前的现实是，国有企业的监督体制面临着两难局面：具有监管优势的外派监事会制度缺乏法律依据，具有法律依据的内设监事会难以有效进行监督。

在中央企业母公司整体改制上市的情况下，现行外派监事会派驻中央企业母公司的合法依据及工作平台将失去，只能存在于公司之外，而混合所有制企业都有依法设立的内设监事会，若继续实行外派监事会制度，国资委难以回避舆论争议、法律纠纷等。随着越来越多的中央企业实现主营业务资产整体上市特别是母公司整体上市，改革现行的外派监事会制度，使其与现代企业制度相适应、相衔接，也就成为一项紧迫而重要的任务，需要在坚持和完善外派监事会制度的基础上，积极探索监事会监督与现代企业制度结合的有效途径，探索建立与《公司法》《企业国有资产法》等法律法规相衔接、与企业股权结构相适应的监督制衡机制，逐步形成中国特色的新型监事会监督体制。

（四）外派监事会制度改革模式的比较和选择

外派监事会制度的改革有不同模式可供比较和选择。模式一，取消外派监事会制度，只实行内设监事会制度。模式二，内设监事会和外派监事会同时存在。从国有独资企业和国有独资公司可以实行外派监事会体制这个意义上讲，内设监事会与外派监事会在法律上可以同时存在，需要研究的是与国有控股公司相适应的监事会制度能否继续保持外派的性质。模式三，"依法进入，内外结合"，就是国务院授权国资委派出的监事依法进入国有控股企业内部，与企业内部监事共同组成内设监事会，成为国有控股企业治理结构的一个组成部分。模式四，国有资产经营公司派出。2010 年 12 月 22 日中国国新控股有限责任公司正式挂牌，国新公司的定位是配合国资委优化中央企业布局结构，专门从事国有资产经营与管理。有专家提出，可以考虑由国新控股公司持有整体上市的股份，然后由国新公司向持股公司派出监事会。这种模式的好处是具有一定的可操作性，但仍然没有解决外派监事会制度与公司制股份制企业相衔接的问题，也没有解决外派监事会制度与《公司法》《国有资产法》相适应的问题。

比较外派监事会制度和内设监事会制度不难得出这样的结论：取消能够有效发挥监督作用的外派监事会制度不应成为国有企业监管体制改

革的模式选择，而外派监事会制度与内设监事会制度并存又面临着一系列难以解决的法律和制度障碍，因此，正确的选择应该是探索将现行外派监事会的体制优势与现代企业制度有效结合的改革模式。

近几年来，国有的金融企业包括中国工商银行、中国建设银行、中国银行、中国农业银行等先后整体改制上市，原有的外派监事会取消，原有的外派监事会主席进入企业内部担任监事会主席，履行监管职责，外派监事会的其他专职监事也进入企业内部担任监事会的相应职务。这种改革模式受到不少人的质疑，主要是担心原有外派监事会制度的独立性、权威性可能丧失。

比较上述四种改革模式，可以看出，现行外派监事会制度的体制优势要与《公司法》等法律法规和国有企业整体改制上市相适应，较好的选择就是"依法进入，内外结合"。这样，既可以避免外派监事会制度与现行法律法规相抵触的问题，也可以继续发挥原有外派监事会制度的体制优势。应该说，这是外派监事会制度变革生存、创新发展的较为合理的选择。

"依法进入，内外结合"的改革模式要能够取得成功，关键是要从制度上保证由国有资产监管机构派出并进入企业内部监事会的成员具有一定的独立性和权威性。要做到这一点，其制度保证就在于国有控股公司的监事会要具有外派的特色和属性，其根本要求就在于由国务院授权国资委派出并依法进入企业内设监事会的成员属于外派人员，如果"依法进入，内外结合"改革模式建立在取消外派监事会制度的基础上，原有外派监事会制度具有的独立性和权威性等体制优势确实存在丧失的可能。

当然，"依法进入，内外结合"作为现行外派监事会制度适应国有企业整体改制上市的一种制度选择，也面临着一系列的制度性障碍，如外部派入企业内部担任监事会成员的监事是以什么身份进入，是以公务员身份还是以企业员工身份？再如，外部派往企业内部担任监事会成员的监事其薪酬待遇如何确定等？都需要从理论上和实践中加以解决，并且，这一改革设想还需获得社会共识和法律认可。

外部监事会制度作为中国特色国有企业公司治理的一个组成部分，

本身就是一个探索和创新，也有一些问题需要研究，如外部监事会与国资委应是什么关系等，都需要深入研究。

六 小结

本章阐述了我国国有企业的产权治理问题及产权结构分析，详细分析了国有企业的内部治理问题：一是规范的委托－代理关系没有形成，二是公司治理不完善，三是公司治理运作不规范，四是激励和约束机制不健全，并分析了国有企业公司治理问题的产权原因。本章还探讨了学术界关于国有企业公司治理失效的原因分析。

根据对影响企业绩效因素的系统分析，要不断提高国有企业的绩效仅仅靠产权制度改革是不够的，必须从多方面入手。因此，国有企业改革必须总体推进，配套改革，应以改革产权制度为基础和前提，以完善公司治理为核心和关键，以健全内外部环境为条件和保障，同时通过加快技术进步、加强内部管理、注重企业文化等多种措施和途径，不断提高国有企业的运营效率和经济效益。

在产权明晰的基础上，推行产权多元化，建立多元主体相互制衡的和权、责、利相对称的企业内部治理结构，提高经营效益。同时，深化竞争，完善要素市场和产品市场，形成对企业治理的外部约束和激励。内因为主，外因为辅，共同作用于公司治理业绩，从而提高国有控股大企业的运营效率。同时，由于中国的传统国情及路径依赖作用，需要制度创新和政府支持性的配套改革。因此，国有控股大企业运营效率的提高将是一个长期的、动态的演进过程。

本章着重分析了完善中国特色国有企业公司治理的一些制度选择，阐述了完善中国特色国有企业公司内部治理机制和外部治理机制的主要方式和有效途径，并结合国有企业的实践进行了实证论述。

本章重点论述了建设规范董事会的内涵和背景，论述了外部董事和独立董事制度的来源，比较了我国引进外部董事制度与独立董事制度的不同效果及背后的体制和机制差异，为完善中国特色国有企业的公司治理提供了理论依据。

　　本章还着重论述了外派监事会制度建立的原因和背景，提示了外派监事会面临的制度困境和法律困境，对外派监事会制度的不同改革模式进行了比较，并指出正确选择外派监事会制度改革模式应该考虑的因素，为提高我国国有资本监管的有效性提供了理论基础。

第七章 结论

　　本书在前人理论和当代学人诸多见解的基础上研究产权结构、公司治理与企业绩效的关系，侧重于探索两个问题：第一，探讨产权结构影响公司治理的传导机制，国有企业能否通过优化股权结构实现完善公司治理和提高企业绩效的目标。第二，剖析产权结构、公司治理与企业绩效三者之间的相关关系，进而提出建立现代企业制度、提高企业绩效的路径选择。

　　归纳起来，本书的创新点主要有以下六个方面：一是从理论和实证两个方面，对现行西方经济学理论分析产权结构、公司治理与企业绩效的局限和不足作了比较系统的剖析。在此基础上，本书明确提出，产权结构是影响企业绩效的基础性、根本性因素，公司治理是影响企业绩效的关键性、决定性因素，并用复合函数对产权结构、公司治理与企业绩效三者之间的相关关系进行了描述说明。二是对不同公司治理模式的形成条件、优缺点、优化机制进行了比较，在此基础上归纳出国际上公司治理模式趋于接近的四个方面的主要内容，并分析了公司治理趋于相同的背景和动因，为我国企业完善公司治理、提高治理效率提供了借鉴。三是在充分肯定股份制对大型企业进行产权制度改革的重要性和必要性的同时，提出要区分有效的股份制和无效的股份制，或者说，区分好的股份制与坏的股份制。无效的股份制或坏的股份制，会利用股份制改革之机损害国有企业和企业职工的合法权益；有效的股份制或好的股份制，才能够真正促进国有企业产权制度创新，形成完善的现代企业制度，提高企业的经营效率和经济效益。我国国有企业的股份制改革既要吸收和借鉴发达国家国有企业股份制改革的经验和教训，又要结合中国的实际国情和具体的产业政策与环境，因地制宜地推动我国的股份制改革。四是对国有企业整体上市的内涵、意义、作用进行了系统论述，明确提出整体上市是国有大型企业主要的资本组织形式，推进国有企业股份制改革应将整体上市作为路径选择。五是对国务院国资委开展的以外部董事为主的董事会制度建设与引入独立董事的上市公司董事会制度建设进行了比较，分析了两类董事会有效性的差异及背后的体制和机制的不同，为优化和完善公司治理提供了重要的切入点。六是对现行的由政府向国有大中型企业派出监事会的制度进行了深入分析，并对可供选择的外派监事会制度的不同改革模式进行了比较，为优化和完善中国特色国有企业的公司治理提供了重要的理论分析和实证依据。

通过梳理产权结构、公司治理与企业绩效的关系，本书提示了一系列需要关注的问题和现象，通过剥茧抽丝的分析过程，可以发现这些问题和现象背后隐含的必然性和规律性。

现代企业的产权结构呈现多层次性和复杂化的倾向。第一层次是企业出资者所有权（最终所有权）与企业法人所有权构成的产权关系；第二层次是企业法人所有权与经营权构成的产权关系，而产权结构的基础则是股权结构。除此之外，还存在剩余索取权与剩余控制权构成的产权关系等。决定企业绩效的关键因素在于企业生产力系统，那就是企业人力资本的创新能力。处于企业经济关系核心地位的产权关系（或产权结构）和市场竞争都不是决定企业绩效的关键因素，但它们对企业绩效有重大的影响。

产权结构对企业治理结构、经营激励、并购重组、监督约束等治理机制具有直接影响，而这些治理机制也对企业经营管理者的行为产生影响，进而使企业的绩效发生变化。因而，产权结构成为影响企业绩效的基础性、根本性因素。考察企业制度的历史可以看出，原始产权与法人产权的分离是现代公司制度成长的历史起点和逻辑起点。企业形态的变革一般是与产权制度的变革相伴而生的。由此可以得出以下结论：企业体制的发展是以产权制度的发展为基础的，而产权制度又是全部经济体制的基石。

在我国以公有制经济为主体，同时发展多种所有制经济的体制背景下，要使产权结构实现合理化，最终形成对公司治理结构及企业绩效的良性影响，就要实现产权多元化。实现产权多元化，就是要明确不同类别的产权主体及其相应的权能和利益，最终对产权进行清晰、合理的界定。产权多元化包含产权结构多元化和产权组织体系合理化两个层次的内容。所谓产权结构多元化，是相对于产权结构一元化来说的，是指企业的出资者或投资主体不是只有一个而是有多个。在产权结构多元化的条件下，任何一个企业的产权都是由不同类的产权构成的，这种不同类产权的组合，就是产权组织体系。产权组织体系合理化，即为不同类的产权的组合形式的合理化。在一个企业的产权组织体系中，关键是看企业的生产力水平和企业所经营产业的状况和背景，以及企业所处的风险和收益预期的状况。

股权结构作为现代企业最基本的产权结构，主要是通过四种治理机制（经营激励、收购兼并、代理权竞争、监督）对企业发挥作用从而对公司绩效产生影响。不同的股权结构对企业治理机制的影响也不一样，比较而言，股权有一定集中度、有相对控股股东并有其他大股东存在的股权结构对企业绩效最大化较为有利。现代企业的剩余索取权与剩余控制权之间的产权关系不明晰，是影响企业绩效的一个重要因素。并不拥有充分剩余索取权的企业家拥有了充分的企业控制权，取得了无法估计的控制权收益，在一定程度上造成了企业控制权激励机制的失灵。为了提高企业绩效，必须合理配置企业的剩余索取权和控制权，形成有效的产权结构。

公司治理是现代企业制度的核心，现代企业制度的建立必须有与之相对应的公司治理。企业的决策是否正确，执行是否有力，主要取决于公司治理是否有效。激励约束机制、经理人市场、控制权转移、市场竞争等企业内部和外部机制主要也是通过公司治理影响企业经营管理者的行为，进而影响企业的绩效。因而，公司治理成为影响企业绩效的直接的决定性因素。好的治理结构既能充分激发代理人的企业家精神，同时也能有效制约代理人滥用控制权的行为，这两者虽然不是公司实现优良市场业绩的充分条件，但却是必要条件；企业绩效与产权结构、公司治理构成了复合函数。在产权结构既定的前提下，通过完善公司治理可以改善经营效率，提高企业绩效。

从社会整体而言，企业组织作为其组成部分之一，其组织治理结构必须放在社会政治经济结构的大背景下考虑，即企业组织的治理结构必须以社会政治经济结构为基础，如果脱离了社会政治经济结构，这样的治理结构很难取得较好的治理效果。古今中外的实践已充分证明了这一点。当前，构建国有企业公司治理结构，既是国企改革中的短板，又是深化国企改革的重要组成部分。国有企业构建完善的公司治理结构是迫切需要解决的现实问题，这个问题解决得好，必将带动中国国企又好又快发展；这个问题解决得不好，必将影响国企的健康发展。

我国国有企业经过30多年不断改革，其治理结构发生了制度性的变革，国有企业在完善公司治理方面取得了明显进展。但从公司的内部治理来看，现有国有企业的公司治理仍存在问题：一是规范的委托－代理关系没有形成，二是公司治理不完善，三是公司治理运作不规范，四是激励和约束机制不健全。国有企业公司治理中的问题成因是多方面的，有外部治理因素的影响（如对经理人的约束弱化，资本市场的不完善和竞争性的经理人市场尚未形成，使经理人员所面临的可能被替代的压力大为减轻），同时也有内部治理因素的影响，而产权结构不合理则是造成国有企业公司治理缺陷的基础性和根本性因素。

基于产权结构对企业绩效的基础性、根本性作用，进一步推进国有企业改革的逻辑思路应是：一方面继续优化国有企业的产权结构，目的是使国有企业的产权制度能够与社会化大生产和市场经济的要求相适应；另一方面针对当前我国国有企业公司治理中存在的主要问题，在深化国有企业产权制度改革的基础上，继续完善公司的内部治理和外部治理。

国有企业产权改革实质上包括两个方面的明晰过程，首先是国家与企业的产权归属，这仍是需要进一步明晰的；其次是企业内部的产权归属问题，这更是需要进一步解决的关键问题。而其核心是利益与风险的分配问题。产权结构调整可以使目前国有企业产权结构趋向合理化。国有企业通过产权结构调整可以改变投资主体单一化的国有股权结构，限制相关政府官员和国有企业管理人员的权力，减少国有资产的浪费。

但同时，要完成国有企业产权改革并推进企业公司治理，促进企业绩效的发展，必须也要注重企业外部治理。健全的公司外部治理是有效的公司治理的重要组成部分，也是提高企业绩效的重要制度保证。同时，还要推进宏观管理体系、市场体系、分配制度、社会保障制度等相关的配套改革，为现代企业制度的推行创造条件。

我国国有企业要在市场竞争中求得生存和发展，总的来说，一方面，在产权明晰的基础上，推行产权多元化，建立多元主体相互制衡的和权、责、利相对称的企业内部治理结构，不断优化产权结构，在多元产权结构的基础上建立现代产权制度；另一方面，深化竞争，完善要素市场和产品市场，形成对企业治理的外部约束和激励。内因为主，外因为辅，共同作用于公司治理业绩，从而提高国有控股大企业的运营效率。同时，由于中国的传统国情及路径依赖作用，需要制度创新和政府支持性配套改革。因此，使国有企业的管理体制和经营机制与市场经济体制相适应，提高国有控股企业的运营效率，将是一个长期的、动态的演进过程。

我们所处的时代是一个伟大的时代。现代的互联网和各种智能化工具、日新月异的纳米技术和基因工程、层出不穷的各种发明创造，使我们这个时代远远超过了历史上任何一个时代。无论大驰道，还是古运河，都是无法比拟的。但我们身处其中而不自知。我们所处的时代也是一个变革的时代。国有企业产权制度改革的路径选择，以及产权结构、公司治理与企业绩效的关系是我们这个伟大和变革的时代之宏观世界的一个微观问题。笔者尽管做出了诸多的努力，但依然不能摆脱自身的局限，用现行产权理论解释产权结构、公司治理与企业绩效的关系时还不够系统，对产权结构影响公司治理进而影响企业绩效的机理和途径的分析还需要深入，相关的实证研究还需要更进一步，如何确定竞争性领域国有企业的产权结构与公司治理的关系也有待继续探索。期待热心于企业改革和发展的专家学者继续深入研究，推动我国企业改革和发展的理论与实践取得新的成果，为完善和发展中国特色社会主义理论体系做出积极贡献！

参考文献

[中文文献]

1. "产权制度与国有资产管理体制改革"课题组：《产权制度与国有资产管理体制改革》，《经济研究参考》2003年第10期。

2. "推进国有大中型企业产权多元化改革"课题组：《国有大中型企业产权多元化改革研究报告》，《中国工业经济》2003年第7期。

3. 程保平：《产权新论——经济学若干重大问题重新解释》，武汉大学博士论文，2001。

4. 董辅礽：《关于国有企业的"脱困"》，《改革》1999年第2期。

5. 樊纲：《渐进之路》，中国社会科学出版社，1993。

6. 樊纲：《论当前国有企业产权关系的改革》，《广东经济》1995年第1期。

7. 樊纲：《论体制转轨的动态过程》，《经济研究》2000年第1期。

8. 冯巨章：《产权、管理与企业绩效》，《中国工业经济》2003年第5期。

9. 高明华：《公司治理模式趋同化潮流在加速》，《上海证券报》2008年第9期。

10. 谷书堂：《现代企业制度及国有企业的发展趋势》，载《社会主义市场经济理论研究》，中国审计出版社，2001。

11. 胡峰：《社会主义经济理论与实践》，《我国国有企业产权制度改革的思考》2003 年第 2 期。

12. 胡一帆等：《竞争、产权、公司治理三大理论的相对重要性及交互关系》，《经济研究》2005 年第 9 期。

13. 黄少安：《产权经济学导论》，山东人民出版社，1995。

14. 霍云鹏：《论产权制度的建立及实现形式》，《经济纵横》1992 年第 4 期。

15. 李培林、张翼：《国有企业的社会成本分析》，《中国社会科学》1999 年第 5 期。

16. 李悦：《产业经济学》，中国人民大学出版社，1998。

17. 厉以宁：《股份制试点中的若干问题》，载《经济学家论股份经济》，广州出版社，1993。

18. 厉以宁：《论新公有制企业》，《经济学动态》2004 年第 1 期。

19. 林毅夫、蔡昉、李周：《现代企业制度的内涵与国有企业改革方向》，《经济研究》1997 年第 3 期。

20. 林毅夫、沈明高：《论股份制与国营大中型企业改革》，《经济研究》1992 年第 9 期。

21. 林毅夫：《现代企业制度的内涵与国有企业改革方向》，《经济研究》1997 年第 3 期。

22. 林兆木、范恒山：《建立健全现代产权制度》，载《〈中共中央关于完善社会主义市场经济体制若干问题的决定〉辅导读本》，人民出版社，2003。

23. 刘恒中：《国有资本雇佣制度与国有资产保值增值》，《经济研究》1995 年第 9 期。

24. 刘红：《企业产权效率研究》，上海交通大学博士论文，2000。

25. 刘芍佳、李骥：《超产权与企业绩效》，《经济研究》1998 年第 8 期。

26. 刘诗白：《社会主义市场经济与主体产权制度的构建》，经济科学出版社，1999。

27. 刘世锦：《公有制经济内在矛盾及其解决方式比较》，《经济研究》1991 年第 1 期。

28. 刘元春：《国有企业宏观效率论》，《中国社会科学》2001 年第 5 期。

29. 钱伟荣：《国有企业产权研究》，天津大学博士论文，2002。

30. 苏东斌：《市场经济体制对所有制结构的三大要求》，《经济研究》1998 年第 12 期。

31. 孙义敏、杨洁：《现代企业管理导论》，机械工业出版社，2004。

32. 孙永祥：《公司治理结构：理论与实证研》，上海三联书店、上海人民出版社，2002。

33. 童颖：《中国独董调查：中国独立董事生存现状》，《上海证券报》2004 年 5 月 27 日。

34. 王建、李国荣：《试论企业制度与企业经济效率》，《上海电力学院学报》2003 年第 6 期。

35. 魏杰、张宇：《市场经济与公有制体制改革》，《经济研究》1993 年第 3 期。

36. 魏杰：《企业前沿问题——现代企业管理方案》，中国发展出版社，2001。

37. 魏杰：《企业制度安排》，中国发展出版社，2003。

38. 吴敬琏：《国有经济的战略性改组》，中国发展出版社，1998。

39. 吴易风：《马克思的产权理论与国有企业产权改革》，《中国社会科学》1995 年第 1 期。

40. 吴易风：《西方产权理论和我国产权问题》，《高校理论战线》1994 年第 3 期。

41. 夏振坤、初玉岗：《论国家的主导地位与国有企业改革》，《经济研究》1995 年第 12 期。

42. 严启发：《产权问题研究综述》，《当代经济科学》1995 年第 6 期。

43. 杨灿明：《产权特性与产业定位》，《经济研究》2001 年第 9 期。

44. 杨凡：《上市公司产权研究》，华中理工大学博士论文，2000。

45. 杨其静：《从完全合同理论到不完全合同理论》，《教学与研究》2003 年第 7 期。

46. 杨秋宝：《产权和企业产权制度》，载《中国改革 20 年经济理论前沿问题》，济南出版社，1999。

47. 易钢：《中国的银行竞争：机构扩张、工具创新与产权改革》，《经济研究》2001 年第 3 期。

48. 于光远："序言"，载刘伟、平新乔著《经济体制改革三论：产权论、均衡论、市场论》，北京大学出版社，1990。

49. 岳福斌：《产权自主与股份制》，《经济学家论股份经济》，广州出版社，1993。

50. 岳福斌：《国有大中型企业产权多元化改革研究报告》，《中国特色社会主义研究》2003 年第 2 期。

51. 张维迎：《产权安排与企业内部的权力斗争》，《经济研究》2000 年第 6 期。

52. 张维迎：《公有经济中的委托 – 代理关系：理论分析和政策含义》，《经济研究》1995 年第 4 期。

53. 张维迎：《将国有资产变为债权——解决政企不分的有效途径》，《瞭望》1995 年第 18 期。

54. 张维迎：《企业的企业家——契约理论》，上海人民出版社、上海三联书店，1995。

55. 张维迎：《所有制、治理结构及委托——代理关系》，《经济研究》1996 年第 9 期。

56. 赵晓：《现代产权制度的内在演进力量》，《南方周末》2003 年第 12 期。

57. 中国社会科学院工业经济研究所：《中国企业竞争力报告 No. 3 (2005)》，社会科学文献出版社，2005。

58. 周叔莲：《关于国有企业产权的两个问题》，《光明日报》1993 年 7 月 13 日。

[外文译著]

1. 〔德〕马克思、恩格斯：《马克思恩格斯全集》，人民出版社，1985。
2. 〔德〕马克思、恩格斯：《马克思恩格斯全集》，人民出版社，1961。
3. 〔德〕马克思、恩格斯：《马克思恩格斯全集》，人民出版社，1972。
4. 〔德〕马克思：《资本论》，人民出版社，1972。
5. 〔德〕马克思：《资本论》，人民出版社，1986。

6. 〔美〕A. A. 阿尔钦:《产权:一个经典注释》,载 R·科斯等著《财产权利与制度变迁》,上海三联书店,1991。

7. 〔美〕D. 诺斯:《制度、制度变迁与经济绩效》,上海三联书店,1994。

8. 〔美〕H. 德姆塞茨:《关于产权的理论》,《美国经济评论》1967 年

9. 〔美〕H. 德姆塞茨:《关于产权的理论》,载 R·科斯等著《财产权利和制度变迁》,上海三联书店,1991。

10. 〔美〕阿道夫·A. 伯利、加纳德·A. 米恩斯:《现代公司与私有财产》,甘华鸣等译,商务印书馆,2005。

11. 〔美〕菲吕博腾、S. 佩杰威齐:《产权与经济理论:近期文献概览》,载科斯等著《财产权利与制度变迁》,上海三联书店,1991。

12. 〔美〕奈斯比特·阿尔布丹:《展望 90 年代西方企业和社会新动向》(中译本),国际文化出版公司,1983。

13. 〔美〕史卓顿(H. Stretto)、奥查德(L. Orchard):《公共物品、公有企业和公共选择》,经济科学出版社,2000。

14. 〔美〕威廉姆森:《什么是交易费用》,《经济社会体制比较》1987 年第 6 期。

15. 〔南〕斯韦托扎尔·平乔维奇:《产权经济学:一种关于比较体制的理论》,蒋琳琦译,经济科学出版社,1999。

16. 〔英〕科斯:《财产权利和制度变迁》,上海三联书店,1991。

17. 〔英〕科斯:《企业的性质》,上海人民出版社、上海三联书店,1994。

18. 〔英〕亚当·斯密:《国民财富的性质和原因的研究》,商务印书馆,1972。

19. 法国里昂证券有限公司:《迅速发展市场中的公司治理》,2001 年4 月。

20. 世界银行:《1987 年世界发展报告》(中文版),1987。

[外文文献]

1. Alchian, Armen, *Property Rights*, *The New Pal grave: A Dictionary of Economics*, The Macmillan Press, Vol. 3, 1987.

2. Anderson, Terenee, Schum, David&Twining, William, *Analysis of Evi-*

dence (2nded.), New York: Cambridge University Press, 2005.

3. Arnott Richard J, André de Palma, "The Welfare Effects of Congestion Tolls with Heterogeneous Commuters", Boston College Working Papers in Economics: No. 231, Boston College Department of Economics, 1993.

4. Arnott Richard J. , "The Economic Theory of Urban Traffic Congestion: A Microscopic Research Agenda", Boston College Working Papers in Economics: No. 502, Boston College Department of Economics, 2001.

5. Arnott Richard, "Alleviating Traffic Congestion: Alternatives to Road Pricing", Working Paper: No. 282. Department of Economics, Boston College, 1994.

6. Barzel, Y. , *Economic Analysis of Property Rights*, Cambridge University Press, 1989.

7. Beesley M. E. , "Urban Transport: Studies in Economic Policy", London, UK. Butterworths, 1973.

8. Calthrop Edward, Proost Stef. , "Road Transport Externalities", *Environmental and Resource Economics* 11 (3 – 4) 1998.

9. Cass R. Stein, Adrian Venneule, "Interpretation and Institutions", *Michigan Law Review*, Ann Arbor: Feb. 2003, Vol. 101, 155. 4.

10. David Schrank, Tim Lomax, "The 2002 Urban Mobility Report", Texas Transportation Institute, 2002.

11. David Schrank, Tim Lomax, "The 2005 Urban Mobility Report", Texas Transportation Institute, 2005.

12. Downs A. "The Law of Peak-hour Expressway Congestion", *Traffic Quarterly* 16. 1962.

13. Dunphy and Fisher, "Transportation, Congestion, and Density: New Insights", Transportation Research Record, 1996.

14. Fitzroy, Felix, R. Dennis Mueller, "Cooperation and Conflict Incontractual Organization", *Quarterly Review of Economics and Business* (24) , 1984.

15. Forsyth P. J. , "The Pricing of Urban Transport: Some Implications of Recent Theory", *Urban Transport Economics*. Cambridge, U. K. Cambridge U-

niversity Press. 1977.

16. Gary Minda, *Postmodern Legal Movements: Law and Jurisprudence at Century's End*, New York University Press, 1995.

17. George A. Giannopoulos, "Competition Versus Regulation in Transport the Appraisal of Policies and Lessons for the Future", *Fifty Years of Transport Policy*, No. 93, 2003.

18. George M. Guess, *Public Policy and Transit System Management*, New York: Greenwood Press, 1990.

19. Gómez-Ibáñez J. A. , G. R. Fauth, "Downtown Auto Restraint Policies: the Cost and Benefit for Boston", *Journal of Transport Economics and Policy*, No. 14. 1980.

20. Grossman, Sanford J. , Olive Hart, *An Analysis of The Principal Agent Problem*, *Econometric* Vol. 51, 1983.

21. Handley Stevens, *Transport Policy in the European Union*, Houndmills, Basingstoke, Hampshire, New York. Palgrave Macmillan, 2004.

22. Haveman Robert H. Common Property, Congestion, And Environmental Pollution. The Quarterly Journal of Economics, No. 2, Vol. 87, 1973.

23. Hay, Donald & Lui Guy S. , "The Efficiency of Firms: What Difference does Competition Make?" *The Economic Journal*, 1997, Vol. 107.

24. Howitt A. M. , "Downtown Auto Restraint Policies: Adopting and Implementing Urban Transport Innovations", *Journal of Transport Economics and Policies*, No. 14, 1980.

25. John R. Meyer, *The Economics of Competition in the Transportation Industries*, Harvard University Press, 1958.

26. John Whitelegg, Gary Haq. , "The Global Transport Problem: Same Issues but a Different Place", *The Earthscan Reader on World Transport Policy and Practice*. London, Sterling, VA. Earthscan, 2003.

27. Klein, B. Crawford, R. G. Alchain, "A Vertical Integration, Appropriable Rents and the Competitive Contracting Process", *Journal of Law and Economic*, No. 21, 1978.

28. Levinson，"Micro-foundations of Congestion And Pricing：A Game Theory Perspective"，*Transportation Research*，Part A，Vol. 39，Issues 7 – 9，2005.

29. Lindsey C. Robin, Verhoef Erik T. ，"Traffic Congestion and Congestion Pricing"，*Handbooks in Transport*，No. 3，2001.

30. Liu L. N. ，McDonald J. F. ，"Economic Efficiency of Second-best Congestion Pricing Schemes in Urban Highway Systems"，*Transportation Research Part B：Methodological*，Vol. 33，No. 3，1999.

31. Martin，Stepher& David Parker，*The Impact Privatelization—Ownership and Corporate in the UK*，Routledge，1997.

32. May，Nash，"Urban Congestion：A European Perspective on Theory and Practice"，*Annual Review of Energy and the Environment*，Vol. 21，1996.

33. Meyer，J. F. Kain，M. Wohl，*The Urban Transport Problem*，Cambridge，Mass. Harvard University Press，1965.

34. Mill J. S. ，*Principles Of Political Economy*，The Collected Works of John Stunart Mill，1965.

35. Oakland，William H. ，"Congestion，Public Goods And Welfare"，*Journal of Public Economics*，Vol. 1，1972.

36. Oraki，"TDM Trend in the United States"，*IATSS Research*，Vol. 22，No. 1，1998.

37. R. H. Coase，*The Firm* ，*the Market and the Law*，The University of Chicago Press，1990.

38. Ronald H. Coase，"The Federal Communications Commission"，*The Journal of Law & Economics* ，October，1959.

39. Santos，"Urban Congestion Charging：A Second-Best Alternative"，*Journal of Transport Economics and Policy*，Vol. 38，No. 3，2004.

40. Thomas，"Streeter：Language and the Erisis of Legal Interpretation"，*Journal of Cornrnunication*，New York：Winter 1997. Vol. 47，1ss. 1.

41. Tittenbrun，Jack，*Private Versus Public Enterprise*，Janus Publishing Company ，Londons，1996.

42. Vicker, J. , "Concept of Competition", *Oxford Economic Paper*, No. 1 ,1996.

43. Vickrey William S. , "Congestion Theory and Transport Investment", *The American Economic Review*, Vol. 59, 1969.

44. Walters, "The Theory and Measurement of Private and Social Cost of Highway Congestion", *Econometric*, Vol. 29, No. 4, 1961.

45. Whitelegg, John, *Transport Policy*, in The EEC. London. Routledge. 1988.

46. Williamson O. E. , "Organization of Work: A Comparative Institutional Assessment", *Journal of Economic Behavior and Organization*, No. 1, 1980.

47. X. Yang, Y. K. Ng. , "Theory of the Firm and Structure of Residual Rights", *Journal of Economic Behavior And Organization*, Vol. 26, No. 1, 1995.

48. Yan Hai, Lam William H. K. , "Optimal Road Tolls under Conditions of Queuing and Congestion", *Transportation Research*, 30A, 1996.

索 引

后　记

　　2001 年我进入北京交通大学攻读博士学位，师从冯之浚和陈景艳两位老师，我的博士论文选择了国内外普遍存有争议的国有企业绩效的评价和比较问题，题目为《企业绩效的产权结构和公司治理分析》。本书是在此基础上经修改和充实而成的一本经济学专著。从论文起草到本书出版历经十年，数据反复更新和替换，终于与广大读者见面，回想起来，实属不易。

　　本书能够与广大读者见面，首先要感谢我的博士生导师冯之浚教授，他对本书的撰写给予了大量精心指导。同时，要感谢我的博士生导师陈景艳教授，她生前曾提供了许多宝贵的意见。

　　本书能够出版发行，还要感谢北京交通大学的宁滨校长，他对本书的进展和出版十分关心。同时，要感谢北京交通大学产业安全研究中心的李孟刚教授，他为本书的撰写和出版提供了大量支持和帮助。

　　本书在撰写和修改过程中，国有重点大型企业监事会的王利星和李磊同志做了大量工作，本书许多数据的收集、图表的绘制和文字的校对工作大多是由他们承担的。

　　社会科学文献出版社经济与管理出版中心的恽薇和许秀江同志为本书提供了不少有价值的意见，责任编辑蔡莎莎同志为本书高质量的出版花费了不少心血，对他们的辛勤劳动一并表示感谢！

　　作为国家机关工作人员，在公务之余撰写数十万字的经济学专著，并且时间长达数年之久。其间，除伏案笔耕之辛劳外，占用大量时间在所难免。我夫人闫虹对此给予了充分理解和全力支持，承担起绝大多数家庭事务之劳作，使我能够集中精力进行写作和修改，本书的出版也是对她理解和支持的报答。

图书在版编目(CIP)数据

企业绩效与制度选择：产权结构和公司治理的视角/季晓南著.
—北京：社会科学文献出版社,2014.10
ISBN 978 - 7 - 5097 - 6079 - 6

Ⅰ.①企…　Ⅱ.①季…　Ⅲ.①企业管理制度 - 研究 - 中国
Ⅳ.①F279.2

中国版本图书馆 CIP 数据核字（2014）第 114071 号

企业绩效与制度选择
——产权结构和公司治理的视角

著　　者 / 季晓南

出 版 人 / 谢寿光
项目统筹 / 恽　薇　蔡莎莎
责任编辑 / 蔡莎莎

出　　版 / 社会科学文献出版社·经济与管理出版中心（010）59367226
　　　　　 地址：北京市北三环中路甲 29 号院华龙大厦　邮编：100029
　　　　　 网址：www. ssap. com. cn
发　　行 / 市场营销中心（010）59367081　59367090
　　　　　 读者服务中心（010）59367028
印　　装 / 北京鹏润伟业印刷有限公司

规　　格 / 开　本：787mm × 1092mm　1/16
　　　　　 印　张：23　字　数：350 千字
版　　次 / 2014 年 10 月第 1 版　2014 年 10 月第 1 次印刷
书　　号 / ISBN 978 - 7 - 5097 - 6079 - 6
定　　价 / 79.00 元